Strade

Federico Rampini

LE LINEE ROSSE
*Uomini, confini, imperi:
le carte geografiche che raccontano
il mondo in cui viviamo*

MONDADORI

Dello stesso autore
nella collezione Strade blu

Il secolo cinese
L'impero di Cindia
L'ombra di Mao
La speranza indiana
Slow Economy
Occidente estremo
Alla mia Sinistra
Voi avete gli orologi, noi abbiamo il tempo
Banchieri
Vi racconto il nostro futuro
All You Need Is Love
L'Età del Caos
Banche: possiamo ancora fidarci?
Il tradimento

librimondadori.it
anobii.com

Le linee rosse
di Federico Rampini
Collezione Strade blu

ISBN 978-88-04-68358-2

© 2017 Mondadori Libri S.p.A., Milano
I edizione ottobre 2017

Indice

3		*Introduzione*
11	I	Sta finendo l'Impero americano?
30	II	Moriremo cinesi?
67	III	Germania = Europa e la rivoluzione perpetua nelle mappe
106	IV	La Russia non è mai troppo grande
134	V	Dov'è finita la speranza indiana?
173	VI	Più soldi meno libertà? Il duro benessere del Sudest asiatico
202	VII	Vaticano, l'ultimo «soft power»
234	VIII	Migrazioni e identità, l'Italia risucchiata dal Mediterraneo
257	IX	Separati in casa, la politica ci divide per tribù
299	X	I confini mobili delle democrazie
336	XI	La tecnologia crea la nuova geografia
371	XII	Il clima cambia, il paesaggio di più
406	XIII	La globalizzazione raccontata dal Prosecco
445		Un commiato molto personale (con ringraziamenti e consigli)

Le linee rosse

*Questo libro è dedicato
a chi insegna la geografia e la storia,
a chi le studia, a chi le ama,
a chi vuole riscoprirle*

Introduzione

Viaggiamo sempre di più. Capiamo sempre di meno. Mentre lo attraversiamo a gran velocità, il mondo attorno a noi ci disorienta. Perfino leader potenti, della politica o dell'economia, sono colti da shock improvvisi, sembrano brancolare senza una visione del mondo. Fissano sulle carte delle «linee rosse» che loro stessi non capiscono. Forse perché non leggono più. Paradossalmente certi autocrati (come il presidente cinese Xi Jinping, che cita Tucidide), non avendo scadenze elettorali, hanno più tempo per i libri. I nostri leggono solo tweet?

Tutto quello che il mondo vuole dirci è spiegato nei disegni. Il nostro destino è scritto nelle carte geografiche, e nella loro storia. Se impariamo a decifrarle.

Ogni crisi vicina e lontana – dai profughi del Mediterraneo alla Corea, da Brexit a Trump, dal terrorismo islamico al cambiamento climatico, dagli autoritarismi di Cina e Russia ai nuovi protezionismi, dalle «missioni impossibili» di papa Francesco all'inquietante utopia/distopia dei social media – ci costringe a capire la fisicità del mondo in cui viviamo. La geografia e la storia come le abbiamo studiate sui banchi di scuola non ci bastano più. Un po' perché il mondo è stravolto rispetto alle fotografie già obsolete dei manuali scolastici. Tante «linee rosse», confini nazionali o frontiere culturali, invecchiano a gran velocità. E poi la scuola non ci ha insegnato a guardare «oltre», a penetrare il significato nascosto delle carte, a incrociare il paesaggio terrestre con la storia delle civiltà, le leggi evolutive dei popoli e degli imperi.

I vincoli che pesano su di noi, i condizionamenti del nostro passato, le pressioni esterne dei paesi vicini, le vie di fuga per costruirci un futuro migliore: ci servono mappe intelligenti per orientarci a capire dove siamo ora, dove andremo domani.

Per ogni conflitto, per ogni confine poroso attraversato da profughi, per ogni popolo in sofferenza o in rivolta, per ogni regime minaccioso e aggressivo, per ogni nuova tecnologia che conquista territori, c'è una linea rossa che qualcuno ha tracciato e altri allargano oppure contestano, violano. L'America ha una leadership che vacilla paurosamente, l'Europa perde i pezzi, un'Italia inquieta è risvegliata da segnali di ripresa economica diseguale, a chiazze di leopardo. Sullo sfondo, l'avanzata di pulsioni autoritarie all'interno delle liberaldemocrazie occidentali, l'aggressione del terrorismo che incombe sempre su di noi. Abbiamo un acuto bisogno di chiavi interpretative, di idee nuove, di ricette.

Partendo dai focolai più pericolosi del caos contemporaneo, ma senza sottovalutare le nuove frontiere delle opportunità, con l'aiuto degli atlanti vi invito alla scoperta di una geografia segreta del mondo che fu, del mondo com'è oggi, plasmato da rapporti di forza reali, e di quello che ci aspetta.

Questo libro contiene tanti racconti di viaggio. Ci sono le mie puntate in terre lontane, i diari della mia vita all'estero, reportage, inchieste, trasferte al seguito di leader stranieri, summit internazionali. In alcuni casi, forse aumenterò la vostra curiosità, e le mie ricognizioni in avanscoperta vi serviranno come itinerari. Se i miei viaggi ispirano i vostri, queste carte «raccontate» vi serviranno come delle guide di un tipo nuovo: per guardare dietro le apparenze.

La storia antica riappare negli atlanti come una trama invisibile che si ripete. I grandi imperi di una volta non sono mai del tutto scomparsi, hanno lasciato tracce che ci guidano inconsapevolmente.

Ci sono anche delle linee rosse invisibili che stanno costruendo il mondo di domani: i confini dell'influenza di un «soft power» religioso; il paesaggio rivoluzionato da una tecnologia nuova; l'inattesa penetrazione di uno stile di vita italiano negli angoli più remoti del pianeta.

La sequenza delle carte che ho scelto, e dei capitoli che le spiegano, comincia dall'ultimo paese in cui mi sono trasferito diciassette anni fa. Una traversata dalla East alla West Coast rivela che la supremazia degli Stati Uniti affonda le radici proprio nella geografia: dal sottosuolo ricco di energia alla proiezione su due oceani. Prima di decretare la fine dell'impero americano è utile seguire le sue basi militari e navali sul mappamondo, ma bisogna aggiungerci una mappa valoriale. C'è una geografia interna che detta le scelte degli elettori e nel 2016, con un «battito d'ala di farfalla», quella mappa del voto ha propagato onde di shock nel mondo intero. Le due Americhe, sempre più incapaci di parlarsi e di ascoltarsi, sono separate da linee di frattura geografiche e razziali, religiose e sociali. Le stesse fratture si trovano in modo sorprendentemente identico nei paesi europei. Vi porto in viaggio con me nell'America profonda dei metalmeccanici che hanno votato Trump: la sinistra ha rinunciato a rappresentarli, e loro lo sanno; inoltre, Nord e Sud degli Stati Uniti continuano a combattere la guerra di secessione 150 anni dopo. Ma anche sul Vecchio Continente la mappa delle recenti elezioni rivela società spaccate tra globalisti e sovranisti; un voto «di classe» esiste, ed è la destra a conquistare i più deboli, forse un po' meno ingenui di quanto crediamo.

La geografia storica dei populismi impone di camminare a ritroso nel tempo: si scopre che tutto accadde in anticipo in Italia, laboratorio politico mondiale, ancora prima di Berlusconi e perfino prima di Mussolini.

La terra promessa della libertà e dello Stato di diritto, che sembrava un traguardo universale dopo la caduta del

Muro di Berlino, ha perso attrattiva; avanzano sotto ogni latitudine gli uomini forti; nella nuova geopolitica mondiale, i confini della tolleranza si restringono anche dove meno ce lo aspettiamo.

Per esplorare il ruolo semiegemonico della Germania sul Vecchio Continente parto da un celebre viaggio a Berlino Est, quando fui testimone di un tentativo estremo di «impedire» l'unità tedesca; tra il 1871 e il 1990, nessun'altra nazione ha visto cambiare le sue mappe così spesso e con tali sconvolgimenti; le riunificazioni, però, a loro riescono. Anche i confini dell'Europa unita hanno avuto un'impronta germanica, dall'Impero carolingio a quello Sacro Romano. Si arriva al miracolo attuale di una superpotenza «erbivora» che ha saputo apprendere le lezioni del suo passato; e tuttavia oggi destabilizza l'Europa quasi come ai tempi di Bismarck; nel triangolo Merkel-Putin-Erdogan si gioca l'irresistibile attrazione russa e l'esclusione della Turchia dai nostri orizzonti.

Dall'Estremo Oriente ci viene proposta una Nuova Via della Seta: gli antefatti di questa gigantesca operazione imperiale li racconto viaggiando sulle tracce di un italiano nel deserto di Gobi. Uso l'itinerario storico dell'espansionismo giapponese per tentare di decifrare la trappola della Corea del Nord. La domanda a cui rispondere per le future generazioni: «La Cina ha un piano di egemonia globale?». Per offrirci una risposta rassicurante, i leader cinesi citano Tucidide e la trappola del Peloponneso (Atene-Sparta), ma cosa vogliono dire esattamente?

Della Russia, che conobbi e frequentai a lungo come Unione Sovietica, esploro la continuità tra gli zar e Putin; un gigante col complesso d'inferiorità che si ritiene «costretto» a minacciare i vicini; dalla «terza Roma» all'Eurasia, passando per la chiesa comunista, si arriva all'investimento politico di oggi che Mosca riserva ai populismi occidentali. Nelle carte cerco la risposta a un quesito per noi cruciale: la Russia sarà mai un paese normale?

In India la nostra prima guida fu Alessandro Magno, che vide tra i fiumi Indo e Gange il prolungamento naturale del Medio Oriente, molto prima che là si spingessero le propaggini dell'Islam. Il Taj Mahal è il luogo simbolo che esploro come epicentro e metafora di uno scontro di civiltà; la polveriera nucleare del Pakistan e la battaglia tra fondamentalismi cominciò in quei paesi molto prima che in Occidente. Oggi sul piano economico l'elefante sfida il dragone cinese, ma la «speranza indiana» è accolta dai tenaci pregiudizi degli italiani.

Un mio viaggio nel Medioevo birmano sembra remoto ma è di soli dieci anni fa; là cerco la chiave dell'enigma di un premio Nobel per la pace capace di terribili sorprese; altri diari delle mie esplorazioni in Indonesia, Vietnam e Laos rivelano che la mappa dei progressi dell'economia è esaltante, quella dei diritti umani molto meno. La ricetta del «duro» benessere senza le libertà sta vincendo.

Nella giungla di Mindanao, roccaforte musulmana delle cattolicissime Filippine, la storia di un missionario italiano rapito mi ripropone la domanda di Stalin su «quante divisioni ha il papa»: diedero una loro risposta Wojtyła-Reagan e Bergoglio-Obama; l'influenza della Chiesa cattolica disegna una geopolitica parallela da Cuba al Centrafrica; ma non tutte le strade portano a Roma.

Il peso storico della Chiesa cattolica in Italia, la sua presenza territoriale, va inserita nelle nostre carte se vogliamo capire il peculiare dibattito italiano sull'accoglienza dei profughi e sullo *ius soli*. La vera storia delle migrazioni/invasioni ci riporta fino alla caduta dell'Impero romano, o molto più indietro: alla misteriosa fine dell'uomo di Neanderthal.

All'incrocio tra scienza, tecnologia e vita quotidiana, il potere delle mappe decide la sorte degli imperi: da Cristoforo Colombo a GoogleMap. Il paesaggio urbano e quello sociale vengono sconvolti e ridisegnati a ogni rivoluzione tecnologica. Internet conosce una sua deriva dei continenti. I Padroni della Rete dispensano false utopie a loro beneficio.

Sul cambiamento climatico una narrazione ottimista spiega che gli accordi di Parigi vinceranno lo stesso; ma le potenze inquinanti si nascondono dove non te l'aspetti; l'acqua scarseggia in luoghi insospettabili, ed è meno potabile di quanto crediamo; il Mediterraneo è minacciato dalle plastiche; la geografia dell'Artico e delle rotte navali cambia sotto i nostri occhi.

Un pezzo del mio diario di viaggio riguarda l'Italia vista da «tutti gli altri». Aiuta a capire che siamo a modo nostro una potenza mondiale, senza saperlo. Un'altra linea rossa invisibile racchiude la globalizzazione dei gusti e dei consumi su cui noi abbiamo impresso un'influenza inaudita. Dietro il successo della gastronomia, della moda e del turismo, affiora un «modello olistico» che esercita un fascino planetario. L'immagine degli italiani è migliore di quanto crediate; spesso, però, il made in Italy non arricchisce noi, è sequestrato da multinazionali straniere.

Oggi si sente dire che l'esperienza del viaggiare non sia più la stessa di una volta: troppo veloce, troppo facile, il percorso ci scivola via addosso senza insegnarci nulla? Ai tempi dei nostri bisnonni il viaggio era ostico e faticoso, ma era anche un lento susseguirsi di impercettibili mutamenti nei paesaggi: geografici e umani. Era un lungo apprendimento della fisionomia di valli e pianure, colli e monti, coste e mari, dell'antropologia di volti e costumi delle tante tribù umane. Era un accumularsi di sensazioni, un sedimentarsi di ricordi, magari affidati ai diari scritti con la penna stilografica. Oggi è tutto rapido, i jet o i treni ad alta velocità percorrono distanze sbalorditive mentre noi stiamo incollati con gli occhi al display del nostro smartphone. Sbarchiamo in un nuovo continente e non abbiamo la più pallida idea dei territori attraversati, dei popoli e delle storie che abbiamo ignorato sfrecciando a 300 chilometri orari terrestri oppure sorvolandoli a 800 chilometri orari e diecimila metri di altitudine.

Non arrendiamoci alla dittatura della superficialità. Anche un viaggio aereo può essere una magnifica lezione di geografia, concentrata in poche ore.

È importante incrociare la mappatura dei luoghi con quella delle narrazioni che li descrivono, le ideologie che razionalizzano il perché siamo arrivati qui, chi siamo noi, cosa sono i nostri destini nazionali. Julien Benda nel suo *Discours à la Nation Européenne* (1933) scriveva: «L'idea che gli uomini si fanno delle loro azioni, nella storia, è più feconda delle azioni stesse». Oscar Wilde sosteneva che il paese più importante da segnare sulle mappe è Utopia: non conta solo dove siamo qui e ora, ma la direzione di marcia, il traguardo che ci ispira.

Alcune delle carte geografiche più utili sono frutto della fantasia. Quelle di Italo Calvino che si susseguono in *Le città invisibili*, per esempio: «Il Gran Kan possiede un atlante in cui sono raccolte le mappe di tutte le città: quelle che elevano le loro mura su salde fondamenta, quelle che caddero in rovina e furono inghiottite dalla sabbia, quelle che esisteranno un giorno e al cui posto ancora non s'aprono che le tane delle lepri. ... L'atlante ha questa qualità: rivela la forma delle città che ancora non hanno una forma né un nome».

New York, 25 settembre 2017

I
Sta finendo l'Impero americano?

Dove una trasvolata dalla East alla West Coast è ricca di rivelazioni; si scopre che la supremazia degli Stati Uniti affonda le radici nella geografia; la novità di un sottosuolo «saudita»; l'eredità di una proiezione navale come quella britannica; creatività e Stato di diritto danno una marcia in più; ma un'egemonia senza valori ha il tempo contato.

Atlanti e mappe ci dicono tante cose sul futuro dell'America e sul suo ruolo nel mondo. Ma bisogna saperli scegliere, e saperli leggere.

Quando sono fortunato – cioè con cieli senza nuvole e quindi una buona visibilità – cerco di sorvolare l'America coast-to-coast con gli occhi incollati al finestrino dell'aereo. A «leggere» quel che vedo mi aiuta perfino quel banale atlante che le compagnie aeree pubblicano sempre nella rivista di bordo infilata nella tasca del sedile di fronte, con le rotte servite da United o Delta, Virgin o JetBlue. E se il minischermo tv, oltre ai film e ai videogiochi, offre anche la mappa digitale della rotta, pure quella è una miniera di informazioni.

Scrutando là sotto cerco una risposta alla domanda: l'Impero americano ha le ore contate? Anche se da una costa all'altra il viaggio di oggi non è avventuroso, affascinante e pericoloso come ai tempi dei pionieri a cavallo, tuttavia può lasciarti frammenti di impressioni sulla «fisicità» dell'America, quella dimensione spaziale che nella storia ha avuto un ruolo importante per trasformare questa terra in una superpotenza. Nelle mappe che descrivono questa nazione, sono nascosti i segreti della sua forza. Vanno individuate anche le invisibili linee rosse che segnalano i confini virtuali dell'impero, o le sue fragilità politico-sociali, economiche, culturali: e quindi magari le possibili cause di un declino già in atto.

Da New York a San Francisco sono quasi sei ore di volo. E già questo dà un'idea della grandiosità, della dimensione continentale dell'America. Nella vecchia Europa, ovunque tu ti trovi, se voli per sei ore finisci già «fuori», hai superato i confini di quel piccolo continente. L'aeroporto John Fitzgerald Kennedy (sigla JFK) è al confine tra il quartiere di Queens e Long Island, vicinissimo al mare. Se decolli da JFK, di solito l'aereo prima di prendere quota fa una breve puntata iniziale sopra le distese di sabbia bagnate dai cavalloni dell'Atlantico. Serve a ricordarti che questa è la East Coast, guarda verso l'Europa, è lambita dall'oceano attraversato oltre cinque secoli fa da Cristoforo Colombo. Su questa costa l'America proietta la sua influenza verso il Vecchio Continente: l'asse atlantico designa al tempo stesso un rapporto privilegiato tra due parti del mondo popolate da bianchi di origine europea; e un'alleanza politico-militare come la Nato. Da questo oceano arrivarono prima gli esploratori, poi i colonizzatori, poi la tratta degli schiavi, infine le ondate di migranti che furono l'esercito di lavoro proletario nel primo boom industriale americano. Le università di élite che si affacciano su questo versante, da Harvard (Boston) a Columbia (New York), da Yale (Connecticut) a Princeton (New Jersey), formarono una classe dirigente nutrita di cultura europea.

Il pilota, poi, fa una virata e punta verso il Midwest. A seconda del meteo, dei venti e del traffico, può dirigersi verso Chicago o Detroit, sfiorando la regione dei Grandi Laghi al confine col Canada. Lo chiamano Midwest, come dire «metà Occidente», perché è la prima zona intermedia che esploratori e coloni attraversavano nei loro viaggi verso il Far West, l'Occidente lontano o estremo. Il Midwest fu il primo retroterra economico, inizialmente agricolo e poi industriale, che sostenne lo sviluppo della East Coast. Chicago è una metropoli che tuttora incarna lo splendore del capitalismo americano del Novecento; con grattacieli più belli di Manhattan, fu a lungo la rivale economica di New York. Anche dall'alto della cabina pressurizzata colpiscono alcune forze evidenti di questo territorio. Dall'Ohio all'Iowa, dall'Indiana al Wisconsin, più di un'ora se ne va a sorvolare terre piatte e facilmente arabili, immense pianure verdi o gialle di cereali distese in una zona temperata che si presta allo sfruttamento di un'agricoltura industrializzata, con tanti macchinari e uso intensivo di fertilizzanti chimici. Lì si è sviluppato uno dei più fertili «granai» del pianeta (non solo grano in senso stretto, anche mais e soia). L'America resterà sempre una grande potenza agricola, in grado di coltivare molto più di quel che serve ai suoi abitanti, quindi di esportare generi alimentari nel resto del mondo. Agro-business, Ogm, Frankenfood: conosciamo le polemiche contro le tecniche di coltivazione dominate dal capitalismo. Ma in un pianeta afflitto dal cambiamento climatico, da siccità e desertificazioni a cui la stessa agroindustria contribuisce, la potenza nella (sovra)produzione alimentare sarà un'arma strategica comunque.

Dall'alto si vedono inoltre i tanti laghi e fiumi che hanno permesso di costruire una rete di trasporto merci a basso costo verso i porti sull'Atlantico o verso il golfo del Messico. Più avanti il mio volo attraversa zone decisamente meno favorevoli all'agricoltura, si riconoscono paesaggi desertici e montagnosi. Però, se il jet fosse dotato di apparecchiature speciali come certi satelliti usati per le rilevazioni geologiche, anche dall'alto potrei sapere che là sotto si nasconde un altro tesoro: l'energia. Gli Stati Usa che sorvoliamo sono indicati sulla rivista di bordo e anche sul minischermo in dotazione a ciascun sedile, se seleziono la mappa di navigazione. Nebraska e Dakota, Wyoming e Idaho. Lì sotto c'è «l'America saudita», una zona con immensi giacimenti di greggio e gas naturale, oltre che di altre ricchezze minerarie. Ecco un'altra forza strutturale, che ha alimentato e sostiene tuttora la superpotenza americana: le materie prime racchiuse nel suo sottosuolo. In seguito l'aereo comincia a virare verso sud, in direzione di San Francisco. La mappa digitale del mio minischermo mi presenta l'ampio arco della West Coast. Anche se non la sorvoliamo direttamente (punteremmo troppo a nord, allungando il viaggio) vedo all'estremità settentrionale della West Coast lo Stato dell'Alaska, una «new entry» (relativamente parlando) perché gli Stati Uniti lo comprarono dalla Russia zarista nel 1867 per 7.200.000 dollari, cioè poco più di 4 dollari per chilometro quadrato. Se la zona fra il Midwest e le Montagne Rocciose si può chiamare l'America saudita, allora l'Alaska è il suo Kuwait: anche lì c'è tanto petrolio.

Dall'Alaska in giù, con l'interruzione di un bel pezzo di Canada, la West Coast Usa include gli Stati di Washington, Oregon e la California, dov'è diretto il mio aereo. Questa è l'America bagnata dal Pacifico. Quindi per vocazione guarda verso l'Asia; ha una posizione geografica che la spinge a curare le relazioni con il Giappone, la Cina, il Sudest asiatico dei «dragoni» come la Corea del Sud, Hong Kong, Taiwan, Singapore e Vietnam. Anche per questo si può dire che la California è proiettata verso il futuro: la sua integrazione economica con l'Asia le ha consentito di anticipare i tempi della globalizzazione, di investire nelle aree più dinamiche degli ultimi decenni.

Un'altra notazione di geografia dall'alto, mentre l'aereo comincia la sua discesa verso la magnifica baia di San Francisco: la California mi appare perlopiù disabitata. Come del resto gran parte degli Stati Uniti che ho sorvolato per raggiungerla. Della California, dal finestrino dell'aereo, vedo zone montagnose e zone desertiche; grandi laghi e sconfinate foreste; intravedo pianure vaste e coltivate (la Central Valley ha l'agricoltura più ricca del pianeta per le specialità ortofrutticole; mentre a nord di San Francisco, tra Napa e Sonoma, si è sviluppata «la valle americana del Chianti»). Le città, per quanto ampie – le più grosse stanno a sud, Los Angeles e San Diego –, occupano uno spazio relativamente piccolo. C'è ancora tanto vuoto da riempire, volendo. E infatti l'America continua ad attirare immigrati dal resto del mondo senza raggiungere densità abitative elevate. Con 9,8 milioni di chilometri quadrati di superficie, gli Stati Uniti sono la terza nazione più grande del pianeta dopo Russia e Canada. Ma a differenza di queste ultime la maggior parte del loro territorio si trova in zone temperate, le più adatte all'agricoltura e all'insediamento umano. Eppure gli Stati Uniti hanno una densità di popolazione bassissima, intorno ai 30 abitanti per chilometro quadrato: come affollamento sono al 180° posto tra le nazioni. Cioè, appunto, sono relativamente «vuoti».

La geografia è stata benevola con gli Usa e dobbiamo considerarla tra le precondizioni strutturali della potenza americana. La vastità del territorio ha fornito risorse naturali abbondanti, ricchezza agricola, mineraria, energetica. Affacciarsi sui due maggiori oceani del pianeta significa avere una vocazione naturale a pensare in grande, a 360 gradi. I due oceani rappresentano anche una formidabile difesa naturale contro nemici e invasori: malgrado la psicosi di incursioni giapponesi diffusasi in California dopo l'attacco del 1941 a Pearl Harbor, nelle Hawaii, in realtà nessun paese ha mai potuto seriamente pensare di invadere gli Stati Uniti (i due vicini terrestri, Canada e Messico, non hanno raggiunto il rango di potenze e quindi non si sono potuti permettere mire ostili verso lo Zio Sam). Non a caso quello specchio del subconscio americano che è il cinema di Hollywood, oggi con la derivazione delle serie televisive, di solito quando immagina un'invasione del paese l'affida agli extraterrestri.

C'è voluta la tecnologia moderna per accorciare le distanze e far sentire gli americani un po' meno sicuri. A partire dal periodo della guerra fredda, con la corsa agli armamenti Usa-Urss, e la costruzione di vasti arsenali nucleari, prima l'Unione Sovietica e poi la Cina si sono dotate di missili intercontinentali che possono superare gli oceani e colpire bersagli negli Stati Uniti. Molto più di recente anche la Corea del Nord ha fatto dei test con missili teoricamente in grado di raggiungere almeno l'Alaska. Il terrorismo usa le tecnologie in modo ancora meno costoso. L'11 settembre 2001 un commando di al-Qaeda, dirottando dei jet per schiantarli sulle Torri Gemelle di Manhattan e sul Pentagono di Washington, ha potuto infliggere sul territorio continentale degli Usa un numero di vittime (3000 morti) superiore a quelle di Pearl Harbor (2400). E tuttavia le distanze contano anche oggi. L'America può controllare le sue frontiere più facilmente di quanto possano farlo i paesi europei. I vasti oceani Pacifico e Atlantico sono ostacoli naturali ben più formidabili del piccolo Mediterraneo o del mar Baltico.

Quando si parla di Impero americano, oltre alle risorse naturali entrano in gioco molti altri fattori. C'è la forza economica, anzitutto: misurata in base al Pil (per quanto discutibile e controverso) l'America rimane la nazione più ricca del mondo. La Cina si avvicina e il sorpasso è alla sua portata, però la ricchezza cinese è ripartita su una popolazione oltre quattro volte maggiore e quindi non dà lo stesso benessere materiale pro capite. Esiste una diffusa leggenda secondo cui l'economia americana è un colosso coi piedi d'argilla perché deve sostenere un debito pubblico gigantesco; e la Cina può ricattarla perché acquista gran parte dei titoli pubblici emessi dal Tesoro Usa.

Questo luogo comune si basa su grossolane imprecisioni e soprattutto è dettato da una scarsa comprensione dei meccanismi economici. Anzitutto, il debito pubblico di un paese va commisurato alla sua ricchezza, che ci dice quanto sia sostenibile, cioè quanto sia facile o difficile pagare gli interessi o rimborsare i creditori. Il debito americano, per quanto cospicuo, rappresenta solo il 74 per cento del Pil (dato del 2016), quindi è più basso della media dell'Unione europea, che è dell'87, e molto più basso di quello dell'Italia (oltre il 130) o del Giappone, che detiene il record mondiale a quota 230. La Cina non è, contrariamente alla diffusa credenza, il maggiore acquirente di titoli del Tesoro Usa: quel ruolo spetta alla Federal Reserve, che è la banca centrale di Washington. In altri termini, prima di tutto è l'America che finanzia se stessa.

La Cina non è più neanche il principale investitore estero in titoli del debito americano: lo era stata per anni, ma il Giappone l'ha superata riprendendosi un ruolo che ebbe già negli anni Ottanta e Novanta del secolo scorso. Soprattutto bisogna capire che in questo caso il rapporto debitore-creditore segnala una dipendenza reciproca. L'idea che il governo cinese possa ricattare quello degli Stati Uniti minacciando di non comprare più i suoi buoni del Tesoro, è semplicemente assurda: se ci provasse, la Cina farebbe del male a se stessa. Una delle prime conseguenze sarebbe una forte svalutazione del dollaro, che renderebbe più care le merci made in China. Inoltre, un paese che accumula avanzi commerciali come la Repubblica popolare cinese, ha bisogno di riciclarli in attività finanziarie sicure. E non esiste al mondo un titolo altrettanto sicuro di un buono del Tesoro Usa, non a caso definito «bene rifugio». Il dollaro è la moneta rifugio. Il mercato finanziario di Wall Street è il più liquido che ci sia (cioè, se hai bisogno di vendere in fretta i tuoi titoli, lì trovi subito acquirenti). Lo Stato cinese non ha alternative, del resto lo sanno anche i suoi privati cittadini. I miliardari cinesi comprano appartamenti a Manhattan o a San Francisco; non sono i miliardari americani a prepararsi un piano B acquistando residenze secondarie a Pechino o Shanghai. Questi sono tutti segnali di una «rendita imperiale» che dura ancora, a vantaggio degli Stati Uniti. Il centro è più sicuro della periferia, nella percezione di molti.

Sull'economia si fonda la supremazia militare: gli Stati Uniti spendono per armarsi più di ogni altra nazione e, al momento, la loro forza bellica supera quella complessiva

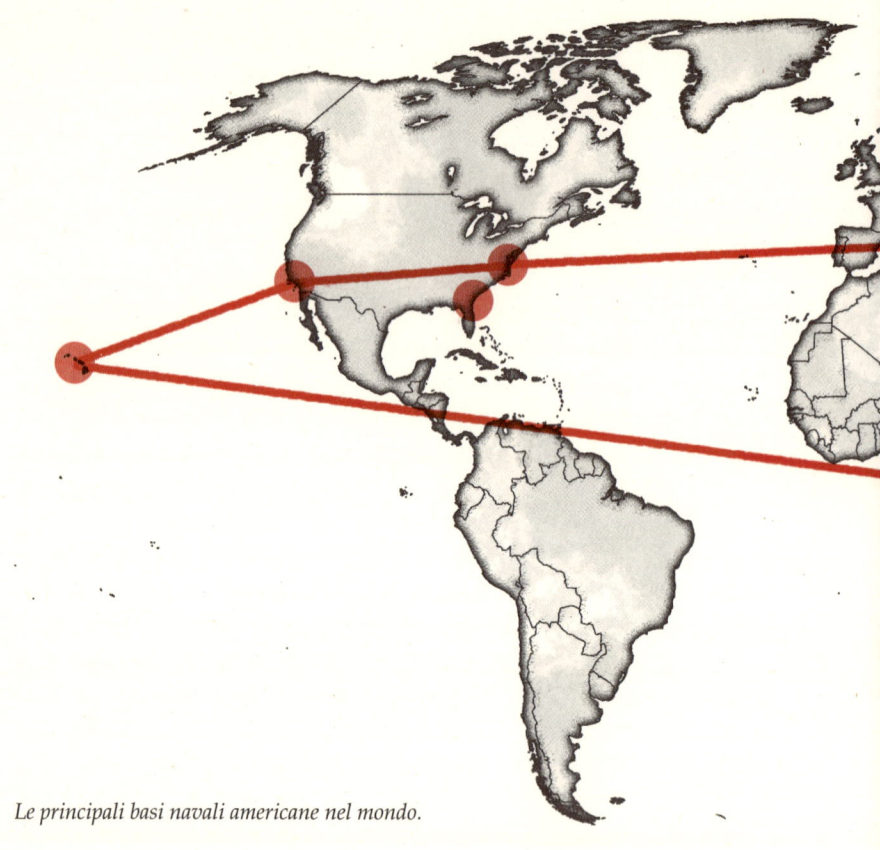

Le principali basi navali americane nel mondo.

delle sei potenze che la seguono in classifica. Nessun altro paese può permettersi di spendere così tanto e quindi di proiettare le proprie risorse militari ai quattro angoli del pianeta, con flotte che pattugliano il Mediterraneo e il golfo Persico, il mar della Cina e l'oceano Indiano. Tuttavia il costo di questo dispositivo è stato messo in discussione, ultimamente, dal presidente Donald Trump. A modo suo, Trump si è unito a una schiera di esperti che molti decenni addietro cominciarono a discutere il rischio di «overstretching», cioè una dilatazione dell'egemonia militare americana di

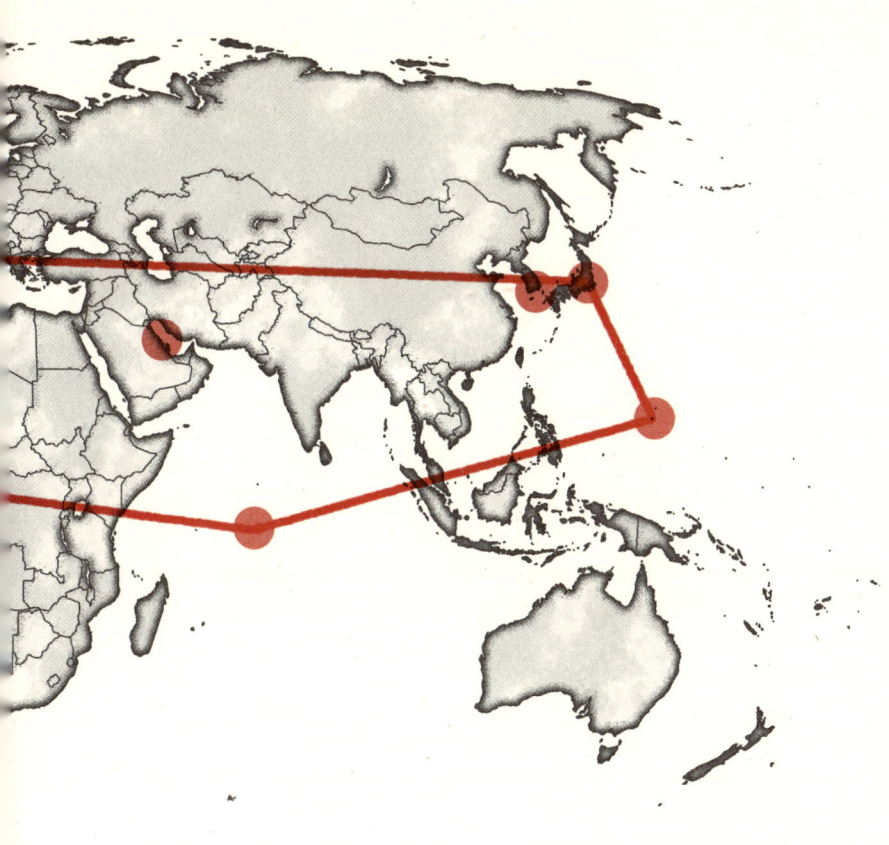

proporzioni tali da rappresentare un onere insostenibile. Gli imperi – anche quello cinese, di cui ci occuperemo – storicamente possono morire così: tra i più recenti abbiamo avuto l'esempio della Gran Bretagna, che dopo la seconda guerra mondiale non aveva più le risorse economiche per mantenere basi militari in Asia e in Africa, e flotte in tutti i mari.

È proprio nelle acque oceaniche che voglio disegnare una prima linea rossa, una traccia segnaletica che ci aiuti a seguire lo stato di salute dell'Impero americano. In questo caso, la linea rossa non indica un confine bensì una connessione fra tanti punti, un filo che congiunge le varie postazioni esterne della forza militare Usa. Questa immaginaria linea rossa io la disegno in modo da unire le principali basi della US Navy all'estero. Senza elencare tutti i porti militari, nell'area Asia-Pacifico le basi americane più importanti sono in Giappone, Corea del Sud e nell'isola di Guam: in quei mari è di stanza la Settima Flotta, le cui esercitazioni congiunte coinvolgono anche altri alleati che vanno dall'Australia alla Nuova Zelanda. Passando dalle basi nazionali come Pearl Harbor o San Diego sul Pacifico, Norfolk e Jacksonville sull'Atlantico, la mia linea rossa prosegue sull'altra costa fino a raggiungere il Mediterraneo e in particolare Napoli, come centro dell'area di competenza della Sesta Flotta. Quindi si scende verso il Medio Oriente dove la base più importante ha sede a Bahrein, nel golfo Persico, una delle piattaforme più importanti per la Quinta Flotta. Proseguiamo il giro del pianeta e finiamo nell'oceano Indiano dove c'è la base di Diego Garcia: lì ritroviamo nuovamente la Settima Flotta. In ciascuna di queste aree, in ogni continente, ogni oceano e ogni mare, l'America oltre alle proprie forze può anche contare su alleati locali.

Ho citato le basi navali perché sono i segnali più ingombranti e ben visibili di questo dispositivo militare. Ma attorno ai porti ci sono anche gli aeroporti, nei porti gravitano anche per manutenzione i sottomarini nucleari, che poi navigano lontano dagli occhi di radar e satelliti. L'America mantiene inoltre truppe terrestri all'estero, autonomamente o in cooperazione con alleati come i paesi Nato; tra le più importanti per numero di soldati ci sono le basi in Germania, Giappone, Corea del Sud. Ma la caratteristica della forza militare americana non è la dimensione terrestre; è affidata prevalentemente allo strumento bellico navale e a quella versione moderna che è la navigazione dei cieli, il dominio dall'alto che è garantito dalla flotta aerea.

In questo senso, l'America bagnata da due oceani è l'erede dell'Impero britannico, è una potenza marittima che fronteggia altre potenze tipicamente terrestri, come Cina e Russia. Il confronto/scontro fra imperi marittimi e imperi terrestri appassiona gli storici da tempo immemorabile, forse dai tempi della guerra fra Atene e Sparta o fra i greci e i persiani. Qui la geografia torna a imporsi con una semplice constatazione: poiché il globo terrestre è coperto prevalentemente di acque marine, e la parte emersa è molto più ridotta rispetto a quella occupata dagli oceani, il dominio aeronavale ha una proiezione più vasta. Sappiamo che il controllo dei cieli e dei mari non significa necessariamente vincere le guerre e conquistare territori in modo durevole, però se è qualcun altro a presidiare i cieli e i mari, le potenze terrestri si sentono sempre vulnerabili. Nessun altro paese per il momento può sognarsi una proiezione globale come quella degli Stati Uniti. La Cina ha inaugurato nel 2017 la sua prima base all'estero, a Gibuti, nel Corno d'Africa: è un passo significativo, ma da qui a raggiungere l'America ce ne vuole.

Gli imperi, antichi o postmoderni, hanno avuto i loro tempi di costruzione. Rari sono i casi delle guerre-lampo, conquiste fulminee come quelle di Alessandro Magno o di Gengis Khan. Più spesso, come per l'antica Roma o la Russia degli zar o la Cina sotto le sue varie dinastie, le costruzioni di grandi domini hanno richiesto decenni o secoli.

Gli Stati Uniti d'America dovettero prima di tutto completare la loro conquista continentale e lo fecero con un'originale mescolanza fra guerre e acquisizioni patrimoniali. Cominciando da queste ultime: molto prima di comprare l'Alaska dallo zar di Russia, nel 1803 gli Stati Uniti acquistarono dalla Francia napoleonica per soli 15 milioni di dollari l'intera Louisiana francese, che all'epoca includeva non solo lo Stato che oggi porta questo nome, ma vasti territori a ovest del fiume Mississippi (oltre 2 milioni di chilometri quadrati, più di un quinto della superficie attuale degli Usa) che andavano dal Missouri al Kansas fino al Montana. Altri importanti territori meridionali e occidentali, dal Texas alla California, vennero conquistati con le armi, prevalentemente nella guerra del 1846-48 contro il Messico.

Prima ancora di aver completato questo consolidamento sul continente, da una sponda oceanica all'altra, gli Stati Uniti formulano il primo abbozzo della loro visione imperiale. È nel 1823 che il presidente James Monroe comincia a definire quella che poi sarà chiamata la «dottrina Monroe». Nella prima versione, essa è ispirata da ideali anticolonialisti. In quegli anni, diverse nazioni latino-americane stanno conquistando l'indipendenza. Gli Stati Uniti, ancora freschi della liberazione dal giogo britannico, vogliono impedire che il subcontinente diventi terreno di conquista e di conflitto tra imperi europei. C'è il rischio che i territori perduti da spagnoli o portoghesi finiscano sotto il dominio inglese. Giù le mani dall'America latina, dice Monroe agli europei: chiunque intervenga militarmente nella regione, è come se aggredisse gli Stati Uniti.

Sul finire dell'Ottocento, col crescere della potenza economica e degli appetiti commerciali degli Usa, la dottrina Monroe viene ampliata fino al punto di distorcerla. Dopo una campagna guerrafondaia condotta dai giornali di Joseph Pulitzer e William Hearst, nel 1898 il presidente William McKinley si lancia nella guerra contro la Spagna per l'indipendenza di Cuba; la vince, ma anziché garantire l'autonomia dell'isola, la trasforma in un protettorato. Suo viceministro della Marina militare è Ted Roosevelt, che diventerà il primo «presidente imperiale» degli Stati Uniti. Sotto la sua amministrazione l'interventismo nell'emisfero australe e nei Caraibi diventerà la norma.

Nei primi decenni del Novecento si susseguono in America latina una decina di operazioni armate o vere e proprie guerre condotte da amministrazioni Usa. Le dottrine Monroe e Roosevelt saranno aggiornate e rafforzate mezzo secolo dopo nella logica della guerra fredda, fino a sfiorare il conflitto nucleare con l'Urss per l'invio di missili sovietici a Cuba (1962). Dagli anni Cinquanta agli Ottanta del secolo scorso, per l'America latina vale qualcosa di simile alla «sovranità limitata» che Mosca applica ai suoi Stati satellite nell'Europa dell'Est e all'Afghanistan. Gli americani hanno metodi più «soft» o indiretti, raramente usano le proprie forze armate, più spesso appoggiano dittatori locali purché anticomunisti.

Fino a questo momento siamo nell'America latina, considerata alla stregua di un «cortile di casa». Già con la guerra del 1898 contro la Spagna, però, gli Stati Uniti si affacciano sul Pacifico, conquistando le colonie spagnole delle Filippine e l'isola di Guam. Il passaggio dagli ideali anticolonialisti alle prove generali di costruzione di un impero nuovo è rapido. Questo cambiamento di rotta coincide con un fantastico boom industriale: gli Stati Uniti di allora sono come la Cina di oggi, una nazione emergente che a grandi passi insegue le vecchie potenze manifatturiere come Inghilterra, Germania, Francia. Tuttavia, ancora nel primo Novecento gli Stati Uniti sono molto restii a occuparsi di ciò che accade in Europa. Il fatto che la popolazione e la classe dirigente americana siano di ceppo europeo, le rende diffidenti. Tra i padri fondatori e i primi coloni, molti sono fuggiti dall'Europa per salvarsi da guerre civili e religiose, persecuzioni delle minoranze, regimi assolutisti. Non hanno nessuna voglia di tornare a immischiarsi di quei conflitti. C'è qui una delle radici storiche dell'isolazionismo, una corrente destinata a riapparire periodicamente, da ultimo con Trump.

È solo con la prima e la seconda guerra mondiale che si affacciano nell'ideologia americana le prime dottrine internazionaliste e interventiste. Sono, per così dire, visioni di un Impero del Bene: fondato su valori universali, capace di coltivare vaste reti di alleanze, anticoloniale, e quindi non interessato al controllo e allo sfruttamento diretto di territori altrui. Il presidente Thomas Woodrow Wilson nella prima guerra mondiale e Franklin Delano Roosevelt nella seconda, tutti e due democratici, sono portatori di questa nuova visione, che vuole innalzare gli Stati Uniti al ruolo di arbitro e garante di un nuovo ordine mondiale. Fin qui ho usato l'espressione Impero americano: è chiaro che si tratta di un modello diverso rispetto all'antica Roma, all'India dei Moghul, alla Cina delle dinastie imperiali, all'Impero di Napoleone, o al Terzo Reich tedesco. L'America usa spesso le armi; raramente lo fa con l'obiettivo di occupare a tempo indeterminato, di annettersi un territorio straniero, come lo facevano le legioni di Giulio Cesare o le truppe di Adolf Hitler.

L'ideologia internazionalista, quando si affaccia sulla scena politica americana, tende a collegarsi con i valori della Dichiarazione universale dei diritti dell'uomo. Mentre dal punto di vista geografico gli Stati Uniti, una volta raggiunta la maturità, aspirano a ereditare i vasti orizzonti dell'Impero britannico, dal punto di vista ideale sono invece gli eredi della Francia illuminista. Il Bill of Rights, che contiene i primi dieci emendamenti alla Costituzione degli Stati Uniti e definisce i diritti fondamentali, talvolta attinge alle idee della Rivoluzione francese, altre volte le precede e le ispira: i due eventi sono coevi, l'anno è il 1789. Un celebre generale della Rivoluzione francese, il marchese La Fayette, combatte per l'indipendenza americana. La Statua della Libertà, che promette asilo a profughi e diseredati del mondo intero, viene donata dai francesi. Stati Uniti e Francia sono gemellati alla nascita da una visione universalista che coincide ancora oggi con l'idea più nobile che ci facciamo dell'Occidente. Tra quegli ideali e l'esercizio concreto dell'egemonia imperiale c'è una grossa distanza. L'America di Franklin D. Roosevelt che combatte i nazifascismi e dà un contributo decisivo alla liberazione dell'Italia, la classifichiamo nella parte nobile di quella storia. L'America delle guerre in Vietnam o in Iraq ne è il volto deteriore, oppressivo e prevaricatore.

L'opinione pubblica progressista non ha mai smesso di auspicare un'America «rooseveltiana», in nome di un diritto-dovere d'ingerenza umanitaria. Quando la sinistra europea ha sostenuto l'intervento della Nato nell'ex Iugoslavia, quando ha rimproverato Bill Clinton per non avere impedito il genocidio nel Ruanda, quando ha accusato Barack Obama di debolezza per il mancato intervento a difesa della popolazione civile in Siria contro Assad: in tutti quegli episodi traspare la nostalgia di un «Impero del Bene», che raddrizzi i torti e ripari le ingiustizie. Con tutte le sue contraddizioni, l'America è stata talvolta anche questo, almeno in parte. Si tratta di un impero postmoderno, fondato non semplicemente sulla forza militare o economica ma anche su un modello di valori condiviso. L'area del mondo dove questo imperialismo postmoderno ha dato il meglio di sé è quella che si affaccia sulle due sponde dell'Atlantico. Il rapporto Europa - Stati Uniti è impregnato di questa condivisione di valori. La forza della Nato non è mai stata affidata solo alle sue armi. La caduta dell'Unione Sovietica, la disgregazione del blocco comunista, è stata anche la sconfitta di un sistema di valori alternativo.

Un'altra linea rossa – anzi un fascio di linee – conferma quanto sia tuttora intenso il rapporto fra le due sponde dell'Atlantico. È una mappa del pianeta dove delle tracce luminose rappresentano i flussi di dati, cioè gli scambi d'informazioni dell'era digitale. I fasci luminosi partono da ogni paese del mondo in tutte le direzioni. Ma è tra il Nordamerica e l'Europa occidentale che sono più numerosi, larghi e intensi, vere e proprie autostrade a corsie multiple, a conferma che queste due aree del mondo fanno parte della stessa sfera d'interessi, d'informazione, hanno un dialogo fittissimo tra loro, condividono un'unica cultura. Internet è l'equivalente contemporaneo delle antiche rotte navali. Per adesso il suo baricentro coincide ancora con l'Occidente. Altre parti del mondo non comunicano così intensamente con noi (o fra loro) per motivi diversi: arretratezza e povertà per certe zone d'Africa e d'America latina; il ruolo della censura e altre barriere politiche che hanno «nazionalizzato» la Rete in paesi come la Cina, la Russia, l'Iran, i più restii a far parte dell'Impero americano. Quelli che si candidano a sostituirlo, nel caso della Cina. O a profittare del suo declino per occupare spazi d'influenza, nel caso russo e iraniano.

La leadership americana, da quando si è affermata, ha sempre incorporato un'egemonia culturale. Per arrivare a rispondere alla domanda sulla fine dell'Impero americano, dunque, bisogna individuare degli indicatori cruciali di questa egemonia, misurarne lo stato di salute, capire se il declino sia reale e se sia irreversibile.

Per adesso gli Stati Uniti non sono arrivati al limite economico delle loro potenzialità, tutt'altro. Sempre nel mio viaggio aereo coast-to-coast, gli ultimi minuti di volo sono importanti: poco prima dell'atterraggio il jet deve sorvolare un tratto della Silicon Valley perché l'aeroporto di San Francisco si trova proprio in quell'area (a sud della città). È quindi obbligatorio per il passeggero ricordare quest'altro pezzetto di geografia. Nella striscia di terra racchiusa fra la città di San Francisco e quella di San Jose, ci sono località che si chiamano Palo Alto, Stanford, Cupertino, Mountain View, Menlo Park. Lì hanno sede i Padroni della Rete, i giganti che dominano l'economia digitale: Apple, Google, Facebook e tante altre aziende hi-tech. (Amazon e Microsoft stanno un po' più a nord, a Seattle, sempre sulla West Coast.)

La California cominciò a dotarsi di un'industria elettronica di punta proprio grazie alla sua posizione geografica: era lo Stato più vicino al Giappone, sicché durante la seconda guerra mondiale il presidente Roosevelt spostò sulla West Coast molti centri di produzione militare. La ricerca scientifica a scopi bellici ha sempre avuto un ruolo trainante, ivi compreso nella nascita di Internet. Al miracolo della Silicon Valley hanno contribuito tanti altri fattori, dall'eccellenza delle università alla società multietnica che accoglie talenti stranieri; dalla cultura libertaria che esalta la creatività fino alla flessibilità finanziaria del venture capital. La tecnologia dà una marcia in più all'America.

La ricchezza economica, la creatività tecnologica, sono legate ad altre forze americane. La più importante di tutte è quella che tendiamo a dimenticare facilmente perché ci sembra naturale, la diamo per scontata. È lo Stato di diritto. Lo spirito d'intrapresa, il dinamismo dell'economia di mercato, hanno bisogno di regole certe, eguali per tutti, applicate da tribunali imparziali. Il capitalismo è fiorito anche sotto regimi autoritari, dal Cile del generale Pinochet alla Cina comunista di oggi. Però le dittature fanno gravare un'incertezza permanente: come apprendiamo dalle cronache tutti i giorni, non solo gli intellettuali dissidenti ma anche i ricchi imprenditori quando cadono in disgrazia possono perdere quasi tutto, finire in carcere o in esilio per volontà del despota. In altre parti del mondo, Italia inclusa, pezzi di economia sono taglieggiati dalla tassa occulta, feroce e imprevedibile, di organizzazioni mafiose: laddove le forze dell'ordine e le istituzioni della giustizia non funzionano bene, i parassitismi criminali impoveriscono le nazioni.

Lo Stato di diritto è una colonna portante del modello americano, è una delle ragioni per cui tanti talenti scientifici e imprenditoriali continuano a emigrare in America. Gli Stati Uniti non hanno il monopolio dello Stato di diritto (funziona benissimo anche in Svizzera o in Danimarca), ma lo hanno trapiantato su scala continentale, con la massa critica di un vasto mercato interno. La libertà d'invenzione, la tutela della proprietà intellettuale, ci sono anche nelle università inglesi e tedesche. Anche la Cina e l'India hanno sviluppato centri di ricerca formidabili. Però continua a esserci una fuga dei cervelli cinesi, indiani, russi, francesi e italiani, verso gli Stati Uniti. Finché dura, è un segnale di vitalità dell'impero. Non è sufficiente da solo: la classe dirigente della Roma antica continuava a mandare i suoi figli a studiare in Grecia, anche quando ormai Atene aveva ceduto da tempo lo scettro del comando. Un solo indicatore non basta per stabilire se l'Impero americano sia in buona salute o in avanzato deperimento.

C'è un lungo elenco di segnali del declino americano, che si stanno accumulando da tempo. Questi autorizzano a dare una risposta affermativa alla domanda iniziale: sì, la fine si sta avvicinando. Tra questi metterei al primo posto le diseguaglianze economiche crescenti, che trasformano l'America in una società meno democratica, più oligarchica. Lo stesso sistema universitario ne è colpito: l'afflusso di cervelli stranieri «maschera» il fatto che per molti figli del ceto medio statunitense una buona università è diventata un costo insostenibile. Tra le patologie gravi includo un sistema politico impazzito e incattivito: una nazione sempre più spaccata, dove destra e sinistra si negano reciprocamente ogni legittimità (un problema che è molto antecedente all'elezione di Trump, già ben visibile sotto Bill Clinton, George W. Bush, Barack Obama). Una democrazia malata non riesce a dare risposte alle sfide più gravi e urgenti come il cambiamento climatico, la qualità dell'istruzione e della salute, il deperimento delle infrastrutture e dei servizi pubblici.

E questo porta alla linea rossa finale, quella che può racchiudere la risposta sulla fine dell'egemonia americana. Per la natura stessa di questo impero, l'importanza che hanno avuto i valori nel cementare la sua rete di alleanze, la linea rossa decisiva potrebbe essere quella che segna il perimetro mondiale delle liberaldemocrazie. L'avanzata delle democrazie ha toccato il massimo nella fase «unipolare» della leadership Usa, subito dopo la caduta del Muro di Berlino e la disgregazione dell'Urss, quando tanti paesi dell'Europa dell'Est hanno scelto di aderire a un modello che aveva l'America al centro. Oggi questa linea rossa delle liberaldemocrazie arretra. Certo non aiuta il fatto che la presidenza Trump abbia espulso i valori universali (quelli della tradizione wilsoniana e rooseveltiana) dall'orizzonte della sua politica.

La linea rossa delle liberaldemocrazie segnala anticipatamente un problema, rispetto a quella delle basi militari, dei grandi porti della US Navy. L'Impero americano ha avuto come caratteristica originale proprio quel mix dove le idee valevano quanto la forza. Se tramonta il fascino delle idee, allora sì, il solo dispositivo militare può diventare troppo costoso, anacronistico, insostenibile.

II
Moriremo cinesi?

Dove fa la sua comparsa una Nuova Via della Seta; si scopre che i leader di Pechino per rassicurarci citano i classici greci («trappola di Tucidide»); si ritorna sulle tracce di un italiano nel deserto di Gobi; si cerca di decifrare la trappola della Corea del Nord; e si pone la domanda: «La Cina ha un piano di egemonia globale?».

Via terra ho sperimentato l'ingresso in Cina da una delle rotte degli antichi mercanti veneziani. La stessa pista fu usata dalle tribù di invasori che minacciarono l'Impero di Mezzo dalle steppe dell'Asia centrale. Ho quindi seguito, cent'anni dopo di lui e in condizioni logistiche molto meno disagiate, un tratto della strada percorsa in un celebre rally automobilistico dal giornalista italiano Luigi Barzini nel deserto di Gobi. È un viaggio istruttivo, anche perché serve a ricordare come nasce l'esigenza di una Grande Muraglia, da dove è venuto storicamente il pericolo per gli imperi cinesi, da quali «barbari» hanno dovuto proteggersi. E questa memoria spiega l'attuale perimetro del territorio della Repubblica popolare; o il duro atteggiamento di Pechino verso minoranze etniche come i tibetani (buddisti), gli uiguri (musulmani) e i mongoli.

Oggi in Cina di solito ci si arriva in volo, non attraversando deserti e montagne dell'Asia centrale. Io, le rotte aeree, le ho dovute provare quasi tutte, e ciascuna mi ha insegnato qualcosa di nuovo. Sull'intreccio tra la geografia e la storia di questa nazione (o meglio «civiltà») plurimillenaria. Sulla funzione delle sue attuali frontiere. Su come la Cina «si vede», ovvero percepisce se stessa e i suoi rapporti col resto del mondo. Sull'invisibile linea rossa che segna il confine immaginario del nuovo impero, in costante espansione.

Ancora quarant'anni fa, quando la Cina maoista era abbastanza isolata, o poco più tardi, all'epoca dei primi successori di Mao Zedong quando il paese cominciava a riaprirsi al mondo, i collegamenti aerei erano scarsi. Allora conveniva fare scalo a Hong Kong, e da lì proseguire per una destinazione nella Repubblica popolare. Arrivarci così, dalla costa meridionale, significa sorvolare da subito la zona più densamente popolata del paese, un agglomerato ininterrotto di metropoli dove abitano i cinesi «cantonesi», quelli che parlano la lingua del Sud, molto diversa dal mandarino di Pechino. Da Hong Kong sei subito a Shenzhen e a Guangzhou (già chiamata Canton), concentrazione di potenza industriale. Il cuore palpitante di questa regione è il delta del Fiume delle Perle. Terzo corso d'acqua cinese per lunghezza (2200 chilometri) dopo il fiume Giallo e lo Yangtze, quello delle Perle sbocca nel mar Cinese meridionale, tra Hong Kong e Macao. Il nome elegante e suggestivo non inganni, oggi la regione è la più industrializzata, e quindi tra le più inquinate della Cina. È anche quella dove 66 milioni di cinesi – il 5 per cento della popolazione – producono un quarto di tutte le esportazioni made in China, quasi l'equivalente del commercio estero dell'intera Germania.

Da lì, risalendo lungo la costa, sorvoli Hangzhou, l'antica capitale della seta dove soggiornò Marco Polo, e raggiungi Shanghai. Ammesso che dall'aereo si riesca a vedere qualcosa – accade di rado, poiché la zona è quasi sempre coperta da una vasta nube tossica, spessa coltre d'inquinamento industriale e urbano – là sotto ci sono i veri protagonisti del «miracolo» economico cinese, e non solo quello degli ultimi trent'anni. Nel 1979, quando il leader comunista Deng Xiaoping decretò la fine dell'economia maoista, i primi ai quali lanciò il messaggio «arricchirsi è glorioso» furono gli abitanti delle province meridionali. E non a caso: quella stessa zona aveva visto fiorire molti secoli prima, quando la Cina era la nazione più ricca e più avanzata del pianeta, un protocapitalismo mercantile. La provincia-regione meridionale del Guangdong, uno dei centri propulsivi della ricchezza di molte dinastie imperiali della Terra di Mezzo, fu storicamente anche uno dei luoghi in cui la specie umana compì con maggior successo la transizione dal nomadismo all'agricoltura stanziale.

L'eccezionale fertilità di quelle terre destinate a risaie è dovuta alla latitudine e al clima, fattori sfruttati e potenziati da una «civiltà idraulica» nella quale i cinesi si distinsero tra i primi, con la realizzazione di grandi opere pubbliche atte a regolare, orientare e modificare il corso dei fiumi per metterli al servizio delle coltivazioni. E questo ha consentito alle regioni meridionali della Cina, da qualche migliaio di anni, di sfamare e ospitare una delle massime concentrazioni di esseri umani del pianeta. Le «economie di scala» o «sinergie» di tanti individui resi sedentari e messi a lavorare fianco a fianco si sarebbero rivelate utilissime anche al momento del balzo nell'era industriale. Con qualche danno collaterale legato proprio all'eccezionale densità di popolazione.

Molto prima che arrivasse l'inquinamento moderno, il Sud della Cina era già stato un laboratorio di pandemie globali per la facilità di contagio tra umani o tra uomo e animale (galline, maiali), dovuta all'estrema promiscuità nelle abitazioni. Nel mio piccolo, anch'io ne subii la conseguenza, con il rinvio di un anno del mio trasferimento dall'America alla Cina, a causa dell'epidemia di Sars del 2003 che a scopo profilattico, nel panico da contagio, praticamente «chiuse le frontiere» tra la Cina e il resto del mondo. Non fu l'unica epidemia di influenza aviaria a nascere in quel laboratorio patogeno, prima o dopo il 2003. Una popolazione umana così concentrata è stata per millenni capace di tutto: cooperare, scambiarsi idee, inventare tecniche produttive, e anche trasmettersi un bel po' di germi.

Quando facevo il pendolare tra la California e la Cina, invece, la mia rotta abituale era il volo nonstop di 11 ore tra San Francisco e Pechino, qualche volta alternato con il New York - Pechino, che dura quasi 14 ore senza scalo. Una lezione di geografia, anche quel percorso. Cominciate col chiedervi: se la traversata d'America coast-to-coast richiede ben 6 ore, perché nel volare verso la Cina dalla East Coast questa durata si dimezza? A rigore, infatti, facendo 11 + 6, il volo New York - Pechino dovrebbe durare quasi 17 ore. La spiegazione sta nella «scorciatoia polare». Più il tragitto intercontinentale si allunga, più conviene puntare decisamente verso il Polo Nord prima di ridiscendere verso la destinazione finale. Il globo terrestre è largo al centro, in corrispondenza dell'equatore, e strettissimo sulla punta, cioè ai poli. (A volte ce lo dimentichiamo per colpa dei planisferi, che sono una raffigurazione bidimensionale della sfera in cui le distanze risultano deformate.) Questa è un'ovvietà per chi vola, poiché le rotte artiche sono usate da tanto tempo in aviazione. La novità più recente è che la stessa logica delle distanze comincia a essere applicata alle rotte navali.

Quando lascia la rotta artica, il volo dall'America alla Cina scende velocemente verso la penisola coreana, e inizia l'avvicinamento a Pechino. Qui siamo nella Cina del Nordest, l'altro fulcro di una civiltà imperiale che si è divisa tra dinastie settentrionali e meridionali, a seconda del baricentro dei loro interessi e dell'ubicazione delle loro capitali. Xian, la città dove si trova l'armata dei guerrieri di terracotta, è stata con Pechino una delle capitali settentrionali. Arrivare in Cina dall'America scendendo dopo la scorciatoia artica significa sorvolare a lungo zone montuose, impervie, semidesertiche, spopolate. Eppure è da qui che arrivò l'ultima dinastia regnante della storia: i Qing, che erano di etnia mancese. E che, caso raro almeno nella storia della Terra di Mezzo, furono una dinastia imperiale dichiaratamente straniera. I mancesi si mescolarono poco con gli han – l'etnia che costituisce la stragrande maggioranza della popolazione, quelli che si considerano «i cinesi autentici» – e non cercarono nemmeno di padroneggiarne i costumi o la lingua. Eppure governarono per quasi tre secoli, dal 1644 al 1912. In precedenza, altre dinastie di origine straniera, ma più sinizzate, erano state il risultato d'invasioni mongole o turche: sempre popoli delle steppe che arrivavano dai confini settentrionali.

Giungendo a Pechino da nordest, se si ha la fortuna di un cielo terso si intravedono, prima della capitale, alcuni tratti della Grande Muraglia. È impossibile non riconoscerla: i costruttori di quella gigantesca fortificazione, la più grande opera mai edificata, spesso seguirono la cresta dei monti per disegnarne il tracciato. Non era la soluzione più semplice per il lavoro dei muratori, però aveva un senso: così, infatti, le torri di avvistamento disponevano della massima visibilità sulle valli e potevano segnalare in anticipo l'avvicinarsi di sconosciuti, potenziali intrusi, nemici, invasori. E come la Grande Muraglia è stata strategicamente ubicata per vedere lontano, anch'essa può essere scorta da molto lontano, compreso dal finestrino di un jet. Osservarne dall'alto il tracciato che si inerpica su e giù e si snoda a zigzag lungo le creste dei monti in quest'area nordorientale, aiuta a ricordarci che la Cina subì numerose invasioni da orde di guerrieri a cavallo provenienti da zone semidesertiche, pochissimo abitate. L'eterno scontro tra barbari guerrieri e civiltà sedentarie: gli abitanti delle zone aride erano abituati a una vita di stenti, cresciuti nell'etica della violenza tribale, ma erano attratti dalla prosperità dei popoli stanziali e imbelli. Così, piccole tribù di combattenti decisi a tutto, pronti a sacrificare la vita, coalizzati in clan, potevano sconfiggere grandi armate imperiali. Memoria storica e fisionomia geografica si fondono nell'ispirare un senso di insicurezza ancestrale.

Ventidue secoli di storia della Grande Muraglia continuano a interpellarci tuttora sull'intreccio tra geografia naturale e geografia umana: più di ogni altra opera artificiale, essa è il simbolo dell'eterna lotta condotta dall'uomo per condizionare il corso della storia, governare gli eventi, in particolare le migrazioni-invasioni. Costruita a partire dal 220 a.C. per volontà dell'imperatore Shi Huangdi della dinastia Qin, per i cinesi di oggi la Muraglia è una vaga metafora di una lunga e grandiosa età dell'oro, di passate glorie imperiali, interrotte dall'Occidente nei due secoli di brutali umiliazioni iniziate con le guerre dell'oppio. In realtà, dal punto di vista militare la fortificazione fu una patetica linea Maginot, incapace di fermare le orde conquistatrici. Fu simbolo di una frontiera più culturale che geografica, tra civiltà e barbarie, ordine e caos. Nessun altro impero al mondo volle «murarsi» in modo così visibile, separandosi dal resto del mondo con una barriera fisica di 8800 chilometri; quasi tre volte la lunghezza del muro col Messico che Trump ha annunciato in campagna elettorale di voler completare. Quella cinta difensiva contro gli alieni, portatori del caos, ha colpito la fantasia umana al punto da generare leggende improbabili, come la tenace credenza secondo cui la Grande Muraglia sarebbe «l'unica costruzione umana visibile dalla Luna», diffusa da uno scrittore americano negli anni Trenta del secolo scorso. Riuscì ad autosuggestionarsi perfino un astronauta americano, Jake Garn, il quale durante una missione sullo Space Shuttle Discovery nel 1985 giurò di averla vista sul serio. (Impossibile.)

Per capire la sindrome cinese delle invasioni barbariche è ancora più istruttivo il volo dall'Europa. Spesso sono arrivato a Pechino dall'Italia, dalla Francia o dalla Germania. Anche in questi casi, per risparmiare carburante le rotte puntano a nord. Infatti, benché le compagnie aeree vengano tassate dalla Russia per il sorvolo, conviene comunque virare verso l'Artico e arrivare a Pechino dalla Siberia. Anche questo viaggio condensa in poche ore una lezione di geografia e di storia, che insegna molto sulla Cina di oggi. Le rotte aeree sulla Siberia, prima o poi sorvolano e attraversano due regioni della Cina odierna che non sono etnicamente omogenee, né sono state sempre sotto il controllo di Pechino. Si tratta dello Xinjiang, la più vasta regione della Repubblica popolare, abitata dagli uiguri, che sono turcomanni di religione islamica, e della Mongolia interna, popolata dai lontani discendenti dell'invasore Gengis Khan e del suo erede Kublai Khan, che conobbe Marco Polo. Sono regioni immense, confinanti con molti Stati esteri; poco abitate; perlopiù desertiche o montagnose. Fanno parte di quella estesissima linea rossa (in questo caso «cintura di sicurezza») che la Repubblica popolare controlla ai propri confini, e sono conquiste più o meno recenti. Talvolta questi giganteschi territori custodiscono grandi ricchezze, energia o minerali. Esempio: nel sottosuolo dello Xinjiang, nei bacini di Tarim e Junggar, è presente un quarto di tutto il gas e il petrolio cinesi, e oltre il 40 per cento di tutto il carbone. Ma questa regione venne annessa dalla dinastia Qing nel XVIII secolo, molto prima che si conoscesse l'entità delle sue risorse minerarie. In ogni caso, anche se questi territori non avessero simili giacimenti da sfruttare, la Cina vorrebbe controllarli lo stesso: la fanno sentire più sicura, sono delle zone-tampone fra la civiltà han e i barbari alle porte. Come il Tibet tiene a distanza la presunta minaccia dell'India, così lo Xinjiang e la Mongolia interna proteggono i cinesi da minacce – vere o immaginarie – che possono arrivare dai vasti confini settentrionali, cioè dall'odierna Russia (Siberia) o da altre nazioni dell'Asia centrale.

Il fatto che, nella storia della civiltà cinese, gran parte delle disfatte, delle invasioni, dei pericoli mortali sia venuta dal Nord, dalle «orde selvagge», tribù numericamente piccole ma di micidiale efficacia militare, capaci di edificare veri e propri imperi delle steppe, spiega un dato in cui si intrecciano geografia e storia: la Cina è una potenza terrestre più che navale. La distinzione è sempre stata importante.

Nella storia si sono spesso affrontati imperi marittimi e imperi terrestri: in Europa abbiamo avuto le lunghe sfide tra gli imperi oceanici di portoghesi e spagnoli, olandesi e, infine e soprattutto, inglesi; e tra gli imperi terrestri di Francia, Germania, Russia. Oggi, a livello planetario, la competizione mette in scena un impero marittimo come l'America e uno che ha origine terrestre, la Cina. Più avanti incontreremo un'eccezione importante nella storia cinese, cioè l'impresa dell'eunuco-ammiraglio Zheng He, per certi aspetti il precursore di Cristoforo Colombo. In quel caso, sotto la dinastia Ming, l'Impero di Mezzo accarezzò delle ambizioni di espansione oceanica. Ma fu un episodio di breve durata rispetto ai millenni della civiltà cinese. La vera svolta che proietta la Cina verso i mari sta forse cominciando solo adesso, sotto i nostri occhi. E noi ne subiremo le conseguenze proprio a casa nostra.

Quando andai a vivere a Pechino, in un'antica casa tra i vicoli del centro storico vicino al laghetto imperiale Houhai, la prima cosa che appesi al muro per «arredare» la mia nuova dimora fu una grande carta geografica. Di quelle che si usano nelle scuole, abbastanza larghe da essere visibili anche dagli ultimi banchi della classe. L'avevo comprata in una cartoleria di Pechino. Le prime volte che la guardavo rimanevo perplesso, disorientato. Era una mappa molto diversa da quelle che siamo abituati a consultare noi occidentali. Nei nostri planisferi, infatti, in mezzo si vede l'Europa, a sinistra l'America e a destra l'Asia. Invece, al centro di quella mappa c'era la Cina: Terra di Mezzo, appunto, secondo il significato letterale del termine Zhongguo, che è il suo nome in mandarino. Il resto del mondo – l'Europa da una parte, le Americhe dall'altra – era relegato ai margini, alle due estremità: periferie. È molto probabile che una carta del mondo fatta così, voi non l'abbiate mai vista. Ci mette a disagio, perché sembra deformare l'immagine degli altri continenti, li comprime e li distorce; si stentano a riconoscere quelle sagome che siamo abituati a vedere fin dall'infanzia. Eppure è quella la carta geografica che viene studiata nelle scuole cinesi. È la visione confuciana del mondo, con la civiltà cinese al suo centro: tutto il resto sono satelliti che le gravitano attorno, o barbari alla periferia, soggetti comunque inferiori.

Quando mia moglie e io adottammo tre bambini «cinesi» – o meglio, cittadini della Repubblica popolare ma appartenenti al popolo degli yi o norsu, una minuscola minoranza etnica del Sichuan – all'inizio accarezzammo l'idea di portarli con noi a Pechino, trasferendoli da Xichang, città della provincia di Sichuan. Bastò qualche loro breve soggiorno a casa mia nella capitale per dissuaderci. Gli episodi di razzismo nei loro confronti erano quotidiani. I tre bambini venivano riconosciuti immediatamente come diversi e trattati con un disprezzo rivoltante. Qualche amico ci spiegò che a Pechino li avrebbero ammessi solo in una scuola per bambini con gravi handicap mentali. Ne avremmo fatto degli infelici. Chi crede che il razzismo sia una piaga dell'Occidente, non è mai vissuto in Cina o in Giappone. Pochi popoli sono così imbevuti della teoria della propria superiorità come quelli che appartengono alla civiltà confuciana.

Nei miei anni cinesi mi appassionai alla storia di quel paese. Un personaggio in particolare mi affascinava: quell'eunuco-ammiraglio Zheng He, di etnia hui (l'altra minoranza musulmana in Cina, con gli uiguri) e quindi di religione islamica, che esplorò oceani lontani a partire dal 1405, oltre mezzo secolo prima che i navigatori europei aprissero per noi l'era delle grandi scoperte. Raccontato dai manuali di storia cinesi, che ne esaltano le gesta a fini patriottici, Zheng He vi appare come un eroe benevolo, alla guida di una flotta che esplorava interi continenti senza ambizioni di conquista o sfruttamento. Ma, negli ultimi anni, questa visione mitizzata è stata riveduta e corretta dalla storiografia non cinese: in realtà, la maestosa flotta di Zheng He intimidiva molti dei paesi visitati per farne dei vassalli arrendevoli. Non arrivò a conquistare e a costruire imperi d'oltremare, forse soltanto perché la dinastia Ming dovette ritirare la flotta e concentrare tutta la sua forza militare sul territorio domestico, minacciata da nuove invasioni nomadiche che avrebbero portato alla sua caduta. Ancora una volta la Cina doveva voltare le spalle al mare e occuparsi di un pericolo tutto terrestre.

Questi ricordi storici sono utili per rispondere alla domanda fondamentale del nostro tempo. Ben più importante del terrorismo islamico o dell'espansionismo russo, nel lungo periodo sarà l'ascesa della Cina il vero sconvolgimento del corso della storia? È inesorabile, inevitabile, il trapasso dal secolo americano al secolo cinese? Pechino ha ambizioni imperiali? Scivoleremo lentamente verso la sua orbita, soggetti al suo volere?

Chi teorizza la «trappola di Tucidide», come il politologo americano Graham Allison, docente a Harvard, pensa alla guerra del Peloponneso (431-404 a.C.). Nella ricostruzione dello storico greco Tucidide, furono l'ascesa di Atene e la paura che ispirò a Sparta a rendere la guerra inevitabile. Allison, a sua volta, ha studiato i 16 casi più recenti degli ultimi 500 anni in cui «l'ascesa di una grande nazione ha minacciato la posizione della potenza dominante»: 12 di questi casi si sono conclusi con una grande guerra.

Lo stesso presidente Xi Jinping si è espresso su questo tema. Lui prende sul serio la «trappola di Tucidide», al punto che l'ha citata più volte nei suoi discorsi. Fa una certa impressione pensare che il presidente cinese citi il più grande storico dell'antica Grecia, mentre i politici occidentali raramente leggono libri (lo ha ammesso in pubblico recentemente un presidente del Consiglio italiano), e Donald Trump si vanta di capire la politica estera solo ascoltando qualche talkshow televisivo. Sarà un beneficio collaterale delle autarchie, che non devono preoccuparsi della prossima scadenza elettorale? Sta di fatto che Tucidide ha un rilancio di fortuna grazie a un «grande lettore» di Pechino. Il quale ammonisce noi occidentali, soprattutto gli americani, a non cadere nell'errore che provocò la guerra del Peloponneso e dal quale furono tutti danneggiati (Atene fu sconfitta ed entrò in crisi anche il suo modello di democrazia; ma alla fine fu l'intera Grecia a imboccare la via del declino, preludio alla sua conquista da parte di Filippo il Macedone). Xi vuole rassicurarci: la sua Cina – proprio come l'ammiraglio Zheng He nella versione agiografica – è una potenza benevola. È interessata a favorire gli scambi nell'interesse reciproco: «win-win», un gioco in cui siamo tutti vincitori. Il suo modello è la Via della Seta come archetipo di una grande arteria commerciale capace di generare ricchezza lungo tutto il suo tracciato.

«Via della Seta» è un termine coniato dal geografo tedesco Ferdinand von Richthofen nel 1877 per descrivere una realtà antichissima. Per noi italiani ha una risonanza evocativa: indica l'insieme di rotte commerciali e carovaniere che congiungevano il Mediterraneo con l'Asia centrale e poi con l'Estremo Oriente, dai tempi dell'antica Roma fino al nostro Rinascimento. Ed è la strada percorsa da Marco Polo, figlio di mercanti veneziani, per arrivare fino al mitico Catai, la Cina dell'imperatore di stirpe mongola Kublai Khan, che descrisse nel suo *Milione*.

La Nuova Via della Seta, proposta oggi dalla Cina al resto del mondo anche con il nome «Belt and Road Initiative» (iniziativa strada-cintura), si propone come l'architrave della globalizzazione 2.0. Se il secolo americano si sta chiudendo, il secolo cinese si candida a sostituirlo con questo modello pacifico. Il titanico progetto di infrastrutture che Pechino «offre» al resto del mondo (pagando buona parte dei costi, stimati oltre i mille miliardi di dollari), non è solo la costruzione di una vasta rete di connessioni per consolidare rapporti economici; è anche l'idea di un modello alternativo a quello americano.

Siamo al passaggio delle consegne? In America e nell'intero Occidente si moltiplicano i pentiti della globalizzazione, e maturano ripiegamenti nazionalisti. La Cina afferra la bandiera del globalismo, ne pretende la leadership, costruisce le nuove istituzioni per governarla.

Oggi è l'Occidente a fare marcia indietro rispetto al multilateralismo e alla globalizzazione. E non solo per colpa di Trump. Prima ancora della sua elezione alla Casa Bianca, nel Regno Unito la vittoria di Brexit al referendum aveva confermato l'inizio di una marcia a ritroso rispetto all'era della costruzione di grandi mercati aperti, ormai contestata da anni sia in Europa sia in America. Appena arrivato alla Casa Bianca, Trump ha stracciato il Tpp, il nuovo trattato di liberalizzazioni degli scambi con l'Asia-Pacifico a cui aveva lavorato per anni Obama. Il trattato gemello fra Usa e Ue, il Ttip, era già finito da tempo su un binario morto. E questo prima dell'arrivo di Trump: erano gli europei a non volerlo più.

Ma il presidente americano respinge anche altri aspetti della tradizione globalista; rimette in discussione il ruolo leader degli Stati Uniti negli affari mondiali. Riprendendo un cavallo di battaglia della sinistra, durante la campagna elettorale del 2016 Trump ha ripetuto più volte: smettiamola di fare il gendarme del mondo, non illudiamoci di esportare la democrazia; se c'è una nazione da ricostruire è l'America, le cui infrastrutture cascano a pezzi. Constatazione irrefutabile. Però questo accento sulla «priorità interna» segna una rottura con 70 anni di tradizione globalista degli Stati Uniti. Non è che la Cina sia meno nazionalista; e, in quanto a protezionismo, può dare dei punti a

*Le Nuove Vie della Seta:
terrestre (linea continua)
e marittima (linea tratteggiata).*

tutti. Ma ora è Xi Jinping ad ammantare gli interessi nazionali cinesi di una visione globale, che include un progetto da condividere con il resto del mondo. Secondo le stime di Pechino, gli investimenti per la Nuova Via della Seta hanno già creato 180.000 posti di lavoro nei 65 paesi coinvolti, che rappresentano il 62 per cento della popolazione mondiale e oltre un terzo del Pil planetario.

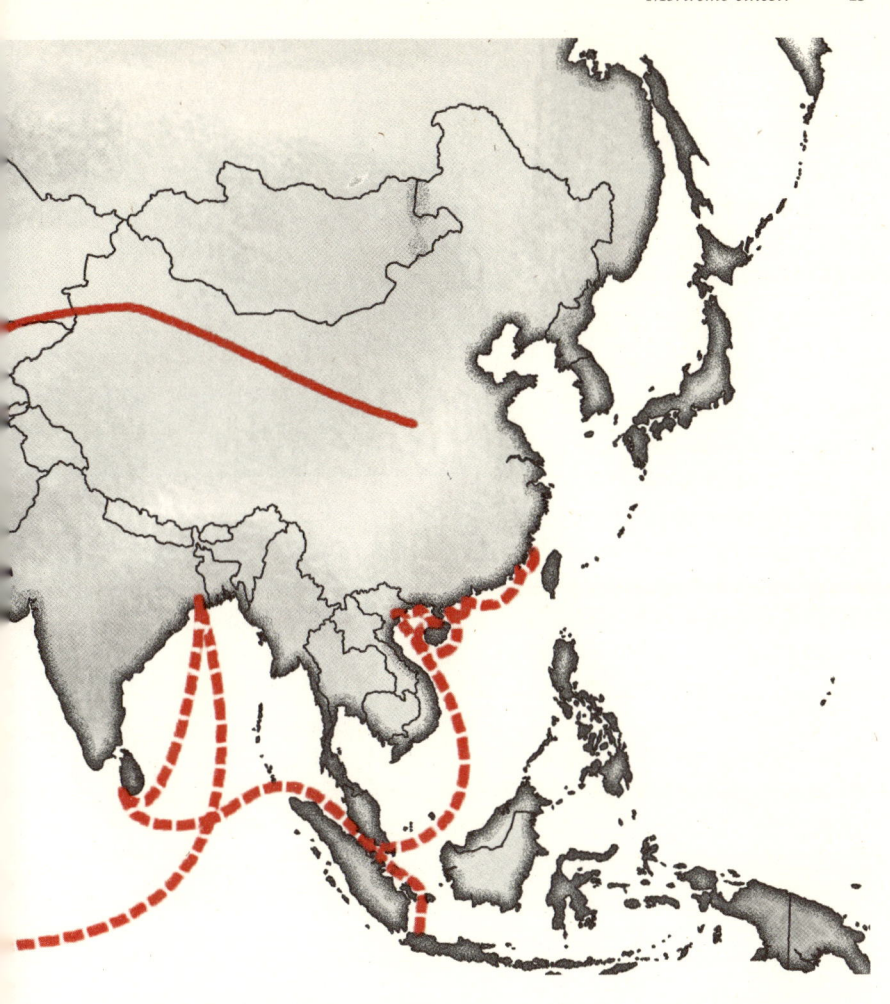

Mille miliardi di dollari sono una valutazione «prudente» di quel che la Cina stima come volume totale degli investimenti in infrastrutture, dalle ferrovie merci ai porti, dagli oleodotti alle reti elettriche, in una ramificazione che abbraccia l'oceano Indiano e il Mediterraneo, il Sudest asiatico e la Mitteleuropa.

È finanziariamente sostenibile? Pechino ha un debito pubblico più alto di quello americano, ma procede lo stesso. Nel suo capitalismo di Stato le joint venture pubblico-privato sono costanti. Banche pubbliche e grandi imprese statali hanno già stanziato 130 miliardi di dollari per investimenti in vario modo collegati alla Nuova Via della Seta.

Il globalismo cinese, proprio come quello americano alla fine della seconda guerra mondiale, avanza costruendo non solo autostrade e aeroporti, ma anche istituzioni per la governance. L'America di Franklin D. Roosevelt disegnò l'architrave della prima globalizzazione a Bretton Woods nel 1944, con l'istituzione del Fmi e della Banca mondiale, affiancati nel 1947 dal Gatt. Poi i successori di Roosevelt appoggiarono la nascita della Cee, nel 1957. La Cina ha già fatto una prima mossa con l'inaugurazione dell'Asia Infrastructure Investment Bank. È una grande banca, pubblica e governativa ma aperta ai capitali privati, che, come dice il nome, ha la vocazione a investire nelle infrastrutture. Gli americani usarono gli aiuti del Piano Marshall per legare a sé i paesi alleati, e al tempo stesso farne degli sbocchi per le proprie esportazioni. Xi è già riuscito ad attirare dentro la nuova banca i maggiori paesi europei, sganciandoli dagli Usa, che non ne fanno parte. E alla Cina la Nuova Via della Seta apre ulteriori sbocchi, proprio come il Piano Marshall: a cominciare dalle grandi opere infrastrutturali, dalla produzione di cemento e acciaio, dove la Repubblica popolare soffre di sovrapproduzione. È un modo per rilanciare la crescita cinese, minacciata al suo interno da bolle speculative, sofferenze bancarie, invecchiamento demografico. E si accompagna all'internazionalizzazione del renminbi, che è stato promosso dal Fmi nel club delle valute globali con dollaro, euro, yen.

Il secolo americano ebbe la sua dottrina: da un lato vantava la superiorità del binomio formato da economia di mercato e liberaldemocrazia; dall'altro prometteva benefici ben distribuiti a tutti coloro che aderivano a quel modello. Oggi l'Occidente è pervaso da dubbi e delusioni: con la globalizzazione sono aumentate le diseguaglianze interne, il ceto medio sta franando, i giovani hanno aspettative inferiori ai genitori. La Cina vede il mondo alla rovescia: la globalizzazione ha ridotto le distanze che la separavano da noi; ha consentito di creare una nuova classe media di oltre mezzo miliardo di persone.

Xi teorizza apertamente la superiorità del suo modello autoritario rispetto al caos politico delle democrazie occidentali. Ma nei maxi-investimenti per la Nuova Via della Seta chi garantisce la sostenibilità ambientale? E in quei cantieri ci sarà spazio per i diritti sindacali? L'Europa, che ha contestato aspramente il globalismo di Obama e il Ttip in nome della salute e della protezione dei consumatori, dovrà mostrarsi altrettanto vigile di fronte all'avanzata del modello cinese. La Nuova Via della Seta promette conseguenze notevoli anche per il Mediterraneo e alcuni porti italiani, come Genova e Trieste (oltre che per le zone costiere del Medio Oriente e dell'Africa). Strade, autostrade, ferrovie e porti che i cinesi stanno costruendo irrobustiscono i loro legami con tutta l'Asia centrale. Servono, tra l'altro, a creare un rapporto di dipendenza in quelle nazioni islamiche che potrebbero essere tentate di appoggiare il secessionismo uiguro. È il caso di citare il geografo tedesco Karl Haushofer, celebre e famigerato perché ispirò la visione geopolitica del nazismo. Secondo Haushofer, solo le nazioni in declino ambiscono ad avere confini stabili, solo le civiltà decadenti cercano di proteggersi con fortificazioni. Le nazioni «virili» – cioè le potenze in ascesa – costruiscono strade, non muri. Ecco quindi che la Cina di oggi dà segno proprio di quella «virilità». In un passato remoto costruì la Grande Muraglia, che però non bastò a proteggerla dalle invasioni barbariche. In un passato più recente conquistò vaste zone semidesertiche abitate da altre etnie, come i tibetani, gli uiguri, i mongoli: la linea rossa di regioni-cuscinetto per difendere il cuore della nazione han. Ora a quella linea rossa difensiva ne sovrappone un'altra: l'ultima linea rossa da seguire con attenzione è il tracciato terrestre della Nuova Via della Seta. A volerne vedere l'aspetto imperiale, quel reticolo di nuove autostrade e linee ferroviarie, oleodotti e tralicci elettrici, fibre ottiche per telefonia e Internet, equivale ai tentacoli con cui la Cina vuole avvinghiare anzitutto i paesi limitrofi dell'Asia centrale per farne dei vassalli, dei satelliti economici, e quindi prevenire qualsiasi ostilità da parte loro, a cominciare da eventuali velleità di appoggio alle rivendicazioni delle minoranze etniche.

Questa strategia imperiale si coniuga con la sinizzazione demografica: da molti anni Pechino elargisce generosi incentivi ai cittadini han che accettano di trasferirsi in «sedi disagiate» come il Tibet o lo Xinjiang. E disagiate lo sono davvero: chi va ad abitarci trasloca a parecchie ore di aereo (o giornate di treno) da familiari e amici, tra popolazioni locali ostili ai nuovi venuti, in zone climatiche molto diverse dalle aree costiere. In Tibet c'è l'ulteriore aggravante dell'altitudine e, avendo visto diversi amici cinesi vomitare subito dopo l'atterraggio a Lhasa, mi sono convinto che gli han, oltre i tremila metri, soffrono di difficoltà di ambientamento superiori alle nostre. E tuttavia continuano ad affluirvi: l'avanzata demografica dal Sud verso il Nord e il Far West è implacabile. La sinizzazione attraverso l'emigrazione è una leva potente ma non sufficiente. I cinesi han stanno trasformando tibetani, uiguri e mongoli in minoranze a casa loro. Questo non impedisce delle intifada, scoppi improvvisi di proteste violente come quelle del 2008 e 2009. Inoltre è meglio avere la certezza che dall'altra parte del confine non ci siano santuari, appoggi occulti a chi si ribella nelle aree periferiche della Repubblica popolare.

«C'è qualcuno che accetti di andare da Pechino a Parigi in automobile?» L'annuncio appare nel 1907 sul giornale francese «Le Matin», che lancia il rally attraverso due continenti. Il termine usato allora è «raid automobilistico», dal suono militare: sottolinea il carattere epico della gara quando, oltre un secolo fa, l'automobile è un bolide raro e formidabile, esaltato dai poeti futuristi, simbolo di progresso. Tra le prime adesioni abbondano dilettanti e mitomani, ma «Le Matin» pubblica anche quella di un italiano «concisa e fredda come una ricevuta», scriverà il giornalista Luigi Barzini. «M'inscrivo alla vostra prova Pechino-Parigi con un'automobile Itala. Vorrete farmi sapere al più presto i particolari perché possa regolarmi nella preparazione. Principe Scipione Borghese.» Già esperto esploratore di terre lontane, a bordo dell'imponente Itala da due tonnellate Borghese porta con sé il meccanico Ettore Guizzardi e Barzini, il più celebre inviato speciale nella storia della stampa italiana. I tre condividono una folle corsa di 15.000 chilometri attraverso Cina, Mongolia, Siberia, Russia, Germania, tagliando vittoriosi il traguardo a Parigi dopo sessanta giorni. Un'impresa che Barzini racconta tappa per tappa al pubblico mondiale negli articoli trasmessi al «Corriere della Sera» e al «Daily Telegraph» di Londra. La parte cinese di quel viaggio è la più esotica e disagiata. Appena usciti da Pechino e superato il primo tratto della Grande Muraglia, scrive Barzini, «la campagna era deserta, dopo ore di solitudine sorpassavamo qualche carovana di cammelli, condotta da mongoli vestiti di pellicce di capra e sormontati da cappelli ottagonali a tetto di pagoda». Gli italiani attraversano «poveri villaggi di fango, piccoli templi in rovina, stamberghe isolate, casette miserabili che sembrano sperdute lungo la via: uno straccio rosso le indica come luoghi di sosta ai passeggeri stanchi, minuscole trattorie di mulattieri». Molti paesi «si sarebbero creduti disabitati, non si vedeva un uomo e non si udiva un rumore». La Cina del 1907 pare «una rovina abbandonata da secoli». È un paese che Barzini conosce, essendoci stato durante la guerra dei Boxer (1900), la rivolta antioccidentale conclusasi con una sconfitta umiliante dei cinesi.

All'inizio del Novecento la Cina è il patetico fantasma di quella potenza che fu l'Impero di Mezzo. Vive le ultime convulsioni di agonia la corrotta dinastia mancese dei Qing, fiaccata da due secoli di decadenza, incapace di competere con l'Occidente. Barzini ironizza sulla prima reazione del governo di Pechino di fronte al rally: «Il saggio e prudente Wai-wu-pu, il Gran Consiglio dell'Impero Celeste, aveva trasmesso una domanda attraverso la Legazione francese: quale sarà il numero delle automobili che dovrebbero partire da Pechino? Forse il Gran Consiglio cominciava già a temere un'invasione...». Il paese, sprofondato in una miseria medievale, assiste al passaggio dell'Itala come a un prodigio sovrannaturale. Barzini descrive così una sosta: «Intorno a noi s'era adunato un pubblico: soldati cinesi venuti da una fortezza di fango; carovanieri che avevano lasciato i convogli per vedere quel che avveniva di straordinario nella prateria; mongoli che abitavano alcune tende vicine, sopraggiunti con le loro donne dalla faccia tonda e i capelli coperti selvaggiamente di monili. Tutta questa gente ingombrava ogni spazio, osservando l'automobile con curiosità guardinga, seguendo i nostri movimenti con attenzione estatica, quasi attribuisce a ogni gesto degli stranieri un significato importante e misterioso. Per tenere lontana la folla Ettore descrisse intorno all'Itala un largo cerchio solcando la terra con un ferro, e nessuno varcò quel terribile segno».

I ponticelli di pietra sono troppo stretti per il mastodonte meccanico, le strade sono così disastrate che l'Itala affonda nelle buche e nel fango, per lunghi tratti è costretta a farsi trascinare con le funi da squadre di facchini. Guizzardi passa le notti in bianco a smontare, pulire e oliare ogni ingranaggio del motore per salvarlo dalla corrosione della sabbia. Quando l'Itala affronta il deserto di Gobi, l'unico modo per orientarsi è seguire i pali del telegrafo: prima o poi devono finire in un ufficio postale, avamposto della civiltà. Il telegrafo che collega Barzini ai suoi lettori è protagonista di incidenti esilaranti. Nonostante la concisione del giornalista, «la lunghezza dei dispacci spaventava gli impiegati; mandare un telegramma di mille parole lo reputavano una follia della quale rifiutavano ostinatamente di rendersi complici, e cercavano ogni pretesto per farmi rinunziare alla trasmissione». Una notte viene svegliato da un telegrafista cinese assalito da un dubbio: le parole del suo testo andavano lette dall'alto in basso oppure da destra a sinistra? Pura curiosità, perché il testo, spiega l'addetto, «è già stato trasmesso dall'alto in basso e così è arrivato».

La cronaca integrale di Barzini – *La Metà del Mondo vista da un'automobile* (Hoepli, 1908; Touring Editore, 2006) – è una lettura fantastica. Io ho riprovato l'impresa e l'ho raccontata sulla «Repubblica» cent'anni dopo. In condizioni ben diverse: nell'era del turbo, dell'aria condizionata, dei navigatori satellitari, dell'elettronica di bordo che controlla le sospensioni e la pressione delle gomme. Nel settembre 2006 la Mercedes organizzò un rally analogo a quello proposto da «Le Matin», ma in senso inverso, con traguardo a Pechino. Abitavo da due anni nella capitale cinese e accettai l'invito. Più dei record di velocità, un'altra sfida mi seduceva: affiancare le immagini della Cina di oggi a quelle che videro gli uomini dell'Itala. In particolare la zona più selvaggia, quel deserto di Gobi che nel 1907, appena avvistato, ipnotizza Barzini, gli dà quasi un senso di vertigine: «Gobi in mongolo significa cavità. Il deserto è una immensa depressione nel centro della Mongolia; è la cavità che conteneva un mare. Noi ci trovammo sulla riva di quel mare scomparso». Il Gobi ha una superficie di 1,3 milioni di chilometri quadrati, quattro volte l'Italia, e prosegue a ovest quasi senza interruzione nel deserto gemello del Taklamakan, grande quanto la Germania.

A Urumqi, prima tappa del mio rally in terra cinese, il Gps satellitare si rivela utile non per orientarsi nel deserto, ma per districarsi nel traffico caotico che risucchia le Mercedes e le centrifuga in un vortice di auto, camion, autobus e motofurgoni. Urumqi, fino a non molto tempo fa, era una remota oasi per carovane di cammelli lungo la (vecchia) Via della Seta. Oggi capitale della provincia dello Xinjiang, è una selva di grattacieli e di fabbriche, una metropoli di cinque milioni di abitanti con aeroporto internazionale, avvolta in una perenne coltre di smog nonostante i mille metri di altitudine. Solo l'uscita dalla città attutisce lo choc della prima delusione. Il deserto è lì che aspetta fin dalla periferia, grandioso, con dune alte come montagne che si tingono di rosa al primo sole dell'alba, e canyon di rocce coperte di sabbia finissima. Lungo il viaggio, giorno dopo giorno, si trasfigura in una varietà infinita di panorami, un riassunto di tutti i deserti della terra: dal Sahara al Rajahstan, dalla steppa siberiana alle Monument Valley e Death Valley americane, passando dal grigio antracite al giallo al rosso, dalle pianure lunari e troppo piatte alla benefica apparizione di catene di monti innevati, sempre sotto il cielo azzurro terso e un sole implacabile.

Da questi paesaggi affiorano frammenti di passato. Passano ancora carovane di cammelli, mercanti nomadi con facce da turchi (sono uiguri), o zigomi e criniere da cavalieri mongoli di Gengis Khan. Un vecchio patriarca con fez e barba da califfo, alla guida di un carretto trasporta varie mogli avvolte in variopinti scialli kazaki, e un carico di pelli di mucca da vendere al mercato. I più numerosi, però, sono i convogli di Tir. I camionisti sono i nuovi nomadi che navigano questo deserto, lo possiedono e lo temono (le tempeste di sabbia hanno devastato intere città), ne hanno fatto la loro casa e il loro calvario. Ne incroci qualcuno che, distrutto dalla stanchezza, frena di colpo e inchioda il Tir in mezzo alla strada per una siesta, poi scende a fare la pipì, ti offre sigarette, birra, vuole una foto insieme allo straniero. Hanno facce tartare o cinesi, indiane o levantine. Come ai tempi di Marco Polo, parlano un semplice linguaggio universale. È l'esperanto dei mercanti che per millenni hanno costruito su questa rotta i legami fra Oriente e Occidente: oggi all'arabo e al persiano si è aggiunta qualche parola di inglese e di mandarino.

Se la Via della Seta è stata l'antenata delle autostrade, la madre di tutte le piste terrestri dell'umanità, oggi la Cina ne ha già ricostruito ampi tratti in asfalto, a quattro corsie. Il deserto è stuprato dalla colata di cemento che avanza. Cavalcavia, svincoli in mezzo al nulla, caselli per il pedaggio, distributori di benzina grandi come piramidi e a volte così nuovi da essere ancora senza benzinai. Dove l'autostrada non è terminata, in mezzo al deserto pullulano scavatrici, gru e schiacciasassi, yurte mongole trasformate in tende per eserciti di muratori. Per migliaia di chilometri sfreccio a velocità stupefacente ed è come se fossi immobile, su questa autostrada nuova fiammante che taglia l'infinito come una crudele cicatrice nera. Tracciata col righello, dritta fino a perdersi all'orizzonte, come le highway americane nelle monotone pianure del Midwest. Troppo larga, almeno nella mia traversata del 2006, rispetto al traffico ancora sporadico, tanto che qualche camionista distratto la percorre contromano, costringendo i piloti del rally a improvvise gimcane. Sembra eccessivo questo gigantismo autostradale dei governanti cinesi, uno spreco da moderni faraoni. Poi incroci colonne di Tir che trasportano automobili, diretti ai concessionari di Urumqi e Hami, e ricordi che questa Cina brucia sempre i tempi, qui tutte le proiezioni si avverano in anticipo: le quattro corsie libere nel Gobi non resteranno vuote a lungo. Forse non lo sono già più oggi, dieci anni dopo il mio rally. Con un presentimento, oltre cent'anni fa Barzini a bordo dell'Itala solitaria scriveva: «Pensavo che noi a tante deplorevoli novità stavamo per aggiungere anche l'automobile... La Cina se ne va! – dicevo fra me con un certo rimpianto».

Il principe Borghese, per non perdersi, cercava i pali del telegrafo. Oggi i punti di riferimento nel deserto sono gli altissimi ripetitori telefonici. Li avvisti a decine di chilometri di distanza, alimentati da pannelli di energia solare o da selve di pale eoliche, e capisci perché il cellulare funziona meglio qui che nel centro di Manhattan. Addio telegrafisti, le oasi nel deserto hanno Internet. A tratti l'autostrada della Via della Seta costeggia file di derrick: trivellano il suolo per pompare il petrolio che abbonda a pochi metri di profondità. Capisci la pervicacia di Pechino nel colonizzare lo Xinjiang islamico. È il Texas dei cinesi. Sotto il deserto custodisce 21 miliardi di tonnellate di greggio, diecimila miliardi di metri cubi di gas naturale, 138 varietà di metalli e minerali rari. Come nell'America dei pionieri, anche qui in mezzo alla sabbia spuntano d'incanto le newtown, cittadine costruite in un giorno, dormitori di operai del petrolio e delle miniere, file di palazzine popolari tirate su in fretta proprio lungo l'autostrada o la linea ferroviaria, con i primi negozi e gli immancabili tavoli da biliardo all'aperto.

Nonostante questo, per chi vuole sognare il deserto è ancora generoso di emozioni. Basta lasciare l'autostrada e avventurarsi sulle piste sterrate per avere incantevoli sorprese. L'oasi di Karez è una festa di colori autunnali, arancione e rossa come le foglie dei suoi faggi e dei pioppi; ha vigneti rigogliosi, casupole-alveare dove vengono essiccate le uvette dolci. Tutto quel bendidio esposto sulle bancarelle – datteri, mandorle, fichi – cresce grazie a uno stupefacente sistema di pozzi (i *karez*) e cunicoli sotterranei creati per incanalare l'acqua preziosa della falda. A Jiaohe si scopre una Pompei cinese: una misteriosa metropoli defunta, 380.000 metri quadrati di case-grotte scavate nella roccia gialla da un popolo ormai estinto, i gushi; una città-canyon dove emergono scheletri di minareti e pagode, al cui centro sorge un magnifico monastero buddista rimasto senza tetto, come una cattedrale gotica a cielo aperto, con i pinnacoli di roccia scolpita che puntano dritti al cielo. È la zona dove 1200 anni fa hanno convissuto il buddismo venuto dal Tibet e l'Islam. «Dal cuore dell'Asia, sorgente di religioni,» scriveva Barzini «delle onde di devozione sono colate per quelle valli a trascinare anime cinesi a nuovi culti.» Dopo il rally dell'Itala, purtroppo, negli anni Venti un archeologo tedesco saccheggiò le caverne di affreschi buddisti per portarli a Berlino dove furono distrutti nei bombardamenti del 1944.

Le dune del Gobi si addolciscono quando dalla sabbia spunta la torre fortificata di Jiayuguan, nel Gansu: per secoli l'estremo caposaldo occidentale della Grande Muraglia nel suo tratto più distante da Pechino. Letteralmente l'ultima fortezza prima del deserto dei tartari, il confine tra la civiltà cinese e l'inferno dei barbari, il grande nulla da cui sorgevano all'improvviso orde di nomadi guerrieri. A Jiayuguan cominciava la Siberia dei cinesi, dove gli imperatori Ming esiliavano i funzionari in disgrazia. Oggi questo cimelio della Grande Muraglia è un simbolo di altra natura, segna l'inizio della Nuova Frontiera. Alla fine della traversata del Gobi rimane impressa negli occhi questa semplice verità: la Cina, la nazione più popolosa del pianeta, è ancora per gran parte del suo territorio un'immensità disabitata. Non è solo la fame di materie prime che accende il desiderio di venire qui. Non è neppure unicamente per ragioni di sicurezza strategica, pur fondamentali, che la Cina degli han controlla questi deserti. Si sente l'attrazione irresistibile che esercita sui cinesi questo vuoto, come fu il Far West da conquistare per gli americani. Quel che i cinesi faranno di queste regioni sconfinate è una storia a cui l'Occidente non è del tutto estraneo. Barzini lo aveva intuito più di cent'anni fa. «Ci pare d'interrompere una quiete millenaria, di gettare un segnale di risveglio ad un gran sonno. La grande brama dell'anima occidentale, il segreto vero d'ogni suo progresso, è espressa in due parole: più presto! Nell'immobilità cinese noi portiamo l'essenza delle nostre febbri.»

Rispetto ai tempi del rally di Barzini, oggi le parti si sono rovesciate. Sono i cinesi che esportano la loro febbre del fare, convinti di essere i padroni del futuro. Anche il nostro.

Tre anni dopo aver fatto quel mini-rally nel deserto di Gobi, arriva per me il momento di lasciare la Cina. Ma proprio sul finire dei miei cinque anni di vita in quel paese, assisto al deflagrare di una delle proteste più violente tra i musulmani dello Xinjiang. È l'estate del 2009, mancano pochi giorni al G8 dell'Aquila sotto la presidenza italiana, dove io devo seguire per l'ultima volta la delegazione cinese prima di diventare corrispondente negli Stati Uniti. All'Aquila, tra gli ospiti d'onore, in rappresentanza di uno Stato non membro del G8 ma invitato di riguardo, doveva esserci l'allora presidente Hu Jintao. Non ci arriverà mai. Sostituito in extremis dal suo ministro degli Esteri, Hu Jintao è richiamato a casa da una grave emergenza, il divampare di scontri cruenti nello Xinjiang (il bilancio ufficiale parla di oltre duecento morti), e il suo governo decreta la legge marziale nella regione degli uiguri.

A metà luglio 2009, poco prima del mio trasloco da Pechino, dal G8 dell'Aquila rientro a mia volta in Cina e raggiungo lo Xinjiang, volando nella capitale Urumqi e poi nella città più islamica, Kashgar. Dopo che altri miei colleghi giornalisti ne sono stati espulsi in quei giorni perché il governo non vuole testimoni scomodi, sono costretto a usare una copertura rischiosa, non solo per me: mi metto in viaggio con moglie e figli, nonché la mia assistente cinese Zhang Yin. Simulo una visita turistica per non dover chiedere il permesso speciale: in teoria i corrispondenti accreditati a Pechino non possono viaggiare nelle province senza apposite autorizzazioni, o un vero e proprio visto nel caso del Tibet. Ho raccontato nel mio libro *Occidente estremo* quel viaggio in uno Xinjiang sotto occupazione militare. Una replica del tragico spettacolo a cui avevo assistito un anno prima nel Tibet delle proteste pre-Olimpiadi. In quei giorni trovo la capitale Urumqi presidiata da truppe in assetto da combattimento, pattuglie di soldati coi fucili automatici a ogni incrocio, armi puntate ad altezza d'uomo verso ogni passante. Il dispiegamento di forze inviate da Pechino traccia un confine netto tra le due Urumqi, la città modernissima che è stata, popolata dal recente afflusso degli han, e i «territori occupati», la casbah islamica focolaio della sanguinosa rivolta. È questa la parte più povera della città, un angolo di Medio Oriente dove le bancarelle dei mercatini offrono agnello allo spiedo, ciambelle di pane caldo, sete colorate, e le donne girano velate.

Rispetto all'occupazione militare del Tibet di un anno prima, nel luglio 2009 per reprimere gli uiguri il regime cinese ha fatto un balzo tecnologico impressionante. Non di solo esercito è fatto l'assedio, ma di un formidabile blackout elettronico. Non ho accesso a Internet né funziona il mio cellulare, finché giro tra Urumqi e Kashgar. Per volontà di Pechino, l'intero Xinjiang, un'area cinque volte più grande dell'Italia, è piombato in una sorta di Medioevo delle comunicazioni. Temibile prova generale per una guerra digitale, la Cina dimostra che dall'era dell'accesso si può tornare indietro. In quei giorni percepisco una nuova geografia della Rete, intere aree del mondo possono diventare enormi buchi neri se lo decreta un regime autocratico e modernissimo. Torno alle mie origini professionali pretecnologiche e mi aggiro per lo Xinjiang armato solo di penna e taccuino, nella speranza di poter raccontare quel che vedo quando tornerò dall'altra parte della barriera invisibile, la Grande Muraglia elettronica («di fuoco», la chiamano i dissidenti), molto più efficace e insormontabile rispetto a quella di pietra. Mi insegue in quella peregrinazione anche un controllo più tradizionale, all'antica: appena arrivo nella roccaforte musulmana di Kashgar, un commissario di polizia in borghese mi convoca nella lobby dell'albergo. Arrogante come un boss mafioso, mi fa un interrogatorio di terzo grado e m'incolla alle calcagna una «guida turistica» con l'obbligo di informarlo di tutti i miei spostamenti. «Qui le interviste le organizzo io» mi avverte.

Da Kashgar prendo la strada che porta ai confini con Pakistan, Tagikistan e Afghanistan. Luoghi maestosi, dove il deserto Taklamakan finisce alle falde dei monti Kunlun. Paesaggi magnifici, come il lago Karakul dominato dalla cima innevata del monte di Giada, a 7600 metri di altitudine. Come nel deserto di Gobi, anche qui le montagne sono solcate dall'autostrada nuova fiammante a quattro corsie e spuntano miniere a cielo aperto. Si spinge fino a queste alture semidesertiche la potenza economica cinese, segnalata dai Tir e dalle centrali fotovoltaiche. È la porta d'accesso ai vicini dell'Asia centrale. Qui la potenza imperiale di Pechino lambisce il suo fronte caldo con l'Islam. Da qui la solidarietà con la causa degli uiguri ha contagiato l'Asia musulmana. In passato ci furono, ad esempio, dei raid talebani contro le imprese cinesi in Afghanistan, per vendicare l'oppressione degli uiguri.

Sono appena 8 milioni gli uiguri dello Xinjiang, più 4 milioni di emigrati disseminati nel resto della Repubblica popolare in cerca di lavoro: un'inezia, come le altre 55 minoranze etniche, soverchiate da oltre un miliardo di han. Tra noi occidentali la causa degli uiguri non è mai stata popolare. Quando si è saputo della feroce repressione nello Xinjiang, Pechino ha zittito ogni protesta occidentale preventivamente, in nome della lotta al fondamentalismo islamico. Del resto, alcuni militanti uiguri erano stati catturati dagli americani in Afghanistan, e detenuti per anni a Guantánamo. Il teorema di una penetrazione di al-Qaeda, e poi dell'Isis, nello Xinjiang è quantomeno verosimile. L'amministrazione Usa e i governi europei non vogliono schierarsi con movimenti secessionisti uiguri, accusati di mettere bombe in giro per la Cina e, forse, di avere compiuto attentati sugli aerei.

All'interno della Repubblica popolare ogni fiammata di violenza etnica ricompatta immediatamente gli han. Non c'è nessuna simpatia per le minoranze, un'ondata nazionalista conforta il regime e sostiene la repressione militare. Nei commenti sui giornali, nei blog e nei forum online, è un fiume di accuse contro gli uiguri. Ladri e mafiosi. Parassiti. Non aiuta il fatto che quelle accuse e quegli stereotipi contengano elementi di verità: esiste davvero una mafia uigura, con diramazioni nel resto del paese, proprio come è esistita una mafia cecena nell'Urss e poi in Russia. Per contrastare il pericolo jihadista, l'approccio cinese e quello russo sono simili: la sicurezza prima di tutto; non ci si deve far condizionare da preoccupazioni sui diritti umani; bisogna fare terra bruciata attorno agli estremisti, anche colpendo familiari, amici, conoscenti.

La tragedia dello Xinjiang in quel luglio 2009 contiene un pezzo della risposta alla domanda sull'imperialismo cinese. Già oggi la Cina è un impero multietnico. Mai contaminato, però, da un approccio «multiculturale» come quello in voga in Occidente. La Repubblica popolare piega tutte le razze al ritmo della sua modernizzazione; è disposta a fare concessioni economiche per integrarle (le minoranze hanno qualche agevolazione, come il diritto a forme di «affirmative action», per esempio per l'accesso allo studio). Per chi non vuole integrarsi non c'è comprensione né tolleranza. All'ingresso delle moschee di Kashgar ho visto polizia, metal detector, tante videocamere di sorveglianza. La religione musulmana viene praticata sotto lo strettissimo e invasivo controllo del governo.

Sul futuro dell'impero cinese dislocato lungo questa linea rossa che traversa gran parte dell'Asia centrale grava un'ipoteca antica quanto l'Impero Celeste. È il problema che ha inseguito la Cina durante tutta la sua storia. È la stessa ragione che ha impedito all'ammiraglio Zheng He di costruire imperi oltreoceano. Anche oggi che la Repubblica popolare è in ascesa, vicina ad agganciare l'America, le sue forze armate non sono del tutto libere di concentrarsi su una nuova vocazione marittima e globale. Per quanto le minoranze etniche siano numericamente esigue rispetto agli han, pochi milioni di musulmani possono da un momento all'altro infiammare una nuova intifada. Costringendo Pechino a posizionare una parte del proprio dispositivo militare all'interno del territorio nazionale con funzioni di polizia. Gli Stati Uniti non hanno di questi problemi: non ci sono minoranze religiose secessioniste in rivolta alla frontiera col Canada o col Messico, tali da dover distogliere le forze armate da altri compiti. La Cina, come nei ventidue secoli precedenti della sua storia, non ha smesso di doversi preoccupare, anche, del suo fianco continentale.

Le paure di una guerra mondiale suscitate nel 2017 dai test missilistici e nucleari di Kim Jong-un mi fanno riesumare un vecchio taccuino di viaggio, un Moleskine di undici anni prima: gli appunti sulla mia visita in Corea del Nord. Una missione semiclandestina, un viaggio nell'orrore, ma a un'epoca che appariva meno terribile di oggi. Allora Kim Jong-un viveva da bamboccio viziato tra i lussi, forse in Svizzera, tenuto a distanza dal babbo-dittatore. Il regime era feroce, ma ancora lontano dalla bomba H o dai missili intercontinentali. Ecco un frammento dai miei ricordi del 2006, poi pubblicati in *L'ombra di Mao*:

> Il quadrireattore Ilyushin 62 di fabbricazione sovietica mostra gli acciacchi dei suoi 40 anni, ma non c'è alternativa. Il volo Air Koryo tra Pechino e Pyongyang è il solo collegamento regolare tra la Corea del Nord e il resto del mondo. È un'impresa prenderlo. È raro che riescano a entrare dei giornalisti. A bordo i passeggeri nordcoreani si riconoscono: completo grigio e cravatta, all'occhiello la spilla rossa con l'effigie del Caro Leader. Appena atterrati a Pyongyang iniziano riti che segnalano l'ingresso in un universo remoto e misterioso. La Corea del Nord è l'unico paese al mondo dove i telefonini vengono sequestrati dalla polizia di frontiera, dove i telefoni fissi sono disabilitati a ricevere chiamate dall'estero, solo pochi potenti hanno un accesso a Internet, e il visitatore viene scortato da due funzionari governativi con cui occorre «concordare» l'itinerario. Le dimensioni monumentali della capitale accentuano l'atmosfera irreale da città-fantasma. Dopo il passaggio davanti allo Stadio

Kim Il Sung (fondatore del regime, deceduto nel 1994, nonno dell'attuale dittatore), l'Arco di Trionfo celebra la guerra contro gli americani, la statua bronzea di Kim Jong-il (il tiranno numero due, al potere durante il mio viaggio, morto nel 2011), talmente colossale che dev'essere visibile dai satelliti-spia. Tutta l'architettura urbana è un omaggio titanico all'unica monarchia ereditaria comunista della storia, la cui ideologia accentua col passare degli anni i suoi connotati religiosi. Il leader si attribuisce poteri soprannaturali, alimenta leggende sui propri miracoli. Si erigono in suo onore templi che ricordano il culto dell'imperatore nell'era confuciana.

Pyongyang sembra finta. Una immaginaria Disneyland spopolata – senza turisti – tutta dedicata alla storia del comunismo, un Jurassic Park per farci viaggiare all'indietro nel tempo. Un mondo ricostruito com'era mezzo secolo fa all'apice della guerra fredda. Anche il resto della città ricorda un vecchio documentario in bianco e nero, ma piano piano vi compare un mesto popolo di ombre, e una realtà diversa sostituisce l'impressione di Disneyland. Un grattacielo-piramide abbandonato durante la costruzione, file di caseggiati dai muri scrostati o senza intonaco, compongono un paesaggio da dopoguerra. E quei loculi squallidi che s'intravedono illuminati da deboli neon sono le abitazioni dei semiprivilegiati, il «ceto medio» a cui il regime concede la residenza nella capitale dove stenti e privazioni sono un po' minori. È concesso un breve viaggio in metropolitana: lo scopo è farci ammirare la profondità dei tunnel-rifugi antiatomici. Il tragitto sottoterra è in mezzo a una popolazione gelida e silenziosa, dagli sguardi tristi e sfuggenti, con abiti grigi, tagli e fogge da Europa dell'Est anni Cinquanta. Questo è l'unico angolo d'Asia dove i bambini non sorridono allo straniero, non lanciano un «hèl-lòu!» allegro ma anzi abbassano gli occhi o si scostano impauriti.

Quel giorno mi sono sentito temuto e odiato, in un paese che da mezzo secolo viene tenuto in allarme permanente, mobilitato per fronteggiare un'invasione sempre imminente. La follia con cui un tiranno criminale manovra per conservare il proprio potere è diventata contagio, paranoia di massa, impazzimento di un popolo. E ora può scatenare la terza guerra mondiale?

È rischioso avventurarsi a scrivere di vicende roventi la cui evoluzione devo seguire di ora in ora nel mio mestiere di cronista. Cerco di attingere alla «storia lunga», di fare un passo indietro e cambiare prospettiva, per decifrare uno scenario geopolitico incomprensibile e minaccioso.

Anzitutto: l'importanza strategica dell'intera penisola coreana chiama in causa le lotte fra due imperi, quello cinese e quello (molto più breve) del Giappone. Il Sol Levante ha una civiltà «derivata» da quella cinese: nell'arcipelago il buddismo e il confucianesimo arrivano dal continente, gli ideogrammi nipponici discendono dal mandarino. Per gran parte della sua storia premoderna il Giappone si rinchiude nel proprio destino geografico: che è insulare. Ma già in epoca premoderna, l'unico serio tentativo nipponico di aggredire il continente passa per la Corea. Tra il 1592 e il 1598 lo shogun Hideyoshi sbarca sulla penisola coreana per conquistarla e da lì invadere la Cina stessa. Con l'appoggio dei cinesi, l'aggressore venuto dal mare viene ricacciato. È un episodio corto, ma prefigura un tema che diventerà più importante in seguito: la posizione della Corea ne fa una preda ambita dalle due potenze dell'Estremo Oriente, come luogo di transito o di aggressione del grosso vicino. A seconda dei punti di vista, la penisola coreana è stata considerata come un «ponte di sbarco» per le mire giapponesi sulla Cina, oppure una «spada» puntata dalla Cina contro il Sol Levante (un ruolo che non cambia molto se al Giappone sostituiamo l'America, oggi alleata-protettrice di Tokyo).

In seguito al grande balzo dei giapponesi verso la modernità, l'espansionismo verso il continente riappare nel 1894-95 quando l'impero marittimo sconfigge quello terrestre nella guerra sino-giapponese e si annette Taiwan. Poco dopo arriva la guerra russo-giapponese del 1904-05, vinta anche questa dagli «isolani» che a quel punto si prendono la Corea. E ci aggiungono un bel pezzo di Manciuria. È l'inizio di quell'avventura espansionista che porterà il Giappone a invadere altri territori cinesi a partire dal 1937, dilagando su Pechino e poi sempre più a sud, con un'estesa occupazione militare che sarà conclusa solo alla fine della seconda guerra mondiale. La seconda guerra sino-giapponese (1937-1945), con i suoi episodi più atroci come lo «stupro di Nanchino», resta una ferita vivissima nella memoria dei cinesi di oggi, sulla quale il regime comunista innesta fin dai primi anni delle scuole la sua propaganda nazionalista. Tutto ebbe inizio, però, dalla Corea... È una lezione che Pechino non vuole dimenticare. Questo spiega la decisione – rischiosissima – che prende Mao Zedong nel 1950 quando decide di scendere in guerra contro l'America, in appoggio al primo dittatore comunista nordcoreano che si è lanciato nell'invasione del Sud.

Il 25 giugno 1950 Kim Il Sung, a sorpresa, manda il suo esercito oltre il 38esimo parallelo, dove alla fine della seconda guerra mondiale americani e sovietici avevano stabilito una linea di demarcazione asiatica delle loro sfere di influenza. Sia Stalin sia Mao gli danno il via libera. La sorpresa per l'Occidente è totale, gli americani hanno smobilitato gran parte delle loro truppe dalla Corea e da tutta l'Asia, i sudcoreani non hanno neppure un esercito, all'inizio il blitz comunista è travolgente. Il Consiglio di sicurezza condanna l'invasione (l'Urss non partecipa ai lavori in segno di protesta per il mancato riconoscimento della Cina comunista) e dà la sua benedizione per la prima operazione militare sotto mandato Onu. Gli americani liberano il Sud e, a loro volta, invadono quasi tutto il Nord, finché Mao lancia oltre il confine milioni di soldati dell'Esercito di liberazione popolare. Con il massiccio intervento cinese le forze Usa arretrano, il conflitto s'incancrenisce per tre anni, l'opinione pubblica americana non ne vuole sapere, alla fine ci sarà un cruentissimo «pareggio» con il ritorno al confine del 38esimo parallelo. Il giorno dell'armistizio il bilancio della guerra è tremendo: due milioni di morti fra cinesi e coreani, 55.000 militari americani uccisi. Della storia vera non ho trovato traccia nel museo «turistico» di Pan Mun Jom, lato Nord. È invisibile l'intervento militare cinese, l'unica ragione per cui la Corea oggi non è unificata con capitale a Seul. Questa «licenza» della ricostruzione ufficiale è un segnale che il nazionalismo estremo di Pyongyang non vuole riconoscere debiti col potente vicino comunista, pur dipendendo dagli aiuti di Pechino.

Osservando la desolata Corea del Nord dall'interno, l'«errore di calcolo» di Kim Il Sung appare in un'altra luce. Senza quell'«abbaglio», che contribuì a far precipitare il mondo intero nella contrapposizione Est-Ovest e nella guerra fredda, Kim non avrebbe potuto imporre il terrore totalitario, tenere in ostaggio 23 milioni di persone in uno dei regimi più spietati del mondo contemporaneo. Grazie a quell'invasione fallita, Pyongyang si è trasformata in via permanente in una società militarizzata, dove una popolazione sempre sull'orlo della carestia deve mantenere uno degli eserciti più numerosi del pianeta: 1,2 milioni di soldati professionisti e 6 milioni di riservisti. E la dinastia Kim giunta alla terza generazione mantiene il suo controllo. Ma dal nonno fondatore a oggi, c'è stato un peggioramento evidente. Ricordo l'epoca in cui il Pci e altri partiti comunisti sia occidentali che del blocco sovietico trattavano Kim Il Song come un eccentrico (e le sue opere venivano tradotte in tutte le lingue, italiano incluso, da case editrici simpatizzanti). Alla pari di Enver Hoxha in Albania e di Ceausescu in Romania, era un caso di «dispotismo orientale» con la bandiera comunista. Estremo, grottesco nel culto della personalità, ma innocuo per la pace mondiale. Sulle condizioni di vita interne si sapeva poco. Solo nel 1997 la fuga all'estero di una delle figure più potenti del regime, il settantaquattrenne Hwang Jang-yop, detto il Goebbels di Pyongyang, apre uno squarcio sulla crudeltà interna: lo spionaggio sistematico della popolazione, la delazione generalizzata, le purghe «casuali» per intrattenere il terrore, i lavaggi del cervello, le torture e i gulag, insieme con i lussi stravaganti della nomenklatura, la collezione di Mercedes di Kim Jong-il, i suoi raffinati cuochi europei, il treno privato per i viaggi all'estero. Tutti vizietti ereditati dal figlio.

Nel frattempo è dal 1994 che la Corea del Nord ha cominciato a costruirsi l'atomica minacciando le nazioni vicine, alleate dell'America: Corea del Sud e Giappone. Da allora due Kim padre e figlio hanno beffato ben tre presidenti americani per un totale di sei mandati: Bill Clinton, George W. Bush e Barack Obama si sono rivelati tutti altrettanto impotenti a fermare l'escalation. Sotto Trump, che eredita la crisi dai suoi predecessori, l'intensità dei test e l'avanzamento tecnologico superano una soglia critica. Per la prima volta nel raggio d'azione dei missili a testata nucleare entrano obiettivi Usa, come l'isola di Guam. Il mondo intero deve fissare gli occhi su una nuova linea rossa, il confine più rovente del nostro tempo, almeno per la sua potenzialità distruttiva. Sul 38esimo parallelo diventa possibile un conflitto nucleare per la prima volta dopo Hiroshima e Nagasaki. Con l'aggravante che attorno al 38esimo parallelo sono almeno in tre ad avere armi nucleari: Corea del Nord, Cina, Stati Uniti. Chiunque dovesse attaccare per primo, il coinvolgimento di due superpotenze è un rischio reale, come non lo era stato dal 1962 (crisi Usa-Urss sui missili sovietici a Cuba).

Perché il mondo è arrivato fino a questa soglia di pericolo? Qual è il rischio di scivolare lentamente verso il precipizio, per una serie di errori di calcolo, valutazioni sbagliate sulle mosse altrui, come accadde ai «leader sonnambuli» che portarono l'Europa fino alla prima guerra mondiale dopo l'attentato di Sarajevo nel 1914?

Fare congetture sui calcoli di Kim Jong-un è azzardato, ma inevitabile. Molti collegano l'accelerazione del suo programma nucleare con le vicende di Saddam Hussein e Gheddafi: il dittatore nordcoreano si sarebbe convinto che l'arma atomica è l'unica «polizza assicurativa» sulla sua vita che gli risparmierà la fine di altri tiranni. Però, una volta che l'atomica se l'è costruita (e il resto del mondo sa che ce l'ha), perché continuare a provocare l'America e i suoi alleati con gesti così minacciosi da sfiorare l'aggressione unilaterale? Qui forse interviene un'altra logica di sopravvivenza: un regime così feroce non può sentirsi tranquillo nello status quo, per tenere in pugno la popolazione deve continuare a simulare lo stato di guerra imminente?

Altri misteri riguardano la Cina. Nonostante le sue condanne diplomatiche contro i test nucleari di Pyongyang, nonostante la sua adesione formale alle sanzioni Onu, gli aiuti economici cinesi continuano e sono decisivi per la sopravvivenza del regime. Eppure, stando ai ragionamenti che si fanno in Occidente, Pechino subisce a sua volta dei danni: il riarmo della Corea del Sud e del Giappone. Vista l'immensa influenza che ha, a Pechino non converrebbe orchestrare un golpe militare che cacci Kim e lo sostituisca con un governo più obbediente, fedele servitore degli interessi cinesi, e che eviti le inutili provocazioni? Secondo alcune ricostruzioni, in passato sia i russi sia i cinesi avrebbero tentato di organizzare dei golpe, regolarmente sventati dai Kim. I dittatori possono essere folli e al tempo stesso abili nell'intuire trame ostili, individuare i traditori. Vedi Hitler. Ma non esistono prove, naturalmente, che i golpe siano stati tentati.

Il punto di vista cinese è comunque molto diverso dal nostro. Quasi diametralmente opposto. La priorità assoluta è evitare che la penisola coreana torni a essere quel «ponte di sbarco» per potenze ostili alla Cina. La linea rossa del 38esimo parallelo, costata 2 milioni di morti ai tempi di Mao, è un confine strategico cruciale. Guai se la Corea del Nord dovesse crollare come la Germania Est e finire dentro una riunificazione analoga, con l'intera penisola risucchiata nella sfera strategica Usa. Per evitare che la monarchia dei Kim imploda da sola, i cinesi le danno aiuti materiali e non solo: lentamente fanno penetrare degli elementi di mercato nella sua economia. Dal confine poroso tra Cina e Corea del Nord passa anche un tentativo di esportare quella ricetta capital-comunista che nella Repubblica popolare ha consentito di ricostruire consenso dopo la rivolta di piazza Tienanmen nel 1989. In attesa che l'esperimento porti un po' di benessere ai nordcoreani, probabilmente per Pechino la dittatura Kim è sempre meglio di un salto nel buio, una crisi di regime dagli esiti imprevedibili. Tra l'altro un eventuale collasso nordcoreano potrebbe spingere verso la Cina un'ondata di profughi: emergenza che una nazione dalla cultura «monoetnica» non è attrezzata a gestire.

Le provocazioni di Pyongyang hanno qualche utilità per i cinesi: sono altrettante dimostrazioni dell'impotenza americana. Possono anche, nel lungo termine, aprire fessure nel dispositivo di alleanze degli Stati Uniti. Parti dell'opinione pubblica giapponese e sudcoreana sono pacifiste a oltranza, in seguito agli orrori della seconda guerra mondiale e della guerra di Corea. Potrebbero, alla lunga, preferire una Corea del Nord legittimata nel suo status di potenza nucleare, e chiedere allo Zio Sam che sia meno presente nell'area? È quello che Pechino va chiedendo da anni, con un messaggio che ricorre: per allentare la tensione, bisogna smilitarizzare l'area. Cioè ritirare le forze americane. In questa logica, c'è del metodo nella «follia» di Kim, e nell'indulgenza che il suo grande protettore gli concede.

La questione coreana s'inserisce in un riesame più ampio della strategia cinese. Per ben due volte nella sua storia moderna la Cina ha pagato un prezzo altissimo per essersi confinata in una dimensione tutta terrestre, puramente continentale. La prima fu quando l'impero britannico andò a insediarsi sulle sue coste, con le guerre dell'oppio tra il 1839 e il 1860, la conquista di un accesso permanente ad alcuni porti (Hong Kong, Canton, Shanghai e altri): quella fu l'accelerazione finale della decadenza dell'impero Qing. Poi, avvenne con i ripetuti sbarchi dei giapponesi dalla fine dell'Ottocento. La Cina di oggi non vuole ripetere quell'errore. La proiezione sui mari è diventata un passaggio indispensabile. Tanto più che, a differenza degli Stati Uniti ormai autosufficienti, l'economia cinese ha bisogno di importare petrolio. Lo stretto di Malacca, una via di passaggio delle navi petroliere dal golfo Persico, è un imbuto geografico circondato da nazioni alleate degli Stati Uniti. La Cina ha bisogno di proiettare la sua potenza sui mari per rendere sicure le sue vie d'accesso al greggio arabo e non solo: ha ormai avviato da anni un'impetuosa invasione dell'Africa che considera il suo «granaio» alimentare e la sua riserva di materie prime. Nei mari circostanti le sue coste sta allargando in modo prepotente le sue pretese, la linea rossa delle acque territoriali e delle isole su cui esige di esercitare sovranità sconfina su molti paesi vicini, dal Giappone alle Filippine al Vietnam. È una nuova pagina di storia che si apre: in cui la Cina vuole sicurezza non solo nel suo retroterra, ma negli oceani.

III

Germania = Europa
e la rivoluzione perpetua nelle mappe

Dove parto da un ultimo celebre viaggio a Berlino Est nel tentativo disperato di «impedire» l'unità tedesca; tra il 1871 e il 1990, nessun'altra nazione ha visto cambiare le sue carte geografiche così spesso e con tali sconvolgimenti; le riunificazioni, però, a loro riescono; anche i confini dell'Europa unita hanno avuto un'impronta germanica dall'Impero carolingio in poi; come si arriva al miracolo attuale di una superpotenza «erbivora» che ha saputo apprendere le lezioni del suo passato; e perché oggi destabilizza l'Europa quasi come ai tempi di Bismarck; con una coda Merkel-Putin-Erdogan, l'irresistibile attrazione russa e l'esclusione della Turchia dai nostri orizzonti.

Fu il mio primo viaggio a Kiev e il mio ultimo a Berlino Est: questa l'avevo visitata tante volte dalla parte «rossa» di Checkpoint Charlie, quando i tedeschi orientali erano comunisti e io pure.

Alla fine del 1989, in realtà, quel Partito comunista italiano a cui ero stato iscritto fino alla morte di Enrico Berlinguer stava cambiando il suo nome, travolto pure lui dalla caduta del Muro. E non aveva più senso parlare di Berlino Est, se non in un'ottica puramente geografica. Ma io stavo inseguendo un uomo che tentava di fermare il corso della storia. L'ultimo grande presidente che la Francia ha avuto. Un leader pieno di difetti, non certo un modello di moralità, però uno statista vero: il socialista François Mitterrand. A quell'epoca ero corrispondente a Parigi del «Sole - 24 Ore», accreditato all'Eliseo. La fine della guerra fredda, che avrebbe dovuto essere salutata con unanime sollievo, creò nuove incertezze e resuscitò antiche paure, soprattutto sullo strapotere della Germania. Per la Francia iniziava un incubo dal quale si sarebbe risvegliata malamente: con un rango dimezzato, un ruolo subalterno, dei presidenti ridotti a fare da comprimari o perfino da lacchè ai cancellieri tedeschi. Non solo lei, ovviamente, avrebbe subito le conseguenze della riunificazione; ma la Francia aveva da perdere più di altri: soprattutto l'illusione di una residua *grandeur*, di un ruolo da media potenza.

Il 9 novembre 1989, quando cadde il Muro di Berlino, l'impatto iniziale fu l'accelerazione di una fuga di cittadini dell'Est verso la Germania occidentale. La barriera di Checkpoint Charlie era stata l'icona e l'epicentro dei più grandi romanzi di spionaggio, a partire da *La spia che venne dal freddo* (Mondadori, 1965) di John Le Carré. Improvvisamente i temutissimi Vopos, le guardie di confine della Repubblica democratica tedesca (Rdt), avevano ricevuto l'ordine di non sparare più ai fuggiaschi, anzi di aprire la frontiera e lasciar passare tutti. Estrapolando dalle immagini pazzesche di quei giorni, quando una fiumana umana si era riversata a ovest, circolava la battuta: «L'ultimo che lascia la Rdt spenga la luce».

Sul momento, dunque, in quel novembre 1989 si guarda soprattutto al formidabile esodo, allo tsunami d'immigrati tedesco-orientali in cerca di benessere nella metà ricca della nazione. Ma chi ha sangue freddo e sa guardare lontano, capisce subito che la Rdt non sopravvivrà. All'orizzonte, anziché uno «svuotamento demografico» da emigrazione, è più realistica l'annessione della Germania Est da parte della sorella occidentale. La fine di quella partizione è uno shock per le carte geopolitiche, che a sua volta cancella lo shock precedente: quando alla fine della seconda guerra mondiale i vincitori Roosevelt-Stalin-Churchill si erano incontrati a Jalta nel 1945, avevano suddiviso il mondo in sfere d'influenza, e spaccato la Germania per impedire che tornasse a essere una minaccia. All'inizio, dai vertici dei vincitori a Jalta e Potsdam erano emerse ben quattro Germanie, poiché Usa, Urss, Inghilterra e Francia avevano ricevuto ciascuna un pezzo di territorio tedesco da amministrare. Poi i settori delle tre potenze occidentali erano confluiti in una sola entità, la Repubblica federale tedesca. L'altra metà era rimasta nella sfera sovietica.

Il gran «liquidatore» dell'impero sovietico, Michail Gorbaciov, prendeva atto alla fine degli anni Ottanta del fallimento di quel modello: la mancanza di libertà e la spaventosa inefficienza economica lo avevano condannato, nella gara Est-Ovest il vincitore era chiaro. Il merito maggiore dell'ultimo presidente dell'Urss in quel drammatico frangente in cui la terra gli franava sotto i piedi fu l'aver respinto la tentazione di reagire con la forza militare per soffocare le rivolte popolari nell'Europa centro-orientale. Il crollo avveniva in maniera soft, rispetto agli scenari catastrofici. Con qualche eccezione, come l'agonia brutale e violenta (ma breve) della dittatura Ceausescu in Romania, nel resto dei paesi dell'Est prevalsero le rivoluzioni di velluto, le transizioni senza spargimento di sangue. Onore a Gorbaciov, dunque. E tuttavia lui ebbe dubbi, tentennamenti, paure. Capì che la fine della Rdt, in particolare, era un'amputazione strategica, una perdita irreparabile se si traduceva nell'annessione alla Germania Ovest e nel suo sistema di alleanze, in particolare quella militare, cioè la Nato. L'opzione alternativa era una Germania riunificata ma neutrale, come lo era stata per gran parte della guerra fredda la Finlandia. In altre condizioni storiche, forse sarebbe stato possibile; in futuro questa «finlandizzazione» potrà perfino tornare d'attualità; ma in quel 1989 i rapporti di forza in favore dell'America erano schiaccianti, la guerra fredda aveva un vincitore, e quest'ultimo passava all'incasso.

Subito dopo Mosca, la capitale più preoccupata per l'improvvisa accelerazione degli eventi era Parigi. La Francia e la Russia erano state (con la Polonia) le vittime predestinate delle invasioni tedesche, dell'espansionismo di una Germania in cerca di «spazio vitale» nelle due direzioni più naturali, verso est o verso ovest (a nord il mare, a sud le Alpi, rendevano più complicato, ancorché non impossibile, organizzare spedizioni imperiali). Ma la Russia era riuscita sempre a ricacciare indietro l'invasore, da Napoleone a Hitler, sia pure con immensi sacrifici umani. La Francia aveva più perso che vinto, nella seconda guerra mondiale era stata occupata, soggiogata, asservita, al punto da adottare un regime fantoccio filonazista come quello del maresciallo Pétain. Solo il capolavoro politico del generale Charles De Gaulle, leader in esilio di una resistenza antinazista minuscola, era riuscito a far sedere la Francia postbellica al tavolo dei vincitori, con status di media potenza, seggio permanente al Consiglio di sicurezza dell'Onu, e più tardi anche un'inclusione nel club nucleare «legittimo». La Francia, quanto la Russia, fondava il suo ruolo europeo sulla «diminutio capitis» della Germania.

Dunque il 6 dicembre 1989, meno di un mese dopo la caduta del Muro, mi ritrovo a Kiev (capitale dell'Ucraina che era ancora una Repubblica sovietica). È lì che Mitterrand va a incontrare Gorbaciov. È chiaro che i due discutono affannosamente sul da farsi, mentre l'esistenza della Rdt è appesa a un filo. Solo più tardi, dalle memorie del presidente francese apprenderemo il tono drammatico usato dall'ultimo segretario generale del Partito comunista dell'Unione Sovietica, che gli dice: «Mi aiuti a evitare la riunificazione tedesca. Se succede, io sarò sostituito da una giunta militare». Profetico: un breve golpe militare in Urss ci sarà davvero; nell'estate del 1991 Gorbaciov verrà arrestato e detenuto in una dacia dai capi dell'Armata rossa. Golpe presto fallito, ma fatale: segna l'inizio della fine di Gorbaciov, accelera il cammino verso la dissoluzione dell'Urss, quindi la transizione alla Russia rimpicciolita sotto Boris Eltsin.

In quel dicembre 1989, a Mitterrand non importa più di tanto il destino di Gorbaciov o dell'Urss. Ma quello della Germania sì, eccome. Anche lui considera la riunificazione una sciagura, per le conseguenze sullo status della Francia. E così decide il viaggio successivo. Quasi una provocazione. L'Eliseo, poco prima di Natale, annuncia a noi giornalisti accreditati l'allestimento di un volo speciale al seguito del presidente: destinazione Berlino Est, per un incontro con il presidente della Rdt Manfred Gerlach. Cadaveri ambulanti: sia il presidente Gerlach sia la sua Rdt. È già chiaro a quel punto che la Germania Est sta implodendo. La riunificazione sta rapidamente diventando l'unica alternativa realistica, di fronte alla migrazione massiccia: se quasi tutti i tedeschi orientali sembrano decisi a rifarsi una vita all'Ovest, tanto vale che sia la Germania occidentale ad arrivare in casa loro, e tenerli dove sono. Il viaggio di Mitterrand a Berlino Est a fine dicembre è un gesto disperato, l'illusione di regalare un sembiante di legittimità e un prolungamento di vita al regime che sta crollando. È l'ultimo tentativo di fissare la carta geografica della Germania com'era nella guerra fredda, di bloccare l'ennesimo sconvolgimento nelle mappe. È anche un inutile diversivo contro il cancelliere Helmut Kohl, che sta già manovrando per la riunificazione. Noi giornalisti seguiamo Mitterrand da Parigi a Kiev a Berlino Est increduli, quel pellegrinaggio sembra ormai disperato, arriva a tempo scaduto.

Di lì a poco «Il Sole - 24 Ore» mi manderà come inviato a Bucarest, a fare la cronaca dell'unica «rivoluzione armata» di quella stagione: breve per fortuna, e con uno spargimento di sangue abbastanza contenuto (tra cui l'esecuzione del «satrapo comunista» Nicolae Ceausescu, un amico della dinastia nordcoreana dei Kim, e della sua consorte). Ormai il vento della storia soffia impetuoso, in una direzione sola. Mentre si chiude la breve storia del comunismo europeo – in Russia c'è dal 1917, nell'Europa dell'Est è arrivato solo con l'Armata rossa dopo il 1945 – è fin troppo chiaro che i vincitori sono due: oltre all'America, c'è di nuovo una Grande Germania.

Non è solo Mitterrand ad avere paura di questo ennesimo rimescolamento delle carte geografiche. Nel gennaio 1990 il presidente francese incontra Giulio Andreotti, allora presidente del Consiglio, che gli ripete la celebre battuta del romanziere François Mauriac, amico di De Gaulle: «Amo talmente la Germania che preferisco averne due». È preoccupata anche la Lady di Ferro, la premier britannica Margaret Thatcher. Arciconvinta che la riunificazione destabilizzerà gli equilibri europei, preme sul presidente americano George Bush Senior perché blocchi il cancelliere Kohl. Niente da fare. Kohl agguanta il capolavoro che lo fa passare alla storia come l'artefice della ricostruzione di una Grande Germania.

Avevano ragione tutti coloro – Mitterrand, la Thatcher, Andreotti e tanti altri – che temevano la riunificazione? In prima istanza bisogna dire di no. I tedeschi ci hanno sorpreso positivamente. Hanno realizzato una vera e propria rivoluzione pacifica, la prima nella loro storia, allargando all'ex Rdt lo Stato di diritto, la Costituzione federalista, il pluralismo e la tolleranza, la libertà di espressione, oltre a una cultura politica improntata al pacifismo come garanzia di non ripetere gli orrori del nazismo e dell'Olocausto. La Germania unita che è il risultato di quella operazione è senza dubbio una delle nazioni più civili del mondo, un modello avanzato di rispetto dei diritti umani. Potenza «erbivora», è stata definita, perché preferisce esercitare il «soft power», la sua influenza economica, mentre aborrisce il linguaggio delle armi. Una Germania lontana anni luce dall'espansionismo di Bismarck, dall'imperialismo di Hitler, dal razzismo antisemita. È anche riuscita, in pochi anni, a fare quello in cui l'Italia ha fallito in un secolo e mezzo: ha integrato economicamente la parte più povera della popolazione, ha ridotto le diseguaglianze regionali, senza mantenere la sua metà arretrata in una condizione assistita e improduttiva. Il paragone col nostro Mezzogiorno è tutto a favore dei tedeschi. Tuttavia il cantiere della loro riunificazione non è segnato solo da successi. La protesta dei tedeschi orientali, che sono diventati il principale serbatoio di consensi per il partito di estrema destra Afd, segnala che lì si concentra una delle aree di disagio sociale.

Non è questa la prima volta che la Germania postnazista ci stupisce, e smentisce i profeti di malaugurio. È stupefacente leggere oggi ciò che scriveva la grande filosofa Hannah Arendt nel suo *Ritorno in Germania* (Donzelli, 1996), diario di una visita che la riportò nel suo paese natale, da cui si era esiliata per sfuggire alle persecuzioni del nazismo. Il testo è scritto fra il 1949 e il 1950. Siamo ancora nella fase della ricostruzione postbellica. Non si può pretendere che la Arendt avesse la facoltà di indovinare il futuro. Ma in quel testo non appare neppure di sfuggita, neppure come ipotesi remota, la possibilità di una rinascita economica, politica e anche morale come quella che c'è stata. Nel 1950 la Arendt vede un paese non solo distrutto dai bombardamenti alleati, non solo schiacciato dalla sua colpevolezza, ma incapace di reagire, con un sistema politico fallito, senza speranze di riscatto. È l'esatto opposto del cammino imboccato dalla storia successiva. La Arendt, che pure è considerata una delle più grandi esponenti del pensiero politico del Novecento, non riuscì a scorgere tra le macerie l'embrione di quella nuova classe dirigente – politica e imprenditoriale, sindacale e intellettuale – che avrebbe costruito una Germania non solo ricca e potente, ma profondamente democratica, e anche capace di fare i conti con gli orrori del passato in modo più coraggioso e onesto di quanto abbiano fatto tante altre nazioni (vedi i leader sovietici dopo lo stalinismo; quelli cinesi dopo le violenze della Rivoluzione culturale maoista o piazza Tienanmen; i giapponesi sulle atrocità del loro imperialismo in Asia).

Altri clamorosi errori di valutazione sulla Germania, più recenti, li ricordo perché li ho vissuti personalmente. Attorno al 1977, mentre noi italiani subivamo l'offensiva delle Brigate rosse, i tedeschi vivevano i loro anni di piombo con gli attentati della Rote Armee Fraktion (o Raf, agli inizi nota come «banda Baader-Meinhof»). La Germania usò metodi molto duri per mettere in ginocchio i suoi terroristi; peraltro, anche l'Italia adottò leggi speciali. Ma fu contro il governo socialdemocratico del cancelliere Helmut Schmidt che scattò il riflesso pavloviano dell'intellighenzia nostrana: «Modell Deutschland» divenne sinonimo di autoritarismo strisciante, o addirittura restaurazione nazista. Partirono campagne di intellettuali di sinistra in difesa dei diritti umani minacciati in Germania. (Intanto Mitterrand, a Parigi, riservava un trattamento analogo a noialtri italiani, dando asilo a presunti eroi della libertà, in realtà terroristi condannati dai tribunali della nostra Repubblica con sentenze definitive, criminali con parecchi morti sulla coscienza.)

In seguito, all'epoca della riunificazione nel 1990, molti pontificarono che l'operazione sarebbe stata troppo costosa, un disastro finanziario, e avrebbe finalmente affondato la poderosa corazzata dell'economia tedesca. Per qualche tempo l'infausta profezia sembrò avverarsi, venne coniato per la Germania un appellativo – «la malata d'Europa» – che oggi sembra irreale. Le doglie del parto durarono poco; il costo per assorbire i nuovi Länder orientali ebbe un impatto sui deficit pubblici e sui tassi d'interesse (questo lo pagarono anche italiani e francesi), ma tutto fu superato in un arco di tempo sorprendentemente breve.

Ancora più vicino a noi, sul finire degli anni Novanta e al passaggio del millennio, i «modelli» da ammirare erano due: la Silicon Valley californiana per il dinamismo innovativo; la Cina per il formidabile sviluppo economico. Paragonata all'iperflessibile capitalismo americano, o all'energia vitale del dragone cinese, la Germania era descritta come un'economia anchilosata da troppo Welfare, troppi diritti, troppo potere sindacale. Arrivò il cancelliere socialdemocratico Gerhard Schröder, rese il Welfare più snello e meno assistenziale, e ben presto la competitività del made in Germany risalì alle stelle. Salvando anche una vocazione industriale che l'America aveva in buona parte smantellato.

Così come negli anni Settanta avevamo sbagliato a vedere il fascismo di ritorno in Germania, negli anni Novanta abbiamo celebrato la sua decadenza economica un po' troppo presto. Sulla Germania sembriamo prigionieri di un pregiudizio negativo; è un atteggiamento opposto e simmetrico rispetto a quello degli anni Trenta del secolo scorso, quando inglesi e francesi sottovalutarono Adolf Hitler, il suo riarmo, le sue mire revansciste, espansioniste e belliciste.

C'è qualcosa che ci sfugge sempre della Germania, eppure non possiamo davvero permetterci di non capirla. Il destino dell'Europa è nelle sue mani, in misura prevalente. E forse questa non è una novità. Almeno, non più dai tempi di Carlomagno.

«Fissare» la Germania su una carta geografica non è impresa facile. Ci sfugge in continuazione. La nazione tedesca cambia forma e dimensione con una frequenza impressionante. I «salti» da una Germania all'altra possono essere notevoli. Le mappe vanno corrette spesso. Dal 1871 (prima unità tedesca) a oggi, praticamente ogni generazione tedesca ha visto nel corso della propria vita qualche modifica nel perimetro, nei confini del proprio paese. A volte sono cambiamenti giganteschi: dalla miriade di staterelli pre-1871, quando la Germania era molto più frammentata dell'Italia, fino al Primo o al Terzo Reich, si salta da una galassia di microregioni all'impero continentale.

Se si escludono le mitologie nazionaliste inventate ex post dai poeti romantici o dal compositore Richard Wagner, è perfino difficile risalire all'idea originaria di popolo tedesco: più arduo di quanto non lo sia per noi italiani. Se non altro, a noi è d'aiuto la geografia: il Mediterraneo e le Alpi sono frontiere naturali. La Germania ha un confine marittimo a nord, ma già a sud la cosa si complica perché tra lei e le Alpi si sono infilati da secoli un paio di popoli di lingua e cultura comune (l'Austria, la Svizzera tedesca), però con un'identità geopolitica separata. A est e ovest, non ci sono confini naturali così precisi. A ovest, un fiume come il Reno ha avuto talvolta questo ruolo di separazione, ma troppe volte uno dei popoli rivieraschi è debordato sull'altra sponda occupandola a lungo. Da questa mancanza di confini fisici deriva il «fatto geografico» che la Germania è per sua natura un'entità instabile. E come si muove, perturba qualche vicino. Ne sanno qualcosa polacchi, russi, cechi a est; francesi, belgi, olandesi a ovest.

Inoltre non c'è nessun'altra nazione che abbia avuto vocazione «europea» da così tanto tempo, e per periodi così prolungati. Praticamente, dopo la fine dell'Impero romano, chi si candida a ereditarne il ruolo unificante sono soggetti politici, dinastie, potenze che in qualche modo gravitano attorno a un baricentro germanico. L'Impero carolingio è etnicamente germanico, anche se i francesi di oggi fanno di tutto per accaparrarselo: i franchi di allora, però, sono popoli germanici che hanno soggiogato i gallo-romani, sia pure adottandone la religione cristiana. Carlomagno, quando muore, viene sepolto ad Aquisgrana, cioè Aachen, in Germania. L'Impero carolingio è il primo che aspira a ridare unità all'Europa inseguendo la riconquista di un perimetro non troppo dissimile dall'Impero romano: salvo la rinuncia alle province della penisola iberica, del Nordafrica, del Medio Oriente e dell'Italia meridionale. Osservando bene la linea rossa che descrive e racchiude le conquiste del «germanico» Carlomagno, sapete cosa viene fuori? Dentro quella linea rossa ci sta grosso modo l'Europa a Sei, cioè il nucleo fondatore della prima Comunità europea, antecedente a tutti gli allargamenti: quell'Unione che resistette piuttosto bene dal Trattato di Roma del 1957 fino al 1973, anno del primo allargamento, con il fatidico ingres-

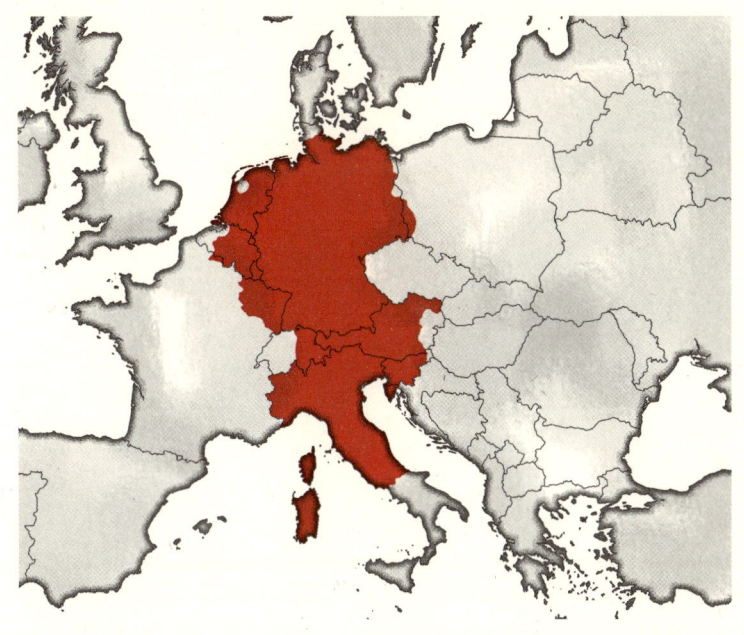

Estensione del Sacro Romano Impero al momento della sua fondazione, nel 962.

so della Gran Bretagna. Tuttavia, l'Europa a Sei di Carlomagno si ferma proprio a Roma; più a sud i carolingi non si spingono. Naturalmente, queste sono esercitazioni geografiche fatte usando parametri del nostro tempo: l'idea di Europa per Carlomagno era un'astrazione (quella dell'Impero romano no, l'aspirazione a ricostruirlo è una costante che attraversa tutta la storia del continente). Comunque è l'Impero carolingio, dopo quello romano, a dare una moneta unica all'Europa: in un'epoca in cui il cristianesimo, religione globale per gli europei di allora, definisce un'identità più importante della lingua o del luogo di nascita. In questo senso, la moneta unica carolingia e un'idea di Europa precedono il concetto di nazione, che è molto successivo.

Dopo il disfacimento delle dinastie carolingie, il più importante impero a candidarsi per un ruolo continentale e a conquistare una proiezione europea è il Sacro Romano

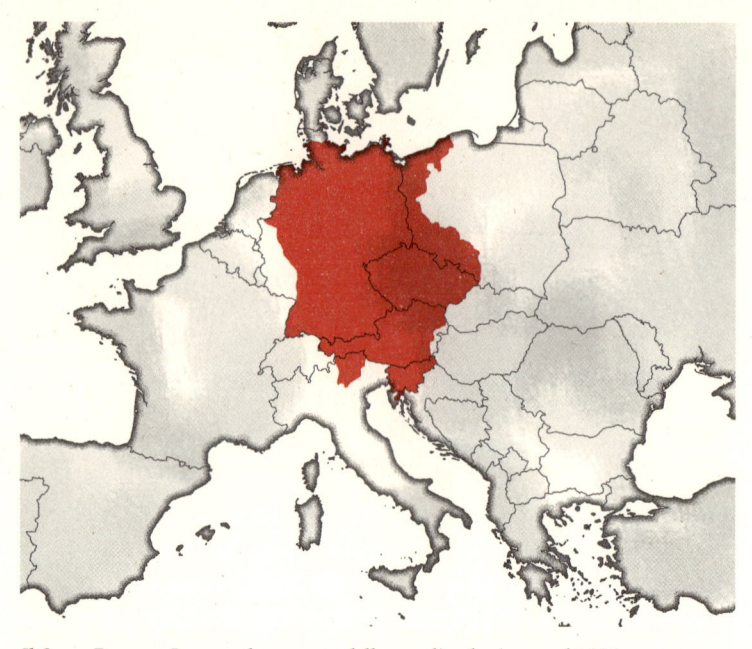

Il Sacro Romano Impero al momento della sua dissoluzione, nel 1806.

Impero. Il cui nome completo è Heiliges Römisches Reich Deutscher Nation, Sacro Romano Impero della Nazione Germanica, quindi una potenza romano-germanica. Anche se la sua solidità è molto variabile, sulla carta è il più longevo di tutti gli imperi europei: la data di nascita ufficiale è il 962, quella di morte il 1806. Più di otto secoli. Da Ottone I, incoronato imperatore a Roma, fino a Francesco II di Asburgo-Lorena. È celebre la battuta del filosofo illuminista francese Voltaire, secondo il quale nell'Ottocento il Sacro Romano Impero «aveva smesso da tempo di essere sia sacro, sia romano, sia un vero impero». Giusto. Non aveva però mai abbandonato il suo ancoraggio germanico. Era riuscito a far coabitare nel suo seno, con alterne vicende, popoli di ceppo tedesco, gallico e italico.

Le carte di questo impero hanno avuto variazioni considerevoli, vista la durata; ma ci sono delle costanti: un nucleo duro ha spesso unito le regioni germaniche e lotaringie con le Fiandre (Belgio-Olanda), pezzi di Francia orientale e l'Italia del Nord. Di nuovo: ecco, dentro la linea rossa del Sacro Romano Impero, il nucleo originario della Comunità europea, con tanto di federalismo, perché quell'impero così poco imperiale (aveva ragione Voltaire) era ricco di autonomie locali, poco accentratore. Sempre sotto regia germanica, da oltre un millennio. Nonostante la barriera architettonica delle Alpi, è dai tempi dell'Europa lotaringia che Lombardia, pezzi di Triveneto e di Emilia hanno allentato i legami con la romanità e sono attratti periodicamente verso l'orbita germanica. La Lombardia deve il nome ai longobardi, tribù teutonica... Naturalmente, i giochi che sto facendo con le carte geografiche e storiche non vanno confusi con dei parametri etnici. Invasioni e migrazioni hanno mescolato per secoli i nostri Dna, seminando confusioni e contaminazioni. Resta però quel baricentro geopolitico tedesco che è una costante nella storia del continente, nel bene e nel male, nella disgrazia e nella buona sorte.

Più di vent'anni fa, in un libro intitolato *Germanizzazione* (Laterza, 1996), scrivevo di quell'area postcarolingia incorporata nel Sacro Impero Romano-Germanico: «È l'Europa che va dalla Frisia e dal *plat pays* fiammingo fino a lambire le colline senesi, includendo l'Alsazia-Lorena, la Borgogna, un pezzo di Renania, la Svizzera, la Lombardia e la Terza Italia (Triveneto-Emilia). È un'Europa che per quasi un millennio ha difeso orgogliosamente la sua microstatualità, garanzia di autonomia per una società civile evoluta e intraprendente. È la culla del capitalismo, custodita in una miriade di città-Stato e repubbliche democratiche di antichissime origini. È stata da tempo immemorabile la terra dello Stato minimo, della libertà d'impresa». Va aggiunto, però, che il nucleo centrale germanico fin dal Medioevo era dilaniato fra vocazioni e proiezioni geografiche molto diverse. Le zone che sarebbero diventate Prussia guardavano a est, il loro rivale – o partner – naturale era la Russia. I borghi mercantili della Lega anseatica (molto simili alle nostre Repubbliche marinare) trafficavano sui fiumi in direzione Amburgo e con vari sbocchi più a nord, verso i paesi scandinavi o la Gran Bretagna, in futuro verso l'Atlantico e l'America. La Renania era in naturale simbiosi, o avvinghiata in contese territoriali, con la Francia. Il Sud e la Baviera (oggi un bastione di «ipercapitalismo cattolico») infittivano i rapporti con l'Italia e i Balcani. Spinte centrifughe, multipolari, vocazioni molteplici. Unità nella diversità.

Negli anni Trenta del secolo scorso Pierre Drieu La Rochelle, romanziere francese, europeista convinto e poi collaborazionista dell'occupante nazista (morirà suicida nel 1945), scrive che «dalla fine dell'impero di Carlomagno, per oltre dieci secoli i popoli d'Europa sono stati travagliati da un movimento di differenziazione progressiva. Sono stati sempre più numerosi quelli che si sono voluti affermare essendo sempre più separati gli uni dagli altri». In nessun altro angolo del continente questo «movimento di differenziazione» si spinge così all'estremo come in Germania. Alla vigilia della prima unità tedesca, cioè la proclamazione del Secondo Reich che avviene nella Sala degli specchi di Versailles nel gennaio 1871 (dopo la sconfitta della Francia a opera della Prussia), c'erano ancora quasi quaranta staterelli a suddividersi l'identità germanica. Senza contare l'impero asburgico con sede in Austria ma immerso nella lingua e nella cultura tedesca.

Per ricostruire l'impatto della prima unità tedesca sull'Europa, seguo la narrazione che ne fa Hans Kundnani nel bellissimo saggio *L'Europa secondo Berlino. Il paradosso della potenza tedesca* (Mondadori, 2015). Direttore dello European Council on Foreign Relations, Kundnani ricorda che un mese dopo quell'unificazione l'allora premier britannico, Benjamin Disraeli, parla di una «rivoluzione tedesca che crea un mondo nuovo, distrugge l'equilibrio delle potenze». Di certo l'unità d'Italia, che si realizza negli stessi anni, non ha un impatto così dirompente. Inghilterra, Francia, Russia, Im-

L'Impero tedesco, 1871..

pero austro-ungarico vedono minacciato quel bilanciamento che avevano tentato di preservare dalla pace di Vestfalia del 1648 (e che era già stato spezzato, ma solo brevemente, dalle guerre di conquista napoleoniche). Fino ad allora, quando si parlava di una sindrome tedesca era sinonimo di frammentazione e debolezza. I francesi, dal Re Sole Luigi XIV a Napoleone, avevano affondato le loro armate dentro la miriade di principati e ducati oltre il Reno come un coltello nel burro. Il cancelliere Bismarck è il primo a dover fronteggiare il paradosso creato dalla «nuova questione tedesca» in Europa: la sua Germania è di colpo così grande, ricca e potente da spaventare un po' tutti, quindi spinge gli altri a coalizzarsi contro di lei.

Già nel 1882 si può dire che Berlino è la capitale diplomatica d'Europa, però deve sforzarsi di rassicurare gli altri. Non ci riesce affatto, anche perché al suo interno crescono le spinte

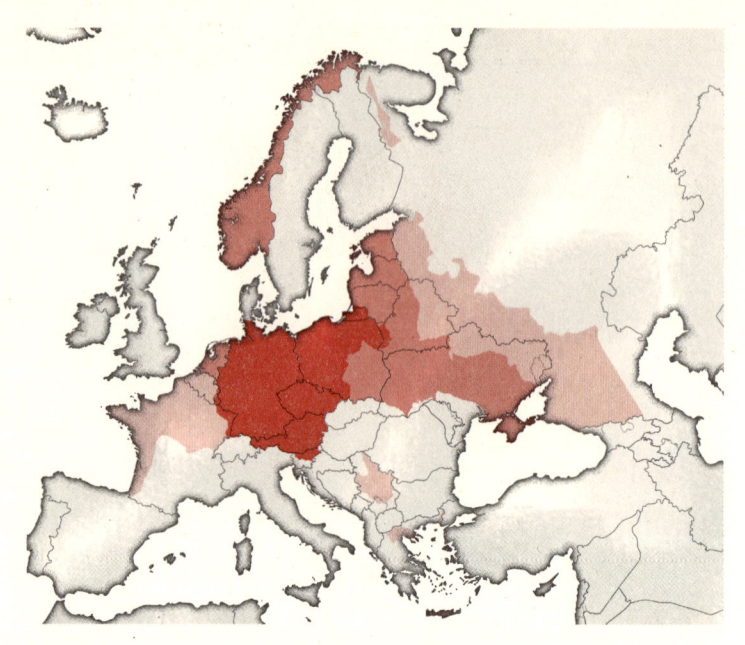

La Germania (rosso scuro), i territori ad amministrazione civile e quelli ad amministrazione militare (rosso chiaro) sotto il Terzo Reich, 1942.

nazionaliste ed espansioniste: da una parte gli interessi economici dei nuovi potentati industriali come Siemens e Aeg; dall'altra la lobby militare. Infine, una cultura nazionalpopolare che affonda le radici nel romanticismo, con Nietzsche ha il mito del Superuomo, attribuisce alla Germania un carattere unico, una vocazione storica eccezionale. Al tempo stesso, a differenza delle altre superpotenze di allora (Inghilterra, Francia e Russia), la Germania è l'unica a trovarsi geograficamente circondata da tutti i lati, senza vere difese naturali: soffre la sindrome di accerchiamento. Fiorisce una scuola di geopolitica tedesca che teorizza la necessità di acquisire «spazio vitale»: generalmente a est, a danno dei «barbari slavi»; ma anche conquistando colonie in Africa. Perfino il più grande sociologo tedesco, Max Weber, è un convinto sostenitore del neoimperialismo per il suo paese. Una delle idee guida che verrà ripresa dal nazismo è che la Germania,

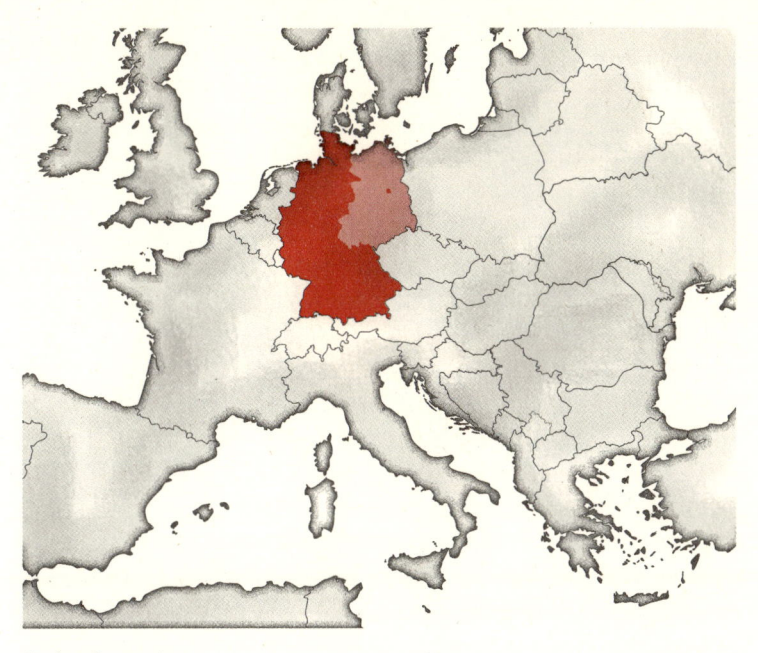

Le due Germanie.

per la sua storia e la sua collocazione geografica, abbia una vocazione a civilizzare i popoli slavi, inferiori. Due guerre mondiali sono lo sbocco tragico di questa prima unità tedesca, che per un attimo è anche «unione europea» quando il Terzo Reich, alleato con l'Italia fascista, occupa la Francia, il Benelux, gran parte dei paesi scandinavi, la Mitteleuropa slava. Il prezzo da pagare è quello di Jalta, la divisione: ancora un cambio brutale nella geografia.

La Germania occidentale, sotto il cancelliere democristiano Konrad Adenauer, fa una scelta geopolitica netta. Rimpicciolita, la Repubblica federale tedesca (Rft) colloca la sua capitale a Bonn, sul fiume Reno, a poca distanza dal confine francese. Sceglie la vocazione occidentale, guarda risolutamente verso quella parte. Si fa «renana» per quanto riguarda la riconciliazione con la Francia. Ecco la spinta iniziale della nuova costruzione europea, la nascita di un asse pacifico per la ricostruzione. Entra nel Patto atlantico, sotto la guida e la protezione militare degli Stati Uniti. Non è una scelta «naturale», non è scontata né indolore, alla luce di quella storia policentrica e di quella vocazione pluridirezionale che abbiamo visto. Nel 1952 Stalin ha offerto un'opzione alternativa: che la Germania sia neutrale, che diventi una sorta di grande Finlandia, in cambio della promessa di una riunificazione in tempi rapidi con l'altra metà, la Rdt sotto controllo sovietico. La sinistra tedesca, cioè il Partito socialdemocratico, negli anni Cinquanta non vuole la Comunità europea e preferirebbe accogliere l'offerta di Stalin: neutralità fra i due blocchi, riunificazione. Questa oscillazione tra poli geografici e vocazioni opposte tornerà ad affacciarsi ripetutamente.

Quando nel 1969 va al potere per la prima volta un cancelliere socialdemocratico, l'ex sindaco di Berlino Ovest Willy Brandt, lancia una politica estera innovativa battezzata «Ostpolitik»: è uno dei primi tentativi di distensione, di superamento della guerra fredda. Prevede generosi aiuti economici alla Rdt, una spinta agli scambi commerciali con l'intero Comecon (l'equivalente della Comunità economica europea per i paesi socialisti del patto di Varsavia). La Rdt ricambia il favore infiltrando di spie il governo Brandt. Quando si scopre che il braccio destro del cancelliere è un agente dell'Est, Brandt è costretto a dimettersi (1974). E il suo successore, pur essendo dello stesso partito, torna a guardare a ovest, senza esitazioni.

È il socialdemocratico Helmut Schmidt a guidare la risposta dell'Europa occidentale contro i missili SS-20 installati dall'Urss nel 1977, con testate atomiche puntate verso il territorio della Rft e di altri paesi europei. La manovra sovietica è un tentativo di «decoupling»: con un vasto dispiegamento di missili a medio raggio, Mosca fa balenare la possibilità di un conflitto nucleare limitato al teatro europeo. Così vuole insinuare nei governi e nell'opinione pubblica dell'Europa occidentale il dubbio che gli Stati Uniti potrebbero non intervenire in loro difesa, visto che l'attacco atomico non minaccia il territorio americano. È un nuovo tentativo di «finlandizzazione», per spingere la Germania verso la neutralità. Schmidt reagisce compattando i governi dell'Europa occidentale, e chiedendo all'America di Jimmy Carter l'installazione di «euromissili» che bilancino gli SS-20. Ma contro la sua linea si scatena un'imponente mobilitazione della sinistra tedesca, che non lo segue affatto. Come ricorda Kundnani, fino a 400.000 manifestanti invadono le piazze per cercare di bloccare un voto del Bundestag (il Parlamento tedesco) che nel 1982 spiana la strada all'installazione degli euromissili.

In quelle manifestazioni oceaniche l'anima pacifista della Germania dà vita al «più vasto ed eterogeneo movimento di massa nella storia della Repubblica federale». Lo guidano lo stesso Willy Brandt e intellettuali di prestigio come il premio Nobel per la letteratura Günter Grass. Non accade solo in Germania. Ricordo di aver partecipato in quel periodo a grandi manifestazioni contro gli euromissili in Italia (sarebbero stati installati in Sicilia nel 1983). Enrico Berlinguer, pur avendo ufficialmente rotto con l'Urss, in quella battaglia decide di schierarsi dalla parte dei pacifisti, cioè della non risposta agli SS-20 sovietici. «Meglio rossi che morti» è in quegli anni uno degli slogan in voga nelle piazze, tedesche o italiane. Schmidt tiene duro e la storia gli dà ragione. Non siamo morti nell'Olocausto nucleare, né siamo diventati ostaggi politici e succubi di un ricatto di Mosca. Ancora una volta, in quel frangente è la Germania a fare la scelta decisiva per gli equilibri politici europei.

La «seconda riunificazione tedesca» è un miracolo economico nazionale, con ricadute europee che sono tuttora in corso.

L'exploit economico è innegabile, un capolavoro tanto più ammirevole se lo si paragona con il divario cronico (o perfino in peggioramento) fra il Nord e il Sud dell'Italia. La Rft si annette una Rdt con 17 milioni di abitanti, e livelli

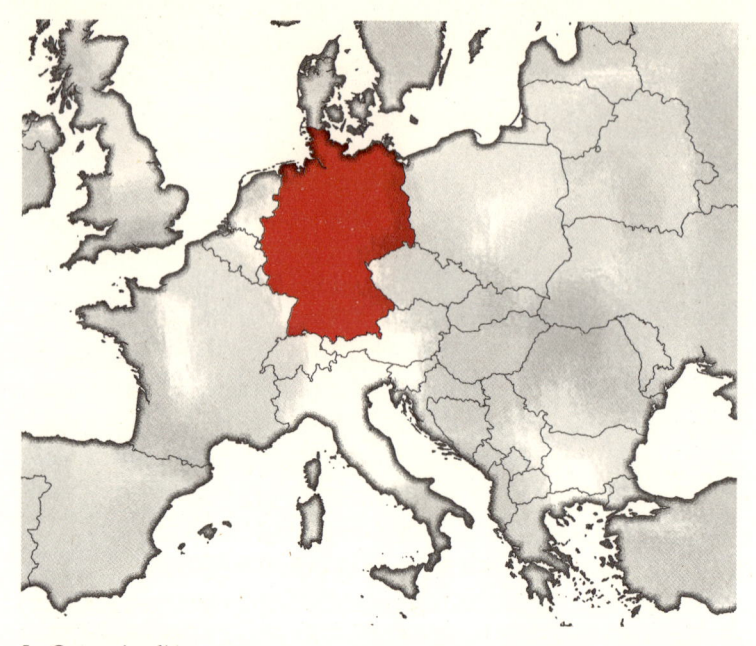

La Germania odierna.

salariali che sono soltanto il 60 per cento di quelli occidentali, più immense inefficienze incrostate nella burocrazia statale comunista. Il cambio uno a uno fra i due marchi tedeschi dell'Ovest e dell'Est è una decisione politica contrastata: la impone il cancelliere Helmut Kohl contro la volontà della Bundesbank e sfidando la «razionalità» economica. Equivale a un gigantesco trasferimento di ricchezze verso i nuovi Länder (regioni) orientali, con cui il cancelliere democristiano li rassicura sul futuro e conquista il loro consenso (almeno iniziale). I primi anni sono difficilissimi, le ristrutturazioni delle aziende decotte dell'Est fanno schizzare la disoccupazione a livelli italiani, il bilancio federale sprofonda nel deficit, i cittadini dell'Ovest cominciano a manifestare insofferenza verso la «diversità culturale» dei loro nuovi connazionali (un eufemismo per alludere all'idea che sono stati irrimediabilmente segnati dai vizi del comunismo, si aspettano tutto dallo Stato, lavorano poco e male). Alla fine, però, la scommessa sarà vinta, le successive riprese economiche riassorbiranno almeno in parte la disoccupazione – anche se al prezzo di un forte aumento dei lavori precari – e daranno ragione all'azzardo strategico di Kohl. In soli quindici anni il dislivello Est-Ovest è stato ridotto, con i redditi dei tedeschi orientali aumentati fino al 75 per cento della parte occidentale.

Nel frattempo la rinascita di una Grande Germania – l'ennesimo cambio di carta geografica – ha generato uno shock geopolitico quasi equivalente a quello del 1871. L'asse franco-tedesco, già palesemente squilibrato per il progressivo rafforzamento dell'economia della Rft nei decenni precedenti, perde ogni parvenza paritetica. L'inutile viaggio di Mitterrand a Berlino Est di cui sono stato testimone, quello strappo per tentare di fermare il corso della storia, è stato seguito però da un'altra mossa strategica ben più seria e meditata. La Francia si deve rassegnare all'ineluttabile ridimensionamento di ruolo, ma chiede in cambio di accelerare il cammino verso un suo antico progetto: la moneta unica europea. Ci risiamo. Così ancora una volta il destino della Germania trascina con sé un cambiamento che coinvolge gran parte del continente. Lo shock che trasforma la carta geografica tedesca si estende come una scossa elettrica lungo tutta la linea rossa che racchiude l'Europa germanica o aspirante tale: i paesi candidati alla moneta unica.

Per capire il salto «logico» dall'unificazione tedesca all'euro, bisogna tornare indietro alla carta geografica precedente. E mezzo secolo prima. Alla guerra fredda, alla nascita della prima Comunità europea. Il sogno dell'euro è così antico. A parte Carlomagno, voglio dire. Negli anni Cinquanta, mentre si va verso la firma del Trattato di Roma, già ci pensano i grandi eurofederalisti come Altiero Spinelli: vedono la moneta all'interno di un progetto di vera unione politica, insomma qualcosa di molto simile agli Stati Uniti d'America. Su un altro fronte, i nazionalisti francesi come

De Gaulle – ispirato dal suo consigliere economico Jacques Rueff – nutrono l'aspirazione di spezzare un giorno l'egemonia mondiale del dollaro. La banconota verde è l'unico mezzo di pagamento davvero universale, gli americani possono finanziarsi stampandone a volontà; e di questo signoraggio imperiale abusano durante la guerra del Vietnam. Fanno pagare al resto del mondo una parte del loro boom di spese militari inondando di dollari anche l'Europa, e quindi esportando inflazione. Poiché De Gaulle minaccia di far valere il suo diritto a scambiare quei dollari inflazionati coi lingotti d'oro di Fort Knox, il presidente americano Richard Nixon dichiara unilateralmente la fine della convertibilità dollaro-oro. È il 1971.

Quella mossa si accompagna alla fine dei cambi fissi o semifissi tra valute. Si scatena la fluttuazione delle monete e dei tassi d'interesse. È il momento in cui le valute europee vedono divaricarsi i loro cammini. Il Deutsche Mark, poiché rappresenta un'economia sempre più solida e competitiva, diventa un bene rifugio e si rivaluta costantemente. Italia e Francia sono costrette a svalutazioni continue per recuperare competitività rispetto al made in Germany. È una situazione altamente instabile. L'industria italiana riesce bene o male a difendersi a furia di svalutazioni competitive, ma gli italiani che vivono di salari, stipendi e pensioni non sempre sono protetti nel loro potere d'acquisto, a causa del costo della vita che sale velocemente; malgrado la «scala mobile» che indicizza salari e pensioni all'inflazione, scioperi e conflittualità sociale sono ai massimi livelli; inoltre, il debito pubblico si gonfia per gli alti tassi d'interesse che sono il prezzo da pagare quando si ha una moneta debole. I tedeschi sono fieri del loro marco, ma nonostante l'affidabilità del made in Germany gli industriali da Monaco a Francoforte a Düsseldorf lamentano la concorrenza sleale della liretta o del franco debole. La diffidenza reciproca rischia di provocare un ritorno ai protezionismi infraeuropei, la ricostruzione di barriere che la Comunità europea aveva smantellato gradualmente negli anni Sessanta. Per scongiurare il pericolo d'implosione del mercato unico, nella seconda metà degli anni Settanta si sperimentano soluzioni per stabilizzare i cambi: prima il «serpente monetario», poi il sistema monetario europeo, tentano di limitare i danni, ma hanno un'efficacia modesta. Ciascun paese membro del club europeo mantiene la sua banca centrale, la sua politica monetaria, i suoi tassi d'interesse.

Intanto la crescente egemonia del marco replica sul Vecchio Continente lo strapotere del dollaro nel mondo. La Bundesbank condiziona i paesi vicini: se aumenta i tassi d'interesse, la Banca d'Italia e la Banque de France non possono permettersi di non seguirla. Le decisioni importanti vengono prese a Francoforte e gli altri non hanno voce in capitolo, subiscono e basta. La lira e il franco diventano in parte delle monete «eterodirette», influenzate dagli alti e bassi dell'economia germanica, ma senza avere i vantaggi del Deutsche Mark, e cioè moneta stabile, bassa inflazione, protezione del potere d'acquisto. I governanti francesi, italiani, belgi, vedono nell'antico progetto della moneta unica una possibile soluzione ai loro problemi. Un personaggio chiave come Carlo Azeglio Ciampi – governatore della Banca d'Italia dal 1979 al 1993, aveva studiato anche all'università di Lipsia e conosceva il tedesco – è persuaso che all'Italia convenga entrare all'interno di una futura linea rossa dell'Europa monetaria germanocentrica. Restano da convincere i tedeschi, però. I quali, a ragione, non sono affatto certi che paesi come l'Italia e la Francia saranno in grado di resistere dentro la «camicia di forza» di una moneta come la loro. Il sindacalismo «latino» è più conflittuale e frammentato di quello tedesco, che si è responsabilizzato sedendo nei consigli d'amministrazione con la Mitbestimmung (cogestione o codecisione). La pubblica amministrazione italiana è una palla al piede per la competitività; corruzione e criminalità organizzata pesano sulla performance complessiva del sistema Italia. I tedeschi sono scettici sul superamento di questi ostacoli. In alternativa, non vogliono rinunciare al Deutsche Mark se la nuova moneta unica sarà in balìa di inflazioni e svalutazioni come la lira o il franco.

Mitterrand però insiste, con determinazione. Lo statista francese intuisce che con la riunificazione tedesca si apre l'ultima finestra di opportunità per rinegoziare un patto, salvando in extremis le apparenze dell'asse paritetico. È il momento di chiedere a Kohl una contropartita, visto che la Grande Germania si proietterà verso una posizione di forza dominante, potenzialmente egemonica. Il sacrificio che Mitterrand chiede ai tedeschi è il Deutsche Mark, nonché il suo inflessibile guardiano, la Bundesbank. Kohl cede perché gli sembra un giusto prezzo da pagare per rassicurare il resto d'Europa: non vuol essere un novello Bismarck, circondato dopo il 1871 da paure, diffidenze, tentativi di costruire coalizioni antitedesche. E così, insieme alla seconda riunificazione parte il cantiere dell'euro. A tappe forzate, con scadenze accelerate. Ma anche con un'idea guida. I criteri di Maastricht devono uniformare i paesi membri a quelle che i tedeschi considerano le massime virtù economiche: poco deficit pubblico, debiti limitati. Per quanto la ragion di Stato dei politici prevalga sulle cautele degli economisti, c'è la consapevolezza che la moneta unica richiede delle economie simili, dei comportamenti uniformi.

L'Italia, da parte sua, dovrebbe varare subito le grandi riforme che ha sempre rinviato, o fallito: migliorare la burocrazia e la giustizia civile, debellare l'evasione fiscale, ridurre la corruzione, investire nella scuola e nella formazione professionale, regolare la conflittualità selvaggia del pubblico impiego. Più che una concessione ai tedeschi, sarebbe una grande svolta a favore degli italiani. Questo, come sappiamo, non è accaduto. Eppure alcune condizioni ci sono, negli anni cruciali in cui l'impulso Mitterrand-Kohl dà il via libera alla costruzione dell'euro, si negozia il Trattato di Maastricht, poi si fissano gli esami di accesso alla moneta unica. Tra le condizioni a noi favorevoli, in quei primi anni successivi alla riunificazione, c'è una Germania meno competitiva di oggi, con il fiato grosso nella sfida con gli Stati Uniti, dove stanno sbocciando i germogli della New Economy (il boom della Silicon Valley nella prima rivoluzione di Internet, quando i giganti si chiamano Microsoft, Aol, Yahoo!, Intel, Cisco). È una Germania in cui il socialdemocratico Schröder comincia a progettare le sue riforme del Welfare, per salvare l'essenza del suo Stato sociale tagliando sprechi e inefficienze, rendendolo più snello e sostenibile. L'Italia potrebbe seguire l'esempio, a nord delle Alpi in quegli anni c'è chi si rimbocca le maniche, affronta sacrifici e tensioni per essere all'altezza della nuova sfida.

Nell'epoca decisiva per la creazione dell'euro e l'ingresso dell'Italia (1997-99) io faccio la spola tra Bruxelles, Francoforte, Milano e Roma, come inviato della «Repubblica» nel nuovo cantiere d'Europa. Mentre scrivo di «germanizzazione», la preparo anche nelle mie scelte personali. In modo fin troppo aderente alla teoria, forse con un pizzico di fanatismo? Già nei miei anni parigini a ridosso della caduta del Muro, mi sono iscritto a un corso di tedesco alla Berlitz School, poi continuo al Goethe Institut di Milano, viaggi permettendo. Se l'Europa deve entrare in un'epoca segnata dall'egemonia tedesca, io voglio arrivarci preparato. La convinzione produce una conseguenza anche su mia figlia Costanza, che in quel periodo è iscritta al Lycée Français: al momento di scegliere la terza lingua, mia moglie e io non abbiamo dubbi, Costanza deve studiare il tedesco. A lei non piace. Contro la sua volontà, eccola partecipe dei nostri grandi scenari geopolitici.

Vent'anni dopo, quell'imposizione le risulta ancora indigesta. La vita ha portato Costanza in California, in Estremo Oriente, in India. Ovunque fuorché in Germania, dove al massimo fa scalo per poche ore a Francoforte, per coincidenze di voli. Ha fatto del suo meglio per «dimenticare» il tedesco studiando cinese e giapponese. In California la seconda lingua nella vita di tutti i giorni è lo spagnolo. È come se la piccola Costanza alla fine degli anni Novanta percepisca istintivamente una forzatura, uno scollamento, tra i nostri discorsi di adulti che s'illudono di vedere nel futuro, e gli scherzi che ti fa la vita vissuta...

Nei miei libri successivi sono tornato più volte sui miei passi, per capire dove ho sbagliato. La germanizzazione che prevedevo non c'è stata, oppure non è avvenuta nella forma prevista. La Grande Germania di Angela Merkel certamente è leader in Europa, ma non ha uniformato il continente, non ha omogeneizzato a sé e al proprio sistema di valori gli altri paesi. Ricordo che in quel contesto di fine anni Novanta la parola «germanizzazione» poteva dire tante cose diverse e non tutte auspicabili: diffusione di una cultura economica fondata sulla stabilità monetaria, ma anche su un capitalismo più chiuso e tradizionale, segnato da opacità e rapporti incestuosi banca-industria. Germanico era l'impianto delle relazioni industriali fondato sulla codecisione fra top management e sindacati (a volte degenerato in episodi di collusione, corruzione). Germanica era la moderazione sindacale, il ricorso equilibrato all'arma dello sciopero, la pace sociale in cambio di una compartecipazione agli utili.

C'era, sul finire degli anni Novanta, un rinnovato interesse per il «capitalismo renano», quel sistema che cercava di conciliare imprenditorialità, partecipazione sindacale e solidarietà, diffuso non solo in Germania ma anche nelle regioni limitrofe, nocciolo duro dell'antica Europa carolingia, poi del Sacro Romano Impero (Bruxelles e Fiandre, Lussemburgo, un pezzo di Francia nordorientale). Delle virtù di quel modello erano convinti francesi e italiani come Michel Albert, Carlo Azeglio Ciampi, Romano Prodi, Mario Monti, Mario Draghi. La ricetta germanica era congeniale anche a un pezzo di Padania, dal Triveneto al Bresciano al

Modenese, tessuti industriali con tradizioni diverse ma comunque segnate da forme di solidarismo cattolico-giansenista-ambrosiano, o compartecipazione di fatto delle maestranze socialcomuniste nel governo delle imprese. Quell'Italia lì ce l'ha fatta e nell'euro sta benone, ma perché era germanizzata da prima, da sempre. Se guardiamo oggi alla performance economica del territorio lombardo-veneto-emiliano, alla sua capacità di esportazione, la conclusione è evidente: abbiamo la Baviera in casa. A parte gli anni più terribili dopo la crisi del 2007-08, quel pezzo d'Italia è quasi sempre stato a livelli di efficienza tedeschi. Non è merito né di Maastricht né dei governi.

Il resto d'Italia si è germanizzato pochissimo o nient'affatto in seguito all'introduzione dell'euro. Il fallimento di quasi tutte le grandi riforme è noto, la persistenza delle corporazioni e delle loro rendite parassitarie lo è altrettanto. Bisogna aggiungere il ruolo nefasto del «grande» capitalismo italiano («localmente» parlando grande, globalmente minuscolo). Le dinastie familiari, quello che un tempo si chiamava il salotto buono, i poteri forti, i potentati ereditari. Questi, prima hanno remato contro l'euro (Confindustria fu a lungo contraria), poi si sono accodati facendo proprio il detto del Gattopardo: cambiare tutto perché nulla cambi. Hanno predicato nei talk show le virtù della concorrenza, sempre pronti però a chiedere aiuti speciali ai governi e ai contribuenti. Hanno esaltato la meritocrazia nei convegni confindustriali, salvo sclerotizzare le loro aziende in mano a rampolli ereditieri. Hanno mancato appuntamenti decisivi per l'internazionalizzazione, pronti a vendersi al migliore offerente straniero. Hanno continuato a incarnare un capitalismo avaro, che rischia esclusivamente i capitali altrui. Della ricetta germanica questi oligarchi hanno mutuato solo l'aspetto peggiore: la dipendenza dalle banche, l'uso degli istituti di credito come la «protezione civile» dei miliardari.

Anche la Francia non si è germanizzata come io credevo/prevedevo. Per ragioni abbastanza diverse, e seguendo un tracciato quasi opposto all'Italia. La Francia ha rafforzato una fascia alta di multinazionali d'eccellenza, grandi aziende competitive a livello globale, che peraltro hanno fatto campagne acquisti anche in Italia: dalla moda all'agroalimentare, dall'aerospaziale alla finanza, dalle armi alle centrali nucleari. Al top del capitalismo francese c'è una ricetta abbastanza simile a quella tedesca: l'alleanza banca-industria, la solidità del sistema paese, un nazionalismo implicito, l'appoggio totale dei governi di ogni colore. Al di sotto di quella Francia globalizzata, l'immobilismo è stato quasi totale: dal malcostume sindacale degli scioperi selvaggi al ceto politico autoreferenziale, le élite formate nelle Grandes Écoles che si cullano nell'illusione di una *grandeur* ormai tramontata. Emmanuel Macron è il tipico prodotto di quella formazione. L'idea che si possa ristabilire un asse paritetico Parigi-Berlino come motore dell'Unione, un binomio «Merkron», un rapporto tra eguali (o quasi) come ai tempi di Adenauer-De Gaulle o Schmidt-Giscard o Kohl-Mitterrand, è fumo negli occhi, propaganda a uso e consumo dello sciovinismo transalpino.

In termini di disoccupazione giovanile, che è uno dei test più importanti, né la Francia né l'Italia hanno saputo importare i benefici del modello tedesco. Colpa delle loro classi dirigenti, senza dubbio, e anche di un certo conservatorismo della società civile. La Germania ha fama di essere una nazione un po' cocciuta, testarda, tradizionalista: eppure ha assorbito sotto Schröder delle riforme tipo Jobs Act con poche resistenze.

L'altra domanda che mi perseguita da anni, e da diversi libri, è questa: perché la Germania non ha esercitato fino in fondo quell'egemonia politico-culturale che la sua stazza post-riunificazione e la sua ricchezza le assegnano? Alcune risposte le dà la sua storia: memore degli orrori del suo XIX e XX secolo, la Germania democratica è una «superpotenza timida», restia a dispiegare troppo apertamente la propria superiorità per influire sui paesi vicini. Risalgo anche al suo passato più distante, giro e rigiro le carte geografiche del Sacro Romano Impero, e mi chiedo se non siamo scivolati di nuovo in un'Europa di quel tipo, dove l'imperatore al centro del sistema lascia ampia autonomia ai poteri locali, che in periferia dettano legge. Anche se durante la crisi dell'euro i diktat li ha imposti Berlino, alla Grecia soprattutto.

C'è una spiegazione economica della mancata germanizzazione. Il modello tedesco è fondato sul motore delle esportazioni. La Germania ha un'economia costruita in modo da essere strutturalmente in attivo, con esportazioni molto superiori (in valore) alle importazioni. Accumula attivi commerciali nei confronti del resto del mondo, Europa inclusa. Nel suo sfrenato mercantilismo è peggio della Cina: nel 2016 l'attivo commerciale tedesco verso il resto del mondo ha raggiunto 300 miliardi di dollari contro «soli» 200 miliardi della Cina. Il modello economico trainato dall'export ha due corollari importanti. Il primo è di natura culturale, valoriale. Per esportare più di quanto si importa, bisogna produrre più di quanto si consuma, risparmiare più di quanto si spende. Nelle nazioni che hanno questo tipo di economia si è sedimentata un'etica collettiva che esalta la virtù della parsimonia, della frugalità. Questo è vero per l'ethos tedesco come per quello delle grandi civiltà confuciane dell'Estremo Oriente. Secondo corollario: perché alcune nazioni possano essere sempre in attivo, è indispensabile, obbligatorio, che altre siano in permanente disavanzo commerciale. In questo senso la Germania con la sua presunta virtù ha bisogno di essere circondata da paesi viziosi. La Germania non è «riuscita» a disciplinare anche noi mediterranei, o non è stata mai veramente interessata a farlo. In quest'ottica è perfettamente razionale che le banche tedesche, a partire dalla Deutsche Bank, durante gli anni post-euro e pre-crisi, dal 1999 al 2008, abbiano incoraggiato in modo perverso la spesa pubblica facile dei paesi del Sud, con credito a gogò e investimenti di capitali tedeschi speculativi in Grecia, Spagna e Portogallo.

La Germania pratica virtù ed esporta vizi non solo dentro l'eurozona, ma a livello globale. Di questo paradosso era consapevole Barack Obama quando, appena diventato presidente, cercò di formulare una ricetta mondiale per l'uscita dalla crisi. Il crac finanziario del 2008, innescato dai «debiti malati» dell'America, aveva come premessa un macrosquilibrio planetario. L'America era vissuta indebitandosi per consumare; mentre altre nazioni (Germania, Cina) erano felici di farle credito perché in questo modo riciclavano i propri sovrappiù di capitali mettendoli a disposizione del proprio miglior cliente, il consumatore americano. Riunendo i leader mondiali al G20 di Pittsburgh, nel settembre 2009, il padrone di casa formulò quella dottrina Obama che si può riassumere così: l'economia mondiale è malata di grandi squilibri fra nazioni indebitate e nazioni creditrici. L'America s'impegnava a fare la sua parte – promise Obama – per curare gli eccessi della sua bolla, e risparmiare di più. Ma non possiamo aggiustarci da soli, continuò, se altri non fanno lo stesso percorso in senso inverso: quelli che finora hanno risparmiato ed esportato a dismisura, devono consumare di più e diventare locomotive della crescita. Obama pensava alla Cina, al Giappone, e alla Germania.

Nel 2017 le stesse cose le dice Donald Trump, e di colpo, perché è lui, dal mondo intero (Italia inclusa) si leva un coro di obbrobrio: c'è un perfido protezionista alla Casa Bianca! Trump accusa i tedeschi per ragioni sacrosante. Un attivo commerciale pari all'8 per cento del Pil tedesco è una mostruosità, fa male all'economia mondiale, e per cominciare fa tanto male a tutti i paesi partner dell'eurozona (salvo quelli talmente germanizzati all'origine da essere identici ai tedeschi: olandesi e lussemburghesi, austriaci, scandinavi e finlandesi; con loro il baricentro del Sacro Romano Impero è slittato un po' più a nord). Un eccesso enorme e permanente dei risparmi sugli investimenti non è virtù, è vizio. Anche perché questo squilibrio è dato non dall'elevato risparmio delle famiglie, bensì da un insufficiente livello di investimenti delle imprese e dello Stato. Anche la moderazione salariale ha il suo versante patologico, perché le famiglie tedesche consumano troppo poco: i consumi privati sono appena il 54 per cento del Pil contro il 69 in America.

Da quel settembre 2009 in poi, la Cina è quella che ha fatto di più per stimolare la sua domanda interna, con robuste iniezioni di spesa pubblica e aumenti salariali. La Germania è quella che ha fatto di meno. È riluttante a svolgere un ruolo di locomotiva. Anche in questo caso, logica economica e senso etico si sono mescolati. Per molti tedeschi l'economia è una dottrina morale. Per la Merkel è insopportabile che l'America dia lezioni ad altri, dopo aver provocato la terribile crisi del 2008 proprio per effetto dei suoi debiti insostenibili nel settore dei mutui subprime. Con quale presunzione il debitore sale in cattedra e dà lezioni al virtuoso tedesco? La resistenza della Germania ha una sua dignità morale, e di buonsenso. Sul piano morale, tanti tedeschi guardano con diffidenza al modello angloamericano del capitalismo iperfinanziarizzato, e del consumismo alimentato col credito facile. Pensano che le prediche impartite dagli Stati Uniti, e a maggior ragione quelle che vengono dai paesi dell'Europa mediterranea segnati dal malgoverno, sono un tentativo di trascinare anche la Germania sulla via della perdizione.

L'atteggiamento moralista di Berlino è disonesto e insopportabile quando sorvola sugli scandali enormi di quel paese, dai derivati della Deutsche Bank all'eurodiesel della Volkswagen. Le politiche di austerity che la Germania ha imposto all'eurozona ci hanno fatto del male, e l'hanno arricchita. Ma su altre questioni il moralismo tedesco merita qualche attenzione. Non è la Germania ad avere esportato in casa nostra la mafia, la camorra e la 'ndrangheta. Non è la Germania ad averci imposto una burocrazia arrogante e una giustizia civile scassata. L'equivoco pericoloso che si annida nel linguaggio antitedesco è l'alibi offerto a chi vuol mettersi «in vacanza dall'Europa» per tornare a praticare i nostri peggiori vizi nazionali.

Sta di fatto che questa egemonia debole della Germania è un'anomalia. Hans Kundnani parla di una potenza «semiegemonica». Non v'è traccia di un progetto per accompagnare l'integrazione europea alimentandola di idee e valori tedeschi. È un'autolimitazione legata ai fantasmi del passato, ma vi si aggiunge una logica stringente e perversa, quella che spinge la Germania a rimanere un modello fantastico con pochi allievi in grado di emularne le gesta. Aveva ragione Costanza?

Questa Germania semiegemonica ci traina verso Occidente o verso Oriente? Il tema della «finlandizzazione», lo scenario di un'Europa che scivola verso la neutralità, che allenta i legami con l'America e si avvicina alla Russia o al Medio Oriente o alla Cina: tutto questo torna di colpo di attualità. In parte per l'attrazione che Vladimir Putin cerca di esercitare con i suoi progetti di cooperazione economica eurasiatica, o esercita col fascino del suo autoritarismo su certe fasce dell'opinione pubblica europea. In parte per gli storici legami geoeconomici tra Germania, Turchia, Iran. In parte per le lusinghe di Xi Jinping, che ha già assegnato alla Germania un posto d'onore nella Nuova Via della Seta. Infine, e soprattutto, perché l'America di Trump ha generato antipatie, diffidenze, paure tali da mettere in discussione sessant'anni di alleanza atlantica.

La Grande Germania ebbe un momento di sintonia totale con la politica estera americana, oggi quasi dimenticato: la guerra dei Balcani dal 1991 al 1999, l'intervento della Nato contro la Serbia filorussa di Milošević e a favore del Kosovo. Dal gennaio 1993 c'è Bill Clinton alla Casa Bianca, è lui che gestisce quella crisi internazionale, l'indignazione di fronte alla pulizia etnica. Kohl è ancora cancelliere e ha un debito politico colossale con gli americani che gli hanno consentito la riunificazione. Washington preme perché la Germania esca dalla tradizionale posizione pacifista, spenda di più per la difesa e assuma maggiori responsabilità nella Nato (anche questo, come si vede, non è un tema inventato da Trump). Tanto più perché la Germania ha contribuito al precipitare degli eventi nell'ex Jugoslavia, con il suo velocissimo e controverso riconoscimento della Croazia secessionista. Kohl è alle prese con un dilemma: non solo deve mandare i Tornado tedeschi a combattere in una guerra che non è puramente difensiva, ma in più deve schierarli in un teatro che vide la Wehrmacht come armata d'occupazione nella seconda guerra mondiale. Due tabù da violare in un colpo solo, per aderire alla richiesta americana.

È a quel punto che arriva in soccorso di Kohl un alleato sorprendente: la sinistra radicale. I Verdi di Joschka Fischer e Daniel Cohn-Bendit si appropriano del tema del «diritto d'ingerenza» o «dovere d'intervento umanitario». Lo fanno con nobili propositi, dopo lo shock della carneficina di Srebrenica (1995), dove oltre ottomila musulmani bosniaci vengono massacrati dai serbi. Fischer e Cohn-Bendit uniscono le loro voci a quelle di altri esponenti della sinistra europea, come il francese Bernard Kouchner fondatore di Medici Senza Frontiere. Di lì a poco in Italia sarà il primo presidente del Consiglio ex comunista, Massimo D'Alema, a schierare la sinistra in favore dell'intervento della Nato contro Milošević. Ma il dibattito tedesco si tinge di accenti particolari, che si rifanno proprio alla storia di quel paese. La «guerra degli ex sessantottini», come viene definita (sia Fischer che Cohn-Bendit avevano cominciato a fare politica nella contestazione giovanile del '68, cosa che peraltro è vera anche di Clinton e D'Alema), è difesa dai suoi fautori in nome della memoria dell'Olocausto. Come una forma di resistenza al «nuovo fascismo» rappresentato da Milošević. Al pacifismo tradizionale che continua a ripetere «mai più guerre», Fischer e Cohn-Bendit rispondono «mai più Auschwitz», e questo fa breccia nella coscienza collettiva della sinistra tedesca.

Ma quando la Merkel vent'anni dopo si trova a gestire la crisi dell'Ucraina, e ha di fronte un Vladimir Putin ben più temibile di Milošević, dov'è finita la generazione Kosovo, protagonista della «guerra degli ex sessantottini»? Di mezzo c'è stato un primo strappo con l'America. Protagonista un altro ex sessantottino, Gerhard Schröder. Il cancelliere socialdemocratico, il regista delle grandi riforme che ridanno competitività all'economia, va ricordato per un altro evento cruciale. È la sua scelta di dissociarsi dall'invasione dell'Iraq lanciata nel 2003 da George W. Bush. La Germania di Schröder arriva al punto di schierarsi diplomaticamente con la Russia e la Cina, anch'esse ostili a quell'invasione. Spezza il fronte atlantico. Attira nella propria orbita il presidente francese Jacques Chirac. Lo strappo di Schröder-Chirac provoca la celebre requisitoria di Donald Rumsfeld (il neoconservatore segretario alla Difesa Usa) contro la «vecchia Europa» malata di antiamericanismo, che lui oppone ai nuovi paesi liberati dal comunismo come la Polonia e i Baltici, schierati a favore della guerra contro Saddam.

La sfida di Schröder è senza precedenti. Neppure Willy Brandt all'epoca della Ostpolitik aveva osato mettersi così apertamente in rotta di collisione col potente alleato americano. Le carte geopolitiche tornano a ruotare. La Germania di Schröder riscopre la sua centralità europea, guarda a est quanto a ovest, esamina nuove opzioni in un mondo che in quella fase sembra unipolare ma dove presto la solitaria leadership americana si sarà logorata. Anche in questo caso, Trump non inventa nulla: eredita lo sfilacciamento di un rapporto Washington-Berlino che sta maturando da tempo. Non solo per gli errori o le colpe degli americani, ma anche perché la Germania torna a occupare lo spazio che la geografia le ha dato, si muove con una prospettiva a 360 gradi, non ha più la testa girata a ovest.

Torno all'oggi, e al tema Merkel-Putin-Ucraina. Ho raccontato nell'*Età del Caos* il rapporto particolarissimo tra la Merkel e Putin, ed è utile ricordarlo qui:

Angela Merkel non è tipo da sottovalutare la pericolosità di Putin. La sua biografia la vaccina contro le illusioni. Nata ad Amburgo (Germania Ovest) nel 1954, aveva pochi mesi quando il padre, un sacerdote luterano, decise di trasferirsi dall'altra parte della cortina di ferro per un incarico pastorale nel Brandeburgo (Germania Est). Da bambina, e fino all'età adulta, la Merkel è quindi vissuta nella parte orientale, comunista, ha visto da vicino i metodi di controllo esercitati da Mosca su quello che era uno Stato-satellite. Ironia della sorte, un giovane dirigente dei servizi segreti sovietici (Kgb), Vladimir Putin, era stato trasferito anche lui in Germania Est. Proprio negli ultimi anni di esistenza della Repubblica democratica tedesca (Rdt), dal 1985 al 1990, Putin lavorava nella sede del Kgb di Dresda. Sotto i suoi ordini c'era anche la polizia segreta locale, la Stasi. Una delle sue ultime missioni fu quella di bruciare gli archivi locali del Kgb quando arrivò la notizia della caduta del Muro di Berlino.

Il risultato di queste biografie incrociate: la Merkel ha studiato il russo a scuola e lo ricorda bene; Putin padroneggia a perfezione il tedesco. ... Per la propria storia personale, oltre che per la conoscenza della lingua, ciascuno dei due è in grado di studiare la psicologia dell'altro con un certo acume. Ma quand'anche consideri Putin come un imperialista pericoloso, con mire espansioniste e revansciste, animato da una sete di rivincita contro l'Occidente, la cancelliera Merkel deve vedersela con la sua opinione pubblica.

Non è solo l'opinione pubblica tedesca che la cancelliera deve fronteggiare. Dal lato di Putin ora siede un certo Schröder. L'ex cancelliere socialdemocratico ha una seconda vita, lautamente remunerata, come consigliere d'amministrazione del colosso Rosneft, compagnia petrolifera russa legata a doppio filo con Putin, nonché del consorzio Nord Stream per il gasdotto russo-tedesco. Il cuore dell'establishment economico-finanziario della Germania (e soprattutto il portafoglio) batte in favore di Schröder quando lui contesta le sanzioni alla Russia. La Merkel ha un istinto politico che la mette in guardia contro la pericolosità di Putin, ma deve rispondere a delle constituency potenti che la tirano verso est. Cioè verso la centralità tedesca di una volta, aperta a opzioni plurime. Con Trump che non fa nulla per accattivarsi le simpatie europee, con pezzi dell'Europa dell'Est che scivolano verso il magnete dell'autoritarismo putiniano (Ungheria), la nuova linea rossa della sfera d'influenza germanica è in movimento. Ancora una volta.

Non è la prima occasione in cui gli interessi economici hanno tirato la Germania verso posizioni conflittuali con gli Stati Uniti. C'è stato già l'Iran, paese con cui finanza e industria tedesca hanno creato legami di business in barba alla tensione fra Teheran e Washington. Obama ne aveva preso atto ed era stato costretto, per negoziare il suo accordo sul nucleare iraniano, a includere la Germania al tavolo delle trattative. Le carte del passato tornano attuali; è dai tempi di Bismarck che la Germania cura la propria espansione mediorientale investendo soprattutto in due paesi: Persia e Turchia.

Chi parla è la moglie di un mio carissimo amico. Tedesca, nata a Berlino Est, cresciuta dall'altra parte del Muro quando ancora c'era il comunismo. Si sfoga con me per quello che sta accadendo nella sua città. Qualcosa che ricorda il famigerato «Capodanno di Colonia», ma che a differenza di quell'evento è routine quotidiana. Una piccola storia ignobile, accuratamente nascosta. Riassumo quello che mi racconta, uso le virgolette finché è lei che parla.

«Vivere in certi quartieri di Berlino per una donna sola, e tedesca, non è facile. Uscire da sole, rientrare a casa la sera tardi, è diventato un problema. Spesso rinuncio per paura. Per noi il Capodanno di Colonia c'è ogni sera. Gruppi di maschi di origine turca, nordafricana, araba, ci fissano e ci seguono, ci molestano o ci minacciano. Qualche volta finisce con un'aggressione sessuale vera e propria. Altre volte sono forme di intimidazione, un coltello sguainato, il furto del portafoglio o dello smartphone. Non ci sentiamo più a casa nostra. E come non bastasse, di questi eventi c'è pochissima traccia nell'informazione ufficiale. La televisione tedesca ha precise direttive che vietano di specificare l'origine etnica o la nazionalità di chi commette un reato. Perciò noi donne abbiamo imparato a decifrare, a interpretare un'informazione che di fatto è censurata. Se il telegiornale parla di un'aggressione con uso di pugnale, capiamo di che si tratta: è l'arma più diffusa tra quelle bande. Ma questa forma di autocensura politically correct accentua il nostro disagio, peggiora il senso di solitudine e di insicurezza. Noi donne siamo vittime di un clima d'intimidazione di cui è praticamente vietato parlare. Capisco le ragioni storiche di questo riserbo. Noi tedeschi abbiamo delle colpe da farci perdonare, non potremo mai dimenticare l'Olocausto. Di conseguenza dobbiamo stare molto attenti a non prendere di mira questa o quella etnia, minoranza o religione. Però questa situazione a me ricorda in modo inquietante il mondo in cui sono cresciuta. Anche nella Germania Est era proibito parlare di certe cose, anche nella mia adolescenza e giovinezza dovevamo decifrare il non detto, interpretare le versioni ufficiali della televisione di Stato. Noi donne ci sentiamo abbandonate dal politically correct. Solo qualche sito femminista osa squarciare il velo del silenzio, ma sono voci isolate.»

Qui finisce l'amaro sfogo della mia amica berlinese. Ricordo, per chi l'avesse dimenticato, cosa fu il Capodanno di Colonia: in quella città tedesca nella notte fra il 31 dicembre 2015 e il 1° gennaio 2016 bande di giovani maschi, perlopiù immigrati da paesi islamici, terrorizzarono molte donne e ragazze, ci fu qualche stupro, diverse aggressioni, molti furti. La polizia era assente o passiva. Ci vollero parecchi giorni perché la verità venisse a galla. Oltre alla naturale paura di una donna violentata, alle resistenze e ai sensi di vergogna che scattano prima di andare dalla polizia a sporgere denuncia, in quel caso si aggiunse anche l'autocensura dei media, l'imbarazzo nel descrivere episodi che avevano una chiara matrice etnica, culturale, dentro la comunità musulmana. A poco a poco la verità sul Capodanno di Colonia si venne a sapere, e fu uno shock nazionale. Ora, secondo la descrizione della mia amica berlinese, lo stesso riflesso di autocensura sta avvolgendo una realtà quotidiana, fatta di episodi che sono diventati «normali», non più solo esplosioni selvagge una tantum.

La Merkel, però, se n'è accorta, eccome. Tra la cancelliera del 2015, quella che annunciò la politica delle frontiere aperte ai profughi, e la Merkel del 2017, la differenza è evidente. C'è di mezzo il Capodanno di Colonia. Più il massacro del mercatino di Berlino del Natale 2016. Due eventi diversissimi per natura: l'uno era un caso di molestie di massa, conseguenza della «normale» cultura sessista di una comunità straniera profondamente distante dalle regole del paese ospite; l'altro era terrorismo jihadista, un fenomeno minoritario, anch'esso però legato dal filo comune di un rifiuto d'integrarsi nei valori dell'Occidente.

Insieme a questi eventi c'è stata la svolta autoritaria e fondamentalista di Erdogan in Turchia. La pretesa del presidente turco, sempre più islamista, di usare le visite di Stato in Germania per tenere comizi di propaganda politico-ideologica ai «suoi» emigrati. Tutto questo ha creato un allarme evidente nella cancelliera. La sterzata con cui ha chiuso la sua *Willkommenspolitik* (politica del benvenuto) verso gli immigrati, le è valsa un quarto mandato all'elezione legislativa del 24 settembre 2017. Però si è salvata per il rotto della cuffia: la paura dello shock culturale rappresentato dall'immigrazione islamica ha fatto sprofondare il suo partito democristiano (Cdu) ai minimi dal dopoguerra, mentre la formazione di estrema destra Afd ha fatto per la prima volta il suo ingresso in Parlamento.

Il risultato finale è paradossale, e le sue conseguenze ancora una volta sono di portata europea. La Germania ha avuto un ruolo decisivo nel bloccare i negoziati di adesione della Turchia all'Unione europea. È svanita l'illusione che bastasse offrirgli l'accesso al nostro club, per incanalare la Turchia verso la liberaldemocrazia, i diritti umani, la libertà di espressione, lo Stato laico. Al contrario, Erdogan ha imboccato la direzione opposta, pur pretendendo di continuare a negoziare l'ingresso futuro nell'Unione. Dopo i casi della Polonia e dell'Ungheria che scivolano verso l'autoritarismo, è difficile far finta che l'appartenenza all'Unione europea sia di per sé un toccasana contro le derive illiberali.

Al contempo la Merkel è stata il motore trainante per ottenere l'accordo tra Unione europea e governo turco, che ha chiuso il corridoio dei Balcani ai profughi, o almeno ne ha ridotto fortemente il flusso. Erdogan, dietro pagamento di 3 miliardi di euro all'anno, fa quello che faceva un tempo Gheddafi in virtù di un accordo analogo con l'Italia di Berlusconi: trattiene la maggior parte dei profughi sul proprio territorio.

Più che al Sacro Romano Impero, qui le carte storico-geografiche ci rimandano all'antica Roma. Che negoziava con certe tribù barbariche di frontiera accordi simili. I guerrieri barbari diventavano i guardiani del confine, dietro compenso, riconoscimenti, patti di alleanza. Roma si risparmiava così un'eccessiva dilatazione delle sue legioni, poteva concentrare la sua forza militare dov'era essenziale. La polizia di frontiera la facevano gli «esterni». In «outsourcing», diremmo oggi.

È uno storico arabo, colui che ha teorizzato per primo questo modello in modo sistematico. Il grande teorico dell'Islam medievale Ibn Khaldun, vissuto nel XIV secolo, ci ha lasciato una straordinaria teoria dell'ascesa e declino degli imperi. È Ibn Khaldun ad aver individuato per primo questa costante sistematica: il ruolo dei «barbari guerrieri» come milizie armate a cui gli imperi pacifisti (in quanto dediti a estrarre rendite dalle popolazioni agricole disarmate) delegano l'ordine alle frontiere. Gheddafi, Erdogan, sono solo esempi recenti in una miriade di casi che Ibn Khaldun aveva cominciato a catalogare sei secoli fa. La Germania, «potenza erbivora», ha seguito un modello antico e collaudato.

IV

La Russia non è mai troppo grande

Dove si esplora la continuità tra gli zar e Putin; si scopre un gigante col complesso d'inferiorità «costretto» a minacciare i vicini; dalla «terza Roma» all'Eurasia passando per la chiesa comunista; l'investimento nei populismi occidentali; sarà mai un paese normale?

Ricorderò sempre quell'atterraggio a Mosca in Tupolev, in una cabina paralizzata dal silenzio e dalla paura. In verità, non proprio un silenzio assoluto: aveva dei motori assordanti quel vecchio Tupolev russo a turboeliche. Tra i passeggeri, però, era piombato il mutismo delle situazioni gravi. Silenzio anche dalla cabina di pilotaggio; quelli là dentro avevano cose più importanti da fare che dare informazioni a noi: primo, salvare la pelle. Alcuni tra noi, forse, stavano pregando, ma sottovoce: eravamo pur sempre diretti verso la capitale mondiale del comunismo ateo. Bufera di neve su Mosca. Buio pesto. Visibilità zero. Per tre volte il pilota aveva tentato l'atterraggio, e noi dai finestrini vedevamo solo un turbine bianco e il buio, perché la tempesta aveva cancellato ogni luce. Tre tentativi aborliti: ormai conoscevamo a memoria la procedura. Quindici minuti di discesa tremebonda, con sussulti, sbalzi e vibrazioni della carlinga; poi la sterzata finale e, in extremis, l'impennata improvvisa all'insù, che significava fallimento della manovra di avvicinamento alla pista di atterraggio. Dunque, niente da fare, si riprendeva quota per altri venti minuti, sperando nel prossimo tentativo. Tensione alle stelle, aggravata dalla scomparsa di tutto il personale di bordo, forse inchiodato anch'esso ai sedili con le cinture allacciate. Quanto sarebbe durato il carburante? Al quarto tentativo abbiamo finalmente toccato terra, e quasi non ci credevamo più.

Rieccomi a Mosca, ancora vivo. Ventenne, giovane giornalista del Partito comunista italiano alla fine degli anni Settanta, in uno dei tanti viaggi per partecipare ai vertici della grande famiglia comunista internazionale. Non avevo incarichi politici, ma sapevo un po' di lingue straniere, perciò mi infilavano spesso in qualche delegazione ufficiale ad accompagnare i grandi capi nelle occasioni solenni.

Back in the U.S.S.R. cantavano i Beatles nel 1968, in una sarcastica parodia di *Back in the Usa* di Chuck Berry, nonché uno sfottò delle *California Girls* celebrate dai Beach Boys, sostituite nei versi di Lennon-McCartney da ragazze russe e ucraine. Facile ironia. Perché nessuno aveva davvero voglia di essere «di ritorno in Unione Sovietica». In quanto alle ragazze, perfino noi iscritti ai partiti comunisti di tutto il mondo, quindi teoricamente indottrinati sulla moralità del paradiso comunista, venivamo abbordati nelle lobby dei grandi alberghi da gruppetti di fameliche prostitute. Comunque, a riprova della permalosità russa, le canzoni dei Beatles furono vietate laggiù negli anni Sessanta e Settanta; ancora negli anni Ottanta, a Paul McCartney fu negato il permesso di tenere concerti live. Dovette aspettare il maggio 2003, ormai sessantenne, per esibirsi sulla piazza Rossa, dove alle note di *Back in the U.S.S.R.* scoppiò un boato di applausi. Ma applausi per che cosa, esattamente? Nel 2003 l'Unione Sovietica era scomparsa da dodici anni. E della nuova Russia era già presidente, dal 2000, Vladimir Putin.

Ricordando quarant'anni dopo quell'atterraggio all'aeroporto di Mosca, forse uno dei più paurosi nella mia lunga esperienza di voli in terre lontane, quello che mi rimane è una lezione di storia e geografia. Dopo quell'esperienza, quando nei libri m'imbatto nell'espressione «il Generale Inverno», per me non è più una cosa astratta. Lo avevo visto in faccia, il Generale Inverno. Nel mio piccolo, insieme ad altri duecento passeggeri impauriti su quel Tupolev, anch'io avevo intuito la temibile potenza dell'inverno russo. Come, in tutt'altre circostanze, Napoleone e Hitler.

Le invasioni hanno segnato la storia della Russia forse più che in altri paesi. E non è un caso se uno dei massimi capolavori della letteratura russa, e mondiale, s'intitola *Guerra e pace*. Se avete letto Tolstoj, vi ricordate sicuramente che lì dentro di guerra ce n'è tanta. La Grande Armée di Napoleone contro l'esercito dello zar Alessandro I e di altre potenze alleate (austriaci e prussiani). Un'epopea tragica, dove le gesta degli uomini forse non furono decisive. Alla fine, la ritirata di Russia segnò soprattutto la vittoria del Generale Inverno, il più temibile dei condottieri che difendono Mosca e San Pietroburgo dagli invasori stranieri. Oltre che dal sacrificio eroico di milioni di soldati russi, pure la Wehrmacht nazista fu sconfitta dall'indomabile Generale Inverno. Gli italiani pagarono un tributo pesantissimo per l'alleanza Mussolini-Hitler: i nostri soldati, mandati allo sbaraglio nell'operazione Barbarossa, morirono a migliaia nella terribile ritirata fra le nevi (solo tra gli alpini il bilancio ufficiale parla di perdite pari al 60 per cento degli effettivi, su 41.000 soldati). Episodi analoghi, ancorché meno celebri, si ebbero con l'invasione svedese del 1707 e con l'intervento militare del 1918, quando le potenze alleate vincitrici della prima guerra mondiale organizzarono un corpo di spedizione per appoggiare le forze antibolsceviche: anche in questi due casi le condizioni meteo avverse ebbero un ruolo decisivo.

Il fallimento delle ultime invasioni racchiude un insegnamento ambiguo: da una parte, l'ultima parola spetta al Generale Inverno, che infligge un castigo mortale a chi si addentra in Russia e ci rimane nella stagione sbagliata; dall'altra, che senza il Generale Inverno è relativamente facile percorrere le grandi pianure dell'Europa centrale e arrivare in un lampo da Parigi o da Berlino fino al cuore della Russia. Non ci sono delle vere barriere naturali – geografiche – come alte catene montuose o mari, deserti o fiumi difficili da traversare. La Russia è facile da invadere (occuparla è un altro discorso). Per questo Napoleone e Hitler ci cascarono. E per questo i russi – popolo e leader – si portano dentro un'insicurezza antica. Che ognuno cerca di curare come può.

Il paradosso della superpotenza fragile è illustrato in un saggio dello storico americano Stephen Kotkin, docente all'università di Stanford. S'intitola *Russia's Perpetual Geopolitics* ed è stato pubblicato sulla rivista «Foreign Affairs» nel giugno 2016. Grande esperto di storia russa, autore di una monumentale biografia di Stalin, Kotkin descrive la sindrome dell'insicurezza alla quale generazioni di autocrati hanno dato sempre la stessa risposta: conquistare nuovi territori, espandersi ai danni dei paesi vicini, allontanare sempre di più da Mosca e San Pietroburgo il perimetro dei confini esterni. «Per mezzo millennio, a cominciare dal regno di Ivan il Terribile nel XVI secolo,» scrive Kotkin «la Russia è riuscita a espandersi alla velocità media di 130 chilometri quadrati al giorno per centinaia di anni, fino a occupare un sesto di tutta la superficie emersa del pianeta.» Nessun altro Stato occupa una porzione così larga della crosta terrestre. Tra i momenti di massima ascesa e allargamento territoriale, Kotkin elenca la vittoria dello zar Pietro il Grande contro Carlo XII di Svezia, che nel primo Settecento ricaccia indietro gli scandinavi e insedia i russi nel mar Baltico; la vittoria di Alessandro I contro Napoleone, che fa dello zar uno dei protagonisti del Congresso di Vienna e quindi del nuovo equilibrio fra le potenze europee; la vittoria di Stalin contro Hitler, che permise all'Urss di allargarsi fino ai confini dell'Occidente e di annettersi, di fatto, la Mitteleuropa, inclusa mezza Germania. Tra le fasi di ritirata (relativa): la sconfitta nella guerra di Crimea del 1856, che porta a una prima crisi del regime zarista e all'emancipazione dei servi della gleba; l'umiliante disfatta del 1905 nel conflitto contro il Giappone, la prima volta nell'era moderna che un impero «bianco» perde il confronto militare con un avversario asiatico; la sconfitta nella prima guerra mondiale, che determina il tracollo della dinastia Romanov e favorisce la rivoluzione del 1917; la ritirata dall'Afghanistan, che accelera la crisi dell'Unione Sovietica; infine la sconfitta nella guerra fredda, cui seguì la dissoluzione dell'intero blocco comunista con le sue organizzazioni internazionali (la comunità economica, detta Comecon, e l'alleanza militare del Patto di Varsavia).

La contraddizione di fondo su cui Kotkin attira l'attenzione è questa: anche nei momenti di massima espansione territoriale, militare e imperiale, la Russia è sempre una superpotenza «debole». Nel 1900, per esempio, il suo reddito pro capite era un quinto di quello inglese, la speranza di vita media per i suoi abitanti era di 30 anni contro 52 in Gran Bretagna, e solo un terzo dei russi sapeva leggere e scrivere.

Dell'Urss del periodo comunista conservo ricordi personali precisi. Era temibile la sua forza militare, e rammento di aver vissuto «in piazza» la crisi degli euromissili quando, nella seconda metà degli anni Settanta, Mosca tentò di spezzare la solidarietà atlantica mettendo alla prova l'ombrello nucleare americano sull'Europa occidentale. L'Armata rossa poteva dispiegare testate nucleari a poca distanza dai nostri confini, in più aveva l'appoggio politico di una parte dell'opinione pubblica nei paesi europei della Nato: dai forti partiti comunisti di Italia e Francia, fino ai pacifisti, che adottarono lo slogan «meglio rossi che morti». Noi di sinistra eravamo in prima fila a promuovere quelle manifestazioni a senso unico, nelle quali il pericolo russo era ignorato. Insomma, un pezzo di Occidente era disposto ad alzare bandiera bianca, vuoi perché impressionato e intimidito dalla forza bellica di Mosca, vuoi perché indifferente alla difesa dei valori liberaldemocratici, e quindi antimperialista a senso unico (contro l'egemonia dello zio Sam).

A sostenere il pauroso dispositivo nucleare dell'Urss c'era una notevole capacità scientifica, dispiegata già dagli anni Sessanta. Nel 1961, infatti, un astronauta russo, Jurij Gagarin, aveva battuto gli americani ed era stato il primo essere umano in orbita geostazionaria. La «corsa allo spazio» aveva dato un saggio della precisione e affidabilità di Mosca nel lancio di missili: la stessa tecnologia poteva servire a trasportare ogive nucleari, all'occorrenza. Dietro l'apparato scientifico e militar-industriale, però, non c'era quasi nulla. A noi viaggiatori abituali, alla fine degli anni Settanta il paradiso comunista aveva già rivelato la sua impostura: per il tenore di vita, il benessere materiale, la qualità delle infrastrutture, l'Urss era a metà strada fra l'Occidente e il Terzo Mondo. Con in più i gulag per i dissidenti, la censura, le menzogne quotidiane della propaganda di Stato. Una superpotenza militare, un nano economico già allora.

Non molto è cambiato oggi, dopo un quarto di secolo di privatizzazioni sequestrate dalla nuova nomenklatura, e quasi un ventennio di autoritarismo putiniano. Come ai tempi degli zar e poi nell'interregno sovietico, il paradosso russo rimane quello di sempre: un territorio gigantesco, una notevole forza militare, ma un'economia povera e irrilevante. Il Pil russo è di poco superiore a quello della Spagna (incredibile ma vero: e sono statistiche dell'Onu pubblicate annualmente col beneplacito degli stessi russi). Il reddito nazionale è più basso di quelli dell'India o del Brasile. L'economia russa è una frazione pari a un quindicesimo di quella americana. Quando la sfida Usa-Russia viene tradotta in termini economici, con grafici che illustrano la ricchezza nazionale, il mappamondo risulta sfigurato: sono gli Stati Uniti a essere vastissimi, mentre la Russia diventa piccola piccola. È come se gli Stati Uniti avessero di fronte un rivale della dimensione di uno dei loro Stati membri (e non di uno dei più grossi, come California o Texas).

Inoltre, Putin ha ereditato un territorio amputato rispetto ai picchi di massima espansione. La disintegrazione dell'Urss, facendo nascere tante repubbliche ex sovietiche, ha sottratto a Mosca una superficie superiore all'intera Unione europea, oltre 5 milioni di chilometri quadrati. Ecco la linea rossa che qui c'interessa, e soprattutto interessa Putin: segna il confine mobile della sfera d'influenza di Mosca, il cui spostamento ha seguito cicli di espansione e di ritirata. La linea rossa dell'era sovietica, che includeva Germania Est, Paesi baltici, Polonia, Ungheria, Cecoslovacchia, Romania, Bulgaria, più una serie di repubbliche dell'Asia centrale, oggi si è «pericolosamente» rattrappita avvicinandosi a Mosca, e di recente non include più neppure l'intera Ucraina. Una parte di quei territori sono passati alla Nato, alcuni dentro all'Unione europea, due alleanze che, a torto o a ragione, Putin considera come rivali e perfino ostili.

Tra i sintomi di debolezza della Russia odierna, due meritano un'attenzione particolare: rendita energetica e fuga dei cervelli. Il primo è la caratteristica deteriore di un petro-Stato eccessivamente dipendente dall'export di energia. Proprio come molti paesi arabi. Avere tanto petrolio non è però di per sé una condanna. La Norvegia ha usato la rendita petrolifera per finanziare un fondo sovrano che alimenta un Welfare State tra i più generosi del mondo, e garantisce sostenibilità al suo sistema pensionistico nel lungo periodo; peraltro si è convertita alle energie rinnovabili e lascia che siano altri a inquinare il pianeta con il suo gas e il suo petrolio. Olanda e Inghilterra scoprirono negli anni Sessanta e Settanta giacimenti petroliferi, senza che questo indebo-

La Russia non è mai troppo grande 113

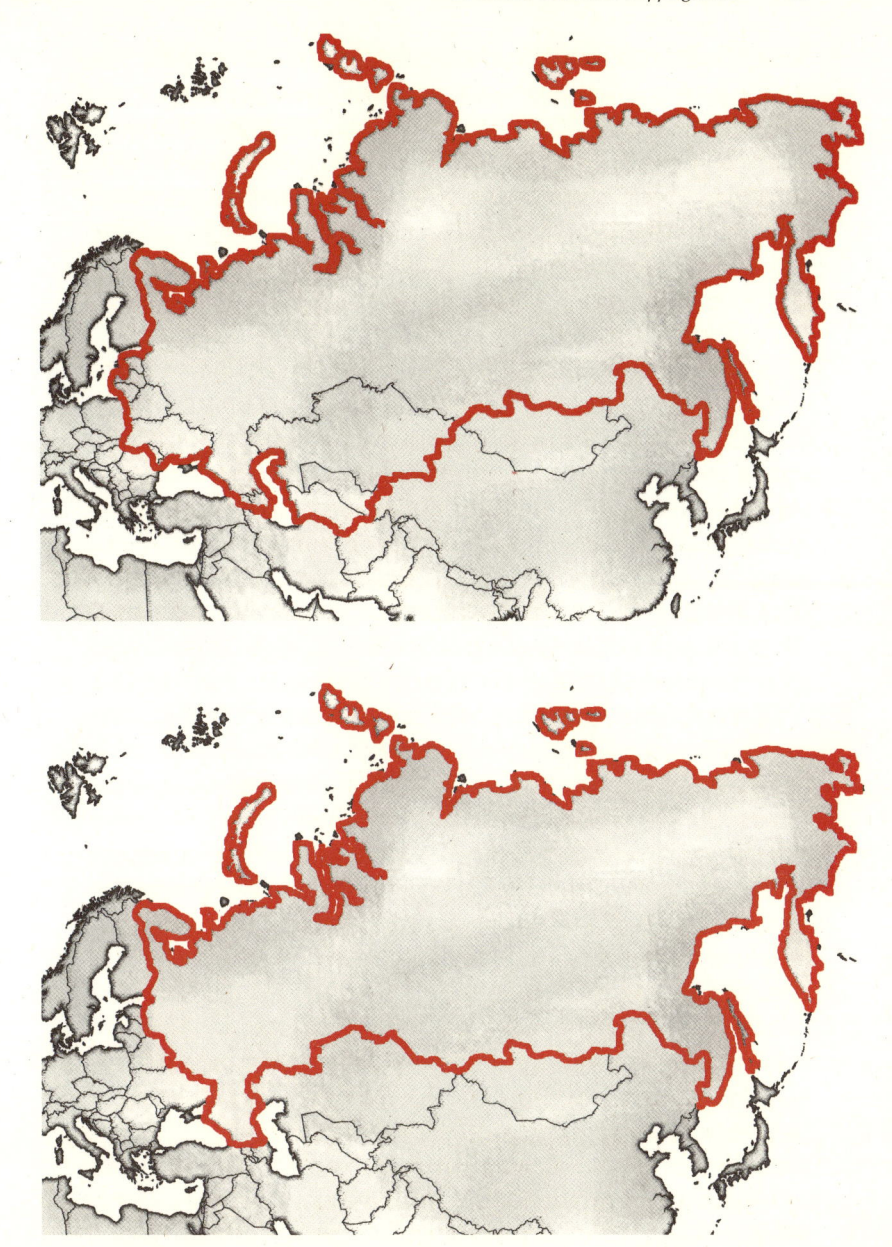

Raffronto tra Unione Sovietica e Russia attuale.

lisse gli altri settori delle loro economie assai diversificate. Stati Uniti e Canada sono nazioni ricche di materie prime, ma non ne sono schiave. Perfino paesi emergenti come il Messico e l'Indonesia, due grandi produttori di petrolio, sono riusciti a sviluppare recentemente industrie competitive. La Russia, invece, accumula occasioni mancate, e così impoverisce anche il suo potenziale umano. Gli italiani che emigrano in cerca di lavoro a Londra o a Berlino, a New York o nella Silicon Valley californiana, sono relativamente pochi rispetto alla fuga di cervelli dalla Russia. Mosca e San Pietroburgo continuano ad avere delle università di buon livello, ma i laureati in matematica, informatica o medicina più bravi sono troppo spesso costretti a cercarsi un lavoro all'estero. Ai tempi dell'Urss si emigrava per ragioni politiche, o per sfuggire all'antisemitismo (e molti ebrei russi finirono in Israele). Nella Russia di oggi si emigra ancora, ma prevalgono le ragioni economiche, la mancanza di opportunità di lavoro, e questo la dice lunga sul mancato appuntamento del paese con lo sviluppo.

Di fronte alla fragilità economica e sociale, Putin reagisce con la classica fuga in avanti. O meglio, all'indietro. Cerca compensazioni nazionalistiche, aggrappandosi allo status di superpotenza. E riallacciandosi così alla Russia di sempre, alle parabole degli zar. C'è in Putin lo stesso mix d'insicurezza vera o presunta – la sindrome dell'accerchiamento, il complotto antirusso dell'Occidente –, unita al senso di una missione storica, un appuntamento con l'eterno destino, di Mosca.

Destino eccezionale, missione speciale, ruolo provvidenziale: questi concetti ritornano spesso nei corsi e ricorsi della storia russa. Soffermiamoci su queste idee, che vengono da molto lontano e sono più attuali che mai. Aiutano a capire tante contraddizioni della Russia contemporanea, dalla sua arretratezza alle sue ambizioni imperiali, dal suo complesso d'inferiorità verso l'Occidente alla convinzione di essere l'unica salvezza per un'Europa in declino. Alle origini di questa nazione c'è uno scherzo della storia e della geografia: la vera Russia nasce in... Ucraina. Il primo nucleo di quella che si considera a pieno titolo la civiltà russa si forma tra il IX e il XII secolo nel bacino del fiume Dnepr, attorno alla città di Kiev, oggi capitale dell'Ucraina. Secoli di storia di quella Russia antica, governata dai principi di Kiev, contribuiscono a spiegare come mai molti russi vivono l'odierno avvicinamento dell'Ucraina all'Europa occidentale come un trauma.

È all'epoca della «Russia di Kiev» che avviene la conversione al cristianesimo, l'evangelizzazione delle terre slave da parte dei fratelli missionari Cirillo e Metodio, e il battesimo del gran principe Vladimir di Kiev, nel 988. Il cristianesimo russo, come quello di altri popoli slavi, in conseguenza del proselitismo di Cirillo e Metodio si sceglie come polo di riferimento Bisanzio, il patriarcato di Costantinopoli, l'Impero d'Oriente. Gravita dunque sulla Chiesa greco-ortodossa, dalla quale eredita la fusione tra potere religioso e potere temporale. Come scrive la storica francese Marie-Pierre Rey (*La Russie face à l'Europe. D'Ivan le Terrible à Vladimir Putin*, Flammarion, 2016), il «Basileus onnipotente è un'autorità suprema a vocazione universale, padrone della Chiesa e dell'esercito». Ancora mezzo millennio più tardi, nel XVI secolo, lo zar Basilio o Vasilij III si vede riconoscere la guida della cristianità, concentrando in una versione estrema dell'assolutismo i ruoli di imperatore e papa. Nel 1520 il monaco Filoteo di Pskov scrive che «due Rome sono crollate ma la terza, Mosca, si erige verso i cieli e non ce ne sarà una quarta, tutti i paesi ortodossi sono riuniti sotto un unico scettro, il nostro è l'unico principe dei cristiani». È una tradizione che contribuisce a spiegare la stretta alleanza, spesso rinnovata, fra la Chiesa ortodossa e il potere temporale di turno, dagli zar a Putin passando per Stalin (di fronte all'avanzata tedesca il dittatore annacquò la propaganda comunista sostituendovi quella nazionalista, e chiamò in aiuto la Chiesa per mobilitare il paese).

Dal passaggio del primo millennio la Russia tenta d'inserirsi nel solco della storia dell'Europa cristiana, dialogando a distanza con le tradizioni di Roma e Bisanzio. Viene però separata da noi dall'invasione dei mongoli, che dal 1223 al 1240 si rovesciano in ondate successive su Kiev e Mosca: l'«orda d'oro», viene chiamata. La «tutela» dei mongoli dura due secoli e risucchia la Russia verso l'Asia centrale, nonché verso il mondo musulmano (dopo la conversione dei mongoli all'Islam nel XIV secolo). Per molti secoli Mosca rimane tagliata fuori dai grandi cambiamenti che segnano l'Europa occidentale. Come ricorda la Rey, «la Russia non sperimenta la cavalleria feudale né la rivoluzione urbana», due novità sociali dalle conseguenze enormi, che da un lato limitano il potere assoluto dei monarchi, dall'altro favoriscono la nascita di una borghesia mercantile. Il feudalesimo dei nostri signorotti locali, e la cavalleria con il suo corredo di epopea letteraria, sono la prova che è possibile creare dei bilanciamenti e dei contropoteri rispetto all'autorità dei sovrani. I mercanti-banchieri delle città italiane e fiamminghe sono i precursori della finanza moderna e del commercio globale. Democrazia e capitalismo sono già contenute in embrione nella dinamica geografia sociale dell'Europa occidentale dal Tardo Medioevo al Rinascimento, mentre non ve n'è traccia in Russia. Allo stesso modo, sottolinea la Rey, «Mosca ignora l'esperienza storica del nostro umanesimo, resta ai margini di tutte le innovazioni tecnologiche e commerciali che alla fine del Quattrocento in Italia, nelle Fiandre e in Borgogna prefigurano il Rinascimento».

Ai confini con i barbari dell'orda d'oro, per resistere i russi si aggrappano alla loro fede ortodossa. E cominciano a costruirsi una leggenda nazionale, immaginando se stessi come il baluardo della resistenza contro le tribù nomadi, contro gli asiatici e, infine, contro l'Islam. È in quel periodo che si forma la prima narrazione nazionale russa, in cui convivono due poli opposti: la consapevolezza di non essere pienamente europei e la convinzione di dover salvare l'Europa. Nei vari passaggi della storia, si stratificarono ingredienti che tuttora contribuiscono a definire l'identità russa. Ci fu l'idea che Mosca fosse la «terza Roma», ereditando da Bisanzio-Costantinopoli il ruolo di baluardo della civiltà cristiana. Ci fu il panslavismo, un movimento che vedeva la Russia come la paladina di tanti popoli «fratelli» per lingua, religione e cultura, dalla Mitteleuropa fino ai Balcani. Infine ci fu l'Internazionale comunista, altra versione del ruolo messianico di Mosca come capitale di un'ideologia universale, che ne proietterà l'influenza fino in Cina. L'altra faccia di questa storia sono invece quegli zar come Ivan IV il Terribile (1547-84), Pietro il Grande (1694-1725) e Caterina la Grande (1762-96) che furono acutamente consapevoli dell'arretratezza del paese e cercarono la salvezza in Europa, importando idee e manodopera qualificata dalla Germania, dalla Svezia e dall'Italia, per tentare di colmare un ritardo atavico in tutti i settori della cultura, della scienza, dell'economia, dell'organizzazione civile e militare. L'ultimo episodio in cui Mosca sembrò volersi modernizzare andando a scuola dall'Occidente risale a Michail Gorbaciov, il leader comunista che ammise il fallimento del comunismo.

Oggi a quale ideologia si rifà Putin per rilanciare la grandezza della nazione? Spesso cita l'idea di «Eurasia»: la Russia come ponte fra Europa e Asia, la nazione capace di abbracciare i due continenti e di unirli. Il concetto di Eurasia è importante, unisce geografia e storia. È evidente la peculiarità geografica della Russia che, a cavallo della massa terrestre, forma in effetti un continente unico: non esiste una separazione netta, un indiscutibile confine fisico, tra l'Asia e l'Europa. Il nostro continente, dal punto di vista strettamente geomorfologico, è poco più di una penisola sporgente a ovest dell'Asia. La vocazione eurasiatica della Russia, consacrata dal momento in cui ebbe inizio la conquista della Siberia (a partire dal 1584, con le milizie cosacche agli ordini della dinastia Stroganov), allude a molte altre cose. C'è il ruolo storico che la Russia ebbe a partire dell'Ottocento come esportatrice della cultura europea in Estremo Oriente: gli intellettuali cinesi si avvicinarono alle idee e agli stili occidentali attraverso Tolstoj, Dostoevskij, Gogol', Cechov e altri autori russi. Ma l'episodio più gravido di conseguenze fu la Rivoluzione bolscevica del 1917. È infatti attraverso i russi Lenin e Stalin che un'ideologia europea (il comunismo del tedesco Karl Marx) conquista Mao Zedong e diventa l'ideologia ufficiale della Repubblica popolare cinese.

Putin non è un ideologo, però seleziona dalla storia della Russia gli elementi che possono servirgli oggi. Si è costruito anche lui – come gli zar – un'alleanza con i vertici della Chiesa ortodossa, e dunque riprende in parte il ruolo di guida della «terza Roma» contro l'islamismo: dalla guerra di Cecenia in poi, si è spesso presentato come il più intransigente avversario dei musulmani fondamentalisti. Inoltre ha rivalutato l'invasione dell'Afghanistan da parte dell'Urss nel 1979, rinfacciando (a ragione) l'incoerenza degli americani che all'epoca, con l'aiuto dell'Arabia Saudita, foraggiarono i talebani pur di rovesciare il governo comunista di Kabul. Nel breve termine, quell'operazione fu un successo degli Stati Uniti, contribuendo all'umiliante ritirata dell'Armata rossa, ma, a loro smacco, in seguito i talebani avrebbero sostenuto e appoggiato Osama bin Laden e al-Qaeda. L'alleanza di Putin con la Chiesa ortodossa coincide, inoltre, con la sua fisionomia di conservatore-reazionario sul terreno della morale: vedi le persecuzioni degli omosessuali. L'autoritarismo, il pugno duro contro l'opposizione, fanno della Russia putiniana un modello di democrazia autoritaria, illiberale, controllata da un uomo forte. Questa è la ricetta ideale per garantire l'ordine nella visione di Putin, che attribuisce all'Occidente caos, decadenza politica e degrado morale. Lo Stato forte è da sempre la scorciatoia con cui i leader russi hanno cercato di ovviare ad altre debolezze: l'arretratezza della società civile e la povertà dell'economia. Ma neppure il controllo pieno, accentrato e autoritario sull'apparato statale ha mai veramente curato il senso d'insicurezza della nazione, in parte dovuto proprio alla geografia di un paese troppo dilatato, troppo pianeggiante, troppo spalancato alle incursioni dei suoi vicini. Per questo la Russia, malgrado le sue dimensioni extralarge, non si sente mai abbastanza grande.

La sindrome dell'«insicurezza aggressiva», che dagli zar arriva fino a Putin, nella sua ultima versione ha un antefatto che risale al gennaio 1992. George Bush padre, nel suo discorso sullo stato dell'Unione, annuncia in modo solenne: «Per grazia di Dio, l'America ha vinto la guerra fredda». E, per rafforzare il concetto, aggiunge: «La guerra fredda non è semplicemente finita. No, è stata vinta». Tredici anni dopo, in un contesto analogo e speculare (il discorso annuale al Parlamento russo) Putin riecheggia, a modo suo, quella svolta, tracciandone un bilancio funesto: per lui la scomparsa dell'Unione Sovietica, giudicandola nel 2005, va considerata «un disastro geopolitico di prima grandezza». Nello stesso discorso, Putin chiude la parentesi sovietica in modo tale da rivendicare la propria continuità diretta con la Russia imperiale degli zar. Riferendosi ancora al collasso dell'Urss, dice: «Molti allora pensarono che la nostra giovane democrazia non era la continuazione dello Stato russo, bensì il suo crollo finale. Si sbagliavano». Il 2005 era ancora un periodo in cui Putin teorizzava in casa sua il modello di «democrazia controllata», che a noi suona come un ossimoro. O un'ipocrisia. Gettò la maschera di fronte alle prime contestazioni per brogli elettorali. Tra la censura di Stato, gli omicidi di giornalisti scomodi e di avversari politici, la Russia è scivolata in seguito verso un autoritarismo sempre più prepotente nei controlli, e sempre meno democratico.

Nel mio libro *L'Età del Caos* (Mondadori, 2015) ho citato alcune testimonianze storiche che ricordano come nel comportamento di Putin s'intrecciano una deriva autoritaria, sempre più muscolosa e intollerante, e l'agitazione sul presunto «complotto americano» per accerchiare, indebolire, umiliare la Russia. La stretta contro le libertà attuata all'interno viene da lui giustificata con la minaccia di un nemico esterno: pure in questo la continuità fra lo zarismo e Putin è impeccabile. Fra i testimoni diretti dell'irrigidimento di Putin c'è Michael McFaul, l'ambasciatore americano a Mosca dal 2012 al 2014. Lui ricorda che dall'insediamento di Obama alla Casa Bianca nel 2009, e fino al gennaio 2012, le relazioni Usa-Russia furono buone. Presidente russo era Dmitrij Medvedev. I due firmarono un nuovo trattato contro la proliferazione nucleare; si misero d'accordo sulle sanzioni all'Iran; decisero l'adesione della Russia alla World Trade Organization (l'Organizzazione mondiale del commercio); Washington liberalizzò i visti per i russi. Il tutto all'insegna di quel «reset» nelle relazioni che Obama aveva auspicato. «Con buoni risultati anche nell'opinione pubblica. Nel 2010 i sondaggi indicavano che il 60 per cento dei russi aveva un'immagine positiva degli Stati Uniti.» L'unica cosa che ha scatenato il cambiamento, sostiene l'ex ambasciatore di Obama, «è stata la politica interna in Russia».

Così McFaul ricostruisce i fatti:

> Dopo che Putin annuncia di volersi ricandidare una terza volta per fare il presidente, le elezioni parlamentari del dicembre 2011 sono contrassegnate da brogli. Come in passato. Ma stavolta i social media e le nuove tecnologie – smartphone con videocamere, Twitter, Facebook, il social network russo VKontakte – mettono a nudo gli abusi del governo. Scatenano manifestazioni di piazza di tali dimensioni come non se n'erano più viste dagli ultimi mesi dell'Unione Sovietica. La protesta contro i brogli elettorali ben presto divenne un'agitazione contro il ritorno di Putin al Cremlino. Putin temeva

questa situazione, visti i precedenti delle «rivoluzioni arancioni» in alcune repubbliche ex sovietiche, e delle «primavere arabe» (allora nascenti). Per screditare l'opposizione e ricompattare la sua base, Putin ha cominciato a ridefinire l'America come il nemico. I media governativi hanno accusato gli Stati Uniti di fomentare le proteste.

Mosca denuncia, tra l'altro, il ruolo di alcune Ong finanziate dalla fondazione Soros, che aveva già aiutato movimenti democratici e militanti dei diritti civili in altri paesi dell'Est europeo o in repubbliche asiatiche ex sovietiche. È da quel momento che si precipita verso una nuova guerra fredda. Fino ai due atti da «guerra calda» – l'annessione della Crimea e i combattimenti in Ucraina – dove per la prima volta dalla conclusione della seconda guerra mondiale viene violato il principio dell'integrità territoriale e della sovranità.

Nell'*Età del Caos* ho descritto in dettaglio gli effetti prodotti da quella stretta autoritaria sulla politica interna russa. Qui m'interessa seguire i suoi riflessi nella geopolitica, nella sfera estera e militare. Putin, essendosi convinto che Obama e il miliardario progressista George Soros hanno cercato di sobillargli una rivoluzione democratica in casa, ha reagito a questa presunta aggressione (contro il suo potere personale) con la classica strategia di tutti i suoi predecessori imperiali: cercando di spostare nuovamente la linea rossa della sfera d'influenza russa, allargando la geografia difensiva del perimetro esterno. Qui subentra la narrazione revisionista che Putin è riuscito a imporre nel suo paese, facendo presa su buona parte dell'opinione pubblica russa, e anche fra i suoi amici stranieri come Donald Trump, Jeremy Corbin, Marine Le Pen, Matteo Salvini e la sinistra greca di Syriza.

Un riassunto illuminante della narrazione putiniana lo ha fatto Fëdor Lukjanov, uno dei cervelli strategici più autorevoli nella nuova generazione russa, che dirige a Mosca il Consiglio per la politica estera e la difesa, e nella capitale russa insegna alla Higher School of Economics. La sua ricostruzione segue la versione di Putin sul dopo guerra fredda. L'America, vittoriosa, entra nella sua fase «unipolare» in cui non ha veri rivali e ne approfitta, sfruttando fino in fondo la sua egemonia solitaria: getta la maschera già nel 1990-91, con la prima guerra del Golfo, quando Bush senior castiga l'Iraq per l'invasione del Kuwait. Poiché Saddam Hussein era stato aiutato e protetto dall'Urss, questo segna la prima incursione americana dentro la vecchia linea rossa dell'impero sovietico allargato. Poi cominciano le prime adesioni alla Nato da parte di paesi dell'ex blocco comunista. Dopo aver allargato la difesa atlantica alle regioni dell'ex Germania Est (riunificazione tedesca del 1990), nel 1997 parte l'invito ai paesi del gruppo di Visegrad (Polonia, Ungheria, Repubblica Ceca), che entrano nell'Alleanza atlantica due anni dopo; segue, nel 2004, l'ingresso del gruppo di Vilnius (formato dai tre Paesi baltici – cioè Estonia, Lettonia e Lituania –, più Bulgaria, Romania, Slovacchia e Slovenia); tocca poi, nel 2009, ad Albania e Croazia, e nel 2017 al Montenegro. Nel 1999 la nuova Nato in via di espansione, senza più timori d'incontrare una resistenza a est, interviene nella guerra del Kosovo e bombarda la Serbia filorussa di Milošević. Dopo l'11 settembre 2001 la sfera d'intervento dell'Alleanza atlantica diventa globale: gli alleati degli Stati Uniti combattono al-Qaeda e i talebani in base all'articolo 5 del trattato, e mandano soldati in Afghanistan, a fianco degli americani. Nel 2003 è la volta dell'Iraq, nel 2011 della Libia.

Nella ricostruzione di Lukjanov, «la Nato si mette a rovesciare regimi, e a promuovere la democrazia. Oltre a voler cambiare l'ordine mondiale, punta a trasformare anche l'assetto politico all'interno dei singoli paesi». E ricorda una frase detta da Romano Prodi nel 2002, quando era presidente della Commissione europea e gestiva l'allargamen-

to a est: alla Russia veniva offerto di condividere con l'Ue
«tutto fuorché le istituzioni». Nell'intento di Prodi era chiaramente una proposta generosa: una forma di stretta associazione, una quasi-integrazione di Mosca, con tutti i benefici dell'appartenenza al grande mercato unico, sia pure senza diventare membro dell'Ue. Invece, agli occhi dei dirigenti di Mosca, secondo Lukjanov, era un'offesa e un'umiliazione: «La Russia doveva adottare regole europee, ma senza avere voce in capitolo». L'Occidente offriva alla Russia un nuovo status molto ridimensionato: potenza di serie B, «regionale», invitata ad accomodarsi dentro un concerto di nazioni europee. «Né l'élite russa né il popolo russo hanno mai accettato un'immagine del loro paese come semplice potenza regionale.» Per Lukjanov l'affronto finale fu la cacciata, nel febbraio 2014, del presidente ucraino Viktor Janukovic, filorusso. Non potendosi più escludere un allargamento della Nato fino a includere l'Ucraina, che Putin considera alla stregua di una regione russa, ha inizio la reazione militare russa con l'annessione della Crimea e l'intervento in Ucraina a sostegno delle forze separatiste. Il passo successivo fu il coinvolgimento diretto di forze russe a sostegno del regime Assad in Siria: un altro alleato storico, che Putin ha deciso di puntellare a ogni costo per ristabilire un ruolo globale di Mosca, a cominciare dal suo status di superpotenza in Medio Oriente. La linea rossa torna ad allargarsi. Corsi e ricorsi di una geografia mobile che si ripete da un millennio.

Questo revival di espansionismo imperiale è stato consentito dal riarmo e dalla modernizzazione dell'esercito russo, altra operazione chiave di Putin, che aveva ereditato un'Armata rossa allo stremo. Dmitrij Trenin, direttore del centro Carnegie di Mosca, ricorda che, dopo la disintegrazione dell'Urss, l'Armata rossa fu praticamente rottamata: «lasciata arrugginire» è l'espressione da lui usata. In *The Revival of the Russian Military* («Foreign Affairs», giugno 2016) Trenin sostiene che «in uno dei più drammatici episodi di disarmo e smilitarizzazione nella storia, tra il 1988 e il 1994 le forze armate russe si restrinsero da cinque milioni a un solo milione di soldati. Le spese militari, che erano di 246 miliardi di dollari nel 1988, crollarono a 14 miliardi sei anni dopo. Il governo ritirò 700.000 militari dall'Afghanistan, dalla Germania, dalla Mongolia, dall'Europa dell'Est. Il prestigio della professione militare era svanito a tal punto che quando il sottomarino nucleare *Kursk* affondò nel mare di Barents, nel 2000, il suo capitano guadagnava 200 dollari al mese». Nei primi anni di presidenza, Putin si concentrò sul deterrente nucleare, salvaguardando l'unica forza che ancora dà a Mosca uno status di superpotenza. Dal 2008, con la guerra in Georgia e l'invasione delle repubbliche separatiste di Abkhazia e Ossezia del Sud, trasformate in protettorati russi, cominciò la modernizzazione dell'esercito: 700 miliardi di dollari di investimenti in un decennio, e una riconversione della mastodontica Armata rossa, per creare forze più leggere, mobili, adatte a combattere guerre locali. Come in Crimea e in Ucraina, due esempi di «guerra ibrida» che hanno visto in azione commando paramilitari, truppe russe camuffate, volontari addestrati da Mosca, e in parallelo maximanovre militari di esercitazione organizzate a scopo intimidatorio a ridosso del confine (per far pesare sulla leadership ucraina la minaccia di un'invasione in piena regola). Si sono moltiplicate anche le provocazioni anti-Nato: sorvoli sempre più frequenti di aerei militari russi sui cieli di Stati Uniti, Inghilterra e Svezia.

A queste operazioni bisogna aggiungere la clamorosa ingerenza nell'elezione presidenziale americana del 2016. Un test, Putin lo aveva fatto con le interferenze nella campagna referendaria inglese per la Brexit, e ci ha riprovato in Francia a favore di Marine Le Pen, ma con esito deludente. Il colpaccio americano era sembrato come una vincita al Superenalotto. Partendo da una condizione di debolezza, e manovrando in modo spregiudicato, Putin aveva realizzato in apparenza un capolavoro. Quella sfida estrema, azzardata, poteva essere un colpo da maestro. Ne ricordo l'aspetto essenziale: ripetute incursioni di hacker russi legati al governo di Mosca hanno saccheggiato le banche dati del Partito democratico e le email riservate scambiate tra i vari membri dello staff di Hillary Clinton e la candidata stessa. Da quelle informazioni confidenziali ne sono state selezionate alcune che potevano danneggiare l'immagine di Hillary e seminare zizzania nel campo democratico. Con l'aiuto di WikiLeaks i «veleni» sono stati diffusi ai media americani. Via via che le operazioni anti-Clinton si sviluppavano, cresceva la simpatia di Donald Trump verso Putin, e il candidato repubblicano si esprimeva in termini apertamente favorevoli nei confronti del presidente russo. Con l'elezione a sorpresa di Trump nel novembre 2016, Putin sembrava destinato a incassare benefici enormi, senza precedenti nella storia. Grazie ai suoi pirati informatici, Putin era riuscito a sbarazzarsi di leader democratici a lui ostili (già come segretario di Stato sotto Obama, Hillary si era distinta per la durezza del suo approccio sugli abusi contro i diritti umani in Russia) e a sostituirli con un affarista inesperto, ignorante di politica estera, pronto a rinnegare ogni eredità dei suoi predecessori e a improvvisare, istintivamente attratto dalle personalità autoritarie, e forse perfino ricattabile dai servizi segreti russi per i suoi conflitti d'interesse. Ma l'idillio con Trump è durato poco: appena un semestre di presidenza effettiva, dall'Inauguration Day del gennaio 2017 fino all'estate dello stesso anno. Poi le cose si sono guastate, e il vantaggio conquistato da Putin mandando un «suo uomo» alla Casa Bianca ha cominciato a dissolversi. Centomila soldati mobilitati dalla Russia per le manovre ai confini della Nato nell'estate 2017 confermavano la fine precoce della loro luna di miele; così come l'espulsione di 755 diplomatici americani, su poco più di un migliaio (e l'immediata risposta americana, con la chiusura nel settembre 2017 del consolato russo di San Francisco e di altre sedi commerciali).

Nello stesso periodo la visita del vicepresidente americano Mike Pence in Estonia, Georgia e Montenegro conteneva lo stesso messaggio. In quell'occasione Pence ha rilanciato il vecchio progetto di inclusione della Georgia nella Nato, aborrito da Putin che lo considera un gesto ostile, un nuovo passo nel tentativo di accerchiamento della Russia. L'idea di allargare la Nato fino a Tbilisi venne affacciata per la prima volta, ma senza un orizzonte temporale preciso, sotto la presidenza di George W. Bush, poco prima della guerra del 2008 fra Russia e Georgia. Dopo l'invasione-annessione della Crimea e i combattimenti in Ucraina, il premier georgiano Giorgi Kvirikashvili denuncia «provocazioni quotidiane» da parte dei russi, e sollecita l'adesione del suo paese al Patto atlantico. L'attenzione che gli riserva l'America con il viaggio di Pence la dice lunga sulla fine dell'idillio tra Washington e Mosca.

Non era questo lo scenario sul quale Putin puntava ancora al G20 di Amburgo nel luglio 2017, un summit segnato da cordiali colloqui a tu per tu con Trump. Quel G20 sembrava sancire il successo della scommessa inaudita con la quale Putin aveva rilanciato la sua immagine globale, il suo prestigio personale e il potere contrattuale della diplomazia russa. Nei primi mesi della presidenza Trump, il suo omologo russo si era riproposto come un partner quasi di pari rango con l'America, e si era fatto accettare come un possibile salvatore nell'impasse della Siria. Ma Putin aveva fatto i conti senza la controreazione americana, affidata al Congresso. L'indignazione di tanta parte dell'opinione pubblica e dei media per l'idillio Trump-Putin sullo sfondo di ingerenze nel processo elettorale ha finito per irrigidire anche il Partito repubblicano. Che ha infilato una zeppa nel dialogo bilaterale: una legge votata a larga maggioranza bipartisan nell'agosto 2017 lega le mani al presidente degli Stati Uniti sulle sanzioni economiche inflitte alla Russia dopo gli eventi di Crimea e Ucraina, e le inasprisce, fino a minacciare il settore energetico che regge l'economia russa (nel mirino è il gasdotto Nord Stream 2). La discesa in campo del Congresso di Washington per impedire l'accordo Trump-Putin era peraltro agevolata dal crescente peso dei generali nell'amministrazione: John Kelly, capo di gabinetto; James Mattis, segretario alla Difesa; Herbert R. McMaster, consigliere per la sicurezza nazionale. Il Pentagono ha formato generazioni di militari che credono nel primato americano: nessuno era felice di svenderlo sull'altare di una parità con Putin, agguantata da quest'ultimo in maniera fortunosa.

Gigante dai piedi d'argilla, l'orso russo resta però una superpotenza militare in grado di spaventare l'Europa: vedi la sproporzione di forze tra le manovre congiunte della Nato nel Baltico, che coinvolgono meno di 3000 uomini, e quelle dell'Armata rossa, che ne schiera 100.000 per un'esercitazione «di routine» in Bielorussia.

Il ritorno di un clima da guerra fredda in Europa nel 2017 non può paragonarsi neppure lontanamente alla psicosi di una possibile deflagrazione nucleare che affiorò a più riprese negli anni Cinquanta, Sessanta e Settanta. Questo revival attuale di tensione suggerisce però di ritornare sulla parentesi comunista, per esaminare analogie e differenze con la Russia di oggi. Uso il termine «parentesi» perché poco più di 70 anni di comunismo sono un periodo relativamente breve nella storia di questa nazione, l'equivalente di tre generazioni, ovvero il regno di due o tre zar tra quelli più longevi.

L'Urss segnò la massima espansione territoriale dell'impero russo, se la misuriamo con i limiti esterni raggiunti dalla linea rossa dell'influenza di Mosca. Mai prima di allora era stato così vasto il perimetro dei paesi che consideravano la Russia un riferimento ideale, la patria originaria dei loro valori, il modello della nuova società da costruire (ricevendone in cambio, talora, aiuti economici o militari). La chiesa comunista spaziava nei suoi momenti di maggior forza da Cuba al Vietnam, alla Corea del Nord, oltre a essere direttamente al governo dell'Europa centro-orientale, esercitando il proprio dominio su pezzi dell'ex Prussia o dell'ex impero austro-ungarico, cioè su zone assai più avanzate economicamente, tecnologicamente, culturalmente. Oltre ai paesi che si professavano comunisti, o socialisti, in diretta obbedienza al Partito comunista dell'Unione Sovietica (Pcus), ce n'erano tanti altri che si dichiaravano «non allineati», e tuttavia guardavano con grande rispetto al modello sovietico, e in politica estera spesso assecondavano le ambizioni di Mosca: per esempio, l'India di Indira Gandhi, l'Egitto del generale Nasser e i regimi siriano e iracheno. Fino ai primi anni Sessanta, perfino la Cina di Mao riconosceva – sia pure con crescente insofferenza – il «primato» dell'Urss nella grande famiglia del comunismo mondiale. Famiglia che sembrava in espansione: movimenti guerriglieri di stampo marxista, apertamente aiutati da alleati dell'Urss come Cuba, avanzavano in Colombia e in Angola. In uno dei luoghi più sviluppati del pianeta, l'Europa occidentale, c'erano forze politiche che ricevevano ordini e finanziamenti dal Pcus: tra i più influenti c'erano i partiti comunisti dei paesi latini come Italia, Francia, Spagna e Portogallo, almeno fino agli strappi dell'eurocomunismo verso la fine degli anni Settanta. L'Urss era in grado di infiltrare spie in vari governi europei, dalla Germania occidentale ai paesi scandinavi.

Putin non è un nostalgico del comunismo, eppure non può che provare qualche forma di rimpianto per un'epoca in cui la sua «terza Roma» irradiava un'influenza planetaria così poderosa. Tanto più che lui visse una delle sue esperienze professionali più importanti proprio ai confini di quell'impero: era uno dei dirigenti del Kgb di stanza in Germania Est.

La Russia putiniana ha un modello di valori da proporre all'Occidente e al mondo intero quasi agli antipodi rispetto ai 70 anni dell'Urss: la ricetta attuale è fatta di nazionalismo, etnocentrismo, xenofobia, omofobia, famiglia patriarcale, disciplina autoritaria, controllo dell'informazione. È un impianto che fa presa sulle società inquiete e sfiduciate, disilluse sui benefici della globalizzazione o della società multietnica, spaventate dall'instabilità. Con grande rapidità Ungheria e Polonia, due paesi dell'Europa centro-orientale che si erano sganciati dalla sfera sovietica, si sono avvicinati alla «sfera putiniana» dei valori reazionari. Diversi partiti nazionalisti e populisti in Europa simpatizzano per Putin, dalla Lega al Front National. Nulla di tutto questo, però, assomiglia neppure lontanamente al livello d'influenza che aveva la chiesa comunista, tantomeno al livello di disciplina che il Pcus poté imporre a tanti partiti fratelli. Il panorama dei modelli autoritari e nazional-populisti nel mondo intero è variegato e policentrico, e Putin non ha il monopolio di quella ricetta.

Inoltre, il «bluff» russo oggi rischia di mostrare la corda ancora più rapidamente di quello sovietico. Ci fu una fase iniziale dell'esperimento socialista che diede risultati positivi. Nonostante il terrore delle purghe staliniane, l'Urss affrontò la Grande Depressione mondiale degli anni Trenta con ricette economiche non troppo diverse, né meno efficaci, di quelle degli altri totalitarismi (Mussolini in Italia, Hitler in Germania), e perfino del New Deal rooseveltiano. Ciascuno di quei modelli includeva qualche mix di pianificazione centralizzata, investimenti pubblici in grandi opere infrastrutturali, concertazione sociale, rafforzamento dello Stato centrale. Partendo dall'arretratezza della Russia zarista, l'Urss fece un balzo verso la modernità. Ancora nel dopoguerra, almeno fino agli anni Sessanta, il socialismo di Stato riusciva a ottenere risultati in alcuni settori come la ricerca scientifica, l'istruzione pubblica e la sanità. Il bilancio non era disastroso, soprattutto se il confronto veniva fatto con le condizioni di partenza della Russia, non con le condizioni di arrivo dell'America o dell'Europa occidentale. È con gli anni Settanta e Ottanta che la performance sovietica (e di tutto il blocco socialista) non regge più il confronto: il ritardo sull'Occidente torna ad aumentare, mentre la nomenklatura comunista sprofonda nella corruzione, nel parassitismo, nell'accumulo di privilegi. Non è solo la mancanza di libertà, è anche la mancanza di benessere economico a condannare l'Urss alla disfatta e alla dissoluzione.

Oggi quel precedente va ricordato perché contiene una lezione importante per Putin. Sul mercato politico del XXI secolo, fra i tanti modelli autoritari, ce n'è uno più efficiente del suo: la Cina. Una delle ragioni per cui la Russia putiniana non può irradiare la stessa influenza planetaria della «terza Roma» comunista è che un altro regime nazional-populista e autoritario sta producendo da oltre trent'anni una performance economica ben più interessante. La questione cinese entra di prepotenza nella geografia della nuova Russia, in tanti modi. Anzitutto, il rapporto tra le due ex chiese del comunismo mondiale si è invertito. Oggi è Pechino ad avere un peso mondiale molto superiore, grazie a un'economia di stazza ormai equivalente a quella americana o quasi. La Cina rincorre, o supera, gli Stati Uniti e l'Europa occidentale per diversi indicatori di ricerca scientifica, innovazione tecnologica, capacità di generare brevetti industriali: una gara in cui la Russia occupa una posizione marginale. La Cina, grazie alla sua ricchezza nazionale, è in grado di sostenere una prolungata corsa al riarmo con gli Stati Uniti, mentre Putin per farlo dovrebbe dissanguare il proprio paese. La Repubblica popolare cinese, per la sua dimensione demografica, sta «sinizzando» la periferia dell'impero zarista: vaste regioni asiatiche della Russia, in particolare la Siberia, sono semivuote, pressoché spopolate di russi, e accolgono una crescente immigrazione cinese. In Asia centrale, come in Africa, la Cina può espandersi, offrendo generosi investimenti per costruire infrastrutture. Il teatro geo-strategico dell'Asia centrale è cruciale nella visione russa. Lo è fin dai tempi del «Grande Gioco», come venne chiamata la gara tra gli zar e l'Impero britannico che aveva come posta le regioni-cuscinetto fra la Russia e le colonie britanniche, come India e Birmania, inclusi paesi chiave come l'Iran, necessari per l'accesso al petrolio del golfo Persico.

La geografia torna prepotentemente in primo piano. Fin dai tempi degli zar c'è un limite geografico che condiziona la politica estera russa: la mancanza di uno sbocco su oceani aperti e caldi, la porta verso l'economia globale. Da sempre la Russia ha dovuto accontentarsi degli scali marittimi sul mar Baltico – chiusi alla navigazione in alcuni periodi dell'anno, per i ghiacci – e sul mar Nero, che non è un vero canale verso il mondo, essendo «chiuso» dai Dardanelli e dalla Turchia. Per effetto del cambiamento climatico che apre le rotte dell'Artico, in futuro quella limitazione nell'estremo Nord si attenuerà. Però, per ragioni sia militari sia commerciali, la Russia si è sentita irresistibilmente attratta dall'oceano Indiano, che le avrebbe consentito un accesso globale alle rotte navali. Per arrivarci, un'opzione è il controllo dell'Afghanistan, tentato dall'Urss qualche decennio fa. Non a caso, prima ancora dell'invasione dell'Armata rossa (1979), l'Afghanistan era stato concupito da russi e inglesi nel Grande Gioco. Una delle strategie che animavano questa «competizione» era infatti la spinta russa verso i mari del Sud, oggi neutralizzata dalla presenza di un attore molto più ingombrante, la Cina. È la Repubblica popolare ad avere già il controllo di un importante porto del Pakistan, che rappresenta il suo accesso all'oceano Indiano, e quindi alle rotte navali verso il golfo Persico o il Corno d'Africa.

Tutta la strategia cinese della Nuova Via della Seta rappresenta una temibile limitazione per le ambizioni della Russia in Asia centrale. Laddove Putin può al massimo vendere ai vicini asiatici materie prime, o proporre alleanze militari, trova già un esercito di ingegneri cinesi al lavoro per costruire autostrade e ferrovie, porti e aeroporti, scuole e ospedali, centrali elettriche e linee telefoniche. La visione eurasiatica di Putin si scontra qui con l'ostacolo più formidabile: sul versante asiatico del vasto territorio russo sta avanzando un'egemonia alternativa. Un dettaglio ulteriore viene dalla natura del potere politico: personalistico quello di Putin, relativamente più collegiale quello dei comunisti cinesi. Anche se Xi Jinping ha realizzato un accentramento di poteri senza precedenti dai tempi di Mao e Deng Xiaoping, intorno a lui c'è un vasto gruppo dirigente le cui capacità di governo dell'economia sono state confermate dopo la scampata crisi del 2009. In Russia, al contrario, Putin non ha allevato una classe dirigente allargata; la sua scomparsa prima o poi avverrà, e può aprire il paese a tante incognite. Qualsiasi alleanza russo-cinese, in queste condizioni, può verificarsi per motivi tattici e convergenze d'interessi contingenti; non sarà mai un matrimonio solido né tantomeno una partnership fra eguali. La Cina non lo consentirebbe. Da tempo, ormai, ha smesso di nutrire complessi d'inferiorità, o soggezione, verso Mosca.

L'impasse sul lato asiatico, però, significa che la Russia è destinata a dirottare la sua pressione soprattutto sull'Europa occidentale, divisa al suo interno, indecisa su tutto, delusa dalla svolta nazional-protezionista di Trump. Lì Putin pensa di trovare meno resistenza di quanto la Cina possa opporle in Asia. Nell'eterno dilemma russo su come curare sensi d'insicurezza e complessi d'inferiorità nazionali, è verso l'Europa che oggi sembra più probabile un nuovo allargamento della linea rossa.

Nel lungo termine, lo scenario positivo sarebbe l'evoluzione della Russia verso uno status da ex potenza globale, accettato e digerito com'è accaduto per Inghilterra e Francia. Questi due paesi hanno posseduto vasti imperi globali, e vi hanno dovuto rinunciare. Sono stati delle superpotenze, e di quello status conservano alcune sembianze come l'arma nucleare, il seggio permanente nel

Consiglio di sicurezza delle Nazioni Unite, la diffusione delle loro lingue e delle loro culture. A volte, inglesi e francesi – governanti e cittadini – possono sembrarci afflitti da anacronistiche nostalgie imperiali. Nell'insieme, però, sono due nazioni che hanno saputo ricollocarsi in un ruolo minore rispetto al loro passato. La Russia non sembra volersi preparare a un percorso simile, malgrado sia una nazione per molti versi più povera e arretrata rispetto a Inghilterra e Francia. La sua maledizione è in parte nelle carte. In quella geografia dilatata, smisurata, eccessiva, che la istiga a inseguire un destino eccezionale, senza realizzarne mai le condizioni.

V
Dov'è finita la speranza indiana?

Dove si ricorda Alessandro Magno, che vide l'India come il prolungamento naturale del Medio Oriente, molto prima dell'Islam; il Taj Mahal, epicentro e simbolo di uno scontro di civiltà; la polveriera nucleare del Pakistan o la battaglia tra fondamentalismi; l'elefante che supera il dragone ma non resuscita la «speranza indiana»; un raro esempio di ecumenismo: i cristiani del Kerala.

«Arrivò con tutte le sue truppe fino ai confini dell'India: colà gli si fecero incontro dei messaggeri, inviati da Poro, re degli indi, che gli consegnarono una lettera. Alessandro la lesse al suo esercito: "Poro, re degli indi, ad Alessandro, il predatore di città: ti ordino di andartene. Cosa puoi, tu che sei un uomo, contro un dio? ... Se noi indi avessimo avuto qualche interesse per la Grecia, l'avremmo già fatta nostra schiava! Ma è un paese che non ci interessa affatto, un popolo che non è neppur degno dello sguardo di un re; e perciò non vi abbiamo mai attaccato! Infatti si desidera soltanto ciò che è meglio di quel che si ha!". Alessandro lesse pubblicamente questa lettera di Poro, e poi disse all'adunata dei suoi soldati: "Soldati, compagni, non turbatevi nuovamente per questa lettera che vi ho letto! ... Questi re barbari, tronfi dei loro immensi eserciti, facilmente soccombono all'intelligenza dei greci"» (*Il romanzo di Alessandro*, a cura di Monica Centanni, Torino, Einaudi, 1991).

Attribuito dalla tradizione a Callistene, nipote di Aristotele, o ad Aristotele stesso che di Alessandro Magno fu il maestro, questo «romanzo di Alessandro» è in realtà una raccolta di testi composti fra la morte del condottiero macedone, nel 323 a.C., e il IV secolo della nostra era, in cui la verità si mescola con l'epopea e la mitologia. Non importano la precisione o l'attendibilità del racconto: da questo mito attingono Tolomeo e Plutarco, e vi affondano le radici le nostre prime cognizioni di geografia e di storia, i concetti di Asia e di Europa per noi così gravidi di implicazioni culturali. Partito dalla Grecia, con la sua fulminea conquista Alessandro Magno crea in pochissimo tempo un impero che abbraccia l'Asia Minore o il Medio Oriente di oggi, un'area che per noi è diventata l'epicentro di conflitti geostrategici e il focolaio di una «questione islamica». Le sue scorribande riescono a soggiogare in poco più di dieci anni un territorio che oggi includerebbe (nell'ordine geografico della sua guerra lampo) Turchia, Siria, Israele e Palestina, Egitto, Libano, Giordania, Iraq, Iran e un pezzo dell'attuale Pakistan, fino a lambire l'India nelle sue regioni nordoccidentali. A riprova che l'India ha una geografia «porosa», con scarse barriere naturali a nordovest (a differenza del confine nordorientale, presidiato da Himalaya e altipiani tibetani), che la renderanno preda di ripetute invasioni, ma al contempo culla di una civiltà aperta all'interscambio economico, culturale, religioso.

Da oltre due millenni Alessandro Magno, con il mito del «nodo di Gordio», è diventato nella nostra visione del mondo il protagonista della prima contrapposizione tra due paradigmi tenaci, non solo in geografia: Oriente e Occidente. Quando vuole prendersi l'India, sconfigge il re Poro e dilaga nella valle dell'Indo (oggi per lo più pachistana), ma nel momento in cui vorrebbe proseguire fino al fiume Gange, il suo esercito si ribella e lo costringe a tornare indietro. Morirà poco dopo, a soli 32 anni. Uno degli imperi più celebri della storia è anche uno dei più brevi, poiché non sopravvive alla scomparsa del suo fondatore. È da quel momento, però, che l'India entra a far parte di una «nostra» geografia del mondo e delle civiltà. E non ne è mai più uscita.

L'avventura epica di Alessandro Magno ci aiuta a studiare meglio la geografia di regioni solo apparentemente lontane. Ci ricorda che l'India è effettivamente vicina al mondo arabo: via terra con la mediazione dell'Iran; via mare con approdo diretto al golfo Persico. E a questa contiguità spaziale si accompagna un continuo scambio di merci, tradizioni, costumi e culture. Passeggiare fra le bancarelle di un mercatino nel Rajasthan offre profumi, spezie e colori non molto diversi da quelli che s'incontrano nelle strade di Teheran o perfino di Marrakech. Di conseguenza, pure gli scambi fra noi e l'India sono sempre stati molto intensi. La Via della Seta, prima di arrivare in Cina, attraversa l'India, sia nella variante terrestre che marittima. L'antica Roma ebbe già intensi rapporti commerciali con l'India, mentre della Terra di Mezzo sospettava a malapena l'esistenza (e, viceversa, i cinesi ignoravano quasi l'esistenza del Mediterraneo, a differenza degli indiani). Per Marco Polo e i mercanti veneziani, sia che viaggiassero in nave o con le carovane di cammelli, l'India era un partner commerciale formidabile. La sua importanza è testimoniata dalla toponomastica: i nostri esploratori e colonizzatori incollavano il nome di India a contrade ben più lontane (per esempio si usò chiamare Indie olandesi l'attuale Indonesia più la Nuova Guinea). Quando Cristoforo Colombo partì nella direzione opposta, veleggiando verso ovest per «buscar el levante por el poniente», stava cercando una rotta alternativa per arrivare in India. Alcune delle prime terre colonizzate in America furono chiamate le Nuove Indie, e ancora oggi le Piccole Antille, nei Caraibi, sono chiamate Indie occidentali.

La «prossimità» dell'India, per noi, oggi si declina in tanti modi. Luogo di una modernità sorprendente, in competizione tecnologica con la Silicon Valley californiana. Teatro di uno scontro con l'islamismo che ha preceduto di mezzo secolo l'11 settembre 2001 e le stragi europee. Contrappeso alla Cina in tutti i calcoli strategici americani. Laboratorio di nazionalpopulismo. L'India dà le vertigini e confonde, è capace di irritarci e di scoraggiarci per il cumulo di contraddizioni esplosive che racchiude.

Gli italiani sono stati capaci, in pochi anni, di passare dall'adorazione all'ostilità. Dov'è finita la «speranza indiana», a cui dedicai un libro dieci anni fa, e che ebbe un successo notevole anche perché coglieva lo spirito del tempo? Quando e perché l'India ha cominciato, e poi ha smesso di colpo, di essere un modello positivo? Cosa rimane di quel mito?

Non solo l'Italia, in realtà l'Occidente intero è capriccioso e volubile nelle sue infatuazioni. Da millenni abbiamo preso l'abitudine di proiettare sull'India i nostri tormenti inconsci, le nostre ansie di inadeguatezza, e di chiederle soluzioni magiche. È un Altro rispetto all'Occidente, ma una presenza immanente. Qui sta una delle differenze originarie rispetto alla Cina. Noi europei siamo stati talvolta definiti come popolazioni di ceppo indoeuropeo, in parte quindi veniamo da lì, come del resto le nostre lingue, mentre con la Cina la storia comune è molto più esigua e recente. Se Alessandro Magno inseguì il sogno di conquistare l'India, è perché l'interazione tra quella civiltà e il mondo greco-romano fu reale. Della Cina, invece, sapevamo poco, i contatti erano indiretti, affidati alle intermediazioni di altri popoli, o di tribù di mercanti nomadi, che percorrevano la Via della Seta. Tutto questo ha delle ricadute attuali, visto che di recente si è costruito un antagonismo – in parte artificioso – tra Cina e India, una gara tra due modelli di sviluppo, l'uno governato da un capital-comunismo autoritario, l'altro da una caotica democrazia pluralista.

(Ciascuno di noi, se scava nella propria memoria, trova tracce di un mito indiano. Io cominciai a praticare lo yoga all'età di 15 anni, tre anni dopo il ritorno dei Beatles dal loro «esilio» indiano. Più o meno nello stesso periodo gli scritti di Gandhi apparvero nella mia biblioteca di letture politiche, anche se contrastati da un'influenza marxista che mi rendeva sospettoso verso la non violenza a tutti i costi. Dichiaro queste origini per dovere di trasparenza: non sono stato immune dalle «fasi indiane», nel bene o nel male.)

Tra le manifestazioni più recenti della nostra superficiale attenzione, ricordo un'epoca in cui mi sentivo dire da tanti: «In India non ci vado perché ho paura dello shock di fronte allo spettacolo di quella miseria». Di solito erano osservazioni poco aggiornate, perché nel frattempo quello spettacolo della miseria 1) in India si era ridotto grazie a un decollo economico notevole, ancorché diseguale; 2) si era trasferito a casa nostra, per esempio alla stazione Centrale di Milano o alla stazione Termini di Roma, due microcosmi che fanno del loro meglio per replicare Calcutta.

Poi ci fu l'eccesso opposto, il colpo di fulmine, la febbre dell'innamoramento, magari propiziata da *Il dio delle piccole cose* di Arundhati Roy (Guanda, 1997), e da film di successo come *Monsoon Wedding - Matrimonio indiano* (di Mira Nair, 2001) o *The Millionaire* (di Danny Boyle, 2008). Allora tutti in viaggio per l'India! Quella a cinque stelle, di preferenza. Perlopiù tour organizzati nel Rajasthan (più New Delhi, Agra e Mumbai), in hotel di lusso della catena Taj e Oberoi. Fioriva in parallelo l'India del World Economic Forum di Davos: quella che, soprattutto in Occidente, alcune élite dirigenti cercavano di contrapporre al modello cinese. L'elefante contro il dragone. Riassumendo i termini di quell'alternativa: la Cina stravinceva nel breve termine, per la forza spettacolare del suo sviluppo economico (ma nel 2016 avveniva il sorpasso dell'elefante, almeno in velocità di sviluppo); l'India nel lungo termine offriva invece alcuni vantaggi comparativi, come la giovane età della sua forza lavoro, l'attitudine alle tecnologie, la democrazia, la diffusa conoscenza dell'inglese, la sua maggiore familiarità con l'Occidente. India e America, le due più grandi democrazie del mondo, sono gemellate per diverse ragioni: non ultima, proprio la paura di un «Secolo cinese».

L'idillio si è guastato di botto, per l'opinione pubblica italiana, con la tragica vicenda dei marò Salvatore Girone e Massimiliano Latorre (i due fucilieri della Marina militare arrestati in India nel 2012 con l'accusa di avere ucciso dei pescatori del Kerala durante un pattugliamento antipirateria a bordo di una petroliera battente bandiera italiana). Improvvisamente, per i media italiani l'India è diventata una superpotenza cattiva. Ho notato questo repentino cambio di atteggiamento. Dell'India, da quel momento in poi, interessavano solo gli orrori, e massima visibilità veniva data a ogni notizia di violenze sulle donne (che c'erano sempre state), mentre tutte le altre vicende di un subcontinente di 1,2 miliardi di persone venivano considerate irrilevanti.

Infine, l'ultima puntata (provvisoria): l'avvento al governo di New Delhi di un leader di destra, impregnato di una religiosità conservatrice, Narendra Modi. Che nel 2014 ha interrotto il lungo periodo di governo del Partito del Congresso di Nehru, Indira e Sonia Gandhi. A quel punto non solo i media italiani, ma gran parte delle élite progressiste occidentali, hanno avuto un brusco raffreddamento nei loro entusiasmi verso l'India. Anche per effetto di ripetute denunce di intellettuali indiani sul nuovo clima di intolleranza nei confronti del dissenso, soprattutto se laico e di sinistra.

Modi ha preceduto e anticipato Trump come campione di un nazionalpopulismo che rimane una forza politica in ascesa in tante parti del mondo. La sua India rappresenta un «mito» ben diverso da quello che noi abbiamo inseguito per generazioni. Non è davvero l'India mite e spiritualista. Modi è vegetariano e pratica lo yoga, ma ciò non gli impedisce di essere un nazionalista duro. Con Trump è in sintonia su molti punti, come l'ostilità verso i musulmani. Modi cominciò la sua carriera politica come governatore del Gujarat nel 2001, e l'anno dopo in quello Stato ci furono violenti scontri fra induisti e musulmani con duemila morti, dei quali ha una pesante responsabilità.

Tra l'India e gli Stati Uniti rimane l'ovvia convergenza strategica per contenere l'espansionismo cinese, ma questa era vera anche ai tempi di Barack Obama, e prima ancora era fiorita con George W. Bush, quando a New Delhi governava ancora il Partito del Congresso della famiglia Gandhi, laico e vagamente socialista.

La nuova geometria delle alleanze segue delle regole obbligatorie e antiche. Dall'Independence Day del 1947, l'imperativo geografico per l'India moderna ha sempre imposto due priorità. La prima è fronteggiare la teocrazia islamica del Pakistan (che precedette di molto l'Iran nell'adottare la religione come fondamento identitario dello Stato). La seconda è di proteggersi dalla superpotenza più vicina, la Repubblica popolare cinese, l'unico paese oltre al Pakistan con cui l'India moderna abbia combattuto una vera guerra (1962).

Per una parte della sua storia, è a Mosca che l'India contemporanea andò a cercare un contrappeso alla Cina, quando le due chiese del comunismo mondiale erano ormai diventate acerrime rivali. Ai tempi di Indira Gandhi, l'India faceva parte del Movimento dei paesi non allineati, detto anche del Terzo Mondo perché si rifiutava di entrare nei sistemi di alleanze contrapposte della Nato e del Patto di Varsavia, però aveva un'intesa con l'Unione Sovietica e un'evidente attrazione per il suo modello di pianificazione economica. Il fatto che oggi sia l'America l'alleata d'obbligo, non sarebbe apparso scontato neppure vent'anni fa. È uno dei frutti della conversione indiana al capitalismo, sia pure in versione molto meno liberista dell'America e perfino più statalista della Cina.

Con il duo Modi-Trump si è aggiunto un allineamento valoriale. Non c'è più solo una convenienza politico-militare a fare fronte comune per contenere l'espansionismo cinese in Asia, come accadeva con Bush e Obama. C'è anche una sintonia culturale più profonda. È questa che allontana l'India di Modi da tutte le «caricature gentili» in cui l'Occidente si è cullato da due secoli a questa parte. Ne ricordo i protagonisti più famosi, gli innamorati contagiosi, i cantori del mito indiano. I romantici tedeschi e Schopenhauer. Lo psicoanalista Carl Gustav Jung. Il *Siddharta* di Hermann Hesse. I poeti americani della Beat Generation. Il movimento hippy della West Coast. Infine i Beatles, col viaggio alle pendici dell'Himalaya, tra sitar e meditazione trascendentale, nell'anno di grazia 1968. Questa era l'India eterna, reinventata a uso e consumo di élite occidentali che hanno voluto venerare in quella civiltà la madre di tutte le religioni, un giacimento inesauribile di miti, la sorgente primaria della «vera saggezza», fino al formidabile esempio di pacifismo e non violenza del Mahatma Gandhi, ispiratore di Martin Luther King e di Nelson Mandela.

Dopo esserci fatti sedurre a lungo da questa India largamente immaginaria (magari «costruita» usando materiale vero, ma su misura dei nostri bisogni e delle nostre aspirazioni, delle nostre illusioni e dei nostri sogni), abbiamo avuto uno shock, circa vent'anni fa, nello scoprire un altro mito indiano, meno scontato: Bangalore, la capitale mondiale del software. È una vicenda che ricordo bene perché s'incrocia con la mia vita personale. Stavo preparandomi a traslocare nella Silicon Valley californiana, quando l'America, e poi il mondo intero, furono contagiati dalla febbre del Millennium Bug (il «baco del millennio»). Si trattava della psicosi di un blackout informatico mondiale, che sarebbe scattato nella notte fra il 31 dicembre 1999 e il 1° gennaio 2000, perché la maggioranza dei software non era stata programmata per il sistema di notazione delle date del Terzo millennio, che prevedeva per gli anni l'inserimento delle ultime due cifre: i computer rischiavano quindi di scambiare 00 o 01 per 1900 o 1901. Ricordo ancora la notte di fine millennio, perché la passai con moglie e figli in un hotel di New York che ci consegnò un kit di sopravvivenza (cibo, acqua e torcia elettrica), in caso di Apocalisse. Allarme infondato, scoprimmo all'alba del 2000, ma intanto nei mesi e anni precedenti era scattata in molte aziende una corsa ad aggiornare i software. A livello mondiale si cumularono investimenti miliardari, che fecero esplodere la domanda di lavoro per esperti informatici. Non ce n'erano abbastanza in Occidente, e le multinazionali americane scoprirono un vero giacimento di talenti addestrati nella gemella indiana della Silicon Valley, cioè a Bangalore. Fu uno shock culturale del tutto imprevisto scoprire quella versione avveniristica dell'India. Improvvisamente s'impose un'altra narrazione indiana, la storia del miracolo tecnologico ed economico. In parallelo un altro fenomeno, Bollywood, portò nelle nostre sale cinematografiche, e nell'immaginario occidentale, un nuovo Indian Dream, fatto di un *masala* (impasto) di ingredienti abilmente selezionati: i colori e i profumi, le musiche e le tradizioni, i balli e i costumi dell'India Eterna, quella turistica del Taj Mahal e del Rajasthan, unitamente a una modernità astuta e a un talento narrativo straripante. Grazie a un'intellighenzia anglofona, da Vidiadhar Naipaul a Salman Rushdie, da Amitav Gosh a Suketu Meta, anche le élite colte dell'Occidente si reinnamorarono di un'India al tempo stesso ancestrale e modernissima, condensato delle massime contraddizioni del nostro tempo, deposito di miti e di sofferenze arcaiche ma aggiornata e cosmopolita. Al confine tra letteratura e politica, o tra scienza e militanza, due donne come Arundhati Roy e Vandana Shiva sono state adottate come profetesse dalla sinistra radicale in Occidente: loro in un certo senso ci restituivano, intatto e prezioso, il «nostro» mito di un'India primitiva e innocente, sacra e pura, aggredita e saccheggiata dalle nostre multinazionali, da un capitalismo feroce e spietato.

È qui che, alla fine, irrompe Narendra Modi e scompagina un po' tutto, mettendoci di nuovo a disagio. Che cosa rimane davvero della «speranza indiana», nelle mani di un governo reazionario e bigotto, con una maggioranza induista intollerante, pronta a usare la censura per zittire le voci del dissenso interno? Tra le varie versioni dell'India come laboratorio c'è anche questa. Fu in India che il terrorismo islamico fece le prove generali molto prima di colpire l'America. È in India che il Partito del Congresso, laico e progressista, è stato travolto da un revival di fondamentalismo induista, anche in chiave antimusulmana, ma non solo (il Congresso è stato vittima anzitutto di se stesso, della propria inefficienza e corruzione). È in India che alcuni ingredienti del populismo moderno si sono manifestati in anticipo rispetto a tante liberaldemocrazie occidentali.

La geografia che definisce l'India è prima di tutto una mappa socio-economica interna. La questione delle caste non è mai stata risolta né superata. Anzi, sotto Modi riesplode in modo acuto. Eppure il suo partito induista, il Bharatiya Janata Party (Bjp), per essere coerente con la propria ideologia ha bisogno di coalizzare tutti gli induisti, non solo le caste superiori. Ci riesce solo in parte. Un episodio emblematico ha visto come protagonista Yogi Adityanath, l'estremista sacerdote indù che lo stesso Modi ha voluto come governatore dello Stato dell'Uttar Pradesh. Alla vigilia della visita di Adityanath in un villaggio del suo Stato, solerti funzionari hanno ordinato ai paesani delle caste inferiori di lavarsi con sapone e shampoo per non sporcare il governatore. Un comportamento che evoca il concetto delle caste «impure», dette per l'appunto «intoccabili». La tensione tra caste dominanti e caste inferiori continua a scatenare episodi di intolleranza e perfino di violenza omicida. Un episodio è stato raccontato dal giornalista indiano Nilanjan Mukhopadhyay, autore di una biografia di Modi. È avvenuto nell'aprile 2017 nel villaggio di Shabirpur, a 180 chilometri da New Delhi, e ha avuto come protagonisti due poli estremi del sistema delle caste, Rajput e Dalit. Il termine «Dalit», che nell'antico sanscrito significa «oppressi» e in hindi «spezzati», designa una vasta categoria di caste inferiori. L'uso di tale termine è stato vietato per legge, ma il suo equivalente («caste arretrate») nel censimento del 2011 corrisponde al 17 per cento della popolazione indiana. I Dalit di Shabirpur stavano celebrando l'inaugurazione di una statua per l'anniversario della nascita di Bhimrao Ramij Ambedkar, uno dei padri dell'India moderna, architetto della Costituzione, lui stesso un Dalit, fautore della messa al bando del sistema delle caste. Ma i Rajput del villaggio si sono sentiti offesi dal fatto che la statua di Ambedkar, col suo dito puntato, poteva «indicare le donne delle caste superiori». Sono scoppiati scontri tra le fazioni, con un morto e venti feriti, e diverse case di Dalit incendiate. È questa geografia interna, così tortuosa e conflittuale, la vera contraddizione del nazionalpopulismo di Modi. Per affermarsi, il Bjp deve essere il partito di tutti gli induisti, ma non è riuscito a far accettare alle caste superiori il superamento di queste discriminazioni ancestrali.

Un altro problema di geografia interna che pesa sul futuro dell'India è sorprendente per noi: il federalismo è spinto fino a eccessi tali da farla sembrare una nazione incompiuta. Per esempio, fino a tempi recentissimi le merci pagavano dazio nel trasporto da uno Stato indiano all'altro. Manca anche una lingua nazionale: un terzo della popolazione parla correntemente l'inglese e lo usa perfino per comunicare con altri indiani, ma questo accentua le barriere sociali con i meno istruiti. D'altra parte, l'inglese è essenziale per unificare un paese che annovera 1600 lingue, e soprattutto è il ponte tra due Indie antiche spaccate da una frontiera linguistica: quella settentrionale, dove si usano idiomi indoeuropei come hindi e bengali, e quella meridionale, dove si parlano lingue della famiglia dravidica come il tamil.

Il confronto tra le ultime performance del dragone cinese e dell'elefante indiano ci dice che di recente l'India ha superato la Cina per velocità di crescita (7 per cento contro il 6 per cento annuo di aumento del prodotto interno lordo nel 2016-17), e il futuro le sorride grazie alla giovane età della sua popolazione: un quarto di tutti coloro che entreranno nella forza lavoro mondiale da qui al 2025 saranno indiani, mentre la Cina soffre un veloce invecchiamento demografico. Certo, per adesso l'economia indiana resta molto più piccola (è la quarta al mondo dietro Usa, Cina e Giappone, ma ormai davanti alla Germania); e lo è pure il suo attivo commerciale, che non rappresenta un macrosquilibrio eclatante come quello cinese. Se si eccettua la sovrapproduzione di acciaio da parte dei colossi Mittal e Tata, e la delocalizzazione di posti di lavoro nel software verso Bangalore o Hyderabad, non ci sono grandi ragioni di conflittualità economica tra l'Occidente e New Delhi. L'India non ha un modello di sviluppo trainato dalle esportazioni, la sua è un'economia più introvertita; questo rende meno destabilizzante la competizione indiana sugli equilibri economici globali.

La geografia impone di guardare anche ad altri due vincoli esterni che condizionano ogni scenario futuro per l'India. Da una parte c'è il cambiamento climatico, che minaccia un paese ancora largamente agricolo, con regioni dipendenti dai monsoni e vulnerabili di fronte alle variazioni del corso dei fiumi. In questo caso, la geografia me la insegna mia figlia Costanza, docente di scienze ambientali in California, che ha lavorato per anni in India, nello Stato dell'Assam. I temi della sua ricerca di dottorato sono stati: l'impatto del cambiamento climatico sui fiumi di quella regione; il vasto programma di costruzione di centrali idroelettriche (per portare energia nelle zone ricche del paese, sconvolgendo la vita delle popolazioni locali); le resistenze dei più poveri, talvolta membri di etnie «tribali», in prima linea nel pagare costi e soffrire disagi. Nel fare le sue ricerche, Costanza ha toccato con mano i limiti della democrazia indiana, scontrandosi con una burocrazia molto sospettosa nei confronti di chi va a ficcare il naso in temi politicamente scottanti.

Il Tibet, invaso e annesso dalla Cina subito dopo la rivoluzione maoista, è il più grande serbatoio d'acqua dell'Asia: e l'India è virtualmente soggetta al «ricatto idrico» di chi controlla l'Himalaya. Che quella sia una frontiera calda, ad alto rischio di conflitto, lo confermano le ricorrenti prove di forza tra l'esercito indiano e quello cinese nella zona contesa dell'altopiano del Doklam, all'incrocio fra la Cina tibetana e il Bhutan, alleato dell'India; oppure le tensioni nel Ladakh, nell'Himalaya occidentale, altra regione su cui Pechino e New Delhi avanzano pretese contrapposte.

L'altro dato geografico determinante è la proiezione dell'India costiera e meridionale verso le sue opposte sponde marittime naturali: golfo Persico e Corno d'Africa. Da tempo immemorabile, la diaspora dei mercanti indiani stabilì teste di ponte in quelle zone e vi gettò le basi per un'influenza durevole. È una potenzialità enorme ma anche una minaccia: in quelle aree del mondo oggi è radicato il fondamentalismo islamico, di cui l'India si considera il bersaglio più antico. Pochi lo sanno in Occidente, ma il rapporto tra l'India e l'Arabia Saudita (nonché altri produttori di energia del golfo Persico) rievoca curiosamente quello che l'Italia degli anni Cinquanta ebbe con i paesi del Nordeuropa. Germania e Belgio importavano i nostri emigrati e, in cambio, ci fornivano il carbone necessario per la nostra ricostruzione e il decollo industriale. Gli immigrati indiani sono una colonna portante dell'economia del Golfo, fino a raggiungere il 25 per cento della popolazione dell'Oman. Diversa è la tipologia dei flussi migratori verso San Francisco, New York e Londra. Tra le risorse globali su cui può contare chi governa New Delhi c'è la potentissima emigrazione indiana dei cervelli, ben rappresentata soprattutto ai vertici del capitalismo digitale: da Sundar Pichai, chief executive di Google, a Satya Nadella, che dirige Microsoft. Una quinta colonna che ha un ruolo di punta nel cementare l'ancoraggio in Occidente.

Se la gara fra India e Cina si proietta su tempi lunghi, nell'immediato sono altre le minacce esterne considerate più gravi dagli indiani, classe dirigente e opinione pubblica. Il Pakistan, e il fondamentalismo islamico, che contagia anche il Bangladesh, sono importanti per capire la deriva integralista dell'induismo. Qui la storia dell'India s'incrocia con la sua geografia antica e moderna, pre- e post-indipendenza. La linea rossa che nessun indiano può dimenticare è quella del British Raj (l'Impero coloniale britannico) prima del 1947, quando gli attuali territori del Pakistan e del Bangladesh erano tutt'uno con l'India stessa. Tra i due perimetri della nazione, quello odierno e quello di prima della Partizione, o secessione islamica, c'è di mezzo una tragedia che rinvia alle origini stesse del rapporto fra le due grandi religioni che si contendono il subcontinente asiatico. Questa storia oggi parla anche a noi; l'Occidente ha bisogno di conoscerla. Serve a guarirci, al tempo stesso, da un complesso di superiorità e da un complesso di colpa. Il primo, vero e proprio peccato capitale di superbia, consiste nel pensare che il fondamentalismo islamico, nelle sue varie espressioni, ce l'abbia solo con noi occidentali (dalle schegge impazzite del terrorismo alle tante popolazioni musulmane che, pur essendo moderate e pacifiche, sono tuttavia molto intransigenti e integraliste sui princìpi religiosi, anche quando questi travalicano le leggi dello Stato

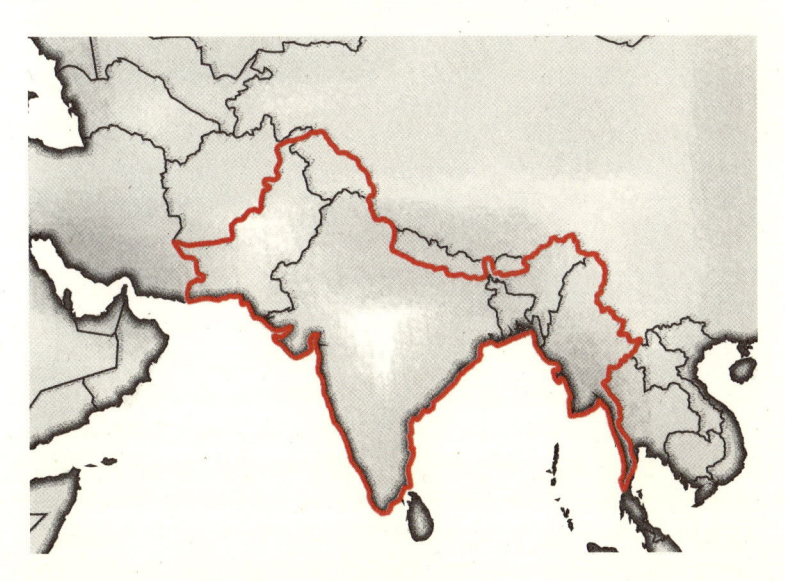

L'India all'epoca della dominazione inglese.

laico). In realtà, l'Islam ha un rapporto teso, difficile e conflittuale con una civiltà e una religione diversissima dalla nostra, quella induista.

Leggere il problema musulmano in esclusivo riferimento all'Occidente è quindi frutto di una grave ignoranza. Il complesso di colpa è l'altra faccia del nostro occidentocentrismo: è il pensiero politically correct secondo il quale l'ostilità di tanta parte del mondo musulmano è il prezzo da pagare per le nostre malefatte d'epoca coloniale. Ancora una volta pretendiamo di essere noi il principio e la fine di tutto. Persino questa autocolpevolizzazione nasce da una profonda ignoranza storica, dal nostro provincialismo. L'Islam contemporaneo ha ereditato conflitti antichissimi con l'induismo e col buddismo laddove confina e convive con queste religioni, dall'India alla Birmania, dalla Cina all'Indonesia. Il caso dell'India è il più importante di tutti perché qui la memoria coloniale è rovesciata. Fu l'Islam a invadere, colonizzare e asservire a più riprese i popoli induisti: da ultimo, con la dinastia dei Moghul. L'India è stata conquistata da aggressori musulmani molto prima, e per più lungo tempo, che dagli inglesi. Anche il tentativo di far risalire alle responsabilità britanniche le tensioni fra induisti e indiani musulmani è frutto sempre della stessa ossessione maniacale di chi vuol ricondurre ogni male dell'umanità all'Occidente.

Un buon punto di partenza per esplorare questa storia dalle sue origini è un monumento noto ai turisti di tutto il mondo: il Taj Mahal. Nessun'altra bellezza indiana attira un numero di visitatori paragonabile (oltre sei milioni ogni anno). La sua immagine è divenuta un'icona, un quarto di tutti gli stranieri che transitano in India vanno ad Agra per ammirarlo, e l'Unesco lo ha inserito nell'elenco del World Heritage. A maggior ragione uno straniero rimane interdetto nell'apprendere che nel 2017 lo Stato dell'Uttar Pradesh – quello governato dal prete integralista indù Adityanath –

ha deciso di tagliare i fondi per la manutenzione del monumento. La ragione? Il partito di governo Bjp ritiene che il Taj Mahal «non riflette la cultura indiana». Per decifrare una diatriba apparentemente assurda, bisogna ricordare le origini di questo splendido mausoleo. Le ho raccontate nel mio libro *La speranza indiana* (Mondadori, 2007); devo ricordarle qui perché l'età dell'oro dell'Islam in India è un passaggio chiave per decifrare la contemporaneità.

Il mausoleo di Agra è la più celebre delle opere lasciate dai Moghul: lontani discendenti delle orde mongole e installati nell'India settentrionale, la fondazione del loro impero coincide col regno di Babur, il quale si considera erede di Gengis Khan e fissa la sede della sua dinastia ad Agra, nel 1526. Il Taj Mahal è una fusione di influenze artistiche che spaziano dall'Europa alla Persia all'Estremo Oriente, il frutto dell'era più felice della storia indiana, monumento a un'armonia vera tra la religione braminica e l'Islam.

Il Taj Mahal viene concepito durante il travaglio di un parto mortale. Nel giugno 1631 Mumtaz Mahal, «la Scelta del Palazzo», cioè la preferita dell'harem, a 38 anni sta agonizzando negli spasimi della sua quattordicesima gravidanza. Al capezzale c'è il marito Shah Jahan, quinto imperatore della dinastia. Alla moglie morente lui giura che non la sostituirà mai con un'altra. E promette di edificarle un mausoleo funebre che sarà la testimonianza perenne del loro amore. Dedica tutte le sue energie a mantenere la promessa. Per la costruzione del Taj mobilita le ricchezze del suo regno, il know how tecnologico, i talenti artistici di tre continenti. Il risultato è un exploit eccezionale: 12.000 tonnellate di pietre e marmi trasportati da grandi distanze; un edificio la cui circonferenza supera quella della basilica di San Pietro; l'armonia delle forme raggiunta grazie a complessi calcoli matematici; l'eresia del marmo bianco, che nella tradizione islamica era riservato alle tombe dei santi; la profusione di pietre rare incastonate nei muri; le pregevoli decorazioni affidate al più grande calligrafo persiano dell'epoca.

Intorno, i raffinati giardini sono allegorie della vita ultraterrena ispirate ai paesaggi delle montagne afghane, ai boschi e laghi del Kashmir, alle pendici dell'Himalaya, e vi è riconoscibile l'impronta della maestria persiana. «Paradiso» deriva dall'antico persiano *pairidaeza*, che significa «parco recintato». Il giardino dell'Eden è un mito trasversale che si ritrova sia nella tradizione giudaico-cristiana, sia nell'antica Persia, sia nelle tribù nomadi dell'Arabia, per le quali le oasi del deserto erano un paradiso in terra.

Con 100 milioni di sudditi nel XVII secolo, i Moghul amministrano la più vasta potenza musulmana mai esistita, cinque volte più grande dell'impero ottomano. La loro storia spiega perché il baricentro dell'Islam, nato in Arabia, sia progressivamente slittato sempre più a Oriente. Se ancora oggi ci sono più musulmani a est dell'Afghanistan che a ovest, lo si deve al successo dei Moghul nel subcontinente indiano. La loro India è una potenza ricca e sviluppata, leader mondiale nella produzione di ferro, oro e diamanti, tessili e spezie; ha abbondanti raccolti di grano. A quei tempi un solo impero può rivaleggiare con il loro, la Cina dei Ming. La capitale imperiale di Agra è detta la «Venezia indiana» per il lusso e la profusione d'arte, ma le sue dimensioni eclissano qualsiasi città occidentale dell'epoca. Con 750.000 abitanti è due volte più grande di Londra, supera Parigi e Costantinopoli. Ma la cosa più rilevante per noi oggi è questa: mentre l'Europa è insanguinata dalle guerre di religione e terrorizzata dall'Inquisizione, con i Moghul si afferma una versione dell'Islam aperta e tollerante, in convivenza armoniosa con l'induismo, il cristianesimo e altre religioni.

La storia di colei che è sepolta nel Taj, Mumtaz Mahal, sfida gli stereotipi sul ruolo della donna nella società islamica. Gli imperatori Moghul, compreso Shah Jahan, praticano la poligamia, ma questo non impedisce una certa libertà di costumi negli harem delle loro mogli. La curiosità voyeuristica dei visitatori occidentali è eccitata dalle descrizioni dei falli d'oro e d'argento che circolano negli harem, dalle descrizioni esplicite delle prestazioni sessuali negli amplessi imperiali che si possono leggere negli annali di corte, dall'uso dilagante di afrodisiaci per uomini e donne. L'harem è anche un centro di potere economico dove le donne – ricche, istruite e abili nell'usare le loro relazioni altolocate – amministrano fiorenti attività imprenditoriali. Attivando reti di intermediari dirigevano commerci con il mondo intero, erano armatrici di navi mercantili, esportavano prodotti indiani in Arabia e oltre. Tutti i resoconti dell'epoca descrivono il legame tra l'imperatore e Mumtaz come un rapporto di fiducia, di vera amicizia, di complicità intellettuale: un amore paritetico, esclusivo, quasi monogamico, che mette in ombra tutte le altre mogli e concubine.

Ma prima ancora che sorgesse il Taj, nell'anno 1600, mentre a Roma Giordano Bruno veniva mandato al rogo per eresia a Campo de' Fiori, ad Agra l'imperatore Akbar (il nonno di Shah Jahan) già parlava di tolleranza e promuoveva il dialogo tra musulmani, indù, cristiani, ebrei, giainisti, parsi.

Non a caso nel 1947, quando nacque la Costituzione dell'India repubblicana, il suo padre politico, Jawaharlal Nehru, volle che a fianco delle istituzioni parlamentari e giudiziarie copiate dalla Gran Bretagna ci fossero richiami ai valori trasmessi dagli imperatori Moghul più tolleranti, come Akbar e Ashoka.

Non si dà al mondo un altro esempio di civiltà così grande e antica la cui religione politeista sia sopravvissuta a migliaia di anni di aggressivo proselitismo da parte delle grandi fedi monoteiste (Islam, cristianesimo), e al tempo stesso si sia lasciata permeare dalle influenze altrui, al punto che molte tombe di santi musulmani (le *dargah* dei sufi) sono state incorporate nel culto induista e vengono venerate come templi indù. Questa flessibilità è la chiave del *masala*, la grande mescolanza, il melting pot che è la civiltà indiana. E tuttavia, accanto a periodi sereni ci furono quelli tempestosi, atrocità incluse. Molto prima che apparissimo «noi». Ecco perché bisogna guardarsi dall'errore eurocentrico che consiste nel descrivere le attuali tensioni fra indù e musulmani come una conseguenza del colonialismo inglese. In realtà, molto prima che gli inglesi conquistassero l'India, e cominciassero a sfruttare abilmente le divisioni religiose per consolidare il loro potere, quelle tensioni erano già esplose in modo virulento.

La presenza dell'Islam in India si segnala fin dal primo secolo dell'Egira, il periodo che si apre con la fuga di Maometto a Medina nel 622 d.C. La nuova religione si diffonde nel subcontinente asiatico dapprima portata dai mercanti lungo la Via della Seta, poi, dal 711, con i raid di generali arabi che si spingono fino a insidiare il Rajasthan. Da quel momento l'India è costantemente sotto l'attacco dei popoli di religione islamica. Il peggio accade molto più tardi, ai tempi di Aurangzeb, l'imperatore Moghul al potere dal 1658 al 1707. È lui a interrompere brutalmente la tradizione di ecumenismo e tolleranza dei suoi avi, a inaugurare la distruzione di templi induisti, la persecuzione dei sikh, nonché dei musulmani sciiti (essendo i Moghul sunniti). Quindi è da più di tre secoli che nella memoria storica degli indiani si sono sedimentate le guerre di religione, le vendette incrociate; alternando nella storia periodi di armoniosa convivenza a improvvise fiammate di odio tra le comunità. A cui si è aggiunta, solo dopo gli inglesi, anche una minoritaria componente cristiana, spesso «vaso di coccio» nelle febbri di intolleranza.

Prima di proseguire sul ruolo fondamentale dell'India come teatro di scontro fra l'Islam e «tutti gli altri», l'apparizione degli inglesi impone di rispondere a una domanda storico-geografica. Perché la grande India è stata una preda così facile per i conquistatori venuti da un isolotto nebbioso del Nordeuropa? All'epoca dei primi contatti con i mercanti inglesi, i rapporti di forza sono a favore dell'impero Moghul, che ha una superiorità economica soverchiante.

L'India di quel tempo già padroneggia i traffici con il resto del mondo, non ha bisogno di essere «scoperta» da nessuno. Quando l'esploratore portoghese Vasco da Gama si affaccia sulle coste indiane nel 1498, non c'è nulla che possa assimilare la sua esperienza a quella di Cristoforo Colombo in America. Da Gama trova in India dei porti che da più di un millennio commerciano con la Cina e con il Sudest asiatico, con il mondo arabo e con il Mediterraneo. Nel XVI secolo l'impero Moghul è all'apice della sua potenza militare. Nessun paese europeo può sognare di invadere quell'immenso territorio saldamente presidiato, né tantomeno di soggiogare le popolazioni come fanno i *conquistadores* con gli indios in America. La sottomissione dell'India sarà lenta e graduale, distillata lungo più di due secoli. Solo all'inizio del Settecento appaiono elementi di fragilità dell'impero Moghul che, alla lunga, risulteranno fatali. Da una parte c'è l'involuzione islamica che, da Aurangzeb in poi, crea le premesse per una divisione tra le comunità religiose; dall'altra, i Moghul sono prigionieri di un errore di valutazione simile a quello delle dinastie cinesi loro contemporanee: ragionano da potenze continentali terrestri, in una fase in cui i rapporti di forza della nuova economia mondializzata si giocano sui mari.

Piccoli Stati europei – prima la Spagna e il Portogallo, poi l'Olanda, infine l'Inghilterra e in parte la Francia –, pur essendo dei nani rispetto ai giganti asiatici, fanno però la scelta vincente di investire sul controllo delle rotte marittime, in una fase storica in cui l'evoluzione tecnologica e dei commerci darà un'importanza strategica alla proiezione sugli oceani. I sovrani indiani, a causa di questo errore di valutazione, accolgono senza preoccupazione i primi insediamenti portoghesi o inglesi sulle coste, dove per secoli avevano lasciato trafficare mercanti ebrei, arabi e cinesi. Gli inglesi si concentrano inizialmente sui porti, da cui controllano gli scambi fra l'economia indiana e il resto del mondo: ottengono una concessione a Madras nel 1640; poi nel sito destinato a diventare Bombay (dal 1995 Mumbai) nel 1674; infine a Fort William (la futura Calcutta) nel 1690. L'abilità inglese è quella di integrare a poco a poco pezzi dell'economia indiana – usando come piattaforma logistica il porto di Calcutta, nel Bengala – in una sorta di globalizzazione ante litteram: aprendo ai pregiati prodotti tessili dell'Oriente sbocchi di vendite in forte crescita sui mercati europei.

Ben presto l'India assume il ruolo che nel XXI secolo è quello della Cina: la fabbrica del mondo, che invade i mercati europei col suo tessile-abbigliamento. È Londra l'intermediario essenziale di questa trasformazione. Lo spirito capitalistico inglese, insieme a una cornice istituzionale di certezza del diritto commerciale e proprietario, offre ai ceti mercantili del Bengala delle opportunità superiori a quelle dell'impero Moghul. Si salda un'alleanza d'interessi attraverso cui gli inglesi «comprano» il Bengala prima ancora di conquistarne il controllo politico-militare. Poiché il Bengala è a quei tempi la parte più opulenta dell'India, il resto della storia è un effetto domino: controllando le ricchezze di Calcutta, gli inglesi hanno i mezzi per armare un esercito sempre più potente – fatto perlopiù di indiani – e sottomettere via via gli altri territori. Per la prima volta nella sua storia l'India è invasa non da armate terrestri di mongoli-turcomanni, arabi o persiani o afghani venuti dalle montagne settentrionali, ma da un popolo di marinai sbarcati sulle sue coste. Questi isolani dell'Europa settentrionale faranno dell'India la più grande di tutte le colonie mai esistite.

Fedele alla sua vocazione mercantile, all'inizio l'Inghilterra penetra in India non come Stato sovrano, bensì con una specie di Opa privata. Protagonista è la East India Company, impresa a cui i sovrani inglesi hanno concesso il monopolio dei commerci con il paese asiatico. Diventa la committente di un formidabile flusso produttivo, ordina cotoni e tessuti pregiati agli artigiani indiani perché li confezionino su misura per i gusti della clientela europea. Di lì a poco, però, esplode la rivoluzione industriale inglese, con la diffusione dell'energia a vapore e dei telai meccanici. I rapporti di competitività si rovesciano, la produttività delle fabbriche inglesi diventa superiore. L'India viene catturata nella tipica trappola coloniale: diventa fornitrice di materie prime a buon mercato, e importa dall'Inghilterra prodotti finiti di alto valore. Le ricchezze del Bengala si prosciugano velocemente, saccheggiate per riempire i forzieri delle banche inglesi.

La storia del colonialismo inglese si sovrappone a quella dei preesistenti rapporti tra induisti e musulmani, sia all'apice della potenza britannica, che governa secondo il principio «divide et impera», giocando sulle divisioni religiose, sia ancor più quando il controllo di Londra comincia a vacillare. Alla fine dell'Ottocento i primi aneliti d'indipendenza coincidono con la campagna per la difesa delle vacche sacre, che scava un fossato tra indù e musulmani (non solo perché l'Islam segue regole alimentari diverse, ma perché la minoranza musulmana si è ricavata nelle macellerie bovine una nicchia di attività economica a lei riservata). Nel 1946 le elezioni generali sanciscono la separazione. Il partito laico di Jawaharlal Nehru, il Congresso, ottiene la maggioranza. Ma gli islamici votano in massa per la Muslim League. I loro leader sognano un'India governata per comunità confessionali, ciascuna con le sue leggi. È il contrario dello Stato democratico, non confessionale e pluralista che vuole Nehru. La mediazione si rivela impossibile. Gli inglesi accettano la Partizione, cioè la secessione delle regioni a maggioranza musulmana e la nascita del futuro Pakistan, che alcuni leader islamici progettano da subito come uno Stato teocratico. A quel punto scoppia la tragedia che insanguina l'indipendenza. I confini tra le due religioni attraversano ogni zona dell'India, la Partizione non può essere un taglio chirurgico e asettico, gli uni di qua e gli altri di là: da secoli le comunità sono mescolate nei quartieri, nei villaggi. La mezzanotte della libertà (ferragosto del 1947) è preceduta da un anno di rivolte, pogrom, massacri.

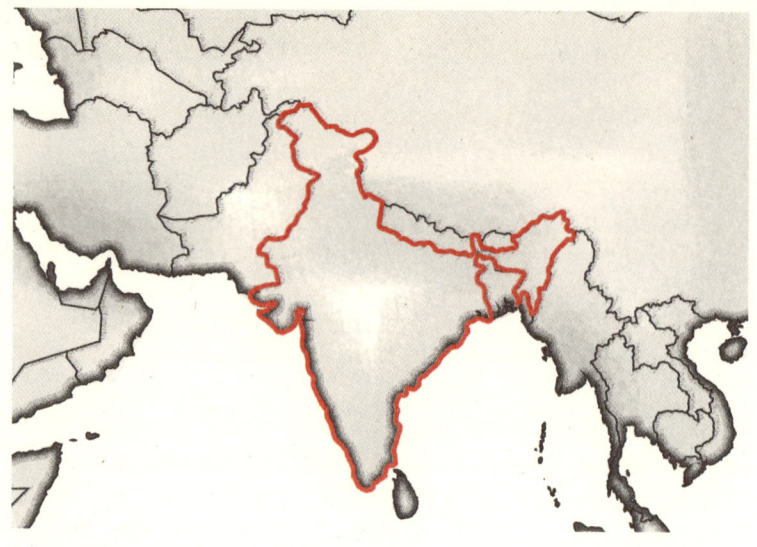

L'India odierna.

È una «pulizia etnica» a fuoco incrociato, su scala gigantesca. Per prima esplode Calcutta con le stragi dell'agosto 1946: quattromila morti, migliaia di profughi. Poi si incendia lo Stato del Bihar, dove si contano settemila musulmani trucidati. Gli islamici si prendono la rivincita nel Bengala, quindi le violenze si allargano al Punjab, coinvolgendo la minoranza guerriera dei sikh. Dopo un anno il bilancio della carneficina è un milione di morti. Undici milioni di rifugiati sono scappati in un esodo biblico per raggiungere zone sicure, abitate da una maggioranza di correligionari. È la più grande migrazione della storia umana concentrata in un arco di tempo così breve.

La voce del profeta della non violenza, il Mahatma Gandhi, si disperde nel frastuono degli scontri. Dopo essere stato il leader della lotta per l'indipendenza, la sua influenza si è ridotta. Come estremo tentativo per evitare la Partizione, il Mahatma lancia una proposta audace: suggerisce che il premier dell'India, anziché Nehru (suo delfino), sia Mohammed

Ali Jinnah, il capo dei musulmani. L'idea cade nell'indifferenza generale, nessuno la raccoglie. Gandhi vince solo un'ultima battaglia di giustizia simbolica dopo il 1947: attraverso preghiere e digiuni costringe l'India a dare al Pakistan la sua quota di riserve valutarie ereditate dal Raj coloniale britannico (40 milioni di sterline). La Partizione è comunque una sua sconfitta. «La morte per me sarebbe una liberazione gioiosa, piuttosto che assistere da testimone impotente alla distruzione dell'India, dell'induismo, dell'islam e della religione sikh» aveva detto. Il destino lo esaudisce tragicamente. Il 30 gennaio 1948 viene ucciso a colpi di arma da fuoco durante la sua preghiera del mattino. L'assassino è un giovane bramino, fanatico nazionalista indù, che accusa Gandhi di collusione con i musulmani.

Questa storia è terribilmente attuale, e permette di capire l'India di Narendra Modi. Nel suo partito induista Bjp, che si erge a difensore di una civiltà plurimillenaria minacciata dagli «invasori» musulmani e poi cristiani, ci sono in realtà delle influenze molto più moderne della *Bhagavad Gita*, del *Mahabharata* e delle *Upanishad*, testi sacri risalenti all'era precristiana. Il nazionalismo indù nella sua versione contemporanea nasce negli anni Venti del secolo scorso, nell'élite che progettava l'indipendenza dagli inglesi, e tra le sue letture aveva Giuseppe Mazzini e, più tardi, Gabriele d'Annunzio e Benito Mussolini. Alla radice c'era la paura che l'identità indù – duttile e malleabile – finisse schiacciata tra culture più prepotenti come l'Islam e il cristianesimo. Perciò, già nel 1925 un'ala del nazionalismo indù creava le sue milizie, sedotta dal fascismo italiano.

Nel 1947 Nehru capì che la creazione di un Pakistan islamico ai confini del suo paese sarebbe stata una minaccia permanente per il modello laico e multireligioso dell'India: avrebbe generato la tentazione continua di «pakistanizzare» anche l'India, replicando in versione induista uno Stato confessionale, illiberale, intollerante, consegnato all'influenza di sacerdoti. Nehru proibì per legge l'uso di simboli religiosi per scopi elettorali. Emarginò gli integralisti indù, cercò l'alleanza con l'élite occidentalizzata e, al tempo stesso, con i socialcomunisti, per avere uno zoccolo di consenso laico e secolare. Per trent'anni la sua idea dell'India fu vincente. Poi i suoi stessi eredi inaugurarono una stagione di cedimenti e compromessi, contaminazioni e legami pericolosi. Sua figlia Indira, per catturare voti, ebbe uno stile di governo nepotista e «lottizzatore», che scendeva a patti di volta in volta con i sikh, con gli induisti più fanatici, con i musulmani, cedendo su molti princìpi pur di restare in sella. Suo figlio Rajiv, succedendole alla guida del governo, fece di peggio: offese allo stesso tempo la magistratura suprema e uno dei suoi princìpi più cari, l'eguaglianza dei cittadini di fronte allo Stato di diritto. Accadde nel 1985, quando la Corte costituzionale riconobbe alle donne musulmane divorziate gli stessi diritti garantiti dalla legge a tutte le cittadine indiane. Per placare lo sdegno della comunità islamica, il governo di Rajiv Gandhi fece approvare in Parlamento il Muslim Women's Act, con cui rovesciò la sentenza costituzionale e stabilì per le famiglie musulmane il primato del codice islamico – la *shariah* – tra le mura domestiche. Un passo indietro che riportava l'India ai tempi del Raj, quando il colonizzatore britannico aveva applicato leggi diverse per ciascuna comunità confessionale. Quella decisione di Rajiv Gandhi fu gravida di conseguenze. Per gli indù fu la conferma che il Partito del Congresso guidato dalla famiglia Gandhi era sotto il ricatto della minoranza musulmana. Il revival del nazionalismo indù si fece travolgente.

Su 1,2 miliardi di indiani, oltre 200 milioni sono musulmani: è la terza maggiore nazione islamica del mondo dopo Indonesia e Pakistan. Ma solo in Indonesia una popolazione islamica così ampia ha lo stesso privilegio dei musulmani indiani, quello di vivere in una democrazia. Questi musulmani hanno un vantaggio che è negato alla maggior parte dei loro fratelli nel resto del mondo, possono votare regolarmente ed eleggere i loro rappresentanti. Perciò l'India è il centro del più vasto e cruciale esperimento di convivenza tra l'Islam e le altre fedi. E tuttavia, questo esperimento non si svolge in una nazione isolata: a fianco c'è il Pakistan, potenza nucleare la cui Costituzione afferma: «La sovranità appartiene solo a Dio». India e Pakistan, dopo l'indipendenza, hanno già combattuto quattro guerre vere e proprie (1947, 1965, 1971, 1999) più vari altri «incidenti di frontiera». La loro inimicizia si è sovraccaricata della dimensione nucleare quasi quarant'anni fa: New Delhi inaugurò la sua capacità nucleare nel 1974, un paio d'anni prima il Pakistan aveva avviato il suo programma, e nel 1984 testò la prima «atomica islamica». Il mondo intero sembra averlo dimenticato, distratto da altri conflitti, ma ancora oggi è possibile in ogni momento una guerra nucleare tra queste due potenze che, insieme, raggiungono il miliardo e mezzo di abitanti.

Anche se non dovesse accadere un Olocausto nucleare, è in atto quasi senza interruzione una guerra a bassa intensità: il terrorismo. L'India è da svariati decenni – con scarsa consapevolezza da parte degli occidentali – il massimo laboratorio mondiale del terrorismo di matrice islamica. In India sono state fatte con largo anticipo le prove generali dei più gravi attentati perpetrati poi in Occidente. Nel 1985 l'esplosione di un aereo della compagnia Air India in volo dal Canada sperimentò la stessa tecnica e lo stesso materiale usato nel 1988 per far esplodere il volo Pan Am 103 sui cieli di Lockerbie, in Scozia. Nel 1999 avvenne il dirottamento del volo Indian Airlines 814 a Kandahar, nell'Afghanistan dei talebani e di Osama bin Laden: si videro in azione terroristi che avevano imparato a pilotare l'aereo e che si servirono di taglierini esattamente come sarebbe accaduto l'11 settembre 2001 in America. Molto prima delle stragi di Madrid e di Londra «firmate» al-Qaeda nel 2004 e 2005, la tecnica delle bombe esplose simultaneamente su diversi treni e autobus della stessa città era stata varata a Mumbai. Il terrore ha continuato a infierire sull'India senza tregua.

La catena degli attentati è troppo lunga per essere ricostruita qui. Spicca però almeno un altro caso in cui l'India è il laboratorio per sperimentare una tipologia di attacco poi usata in Occidente. È l'attacco a Mumbai nel 2008, operato da diversi commando che colpiscono in simultanea molteplici luoghi della città (dieci bersagli distinti tra cui gli hotel Taj e Oberoi, un ospedale e un cinema, un ristorante e un centro ebraico: oltre 160 morti). La stessa tecnica è stata replicata sette anni dopo a Parigi nelle stragi coordinate del novembre 2015 (Bataclan, Stade de France, più altri ristoranti e luoghi pubblici: 130 morti). L'unica differenza sta nelle organizzazioni coinvolte e nelle sigle islamiste usate, quella di Lashkar-e-Taiba nel caso di Mumbai, l'Isis o Stato Islamico in Francia. Altra differenza non marginale, è il coinvolgimento più volte dimostrato dei servizi segreti pakistani nell'addestrare e organizzare i commando di terroristi islamici che colpiscono in India. La presenza di uno Stato islamico e nuclearizzato che sponsorizza il terrorismo al proprio confine aggiunge una dimensione particolare nella percezione indiana di questa minaccia.

Va ricordato un terzo protagonista di questa tragedia: il Bangladesh. Dopo la Partizione era integrato al Pakistan, perché a maggioranza musulmana. Se ne staccò nel 1971, in seguito a una guerra dove ebbe l'appoggio dell'India. Con 163 milioni di abitanti, è l'ottavo paese più popoloso del pianeta, ha un ruolo crescente come «nuova Cina» nella delocalizzazione dell'industria tessile, e ha una posizione nevralgica negli equilibri asiatici. L'87 per cento dei suoi abitanti sono musulmani, il 12 per cento induisti. Nel luglio 2016, anche gli italiani hanno scoperto dolorosamente quanto il terrorismo islamico vi sia penetrato: un attacco a Dacca firmato dall'Isis, e mirato contro un ristorante frequentato dagli stranieri, ha fatto 20 morti, di cui 9 italiani.

Il confronto tra induismo e Islam è cominciato molto prima, coinvolge le masse di popolazione indiana più numerose, si aggancia con la minaccia del Pakistan nucleare. Però non è l'unica tensione religiosa destinata ad accentuarsi nell'India dell'integralista Modi. Ci sono anche i cristiani. Le due grandi religioni monoteiste, Islam e cristianesimo, insidiano da secoli il dominio dell'induismo. Quest'ultimo, come si è detto, è un raro caso di religione politeista che resiste nei tempi moderni, altre sono praticamente sparite di fronte all'avanzata dei monoteismi. Un caso a parte è il buddismo – la «religione senza Dio» – che nacque in India, dove oggi però è diventato un culto minoritario, e ha la sua base di fedeli più numerosi in Cina. Tra le ragioni della presa dei due monoteismi in India ce n'è una di natura sociale: sia il cristianesimo sia l'Islam hanno un Dio davanti al quale tutti gli esseri umani sono eguali. Non così l'induismo, che dalle sue origini «consacra» le caste, sostiene che dalla nascita gli esseri umani non sono affatto eguali né portatori degli stessi diritti, anzi sono incasellati in gerarchie rigorose. Per molti indiani delle caste inferiori la conversione religiosa può essere un passo verso una prima emancipazione, quantomeno culturale. Se a questo si aggiunge che il proselitismo cristiano fu per qualche tempo associato al colonialismo degli europei (portoghesi, francesi, inglesi), non stupisce che i cristiani siano anche loro nel mirino del revival induista.

Già in tempi relativamente più distesi per la convivenza, cioè prima dell'avvento al potere del Bjp a livello centrale, raccontavo il dramma dei cristiani dell'Orissa. Erano gli anni 2007 e 2008. Vivevo ancora in Asia. Il ricordo di leggi discriminatorie e perfino di un pogrom sanguinoso, una caccia al cristiano avvenuta quando ancora gli integralisti indù non erano al governo di New Delhi, è rimasto nei miei appunti di cronaca di allora. Lo trascrivo qui. Datando i due racconti. Perché sia il primo sia il secondo avvengono quando il Bjp ha una diversa leadership nazionale, cioè prima dell'ascesa di Modi, in una fase in cui il partito induista controlla solo alcuni governi locali nel sistema federalista.

9 luglio 2007
Il cristianesimo è una minaccia per l'identità dell'India. Non ha dubbi Rajnath Singh, leader del partito nazionalista indù Bjp che è la maggiore forza d'opposizione a New Delhi e nella mappa del potere locale controlla diversi Stati importanti. «I missionari cristiani» ha dichiarato Rajnath Singh «usando come copertura le loro opere sociali convertono i poveri di tutta l'India. Le conversioni sono il pericolo più grande per la nostra società, rischiano di cambiare gli equilibri demografici del paese. Qualcuno ha previsto che di questo passo noi indù saremo una minoranza fra meno di cinquant'anni. Non possiamo permetterlo.» Nelle zone dove le forze dell'integralismo indù sono determinanti per governare, queste parole sono già diventate legge.

Lo Stato del Gujarat ha promulgato una «legge anticonversione»: chiunque voglia cambiare credo, o convertire un'altra persona alla propria religione, ha l'obbligo di ottenere un permesso speciale dal magistrato distrettuale. L'infrazione è punibile fino a tre anni di carcere, quattro anni se il convertito è un soggetto «debole» come i membri delle caste inferiori. Anche il Rajasthan ha adottato una «legge per la libertà religiosa», che prevede pene dai due ai cinque anni di reclusione contro chi «porta avanti attività di conversione tramite frode o manipolazione». Con questo linguaggio può sembrare una tutela contro le sette che plagiano adolescenti e persone dalla psiche fragile. Invece, secondo il vescovo Oswald Lews di Jaipur, la capitale del Rajasthan, «il rischio è che venga usata contro di noi». Leggi anticonversione sono state varate pure negli Stati del Tamil Nadu, nell'Orissa e nel Madhya Pradesh. Nel Karnataka il 20 marzo scorso la polizia ha arrestato 22 missionari cristiani accusandoli di avere «invitato un villaggio a convertirsi per avere una vita più felice». Il tribunale locale li ha incriminati dei reati di «offesa ai sentimenti religiosi» e «turbativa della pace». Ma perché le conversioni sono un tema così rovente?

L'immagine tradizionale dell'India – la nazione pluralista e tollerante per eccellenza – è messa alla prova da tempo dalle gravi tensioni fra la maggioranza indù e la grossa minoranza musulmana, ma anche la convivenza con i cristiani non è immune da incidenti seri. Le reazioni estreme suscitate dalle conversioni hanno radici antiche. La religione braminica non ha vocazione al proselitismo. L'indiano medio ritiene che indù si nasce, non si diventa. Non a caso Gandhi già quando era un giovane studente di diritto a Londra e poi avvocato in Sudafrica alla fine dell'Ottocento – molto prima di diventare il Mahatma, «la grande anima» – era aperto a tutte le fedi; non rinnegava l'induismo di sua madre, ma neppure gli attribuiva una superiorità. Da secoli l'India subisce la penetrazione di religioni più «aggressive» come l'Islam e il cristianesimo. Nell'epoca moderna il proselitismo delle grandi fedi monoteiste ha incrociato i movimenti per l'emancipazione socio-economica delle caste inferiori. I Dalit (gli «intoccabili») e altre caste sfavorite hanno sentito l'attrazione di religioni più egualitarie del bramanesimo. Perciò le conversioni all'Islam, al cristianesimo, oltre che al buddismo, sono diventate un punto dolente per un pezzo di società indiana; soprattutto per quella fascia di bramini decaduti, piccola aristocrazia rurale impoverita dalla modernizzazione, che è il nerbo del nazionalismo più intransigente. Lo scrittore Pankaj Mishra sostiene che «l'appropriazione del sistema parlamentare da parte delle caste inferiori, e il rafforzamento di politiche economiche perequative, hanno seminato dentro la vasta categoria dei bramini i germi di un movimento reazionario. Il nuovo nazionalismo induista, intollerante e bigotto, afferma di voler difendere la purezza dell'India autentica, i suoi valori più profondi. Dietro l'apologia della tradizione c'è in realtà un ancoraggio alla visione gerarchica del sistema delle caste, ma ufficialmente l'avversario è la contaminazione religiosa e culturale. Oltre agli attacchi contro Hollywood, la volgarità e l'oscenità sessuale venuta dall'Occidente, l'induismo reazionario dipinge Islam e cristianesimo come due gravi pericoli. Propugna un'idea dell'India settaria, fanatica, violenta». Certo non aiutano a placare queste fobie l'esibizione di denaro e le conversioni di massa praticate con scenografia grandiosa da alcune chiese protestanti.

Nella campagna più remota del Tamil Nadu, a due ore di strada da Coimbatore, tra i villaggi di casupole che in questa stagione sprofondano nella melma dei monsoni, ho visto apparire di colpo, come un Ufo, un complesso di palazzine nuovissime e lussuose della chiesa mormone, finanziate dagli Stati Uniti. Nove mesi fa nell'Uttar Pradesh i pastori pentecostali hanno organizzato in sei villaggi la celebrazione solenne di 350 conversioni. Non era la prima volta, e come sempre la reazione a queste operazioni spettacolari è stata dura. «Non credo che si siano convertiti liberamente, quei contadini innocenti sono stati costretti dai missionari cristiani» ha tuonato il leader indù Srikant Shukla. I bracci più estremisti del nazionalismo ormai rispondono con gli stessi metodi. Il movimento Arya Samaj, che predica il «tornare alle radici», nello stesso Uttar Pradesh ha organizzato una cerimonia solenne di riconversione all'induismo di duecento contadini che in passato avevano aderito alla chiesa pentecostale. Le rappresaglie possono diventare crudeli. Quando il Bjp ha vinto le elezioni nel Rajasthan, non ha esitato a far chiudere alcune scuole e ospedali cristiani. L'anno scorso il presidente dell'Unione cattolica indiana, John Dayal, ha scritto una lettera aperta al premier federale Manmohan Singh per denunciare gli attacchi alla missione Emmanuel che da trent'anni a Kota assiste gli orfani e cura i bambini malati di tubercolosi. È una missione cristiana indipendente diretta dall'arcivescovo protestante M.A. Thomas. I sacerdoti cristiani possono essere improvvisamente in pericolo pure in zone un tempo tranquille. Il 17 marzo 2006 è stato assassinato padre Eusebio Ferraro, parroco di Goa, l'ex colonia portoghese che fu evangelizzata da San Francesco Saverio. Goa, ancora segnata dall'impronta barocca del Portogallo, è stata a lungo un modello di convivenza tra le comunità religiose. Adesso anche lì le punte più radicali del movimento indù rivangano il colonialismo per auspicare che i cristiani «tornino a casa». Gli attacchi alle chiese e ai simboli del cattolicesimo sono all'ordine del giorno e forse padre Ferraro ha pagato le sue frequenti prese di posizione contro il fanatismo. Il mese scorso altre violenze ci sono state a Udaipur nel Rajasthan, dove un sacerdote cattolico è stato pestato, minacciato di morte e cacciato da una folla di integralisti indù; e nel Karnataka, dove il carmelitano Sylvester Pereira e quattro fedeli sono stati aggrediti mentre erano in un ospedale. Nell'Himachal Pradesh una squadra dell'Rss (la formazione paramilitare di impronta fascista dei nazionalisti indù) ha torturato e rasato a zero due missionari cristiani, poi li ha immersi nel Gange scimmiottando così una loro conversione all'induismo. Ha commentato il leader Rss Madan Das Devi: «Le attività dei missionari sono in aumento da quando c'è il Congresso al potere». È un'accusa che gli integralisti indù ripetono volentieri, alludendo al fatto che il Partito del Congresso – dominato da tre generazioni dalla dinastia Nehru-Gandhi – guida il governo federale di New Delhi. L'allusione è al fatto che a presiedere il partito è Sonia Gandhi, italiana, e quindi naturalmente additata come una quinta colonna del Vaticano.

In effetti, nonostante il virus del nazionalismo e le violenze che dissemina, l'India rimane un esempio unico di pluralismo. Oltre ad avere alla guida del partito di governo una donna di origine straniera e cattolica, ha un primo ministro sikh (Manmohan Singh) e il presidente della Repubblica uscente, Abdul Kalam, è un musulmano. Tra le massime cariche del paese nessuna è in mano a un rappresentante della maggioranza indù. Perfino tra gli imprenditori simbolo della nuova potenza economica indiana primeggiano dinastie come i Tata e i Birla, della minoranza religiosa parsi (cultori di Zoroastro). ...

Il movimento nazionalista indù ha avuto tra i suoi punti di forza l'appoggio finanziario della ricca diaspora indiana all'estero, compresa quella nella Silicon Valley californiana. Lo scenario apocalittico degli «indù ridotti in minoranza in casa loro» – un incubo che amalgama le conversioni dei missionari e la forte natalità dei musulmani – ossessiona anche anime molto moderne.

14 settembre 2008

Il brandello di un'immagine di Cristo, tagliata e sfigurata, è rimasto appeso al muro di una casa. Si può leggere ancora, in inglese, «l'agnello di Dio che lava i peccati del mondo». Nel villaggio di Tiangia quell'immagine fatta a pezzi è l'unico segno della tragedia che si è consumata. I cristiani che abitavano in quella casa, nello Stato indiano dell'Orissa, sono scomparsi. Fuggiti di casa per salvarsi la vita, dopo che la furia degli integralisti indù si è scatenata contro di loro. 25 cristiani sono stati uccisi, 80 chiese incendiate, 1400 case assaltate e saccheggiate. Quelle scene di violenza sconvolgono l'Occidente cristiano, dove prevale un'immagine stereotipata e semplificata dell'India: come di un paese mite, la cui religione dominante è impregnata di non violenza e pacifismo. In realtà non è la prima volta e non sarà l'ultima volta che il fondamentalismo induista si accanisce contro i cristiani, piccola minoranza che rappresenta poco più del 2 per cento della popolazione. La spiegazione più diffusa chiama in causa il fenomeno delle conversioni. ... Ma la sfida tra le religioni per conquistare l'anima degli indiani non è una spiegazione sufficiente per capire la virulenza degli ultimi pogrom anticristiani. ... la reazione di rigetto che divampa nell'India di oggi verso le conversioni ha una componente modernissima, legata al formidabile sviluppo economico del paese.

Da sempre, una delle caratteristiche dei missionari cristiani è stata l'attenzione alla scolarizzazione. I gesuiti di Goa fondarono licei importanti. Se lo Stato del Kerala ha il più alto tasso di alfabetizzazione di tutta l'India, lo deve a una curiosa coesistenza: ha un governo comunista che investe molto nell'educazione, e ha una rete capillare di scuole cristiane di ottima qualità. Di recente, però, l'attivismo cristiano nell'istruzione ha provocato tensioni inedite. Nell'India di oggi, infatti, un buon livello scolastico apre opportunità nuove. Gli studenti che imparano bene l'inglese e la matematica hanno più chance di trovare lavoro nei business con l'estero; o addirittura possono superare gli esami selettivi per entrare nei Politecnici, quindi accedere ai mestieri hi-tech che offrono una mobilità sociale rapida e redditi crescenti. Le scuole create dai missionari cristiani non fanno distinzioni di casta. Mentre nelle regioni rurali più povere i figli degli intoccabili ancora vengono discriminati nell'accesso all'istruzione, trovano le porte aperte se si rivolgono agli istituti religiosi. Il fenomeno delle conversioni si arricchisce così di una dimensione socioeconomica che non aveva una simile importanza in passato. I figli delle caste inferiori, e perfino delle minoranze etniche tribali (gruppi aborigeni preinduisti), possono diventare dei tecnici informatici e lavorare in società multinazionali grazie alla padronanza dell'inglese. Coloro che erano condannati a rimanere gli ultimi nella piramide sociale, possono fare un balzo di status affrancandosi da un'inferiorità ancestrale. Questo diventa un fenomeno non marginale, per l'impetuoso sviluppo dei settori a tecnologia avanzata nell'ultimo decennio. I leader integralisti che agitano la questione dell'identità culturale e della purezza religiosa indiana, in realtà fanno presa su preoccupazioni materiali più urgenti: un vasto ceto medio delle zone rurali teme di essere scavalcato da fasce più povere che, grazie alla conversione, hanno accesso a un'istruzione migliore. Il vero colpevole è la classe dirigente politica, responsabile del degrado della scuola pubblica. La promessa di un'istruzione gratuita per garantire un futuro migliore alle nuove generazioni, in molte zone dell'India è disattesa. Per le famiglie benestanti fioriscono scuole private di ottimo livello. E poi c'è l'alternativa degli istituti religiosi, quasi sempre gratuiti. Ora nello Stato dell'Orissa molte di quelle scuole sono chiuse. Nonostante la promessa di New Delhi di inviare forze di polizia sufficienti a garantire l'ordine, 13.500 cristiani sono sfollati in campi profughi.

Come tanti paesi al mondo, dagli Stati Uniti all'Inghilterra all'Italia, anche l'India è divisa da una sottile linea rossa interna, quella che separa i globalisti dai sovranisti, le aree geografiche e sociali che abbracciano l'apertura al mondo, e quelle che temono una perdita di diritti e di identità. In India questa divisione si tinge talvolta di un contenuto religioso, anche se Modi e il Bjp non rinnegano la globalizzazione: pur rappresentando un'anima nazionalpopolare, sono legati alle élite del capitalismo e della tecnologia. La dimensione geografica conta. Mumbai è la New York indiana per il suo cosmopolitismo e la vocazione al business; ed è anche la Los Angeles indiana per l'importanza che vi ha l'industria del cinema, con la sua presa sull'immaginario collettivo indiano e di tanti paesi emergenti. Bangalore, Hyderabad e Chennai sono i poli di una Silicon Valley asiatica. Ma un'altra variante di questa linea rossa che separa globalisti da sovranisti, l'ho raccontata esplorando le coste del Kerala. Qui siamo nell'India dravidica, una civiltà distinta fin dalle origini da quella settentrionale, che ebbe il sanscrito come lingua madre e l'induismo come religione. Un'esplorazione della geografia indiana sarebbe incompleta senza le coste meridionali aperte all'influenza della Cina da una parte, dell'Arabia dall'altra. Perciò, riprendo qui alcune delle mie scorribande nel Kerala di dieci anni fa, la cui versione completa si trova nel mio libro *La speranza indiana*.

È difficile trovare una terra che amalgami influenze tanto diverse come questa costa del Malabar. Centro mondiale del traffico delle spezie per almeno duemila anni, il Kerala ha visto approdare a turno dal mare Arabico gli antichi egizi e i fenici, i greci, i romani, gli arabi. Sono passati da qui lo studioso musulmano Ibn Battuta, Marco Polo e Zheng He, il grande ammiraglio dei Ming che nel Quattrocento vi ha lasciato in eredità le antiche reti da pesca del Sud della Cina. Il primo contatto con gli ebrei risale, secondo le leggende, addirittura a una spedizione navale inviata da re Salomone; poi la diaspora ebraica si insedia nel 70 d.C., subito dopo la distruzione del Secondo Tempio di Gerusalemme a opera del generale romano Tito. Un'altra immigrazione ebraica risale al 1568, anno di costruzione dell'attuale sinagoga al centro del quartiere storico Mattancheri.

In quanto al cristianesimo, arriva qui prima ancora che in gran parte dell'Europa: si deve a san Tommaso apostolo, nell'anno 52 della nostra era, l'evangelizzazione precoce di questa regione e l'insediamento di nuclei di cristiani provenienti dalla Siria. Forte di tre milioni e mezzo di fedeli, questa Chiesa siro-malabarese nel 1992 è stata riconosciuta nella sua autonomia dal Vaticano (l'unico caso nel mondo cattolico dopo la Chiesa ucraina) e ha la più alta percentuale di vocazioni di tutta l'India: centomila all'anno, un'ordinazione sacerdotale ogni 50 fedeli. Le conversioni hanno fatto presa spesso tra le caste elevate e i siriani di fede cristiana – l'ambiente familiare descritto dalla scrittrice del Kerala Arundhati Roy – hanno espresso molti talenti imprenditoriali.

La ricchezza del business delle spezie concentrato nel Kerala fu la ragione che spinse Cristoforo Colombo a mettere in mare le sue caravelle, finendo per scoprire ben altre Indie. Portoghesi, olandesi, inglesi si sono avvicendati al governo di Kochi, depositando strati di stili, di culture, di monumenti che convivono integri in questo crogiuolo di popoli all'incrocio tra l'Asia, l'Africa e l'Occidente. L'impronta europea rimane forte nelle ville signorili come nei tetti aguzzi dei magazzini di aromi dove il tempo sembra essersi fermato. Sulla via del Bazar ogni portone nasconde un caseggiato di mercanti dall'ampio cortile interno, dove le radici di zenzero sono stese come un tappeto bianco al sole. Dentro, i magazzini bui dai soffitti altissimi custodiscono montagne di tesori profumati: zenzero e cumino, pepe rosso e nero, zafferano, cannella, noce moscata, vaniglia, peperoncino e curry. Ai piani superiori, gruppi di donne accovacciate chiacchierano e puliscono lo zenzero, sminuzzano i cetrioli, mescolano la paprika, inscatolano conserve di legumi sottolio e sottaceto piccantissimi. Sono i *pickles*, talmente centrali nell'attività economica tradizionale da apparire in bella evidenza in due romanzi chiave dell'India contemporanea, *I figli della mezzanotte*

(Garzanti, 1984) di Salman Rushdie e il già citato *Il dio delle piccole cose* della Roy.

La forza del passato coesiste con un paradosso: il Kerala è probabilmente il laboratorio sociale più interessante di tutta l'India, per la sua capacità di inseguire uno sviluppo originale. Malgrado non abbia una grossa concentrazione industriale, ha un reddito più alto della media nazionale. Ha tassi di mortalità infantile e indici di salute collettiva più vicini all'Inghilterra che a un paese emergente. Ignora le diseguaglianze estreme tra ricchi e poveri che caratterizzano il resto dell'India. Il Kerala, ha detto lo scrittore Akash Kapur, è un caso raro di «benessere senza ricchezza».

Questo mosaico armonioso d'influenze è il Kerala. Il primo Stato al mondo dove un partito comunista riuscì ad andare al governo unicamente per la volontà democratica degli elettori (nel 1957), è anche la regione dell'India con il più alto tasso di pluralismo religioso. Qui gli induisti sono in maggioranza, ma i musulmani raggiungono il 25 per cento della popolazione e i cristiani il 20. Proprio dove la disomogeneità è così estrema, le relazioni fra le comunità religiose sono più distese che altrove. Il Kerala è immune da fenomeni come la mafia islamica di Mumbai, il terrorismo di New Delhi, la guerriglia del Kashmir, o i pogrom antimusulmani dei nazionalisti indù del Gujarat. L'esperienza del Kerala sembra voler dire questo: la migliore cura contro l'intolleranza sta nell'arricchire la diversità delle fedi, non nel diminuirla.

La presenza cristiana è addirittura più ostentata di quella induista. I campanili, le chiesette e le croci spuntano ovunque, tra la fitta vegetazione della foresta subtropicale, nel reticolato di fiumi e lagune. Oltre alle parrocchie ci sono mille altarini sparsi nella natura: tante Madonne, tanti san Giorgio a cavallo che infilzano dragoni. I cristiani usano gli stessi colori dei templi induisti, quegli intonaci pastello, ocra, rosa e celeste, tinte così vivaci che Dio e i santi sembrano dolci canditi, decorazioni di marzapane, torte matrimoniali. Si fondono a meraviglia con altre macchie di colore, quelle umane: le donne in perpetuo movimento avvolte nei sari turchese, rosso fiamma, verde smeraldo.

A Kochi, nella basilica di Santa Cruz, cattolica romana, il sagrestano si commuove alla vista di un italiano e racconta: «Da bambino mi ha educato una suora italiana, del convento delle Canossiane qui a fianco. Si chiamava Virginia ed è col suo nome che ho battezzato una delle mie figlie. Il convento è sempre pieno di suore, ma di italiane non ce ne sono più da un po'. Ora siamo noi del Kerala che esportiamo sacerdoti e suore a Roma». Il simbolo più perfetto di Kochi è un'altra chiesa, intitolata a san Francesco, dove l'esploratore portoghese Vasco da Gama morì e fu sepolto alla vigilia di Natale del 1524 (prima di essere traslato a Lisbona nel 1539). Oggi la chiesa non è più dei francescani, ma della Church of South India, una congregazione che promuove il dialogo fra tutti i cristiani. Il reverendo Jacob accoglie i visitatori seduto dietro un bancone all'ingresso della navata centrale: il suo nome ebreo si accompagna a una fisionomia tipica dell'India meridionale, la pelle scurissima, i bei capelli brizzolati e lunghi, lisciati all'indietro con l'olio aromatico delle ricette ayurvediche, la tunica lunga di un biancore immacolato. «Siamo la Chiesa più ecumenica del mondo, accogliamo i siriano-cristiani, i protestanti, gli anglicani, gli ortodossi, e fra noi c'è anche qualche cattolico. Se c'è un luogo dove questo dialogo è possibile, di certo è il Kerala.»

Le acque sono così ricche di pesci da attirare lunghe migrazioni stagionali da Stati pure lontani: la gente di qui riconosce subito gli «Andhra-people» e gli «Orissa-people», colonie di pescatori che fanno centinaia di chilometri da altre regioni dell'India. I locali praticano anche una singolare pesca a strascico: a bordo di piroghe o gondole sottili, remando freneticamente controcorrente, con un'energia sovrumana per questi uomini così magri, sfrecciano sul mare lanciando dietro di sé le reti bianche sottilissime, che da lontano hanno l'aspetto dello zucchero filato. Nei laghi artificiali per la piscicoltura le donne si tuffano e nuotano completamente vestite, e con mani esperte afferrano i pesci più grossi, pronti per il mercato. Le antiche reti cinesi importate sei secoli fa dominano le spiagge a perdita d'occhio, e da lontano le loro strutture di legno fisse sembrano giganteschi fenicotteri; poi si abbassano nell'acqua come enormi ragni, alti quanto i palmizi.

L'elevato livello d'istruzione ha giocato uno scherzo al Kerala. Per una gioventù troppo qualificata rispetto ai posti disponibili sul mercato del lavoro locale, l'emigrazione è diventata una valvola di sfogo. A Kochi ricorre una battuta: «Il miracolo del Karnataka (cioè il boom dell'informatica dello Stato vicino, dove si trova Bangalore) è fatto tutto con i cervelli del Kerala». Ancora più numerosi sono i giovani che hanno trovato opportunità e ricchezza varcando il mare Arabico, soprattutto a Dubai.

VI
Più soldi meno libertà?
Il duro benessere del Sudest asiatico

Dove parto da un mio viaggio nel Medioevo birmano, che sembra remoto ma è di soli dieci anni fa; poi seguo Obama in Myanmar e il suo incontro con una Lady capace di magnifiche e terribili sorprese; altri diari delle mie esplorazioni con Obama in Indonesia, Vietnam e Laos; la mappa dei progressi dell'economia è esaltante, quella dei diritti umani assai meno; i nuovi dragoni orientali laboratorio di una miscela inquietante.

Birmania, luglio 2007
Diario di bordo da una catastrofe dimenticata

Navigo da giorni sul fiume Irrawaddy e continuo a incrociare villaggi fantasma. Solo le punte dei tetti di paglia affiorano dall'acqua. Lì sotto, le povere capanne di bambù sono completamente sommerse. A tratti il fiume è un immenso e sinistro deserto, gli abitanti delle sue rive sono fuggiti per cercare cibo verso la foresta tropicale e le colline. Restano piccoli grappoli di esseri umani isolati, rifugiati su precarie zattere. Legate alle cime degli alberi. Solo le cupole dorate delle pagode buddiste luccicano splendide come sempre. Nella distesa infinita d'acqua marrone, ogni tanto una coppia di contadini arranca remando su una piroga. Il fiume gli ha preso tutto e dall'acqua cercano scampoli di sopravvivenza: del pesce, qualche canna di bambù o tronco trasportato dalla corrente impetuosa, modesti tesori che forse un giorno serviranno a ricostruire le casupole scomparse sotto l'inondazione.

Lontanissimo da qui, in questo luglio 2007 il resto del mondo vede in tv l'ennesimo disastro provocato dai monsoni in India e in Bangladesh, dove decine di milioni di sfollati sono in attesa di soccorsi. Nessuno sa che la stessa calamità ha stremato la Birmania, la vittima dimenticata di questa tragica estate. Eppure è un paese di circa 60 milioni di abitanti, come l'Italia. Quanti milioni sono sfollati dopo la furia dei monsoni, quanti sono morti, quanti altri rischiano di morire di fame o di malattie, nessuno può dirlo. Qui non sono ammesse le televisioni straniere a riprendere le immagini dell'orrore e del dolore. Notizie di rivolte in India e in Bangladesh mi arrivano dalla Bbc grazie a un'antenna satellitare; sono paesi confinanti, ma da qui sembrano mondi remoti e irreali. In Birmania l'emergenza è spaventosa, ma nessuno deve saperlo. Lungo l'Irrawaddy avvisto minuscoli isolotti affollati di bestiame. Quando la piena dei monsoni ha invaso i villaggi, i contadini disperati hanno messo in salvo il loro unico capitale: hanno spinto mucche, maiali, caprette verso le ultime terre emerse. Come naufraghi su isole deserte, gli animali sono ormai circondati dall'acqua, non potranno resistere a lungo all'assedio del fiume. Passano i giorni, e queste mucche diventano sempre più magre. Di soccorsi non c'è traccia. Dal traghetto su cui viaggio – un'imbarcazione privata per turisti – ogni tanto si stacca una scialuppa di salvataggio, e i marinai portano qualche sacchetto di riso, qualche tanica d'acqua presa dalle nostre provviste, alle zattere dove sono rifugiate le famiglie dei villaggi sommersi. Non ci sono risse quando arrivano questi miseri aiuti, solo grida festose, la gente sorride e si sbraccia per ringraziare. La dolce, meravigliosa gentilezza dei birmani non si attenua neppure dinanzi alla catastrofe. Sono sorpresi del nostro arrivo. Non si aspettano nulla.

La Birmania, o Myanmar come l'ha ribattezzata il suo regime militare, in questi giorni sembra un paese senza governo. Intere regioni sono inondate, la popolazione è in fuga, i raccolti sono distrutti, eppure non si vede l'ombra di un soccorso organizzato. L'esercito, la sanguisuga che divora tutte le risorse del paese, è diventato improvvisamente invisibile proprio quando potrebbe servire a qualcosa. In quattro giorni di navigazione non è mai apparso all'orizzonte un aereo che paracaduti provviste, non un elicottero, niente battelli della Protezione civile, né camion militari per portare rifornimenti dalle strade ancora praticabili. Una delle dittature più inflessibili del pianeta, che sa essere efficiente nel bloccare i telefonini stranieri, criptare Internet o negare i visti ai giornalisti, rimane immobile di fronte alla calamità nazionale. Quei contadini che hanno sentito arrivare per tempo l'inondazione si sono rifugiati nelle arterie stradali che portano alle città, lì hanno costruito in pochi giorni delle baraccopoli di fortuna, tanti accampamenti fatti di loculi di bambù e paglia ai cigli delle strade, con i bambini nudi che sguazzano nel fango assieme ai maiali e alle mucche. Manca tutto, dall'acqua potabile ai medicinali, in queste zone infestate dalla malaria, ma nessuno ha mandato dalle città dottori e infermieri.

Sono arrivati prima del tramonto, trasportati dall'acqua torbida dell'Irrawaddy: centinaia di ratti, morti annegati, sono stati avvistati dalla riva vicino a Mandalay. Un regalo inaspettato per il popolo dei profughi del monsone. I bambini si sono gettati in acqua senza esitare, nuotando tra la fanghiglia marrone hanno inseguito le carogne che galleggiavano a pancia all'aria. La sera i falò illuminavano le grigliate di topi, davanti alle tende dei contadini fuggiti dai villaggi sommersi.

Sulla stampa locale, controllata dalla censura, questa emergenza non esiste. «The Myanmar Times», il tetro quotidiano ufficiale, pubblica solo notizie di ricevimenti offerti dalla giunta militare a qualche dignitario straniero in visita (di solito cinese), santifica anniversari di eventi cari all'iconografia di regime, esalta l'inaugurazione di inesistenti opere pubbliche. Le uniche foto sui giornali locali mostrano ufficiali in divisa e stellette, i «golpisti rossi» che opprimono il paese da quasi mezzo secolo.

La giovane birmana che mi fa da interprete (e che mi scongiura di non fare il suo nome) conosce il perché dell'assurdo silenzio che circonda questa sciagura: «Le Nazioni Unite o le associazioni umanitarie occidentali potrebbero venire ad aiutarci, ma il governo non li vuole fra i piedi. È un copione che si ripete da anni. Tante volte le organizzazioni internazionali hanno presentato progetti per finanziare la costruzione di scuole, università, ospedali, infrastrutture. Le proposte vengono regolarmente bocciate dalle autorità. Dicono di non volere interferenze».

La Birmania paga un duro prezzo per l'isolamento imposto dal regime. Lo stesso fiume su cui navigo è il testimone di una decadenza umiliante. Negli anni Venti del secolo scorso, quando la Birmania era una colonia inglese, l'Irrawaddy era la più importante arteria di trasporto del paese, con nove milioni di passeggeri all'anno, e fungeva da autostrada per il traffico di merci come il tek, pregiato legno tropicale. Oggi il «Fiume degli Elefanti», questo Gange birmano, è per lunghi tratti desolatamente vuoto, solcato da rare chiatte vetuste e arrugginite. Quasi tutto il paese è nella stessa situazione, se si eccettuano piccole chiazze di modernità create dai capitalisti cinesi e indiani nelle città come Yangon (Rangoon) e Mandalay. La stessa caratteristica che seduce i turisti stranieri è la chiave della rovina nazionale. La Birmania, nel 2007, è uno degli ultimi luoghi dove puoi ritrovare la diversità, i costumi, l'indolenza dell'Asia degli anni Cinquanta, o addirittura rivivere l'atmosfera del Raj britannico immortalata da George Orwell. È un crudele privilegio legato all'isolamento e alla mancanza di sviluppo economico. L'arretratezza affascina il visitatore occidentale, ma condanna la popolazione a condizioni di vita primitive rispetto ai vicini thailandesi, o perfino vietnamiti. La speranza di vita è 58 anni per gli uomini, 60 per le donne, una delle più basse dell'Asia. La mortalità infantile è al 7 per cento, un livello quasi africano, e un quarto dei bambini nasce sottopeso per la denutrizione delle giovani madri. Il reddito pro capite, a 700 dollari l'anno, è un terzo di quello della Thailandia ed è sotto la soglia della povertà assoluta calcolata dalla Banca mondiale. L'autostrada numero 1, che unisce Yangon e Bago, l'antica capitale Pegu, è una gimcana fra le buche e l'ultimo strato di asfalto deve avere molte decine di anni (il che non impedisce al governo di far pagare un pedaggio). La benzina è razionata, nonostante il paese sia ricco di petrolio, e ai lati delle strade curiose bancarelle sono i punti vendita del carburante in bottiglia, spacciato illegalmente a un multiplo del prezzo ufficiale. Va a ruba sul mercato nero anche il dollaro, al decuplo della quotazione governativa, perché solo chi ha accesso alla valuta straniera può permettersi qualche lusso. Come il telefonino della mia guida, pagato duemila dollari, tre volte il salario di un anno della maggioranza dei lavoratori. Le ferrovie, le strade, sono ancora quelle costruite dagli inglesi nell'epoca coloniale. Gran parte dei camion in circolazione, americani o giapponesi, risalgono alla seconda guerra mondiale. Appena si esce dalla cinta delle città, il mezzo di locomozione più diffuso è il sidecar dei poveri: una bicicletta con aggiunta una terza ruota laterale su cui poggia il sedile per il passeggero.

Di fronte alla latitanza dello Stato, l'unico Welfare rimasto in piedi è il buddismo. Ci sono mezzo milione di monaci e cinquantamila suore. Per molti non è per forza una vera vocazione religiosa, ma l'unico modo per avere accesso a un'istruzione decente. Nei monasteri, oltre ai testi sacri Pali, si insegna un discreto inglese: è la lingua della speranza, il biglietto d'accesso alle professioni più ambite, come le poche attività turistiche a contatto con gli stranieri che pagano in dollari. Molti giovani entrano nei conventi all'età di 7 anni, ne passano dieci a studiare fra i monaci, poi tornano alla vita civile con una cultura superiore. Lo status religioso, la tunica color ruggine per i monaci e l'elegante divisa rosa delle suore, è anche una polizza assicurativa contro la fame. Davanti alla violenza dei monsoni i monaci escono ogni mattina all'alba dai conventi e cominciano il pellegrinaggio in cerca di cibo. Anche nel momento del bisogno, a loro nessuno nega l'elemosina sacra. Ma neanche il buddismo, l'unico tessuto della società civile che i militari oggi tollerano, può supplire alla latitanza del governo.

Attorno al regime di Yangon regna l'indifferenza. L'Asean, l'unione dei paesi del Sudest asiatico, chiude gli occhi da anni sugli abusi dei diritti umani perpetrati dalla giunta golpista birmana, che partecipa regolarmente ai lavori dell'associazione. La Cina comunista e l'India democratica fanno a gara nel corteggiare il regime e saccheggiare le risorse naturali del paese: il petrolio e il legname delle ricche foreste tropicali. L'America e l'Unione europea in teoria hanno decretato un embargo contro la Birmania per punire il governo illegittimo e feroce: nel 1990 le proteste contro la dittatura del generale Ne Win erano sfociate in libere elezioni, stravinte dal Partito democratico della signora Aung San Suu Kyi, ma i militari ignorarono la volontà del popolo e da allora «The Lady» Suu Kyi (premio Nobel per la pace nel 1991) è stata quasi sempre agli arresti domiciliari. Ma anche le sanzioni occidentali hanno falle vistose. La compagnia petrolifera francese Total beffa da anni l'embargo e fa affari d'oro con i generali.

Dopo la Corea del Nord, questa è probabilmente la nazione orientale con il regime più brutale e corrotto. Contro il Myanmar, l'Organizzazione internazionale del lavoro di Ginevra ha compiuto un passo senza precedenti: ha chiesto a tutte le multinazionali straniere di ritirarsi, fino a quando continuerà il ricorso ai lavori forzati per le opere pubbliche, un sopruso che il regime giustifica come una «tradizione buddista di volontariato gratuito e spontaneo».

Lungo l'Irrawaddy, nel tratto da Mandalay a Yangon, la maggior parte dei villaggi rurali non ha mai visto la luce elettrica né l'acqua potabile o le fognature. La bellezza dei paesaggi naturali, le colline sempre verdi, la giungla, le risaie e i laghi, la profusione di antichi templi e pagode bianche e dorate, i giganteschi Budda sdraiati e sorridenti, tutte queste meraviglie sono circondate di una miseria insopportabile. Nelle scuole non ci sono libri. I campi vengono lavorati con le nude mani e l'aiuto di qualche bufalo d'acqua: il trattore è un lusso per pochi. Nell'antica capitale imperiale di Bagan il governo pubblicizza per i turisti l'artigianato tradizionale degli oggetti decorati con la lacca. Ma perfino la bottega-modello si rivela un luogo di sfruttamento e squallore: molti operai sono bambini e bambine di 12 o 13 anni, che lavorano in condizioni tremende, con le mani immerse tutto il giorno nelle resine e vernici nere che emanano esalazioni nauseabonde.

La visita a un simile «laboratorio-modello» aiuta a capire la frenesia con cui i bambini birmani cercano il contatto con lo straniero. Nelle poche località dove arriva il turismo occidentale si è assediati – sempre con il sorriso e una gentilezza squisita – da ragazzini che si offrono gratis come guide turistiche. Oltre alla speranza di una mancia (un paio di dollari al giorno superano il guadagno dei loro padri che coltivano i campi), li attira il sogno di imparare le lingue straniere. La fame fa miracoli: incontro bambini che parlano un inglese eccellente eppure non lo hanno mai studiato a scuola, si sono addestrati solo avvicinando i visitatori stranieri. Se la cavano pure in francese, tedesco, spagnolo e italiano (recitano a memoria la formazione della nostra Nazionale di calcio, senza sbagliare pronuncia né accenti). Una lingua occidentale, carpita a furia di contatti occasionali coi turisti, può essere il passaporto per la salvezza: l'accesso alle professioni più ambite, quelle pagate in dollari. Uno dei miei accompagnatori a Mandalay, un uomo di mezza età, trent'anni fa lavorava come ingegnere chimico per una multinazionale giapponese. Con il crescente isolamento internazionale e il declino economico del paese, si è ridotto a fare il cicerone per le rare comitive di turisti nipponici.

Mezzo secolo di «via birmana al socialismo», poi una nuova dittatura militare più aperta al capitalismo purché generoso di tangenti, hanno ridotto in condizioni penose tutti i servizi pubblici. La scuola è in uno stato pietoso. Il mio interprete di Yangon mi dice: «Nessuno vuole più studiare nelle nostre università, non insegnano nulla, sono considerate una burla dallo stesso governo. Mia figlia si è dovuta iscrivere a un corso di ragioneria per corrispondenza, in inglese, organizzato dall'ambasciata della Gran Bretagna, perché solo questi titoli di studio esteri hanno un valore».

L'atteggiamento del regime verso il buddismo ha avuto un'evoluzione. Ai tempi del generale Ne Win, l'adesione ufficiale all'ideologia socialista aveva reso i rapporti con tutte le religioni particolarmente tesi. I monasteri buddisti, come centri di formazione di una vera e propria intellighenzia, hanno spesso allevato focolai di contestazione: furono al centro delle prime agitazioni nazionaliste contro gli inglesi negli anni Trenta, tornarono a ribollire negli anni Ottanta, accelerando la crisi della prima dittatura militare. Perciò Ne Win diffidava di quel mondo. I suoi successori, invece, hanno cambiato tattica. I grandi capi della giunta militare si sono arricchiti con ogni sorta di traffici, compresa l'esportazione di oppio dal Triangolo d'oro ai confini con Laos e Thailandia. Oggi si atteggiano a mecenati buddisti, elargiscono una piccola parte di quelle ricchezze nella costruzione di pagode nuove fiammanti, le cui cupole dorate vanno ad aggiungersi alla profusione dei monumenti millenari. Come il malefico U Po Kyin, prota-

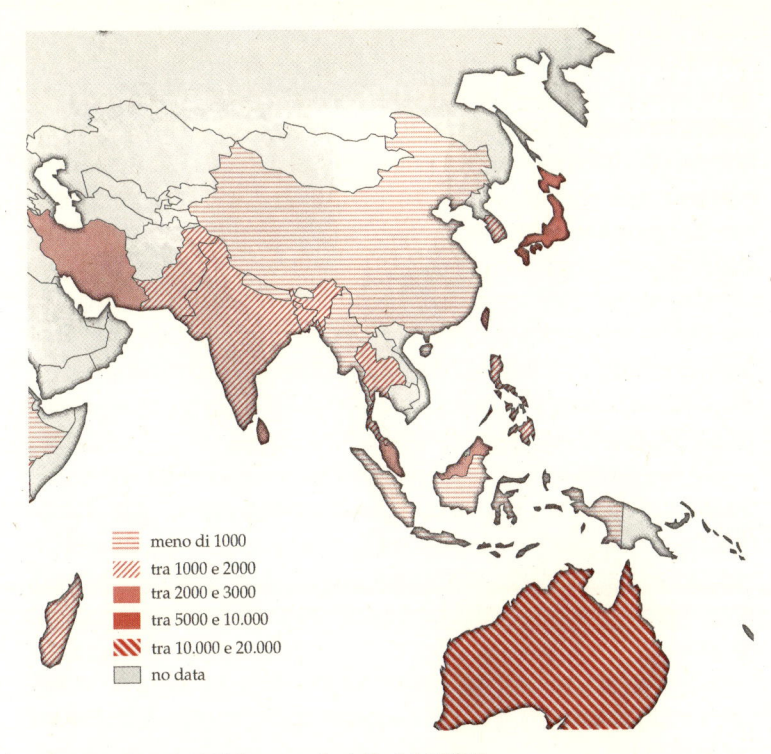

meno di 1000
tra 1000 e 2000
tra 2000 e 3000
tra 5000 e 10.000
tra 10.000 e 20.000
no data

Pil pro capite nel 1960 (espresso in dollari del 2011).

gonista del romanzo di George Orwell *Giorni in Birmania* (1934), i boss della giunta golpista si comprano meriti celesti per le loro future reincarnazioni, compensano le atrocità contro gli oppositori democratici moltiplicando le donazioni ai monasteri.

«Chi visita la Birmania spesso non può rendersi conto di quanto sia difficile la nostra vita quotidiana. In superficie c'è un'apparenza serena, ma chi ha qualche familiarità con gli Stati governati da dittature inefficienti, sa vedere dietro l'apparenza. Prendete un taxi e osservate le automobili che circolano: tutti fanno benzina al mercato nero, benzina rivenduta dai funzionari del governo a dieci o quindici volte il prezzo ufficiale.» Così scrive Aung San Suu Kyi in

Lettere dalla mia Birmania (Sperling & Kupfer, 2007). Nel 2007 la sorveglianza della giunta militare su di lei è stata inasprita. «Non le consentono più neppure gli incontri informali davanti a casa coi suoi simpatizzanti, come succedeva alcuni anni fa» sussurra la mia guida. Il 19 agosto, anche la benzina «legale», rigidamente razionata, è rincarata del 500 per cento. La stessa stangata ha colpito il gas liquido che si usa per cucinare. È un colpo insopportabile per un paese già stremato dalla miseria e oppresso dalla dittatura militare più longeva della storia. Il rialzo del prezzo della benzina e del gas ha fatto esplodere la più estesa protesta degli ultimi dieci anni.

Da due settimane la capitale Yangon e molte altre città sono percorse ogni giorno da manifestazioni di piazza. Sono piccoli cortei improvvisati, poche centinaia di persone, ma i loro slogan contro l'inflazione raccolgono applausi spontanei della gente. Le proteste durano poco. Sui manifestanti si avventano gruppi di picchiatori, le famigerate milizie in borghese. Sono squadracce a cui l'esercito delega le aggressioni contro i dissidenti, per poterle descrivere come «reazioni spontanee di cittadini onesti e patriottici». Agli incroci più importanti di Yangon sono parcheggiati camion pieni di giovani teppisti che presidiano la città per intervenire rapidamente a soffocare le proteste. In due settimane sono finite in carcere 150 persone, tra cui i più noti dissidenti che erano ancora in libertà. È in corso una caccia all'uomo in tutto il paese per catturare gli altri. Gli autobus di linea vengono fermati continuamente ai posti di blocco, i passeggeri devono scendere, esibire i documenti d'identità. Le foto dei ricercati sono distribuite negli alberghi e negli ospedali. In carcere gli arrestati hanno iniziato uno sciopero della fame per protestare contro le violenze: uno dei loro leader, Oh Wai, ha una gamba fratturata dopo un pestaggio ma i poliziotti impediscono ai medici di visitarlo. Oh Wai è un militante della Lega nazionale per la democrazia, il partito di Suu Kyi.

Di recente la neutralissima Croce Rossa internazionale – che in genere evita prese di posizione contro i governi – ha condannato la giunta militare birmana con una durezza pari solo a quella che usò per il genocidio del Ruanda nel 1994.

La requisitoria della Croce Rossa è un elenco terribile di crimini. Nella loro lotta contro le minoranze etniche i militari birmani hanno distrutto più villaggi di quanti ne sono stati rasi al suolo nel Darfur. Il narcotraffico che parte dal Triangolo d'oro, gestito dal «signore della guerra» Khun Sha in accordo con il regime, ha provocato un'epidemia di Aids per l'uso di siringhe infette. Gli unici sprazzi di sviluppo economico e di modernizzazione sono nelle città al confine cinese, che lucrano sul commercio dei prodotti made in China. Sempre più numerosi sono i birmani e le birmane costretti a emigrare in Thailandia in condizioni disperate; come clandestini finiscono in semischiavitù nei cantieri edili o nella prostituzione.

Uno degli osservatori più acuti del suo paese è Thant Myint-U, 40 anni, nipote dello scomparso U Thant, segretario generale dell'Onu negli anni Sessanta. «La guerra civile birmana» sostiene Thant Myint-U «è il conflitto armato più lungo del mondo contemporaneo e tuttora non può dirsi concluso. In un certo senso, qui la seconda guerra mondiale non è mai veramente finita.» In lotta contro gli inglesi, poi contro i giapponesi, contro due invasioni cinesi, contro vari focolai di guerriglia comunista e contro la resistenza armata di varie minoranze etniche, questa nazione ha visto crescere nel suo seno uno degli eserciti più numerosi del mondo: 400.000 soldati, un'armata-piovra che succhia le risorse vitali della popolazione.

Oggi l'intera Birmania sembra sempre più un romanzo di Orwell. La giunta militare ha dissanguato finanziariamente il paese per spostare la capitale da Yangon a Naypyidaw, 400 chilometri più a nord, allo scopo di disperdere quei ceti medi urbani che erano stati il nerbo del movimento democratico

184   *Le linee rosse*

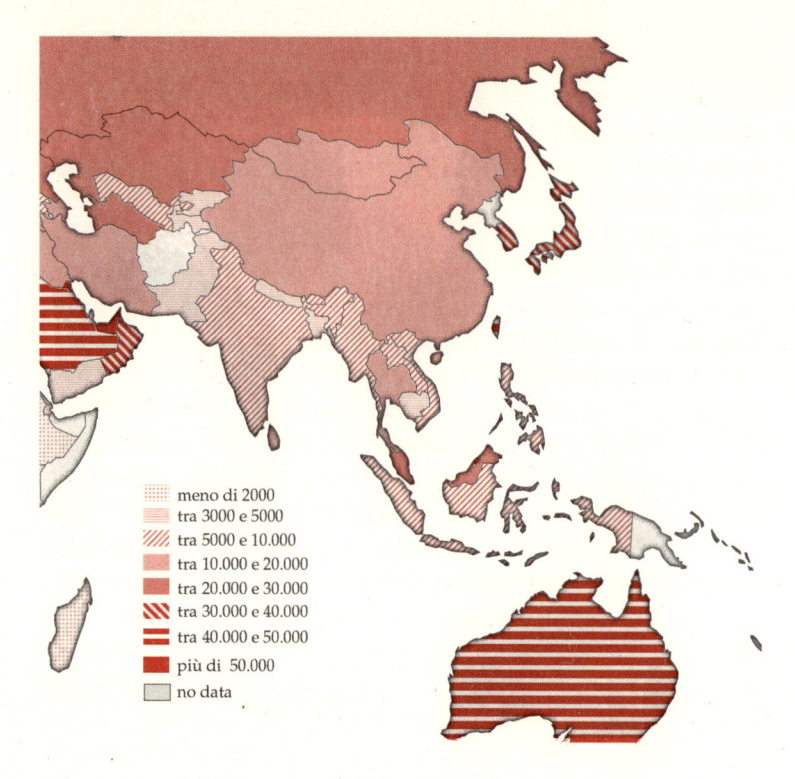

```
meno di 2000
tra 3000 e 5000
tra 5000 e 10.000
tra 10.000 e 20.000
tra 20.000 e 30.000
tra 30.000 e 40.000
tra 40.000 e 50.000
più di 50.000
no data
```

Pil pro capite nel 1980 (espresso in dollari del 2011).

del 1988. Un altro progetto faraonico è la Cyber City di Yadanapon, fiore all'occhiello di una modernizzazione tecnologica fasulla: quando entro in un cyber cafè e tento di collegarmi a un sito d'informazione, regolarmente si oscura lo schermo e compare la scritta «accesso negato». Orwelliana è la mania della giunta militare di riscrivere tutta la toponomastica nazionale: Birmania è diventata Myanmar, Rangoon è ribattezzata Yangon. Come i manifesti per le strade che minacciano la pena di morte per i consumatori di droga, mentre tutti sanno che il narcotraffico arricchisce i vertici dell'esercito.

La gente ha paura di confidarsi con lo straniero, il paese pullula di spie e una denuncia può costare cara. Eppure la voglia di comunicare col resto del mondo è forte. Dopo poche ore insieme a spasso per la capitale, la mia guida non resiste: «Tanti soldati» mi dice «sono povera gente ignorante, ma ai vertici ci sono persone cattive. È colpa dell'esercito se abbiamo una pessima reputazione nel mondo». Poi mi indica la villa sul lago dove abita The Lady.

C'è chi si sente abbandonato dalle democrazie d'Europa e d'America, come quei ragazzi della Primavera democratica dell'88 che scapparono nelle foreste tropicali ai confini con la Thailandia, convinti che presto sarebbero arrivati aiuti dall'estero per rovesciare i militari. Uno di loro era Thant Myint-U: «C'erano voci che i reparti speciali americani erano in arrivo, e che la US Navy era già al largo delle coste birmane». Quei rinforzi non arrivarono mai e per molti «ragazzi dell'88» rimane incomprensibile che l'Occidente abbia dimenticato la Birmania.

«Modello Indonesia», novembre 2010
Con Obama nei luoghi della sua infanzia

«Una figura paterna m'insegnò qui da bambino che l'Islam è tolleranza, non l'ho dimenticato.» Barack Obama ritrova a Giacarta una parte delle sue radici. Questo «presidente globale», così difficile da capire per tanti americani, si riappropria della sua biografia anomala e la usa per rilanciare il dialogo con i musulmani. «Io, cristiano, visitando la moschea Istiqlal, mi sono fermato a leggere l'iscrizione che dice: i musulmani possono anche andare nelle chiese, perché siamo tutti figli di Dio.» Nel giorno del «ritorno a casa», Obama si commuove ricordando la sua infanzia. Esalta l'Indonesia «laica, pluralista, tollerante, la più grande democrazia in una nazione a maggioranza islamica». È il momento più intimo del suo tour in Asia, un viaggio nella memoria, un bagno di folla in mezzo a tanto affetto e anche qualche contestazione. È l'occasione per riprendere le fila del discorso fatto al Cairo il 4 giugno 2009.

«Le relazioni tra l'America e le comunità islamiche sono tese da molti anni» dice il presidente agli studenti della University of Indonesia «ma mi sono dato come priorità quella di ricostruirle.»

Giacarta lo ha accolto in una strana atmosfera: domenica c'era stata una manifestazione ostile di ventimila estremisti islamici, con lo slogan «Obama e Bush sono gemelli, hanno le mani sporche di sangue musulmano». Ma al suo arrivo, nonostante un uragano tropicale, l'entusiasmo è alle stelle per il «figlio dell'Indonesia». «L'Indonesia è una parte di me» dice. «Arrivai nel 1967 quando mia madre sposò un uomo di qui, Lolo Soetoro. Da bambino scoprivo un mondo nuovo. Ma il popolo indonesiano mi fece sentire subito a casa.» Al presidente Susilo Bambang Yudhoyono ha spiegato «com'era diversa la mia Giacarta: i palazzi erano di pochi piani, su tutti svettava l'Hotel Indonesia, che oggi scompare tra i grattacieli». Racconta di un traffico già allora caotico ma fatto di *betchak*, i risciò locali. La madre e il patrigno vivevano a Menteng Dalam «in una casupola con un albero di mango davanti alla porta». Si affollano i ricordi di «corse tra le risaie a caccia di libellule, giochi con gli aquiloni, spiedini di *satay* comprati dagli ambulanti». E soprattutto la gente. «Gli anziani sorridenti, i bambini che fecero sentire a suo agio un piccolo straniero, i maestri che mi aprirono gli occhi su un mondo più vasto.»

È un discorso sincero, ma non popolare in America. Per la destra dei Tea Party, trionfatrice alle ultime elezioni legislative del novembre 2010, quell'infanzia indonesiana è fonte di sospetti, contribuisce alla leggenda ostile sul «presidente straniero». L'essere cresciuto all'ombra dei minareti, per il 20 per cento dei suoi concittadini è una «prova» che Obama è musulmano. «Il mio patrigno» afferma il presidente «come la maggioranza degli indonesiani fu educato nella religione musulmana, ma era fermamente convinto che tutte le fedi meritano lo stesso rispetto.» Da quella figura amata il giudizio si estende all'intero paese. «Lo spirito della tolleranza, sancito nella vostra Costituzione, è uno dei caratteri fondanti e affascinanti di questa nazione.» Dopo l'India che ha visitato di recente, l'Indonesia è un altro modello: è la più popolosa nazione a maggioranza musulmana, ma non discrimina tra le fedi. La prova che quella religione è compatibile con il pluralismo e lo Stato laico. Una conquista recente, certo, come è recente il miracolo di un presidente nero eletto negli Stati Uniti. «Mai mi sarei immaginato di tornare qui entrando al Palazzo presidenziale.» Il ricordo torna sulla figura della madre, «convinta che l'emancipazione delle donne passa dall'istruzione», e dell'amata sorella Maya. «Questa nazione dove correvo nei campi tra i bufali d'acqua e le capre, oggi è una potenza nell'economia globale, con una nuova generazione tra le più "digitali" del pianeta.» In questo viaggio dove ha scelto di visitare solo democrazie, Obama propone una politica estera ispirata anche ai valori. Uno degli accordi con il presidente Yudhoyono riguarda la lotta alla deforestazione e al cambiamento climatico. L'Indonesia, dopo l'India, diventa un modello da contrapporre ai regimi autoritari come quello cinese. «La democrazia è disordinata» dice Obama «ma voi siete la prova che democrazia e crescita possono essere unite.»

Mentre attraverso Giacarta con la delegazione americana, anch'io sono assalito dai ricordi. L'Indonesia fu il primo paese asiatico dove lavorai, brevemente: era il 1979, avevo 23 anni, ero impegnato in un progetto di ricerca sull'impatto di una multinazionale occidentale (la svizzera Nestlé) in un paese del Terzo mondo. E non c'era dubbio che quell'Indonesia lo fosse, essendo un paese sottosviluppato. Esotico, lontanissimo dalla realtà europea, ancorché segnato dalle vestigia del colonialismo. Abitai per qualche tempo a Giacarta, più a lungo a Surabaya (sempre sull'isola di Giava), perché lì c'era la maggiore fabbrica della Nestlé. Lo spaesamento fu totale, soprattutto a Surabaya.

Mi aggiravo in una città con poche automobili e un traffico-formicaio di risciò e biciclette, dove migliaia di occhi mi stavano incollati addosso perché di bianchi ce n'erano pochi. Il paesaggio naturale, urbano e umano era talmente spaesante che mi sembrava di essere finito in un romanzo di Conrad.

La democrazia non era ancora arrivata e la presenza dell'Islam non era particolarmente appariscente. Le élite locali che venivano impiegate dagli svizzeri per dirigere la fabbrica erano in genere cristiane, un segno distintivo di appartenenza all'alta borghesia o alla classe dirigente. E tra loro spesso parlavano olandese, che captavo al volo essendo cresciuto in Belgio (il fiammingo è stretto parente dell'olandese), perché la lingua dell'ex colonizzatore era uno status symbol, veniva appresa nelle scuole private per ricchi, e consentiva ai privilegiati di non farsi capire dal popolo. La transizione postcoloniale era ancora in corso, sotto i miei occhi. L'Indonesia era già allora un solido alleato degli Stati Uniti, ma come regime autoritario impegnato nella lotta contro il comunismo. Un'alleanza diversa da quella immaginata e proclamata trent'anni più tardi da un presidente nero cresciuto a Giacarta.

Birmania, 18 novembre 2012
Cinque anni dopo il monsone birmano, ritorno a Yangon

La casa sul lago attendeva Barack Obama da tempo. Il presidente la sceglie come il luogo ideale per il suo primo viaggio all'estero dopo la vittoria elettorale contro Mitt Romney che gli vale il secondo mandato. La prima uscita internazionale, in vista dei prossimi quattro anni in cui Obama potrà dedicarsi al suo «lascito» nella storia. È anche la prima visita mai compiuta da un presidente americano in questo paese. La casa sul lago di Yangon è quella di Aung San Suu Kyi. Obama entra fra quelle mura, come in un santuario delle battaglie per i diritti civili. Lo sto seguendo in questo viaggio, insieme ad altri giornalisti accreditati alla Casa Bianca; per me è un'occasione particolare, sorprendente e inattesa, di rivisitare un paese che avevo scoperto quando abitavo in Cina. E dove la situazione politica improvvisamente sembra sbloccarsi.

Quando venni qui nel 2007, nascondendo la mia identità di giornalista, solo avvicinarsi a quella casa per scattare una foto era un reato passibile di arresto o espulsione. Dietro il cancello che Obama varca per una visita di Stato, con tutti gli onori e la benedizione del governo birmano, la Lady era una prigioniera, pur essendo venerata dal suo popolo. Per anni murata viva: salvo gli occasionali soggiorni in un carcere vero, nei giri di vite della giunta golpista. Formatasi come Obama sui testi di Gandhi e Martin Luther King, in casa sua passava il tempo suonando il pianoforte, leggendo i testi buddisti e i saggi filosofici lasciati dal marito Michael Aris, studioso inglese di civiltà orientali. Non fu autorizzata a lasciare il paese per rivederlo un'ultima volta neppure quando lui morì in Inghilterra nel 1999.

La casa sul lago, le mie guide birmane me la indicavano da lontano, sussurrando, con la devozione con cui si allude a un luogo sacro. Quando ebbe inizio la «Rivoluzione zafferano» (dal colore della tonaca dei bonzi che ne avevano preso la guida) il 22 settembre 2007, un migliaio di monaci buddisti sfidò le ire del regime e andò a manifestare davanti ai suoi cancelli.

Per Obama, questo è anche un viaggio in un angolo della sua memoria familiare legata alle vicende dell'imperialismo britannico: il nonno keniano Hussein Onyango Obama fu cuoco della British Army in Birmania nella seconda guerra mondiale. È soprattutto un luogo dove la sua diplomazia può vantare un successo prezioso. Per preparare questa giornata storica, questo inizio di disgelo, l'amministrazione Usa ha lavorato a lungo. «Ancora un anno fa» ricorda Obama «sarebbe stato impensabile quel che è accaduto: Aung San Suu Kyi eletta in Parlamento [nell'elezione legislativa parziale dell'aprile 2012, stravinta dal suo partito, la Lega nazionale per la democrazia], centinaia di prigionieri liberati. So che la transizione verso la democrazia è un processo appena iniziato, molta strada resta da fare, e io sono qui per ascoltare il giudizio della signora San Suu Kyi.»

Gli Stati Uniti hanno riallacciato le relazioni diplomatiche con il Myanmar nel gennaio 2012, e hanno cominciato ad allentare le sanzioni economiche, per incentivare la liberalizzazione avviata dal regime con le prime elezioni semilibere. La Casa Bianca evita i trionfalismi. Sa che almeno una parte del suo successo avviene paradossalmente «grazie» all'invadenza della Cina: la penetrazione prepotente delle imprese di Pechino nel settore minerario cominciava a inquietare il presidente birmano Thein Sein, spingendolo a cercare una sponda in Occidente. La liberalizzazione non ha ancora portato a un miglioramento nel tenore di vita per la maggioranza della popolazione. Resta clamoroso, però, che il presidente degli Stati Uniti possa varcare il cancello «proibito» che porta alla villa sul lago. E il regime lascia dare libero sfogo alla gioia della popolazione, che da anni guarda all'America come al migliore alleato nella lotta per la libertà. Quando venni a Yangon nel 2007, i visitatori occidentali erano pochi e circondati da piccoli gesti di affetto, nonostante la vigilanza della polizia segreta. Ricordo le celle dei monaci in un convento buddista, tappezzate di manifesti inneggianti alla cultura americana, al cinema, alla musica pop.

La graduale abolizione delle sanzioni occidentali può segnare davvero una svolta? Perché il disgelo con l'America porti frutti reali, bisogna che la nomenklatura militare ritiri il suo controllo soffocante su ogni attività economica. Incombe anche un'altra minaccia: la violenza contro le minoranze etniche, che Aung San Suu Kyi definisce «una grande tragedia internazionale». Più di centomila Rohingya, minoranza islamica che vive nel Nord della Birmania, sono stati costretti alla fuga nel confinante Bangladesh.

Dopo la casa sul lago, Obama parla in un altro bastione dei diritti civili: l'università di Yangon. Molte rivolte per la libertà partirono da lì: i militari la odiano, per loro è un luogo di sovversione. Per questa stessa ragione Obama l'ha scelta, per incontrare quella giovane generazione birmana che è stata defraudata della sua istruzione. Il presidente parla della democrazia, «una conquista difficile, graduale, disordinata, sempre incompiuta, che dobbiamo meritarci giorno per giorno anche noi in America». Vuole ascoltarli, i ragazzi che potrebbero essere figli e nipoti della Lady, perché anche da loro vuole imparare la reale situazione di questo paese. «Non m'illudo» dice Obama. «La strada da fare è ancora lunga.»

Birmania, novembre 2014

«Le elezioni del 2015 in Birmania devono essere libere, trasparenti, inclusive.» Obama ritorna in Myanmar, sul luogo dove la sua politica estera ha ottenuto un successo storico, forse – a dire il vero – uno dei pochi risultati tangibili. Fra un summit a Pechino e un G20 in Australia, il presidente americano viene a spendere tutta la sua influenza. «La democratizzazione in atto è reale» afferma il presidente «ma ora bisogna andare avanti fino a una democrazia autentica: proteggere i diritti delle minoranze, garantire la piena partecipazione civile. Il vero test, alla fine, è se la vita della popolazione sarà migliorata.» Fu la sua visita di due anni fa a segnalare che la situazione si era sbloccata, con un'accelerazione improvvisa delle riforme politiche. Nel frattempo, però, la sorte di tante Primavere arabe ha fornito lezioni dolorose a Obama, che sa di non dover celebrare vittorie premature. La transizione birmana resta incompiuta, e lui deve destreggiarsi nei suoi incontri ufficiali fra il presidente Thein Sein, il cui potere discende originariamente da un golpe militare, e la stessa San Suu Kyi, oggi libera e legittimata come capo dell'opposizione, ma ancora esclusa dalle elezioni del 2015. Fra le altre preoccupazioni c'è la sorte della minoranza etnica Rohingya, di religione musulmana: presi di mira da violenti attacchi da parte di buddisti, 140.000 di loro sono confinati in campi profughi in Bangladesh. La stessa San Suu Kyi è accusata di freddezza verso i musulmani, le sue prese di distanza dalle violenze interetniche non hanno convinto.

Obama deve spendere l'influenza dell'America per accompagnare la transizione democratica, evitando al contempo che il Myanmar ricada nella sfera d'influenza cinese.

Ma è sempre il precedente delle Primavere arabe che insegna a Obama l'importanza della classe dirigente su cui scommettere. Oggi lui torna a Yangon e incontra nuovamente la Lady premio Nobel, che definisce «un personaggio unico, decisivo per il futuro di questo paese, con un ampio sostegno dentro la società civile». Una Nelson Mandela asiatica, potenzialmente in grado di governare una situazione «ancora molto fluida».

POST SCRIPTUM, UN ANNO DOPO

L'8 novembre 2015 il partito di Aung San Suu Kyi stravince le elezioni legislative. Anche se un trucco costituzionale le preclude la presidenza, The Lady assume di fatto la guida del governo birmano, con incarichi di premier e ministro degli Esteri. La sua ascesa al potere avviene a una velocità che era impensabile ancora pochi anni prima, e senza gli spargimenti di sangue che avevano tragicamente segnato altri tentativi di democratizzazione.

Vietnam, 23 maggio 2016
Al seguito di Obama nella terra di Ho Chi Minh

Dopo l'accordo sul nucleare con l'Iran, dopo il disgelo diplomatico con Cuba, e prima di rendere omaggio a Hiroshima, una pietra miliare nella politica estera di Obama è questa visita ad Hanoi. La svolta di Obama in Vietnam è un'altra pagina di storia che si chiude, un altro pezzo di «eredità» che questo presidente lascia al giudizio degli storici. Proprio mentre la sua presidenza entra nella dirittura finale: gli restano soltanto otto mesi prima di lasciare la Casa Bianca. La prima tappa di questo viaggio asiatico di Obama (che proseguirà col G7 in Giappone e si concluderà a Hiroshima) è segnata da una novità strategica: la levata dell'embargo sulla fornitura di armi all'ex nemico di Hanoi. Il disgelo diplomatico con il Vietnam è già in corso da tempo, e prima di lui sono stati ad Hanoi sia Bill Clinton sia George Bush. Con Obama c'era già stata una decisione strategicamente clamorosa, la presenza di forze americane «invitate» dal governo vietnamita nelle sue basi militari. Ma fino a ieri l'America non era arrivata al punto di fornire armi al paese con cui aveva combattuto la guerra simbolo degli anni Sessanta. Obama, anche in questo, è figlio del suo tempo: per lui l'America deve trattare la guerra del Vietnam proprio come la guerra contro il Giappone, un evento del passato, che non può e non deve impedire di costruire un'alleanza. Naturalmente, in questo caso la motivazione che spinge i due ex nemici ad abbracciarsi è la Cina. Dopo aver combattuto una guerra lunga e devastante con l'America di Kennedy, Johnson e Nixon, il Vietnam venne invaso dalla Cina di Deng Xiaoping. Paradossalmente, è il ricordo di questa seconda guerra quello che oggi pesa di più. La Cina è vicina, in ascesa, e la sua crescita economica si traduce anche in un riarmo. Xi Jinping non esita a mostrare i muscoli ai paesi vicini, così il Vietnam rivive gli incubi di un passato millenario in cui l'espansionismo cinese fu la minaccia.

In America la svolta di Obama non raccoglie consensi unanimi. Da destra e da sinistra, diversi giornali – dal «New York Times» al «Wall Street Journal» – hanno criticato il gesto compiuto ad Hanoi. Obama viene accusato di offrire al Vietnam una copertura politico-militare sorvolando sui gravi abusi contro i diritti umani. La risposta: ad Hanoi il presidente incontra diversi dissidenti, proprio come fece a Cuba.

«Il nemico del mio nemico diventa il mio migliore amico?» Il padrone di casa, il presidente Tran Dai Quang, non lesina le allusioni a quel vicino ingombrante. «Una relazione amichevole con l'America» dice il leader vietnamita «è nel migliore interesse dei nostri due popoli e anche della stabilità nell'Asia-Pacifico.» Stabilità insidiata da chi? Il comunicato congiunto è chiaro: «Usa e Vietnam esprimono serie preoccupazioni per i recenti sviluppi nel mar Cinese meridionale, che hanno causato tensioni, incrinato la fiducia, minacciato la pace». A Pechino regna l'autocrate Xi Jinping, che non sembra proprio un cultore del «soft power». Non coi vicini, perlomeno. Su tutte le zone marittime contese (isolotti circondati da giacimenti di gas e petrolio), la flotta cinese si produce in esibizioni di forza; l'aviazione pure. Il militarismo di Pechino potrebbe peggiorare in futuro? Il Vietnam vuole comprarsi una polizza assicurativa. Le armi americane sono una componente di un accordo più vasto. Per Hanoi il mercato americano è il più importante in assoluto: il commercio bilaterale è già triplicato, raggiungendo i 45 miliardi di dollari; le esportazioni sono cresciute del 24 per cento in un anno. «Crescerà ancora di più con il Tpp» annuncia Obama, che ne approfitta per spezzare una lancia in favore di quel trattato di libero scambio apertamente osteggiato a casa sua da Donald Trump e Bernie Sanders.

In quel momento l'elezione di Trump sembra ancora impossibile; Sanders, invece, è una vera spina nel fianco del Partito democratico: la sua critica alla globalizzazione «da sinistra» costringe la stessa Hillary Clinton a prendere le distanze dal Tpp. Obama difende quel trattato citando più volte proprio l'esempio del Vietnam, che, sottoscrivendo il nuovo patto di libero scambio, ha permesso la nascita di sindacati liberi e indipendenti, nonché una legislazione sui diritti dei lavoratori. Il Vietnam diventa per Obama il test che dimostra come sia pensabile una globalizzazione «di sinistra».

La luna di miele è totale, e Tran Dai Quang ne sottolinea la portata storica citando il leader della guerra di resistenza contro il colonialismo francese e poi contro l'America, il padre della patria Ho Chi Minh: «Sopporta il freddo inverno, e ti accoglierà una calda primavera». Disgelo è dir poco. Tran aggiunge di suo: «I nostri paesi hanno dovuto superare i profondi rancori lasciati dalla sindrome di guerra, e oltrepassare ostacoli che sembravano insormontabili». Obama si ispira alla poesia vietnamita sul «fiore di loto che mette radici nel fango», cioè la speranza che nasce nelle avversità.

Laos, settembre 2016
Con Obama nella terra della guerra non dichiarata
(e pensando già a Trump)

Un omaggio al popolo del Sudest asiatico che subì la «guerra dimenticata», ma non per questo meno atroce. È un altro gesto storico per Obama, proprio mentre si avvicina il suo addio. Primo presidente americano in carica a visitare il Laos, Obama ha riconosciuto a Vientiane «il terribile costo della guerra, qualunque ne fossero le cause, e le nostre intenzioni».

L'omaggio al Laos resterà nella memoria di queste terre come un atto dovuto, atteso da troppo tempo. Fu una guerra collaterale a quella del Vietnam, non dichiarata e quindi illegale. Per nove lunghissimi anni gli americani bombardarono il Laos per tagliare le vie di comunicazione e isolare il Vietnam. La quantità di bombe lanciate sul Laos, due milioni di tonnellate, fu superiore a «quella con cui colpimmo Germania e Giappone nella seconda guerra mondiale», ha dichiarato Obama. Ricordandolo ai suoi: la maggioranza degli americani ignora che ci sia stata una guerra contro il Laos. Di qui «il nostro obbligo morale di aiutarvi a curare le ferite», ha detto il presidente rivolgendosi a un pubblico di studenti. Non è arrivato al punto di chiedere scusa a nome delle amministrazioni di allora. Forse avrebbe dovuto farlo. Ma la destra Usa in campagna elettorale lo avrebbe accusato – ancora una volta – di tradimento. Come già fatto per il disgelo con Cuba e con l'Iran. E mentre Trump in alcuni sondaggi nazionali aggancia Hillary Clinton, non è il caso di scoprire il fianco a nuovi attacchi. Obama ha però annunciato 90 milioni di dollari di aiuti per lo sminamento: molte zone del Laos non sono ancora uscite dall'incubo dei bombardamenti di quarant'anni fa.

Questa visita coincide anche col vertice Asean, un summit che riunisce i paesi del Sudest asiatico e le potenze che vi si affacciano, Usa e Cina. È l'occasione per un bilancio di quella svolta strategica che all'inizio del suo primo mandato Obama chiamò «pivot to Asia», il perno sull'Asia. Un segnale della sua consapevolezza che in questa parte del mondo si giocano le sfide del futuro (anche se l'attenzione immediata è catalizzata dal Medio Oriente). Che frutti ha dato la sua attenzione prioritaria all'Asia? In parte ha guadagnato nuovi alleati come il Vietnam. Ha favorito la transizione verso la democrazia in Birmania-Myanmar. Grazie alla prepotenza cinese nei confini contesi, Obama ha rinsaldato le alleanze con India, Corea del Sud, Giappone, Indonesia. Ma il vento protezionista che soffia in America aiuta i disegni di Xi.

La morale della storia, la conclusione provvisoria che dà il titolo a questo capitolo, la prendo da un articolo uscito sull'«Economist» il 22 luglio 2017 e intitolato *More money, less freedom*. Il miracolo del Myanmar è riassunto in una cifra: + 7,5 per cento di crescita economica ogni anno durante gli ultimi cinque anni. E un'istituzione internazionale, l'Asian Development Bank, vede la crescita birmana in accelerazione all'8 per cento annuo. Sbalorditivo, impensabile nel paese tetro e disperato che avevo visitato appena dieci anni prima. Ma anche all'epoca del primo disgelo di Obama, quando ci tornai nel 2012, un simile boom economico pareva inimmaginabile. È fantastico, è meraviglioso, passare in così poco tempo dalla miseria cupa a una transizione verso prime forme di benessere. E non è una storia limitata alla Birmania. Attorno a lei la Cambogia, il Laos, le Filippine e il Vietnam conoscono ritmi di sviluppo analoghi. Nell'insieme, le dieci nazioni che compongono l'Asean hanno avuto una crescita media superiore al 5 per cento annuo per un intero quinquennio. Non è una notizia da poco. Per 625 milioni di abitanti del Sudest asiatico questo significa avere accesso a un'istruzione migliore, stare meglio di salute, vivere più a lungo rispetto ai propri genitori.

Non era per nulla scontato, ancora un decennio fa. Non parliamo poi degli anni Cinquanta, quando un premio Nobel dell'economia, lo svedese Gunnar Myrdal, studiava il Sudest asiatico come l'epicentro della miseria mondiale, tanto che il suo saggio più importante, dedicato ai paesi che rappresentavano il «buco nero» della povertà estrema, oltre che le vittime estreme dello sfruttamento coloniale, si intitola *Asian Drama*. All'epoca di Myrdal, Singapore era più sottosviluppata dell'Egitto o della Tunisia! Oggi è un centro di università avanzatissime, ha un'economia fondata sull'hi-tech e uno dei porti più grandi e moderni del pianeta. E quando soggiornai per lavoro in Indonesia nel 1979, solo un visionario avrebbe potuto immaginare il progresso economico che ha accolto Obama nel 2010. Buona parte di questo benessere materiale è frutto della globalizzazione. Non a caso il Ttip, il trattato di libero scambio che Obama aveva negoziato con quei paesi, aveva solide basi di consenso in quella parte del mondo.

La linea rossa della modernizzazione e del decollo economico avviluppa ormai l'intero Sudest asiatico, una regione che è proiettata verso l'inseguimento del modello cinese. In tutti i sensi, però. L'arricchimento materiale è evidente, e non è limitato a ristrette oligarchie del denaro; questo, però, non implica un avanzamento verso la democrazia. Anzi, sul terreno politico gli arretramenti negli ultimi anni hanno cancellato i progressi. Perfino i paesi che sembravano più legati all'America e all'Occidente, candidati a consolidare qualche forma di democrazia liberale, oggi fanno notizia per avere imboccato il cammino inverso. In Thailandia i militari al potere non mollano la presa tre anni dopo il golpe. Nelle Filippine domina Rodrigo Duterte, con le sue squadracce che «eliminano» il problema della droga a furia di esecuzioni sommarie. Singapore, la punta avanzata della modernità, la Svizzera d'Oriente, continua a essere una città-Stato governata da un paternalismo autoritario come ai tempi del fondatore Lee Kuan Yew, scomparso nel 2015 (era un «confuciano di destra», non a caso rispettato e ammirato dai leader comunisti cinesi). Perfino l'Indonesia è in una fase di involuzione. Il modello decantato da Obama vacilla sotto la pressione dei fondamentalisti islamici che hanno montato una campagna diffamatoria contro il governatore di Giacarta, un cristiano, accusandolo di avere insultato il Corano.

La delusione più grande matura nel 2017 e riguarda proprio il Myanmar, per il carisma che ha circondato la sua eroina. La Lady birmana è accusata di avallare le persecuzioni delle minoranze etniche: in particolare i Rohingya musulmani. Sotto la sua leadership (forse più apparene che reale) l'esercito birmano ha continuato a distruggere villaggi Rohingya e a massacrare la popolazione. I musulmani a loro volta ricorrono agli attentati, a forme di guerriglia. Tra buddismo e Islam il conflitto divampa in Myanmar come in Thailandia, con un'escalation di violenza.

È nel corso del 2017 che la tragedia dei Rohingya conosce un'accelerazione spaventosa, con il flusso dei profughi verso il Bangladesh che raggiunge quota 400.000. In Occidente crolla di colpo il mito della Lady, il cui silenzio ostinato col passare del tempo diventa un avallo della persecuzione etnico-religiosa. Alcuni premi Nobel della pace le rivolgono appelli accorati a cui lei non risponde. Parte un'iniziativa per tentare di revocarle il suo Nobel (improbabile). Lei decide di non recarsi all'assemblea dell'Onu nel settembre 2017 per non esporsi a New York a un «processo» da parte dei media, delle Ong umanitarie, dell'opinione pubblica mondiale. Anche il mito della Birmania gentile, del buddismo pacifista, viene travolto dalle immagini di milizie religiose che attaccano con ferocia i musulmani.

La «caduta di una dèa» mette a nudo anche le ingenuità occidentali. Compresa la mia. Siamo passati in pochi mesi, nel descrivere Aung San Suu Kyi, da Madre Teresa di Calcutta a Lady Macbeth o a Goebbels. Nei due estremi ci dev'essere per forza qualche esagerazione. Quanto era probabile che una donna figlia del fondatore delle forze militari birmane, poi arrestata e tenuta in isolamento totale, in un paese tra i più poveri dell'Asia, sotto una feroce dittatura militare, fosse un modello di saggezza, tolleranza, equilibrio? Né va dimenticato che quando lei era agli arresti un sostegno discreto ma tenace lo ricevette per anni dai monaci buddisti, molti dei quali sono religiosi e nazionalisti, e considerano l'Islam un pericolo. La «caduta di una dèa», il mistero di Aung San Suu Kyi, forse verrà delucidato solo fra anni, se e quando la situazione politica birmana uscirà dall'enorme ambiguità che l'avvolge. I più benevoli pensano che la liberazione e ascesa al potere della Lady siano avvenute entro dei limiti molto stringenti; che lei sia di fatto ostaggio dei militari; che sconfessare l'esercito farebbe scattare un nuovo golpe facendo precipitare la situazione là dove l'avevo trovata io dieci anni prima (cioè nel Medioevo). I più severi pensano che lei s'identifichi in modo acritico con la maggioranza buddista, condividendone i pregiudizi antimusulmani.

Obama ha voluto credere che la Lady birmana avesse la statura politica e morale di Mandela, il leader che una volta uscito dal carcere non volle vendette contro la minoranza bianca. Ma non basta essere vittime per essere dei santi. Altro stereotipo di cui occorre liberarsi è quello che attribuisce vizi o virtù a interi popoli o intere religioni. I buddisti non sono necessariamente pacifisti, come non lo sono tutti gli induisti. Se esiste una carta geografica della non violenza, è frastagliata, piena di buchi, sotto ogni latitudine.

Benessere illiberale? È un modello che conosco da vicino, avendo vissuto per cinque anni in Cina. Osservare dal vivo i quotidiani soprusi di un regime autoritario, lo strapotere della polizia, le vessazioni delle minoranze etniche o religiose, la censura, gli arresti dei dissidenti, è un vaccino efficace per non cadere nella trappola di un'ingenua ammirazione della via cinese alla modernità. Al tempo stesso, avendo viaggiato a lungo nelle campagne e nelle zone meno sviluppate dell'Asia, avendo adottato tre figli di una minoranza etnica del Sichuan, sto attento a non finire nell'estremo opposto: lo snobismo occidentale che disdegna la modernizzazione e lo sviluppo economico, che vuol vederci solo tragedie, ingiustizie, distruzione ambientale. Solo chi ha già tutto il necessario può essere così superficiale da disprezzare il benessere materiale: la fine dell'incubo della fame, l'arrivo della luce elettrica, delle fognature e dell'acqua potabile, la costruzione di scuole e ospedali, la possibilità di viaggiare, l'accesso a Internet. L'Asia tragica descritta da Myrdal negli anni Cinquanta ispira forse nostalgia solo a qualche occidentale sciocco; per i suoi abitanti è un inferno nel quale non vorrebbero mai tornare.

Se c'è un miracolo asiatico, è che in mezzo a tante ingiustizie e diseguaglianze, con regimi autoritari o democrazie corrotte, da Singapore alla Corea del Sud, dall'India alla Cina, dall'Indonesia al Vietnam, le classi dirigenti hanno vinto una scommessa che è stata persa vergognosamente dalle classi dirigenti del Medio Oriente e dell'Africa. Resta però il fatto che il sogno di Obama – e di tanti fra noi – oggi retrocede. Il paradosso è che gli anni di Obama, nonostante la sua popolarità personale in Vietnam, Indonesia, Myanmar, si sono chiusi con un'ulteriore avanzata del modello cinese che associa autoritarismo e sviluppo. Il benessere materiale c'è, e guai a sottovalutarne l'importanza. Ma si accompagna sempre più spesso con l'ascesa di autocrati al potere, nuove forme di intolleranza, una chiusura degli spazi di dissenso. Mentre la linea rossa dello sviluppo economico abbraccia una mappa geografica sempre più larga nel Sudest asiatico, quella dei diritti umani tende a rattrappirsi.

VII

Vaticano, l'ultimo «soft power»

Dove vi porto nella giungla di Mindanao, roccaforte musulmana delle cattolicissime Filippine, in cerca di un missionario italiano rapito; alla domanda di Stalin su «quante divisioni ha il papa» diedero una risposta Wojtyła-Reagan e Bergoglio-Obama; l'influenza della Chiesa cattolica disegna una geopolitica parallela da Cuba al Centrafrica; ma non tutte le strade portano a Roma.

Mindanao (Filippine), luglio 2007

Alloggio in una casetta di legno appollaiata sulle palafitte. L'unico rumore sono le onde che s'infrangono sulla spiaggia, dove frotte di granchi corrono tra gli scogli. Potrebbe essere un tranquillo resort su un'isola tropicale, ma i turisti stranieri sono scappati da tempo. Il posto è deserto. «I soli che vedo qualche volta» mi dice il portiere «sono gruppetti di esperti militari americani che vengono dalla base vicina.» Dietro questo mare alla periferia di Zamboanga City, a poche centinaia di metri da me nella foresta tropicale, il missionario italiano Giancarlo Bossi è in mano ai suoi sequestratori da più di un mese. Qui tutti sanno dov'è. Mi indicano con la mano un punto là vicino, in mezzo al verde. Tutti salvo i militari filippini, apparentemente, visto che sono incappati in una sanguinosa imboscata (14 soldati uccisi, di cui 10 decapitati) mentre, a sentir loro, stavano cercando il missionario rapito in un'altra zona dell'isola di Mindanao. Padre Bossi potrebbe essere liberato a breve, se i contatti con i suoi carcerieri avvengono nella discrezione. Oppure è in gravissimo pericolo, se i militari insistono a cercare la prova di forza e si va alla carneficina. La vegetazione impenetrabile, i torrenti segreti, l'omertà della popolazione offrono condizioni ideali per il nascondiglio clandestino. Un missionario che segue le ricerche e scongiura di non citarlo per nome mi dice: «Più ne facciamo un caso internazionale più il suo prezzo sale. Qualunque gruppo che è in cerca di visibilità è attirato da noi missionari stranieri. Diventiamo delle prede ambite».

Qui a Zamboanga, nel 1992, fu ucciso un sacerdote italiano, Salvatore Carzedda. Altri sono dovuti fuggire. Chi è rimasto sa di essere un bersaglio. Sull'isola di Jolo, a mezz'ora di traghetto da Mindanao, il vescovo e i preti cattolici ormai possono girare solo con la scorta militare. Proprio qui nelle Filippine, l'unico paese cattolico di tutta l'Asia (è battezzato l'85 per cento della popolazione), la vita di molti sacerdoti è ormai appesa a un filo.

È diversa l'immagine delle Filippine che ti accoglie arrivando a Manila. La capitale esibisce i segni esteriori di un boom economico: i grattacieli delle banche e gli hotel di lusso che si affollano nel centro direzionale di Makati Avenue, gli ingorghi di auto, i call center delle multinazionali che delocalizzano anche qui grazie alla diffusione della lingua inglese. Con 90 milioni di abitanti, la quarta nazione dell'Estremo Oriente ha un reddito pro capite uguale alla Cina, superiore all'Indonesia, il doppio del Vietnam. In quanto al cattolicesimo, sembra regnare indisturbato. A Manila le chiese ti accompagnano dappertutto, dalla cattedrale spagnola gremita di cerimonie a ogni ora del giorno fino all'aeroporto dove ti accoglie la parrocchia Our Lady of the Airways (Nostra Signora delle Linee aeree). Gli esercizi commerciali hanno nomi come Hardware Blessed Faith (Ferramenta Fede Benedetta). Le agenzie di viaggi si chiamano Apostolic

Travel, anche se non si occupano di pellegrinaggi. Le simpatiche *jeepneys* che sono il simbolo di questo paese – scassatissimi taxi collettivi dal muso di jeep, colorati come un carnevale di Rio – portano i nomi di Gesù, Maria e tutti i Santi. Ma basta grattare sotto l'apparenza sorridente e gentile, e Manila scopre il volto di una città blindata. Le guardie giurate presidiano i metal detector antibomba all'ingresso degli alberghi e dei supermercati. Il governo annuncia una legge antiterrorismo che darà carta bianca alle forze armate, in un paese dove le Nazioni Unite e l'Unione europea denunciano oltre 800 esecuzioni sommarie, 58 giornalisti uccisi (un triste record mondiale) in cinque anni. L'epicentro della tensione è qui a Mindanao, l'unica isola dove la popolazione musulmana è il 35 per cento, con insediamenti a chiazze di leopardo e zone dove gli islamici arrivano al 90 per cento.

La diversità di Mindanao ha radici molto antiche. Quando vi sbarcò nel 1521, Magellano scoprì che due secoli prima lo avevano preceduto i predicatori musulmani dall'Indonesia. E quando il re di Spagna Filippo II si appropriò di queste isole affibbiandogli il proprio nome nel 1565, la flotta dell'ammiraglio Miguel López de Legazpi si trovò di fronte un avversario che conosceva molto bene. Erano passati appena pochi decenni da quando la Reconquista ispanica aveva cacciato gli arabi dall'Andalusia. E qui gli spagnoli furono subito alle prese col sultanato maomettano di Jolo, ponte strategico fra Mindanao e l'Indonesia. La sfida tra il cristianesimo e l'Islam si riproduceva identica; la linea del conflitto che aveva insanguinato la vecchia Europa attraversava queste settemila isole in capo al mondo. Gli spagnoli li chiamarono subito «moros», come quelli di casa loro.

Cinque secoli dopo, l'appellativo è diventato una bandiera, impugnata con orgoglio da due movimenti armati, il Moro National Liberation Front e il Moro Islamic Liberation Front. Questa è la nostra terra e voi cristiani l'avete occupata: è la scorciatoia storica semplificata con cui la guerriglia si dà radici e nobiltà, evoca una rivincita su Córdoba e Granada. Solo a Mindanao, 120.000 morti in dieci anni: è il bilancio spaventoso di questa guerra che vuol essere il riscatto dei soprusi subiti dagli antenati, che ha partorito la scheggia più violenta col movimento Abu Sayyaf, cioè «la Spada di Dio» in arabo. A Manila non lo hanno capito, ma per padre Bossi e per i suoi confratelli rimasti coraggiosamente a Mindanao i campanelli d'allarme si moltiplicavano da tempo con un crescendo impressionante. Gli anni Cinquanta e Sessanta sono stati l'ultima era di serena convivenza tra le comunità religiose, quando Mindanao viveva al suo ritmo placido di isola di pescatori, lontana dagli avvenimenti internazionali. Ma con gli anni Settanta arrivarono i primi echi del nazionalismo arabo di Nasser, nacque il movimento armato Mnlf, che il dittatore Marcos usò come pretesto per inasprire la repressione, in una sequenza di stragi che hanno lasciato ferite mai rimarginate. Negli anni Novanta, in Abu Sayyaf è emersa la nuova generazione di terroristi formati coi talebani in Afghanistan: Osama bin Laden è stato nelle Filippine, qui ha anche preso moglie.

Nell'ultimo quindicennio il fondamentalismo islamico ha fatto breccia, cogliendo impreparata una gerarchia cattolica troppo sicura di sé, legata a doppio filo ai governi. Oggi solo a Zamboanga, città di circa 800.000 abitanti, ci sono cento moschee e aumentano a vista d'occhio le donne col velo (usanza un tempo sconosciuta). L'anello di congiunzione con le tensioni internazionali è una generazione di giovanissimi studenti islamici, partiti a formarsi nelle università teologiche del Pakistan, dell'Arabia Saudita, dell'Egitto, della Siria. «Tornano dal Medio Oriente contagiati,» mi dice il missionario che sta seguendo il sequestro Bossi «sono intellettualmente agguerriti, intimidiscono i leader islamici anziani più moderati.» Disdegnano altri lavori per dedicarsi a tempo pieno alla religione. La loro vocazione si chiama *dawa*, «proselitismo». Vanno a caccia di cristiani da trasformare in *balik*, «ritornati all'Islam». Si è istruito in Siria il nuovo leader di Abu Sayyaf, Yasser Igasan, di cui il generale Romeo Tolentino dice: «Più che un capo guerrigliero è una guida spirituale carismatica, la sua cultura religiosa gli dà autorità sugli altri». Due dei terroristi che provocarono la strage nelle discoteche di Bali (2002) avrebbero trovato asilo qui, nella giungla di Mindanao. L'attentato più cruento che porta la firma di Abu Sayyaf è del 2004: una bomba su un traghetto per pendolari, più di 100 morti.

I consiglieri militari Usa sono ossessionati dalla micidiale alleanza operativa stretta fra la guerriglia filippina e la Jemaah Islamiyah indonesiana. L'America si era abituata a considerare le Filippine come l'alleato più docile di questa zona del mondo: fu l'unica vera colonia degli Stati Uniti, dal 1898 al 1935, poi teatro di un trionfale ritorno del generale Douglas MacArthur contro i giapponesi. Oggi Washington spinge il governo di Gloria Macapagal-Arroyo a una guerra senza quartiere contro il terrorismo, noncurante degli allarmi sulla situazione dei diritti umani. Ma dietro lo scontro religioso altri squilibri alimentano l'instabilità. Il responsabile della Banca mondiale a Manila, Joachim von Amsberg, parla di «malgoverno, cronica debolezza delle istituzioni, collusioni tra politica e affari, fallimento dello Stato nel fornire i servizi pubblici essenziali». È la ragione per cui un decimo dei filippini sono costretti a emigrare all'estero in cerca di lavoro, fornendo colf all'Italia, infermiere al Canada, insegnanti d'inglese a Pechino, muratori negli Emirati Arabi. Il più alto tasso di natalità di tutta l'Asia porterà la popolazione a raddoppiarsi in soli trent'anni, ma il controllo delle nascite è un tabù che i governi non osano affrontare per non inimicarsi le gerarchie ecclesiastiche. Le diseguaglianze sociali sono estreme: il 42 per cento della popolazione vive sotto la soglia della povertà assoluta (2 dollari al giorno). La violenza è endemica nella vita politica. E i sacerdoti sul fronte del pericolo non sono solo quelli nelle aree islamiche.

Un prete italiano, Tullio Favali, fu ucciso nel 1985 dai militari perché considerato troppo «di sinistra». Un suo confratello filippino ha pagato con la vita la campagna contro le devastazioni ambientali delle grandi aziende del legname. Oggi nel mirino c'è un altro prete filippino impegnato, Ed Panlilio, nato nel 1953. Per combattere la potentissima mafia del gioco d'azzardo che ha a libro paga molti politici, a maggio padre Panlilio si è candidato alle elezioni locali a Pampanga, la Las Vegas filippina. Nonostante i vertici della Chiesa cattolica locale lo abbiano sospeso, lui ha stravinto: plebiscitato dall'entusiasmo popolare, ha sconfitto i vecchi notabili della zona. Appena si è insediato, il suo braccio destro è stato ucciso in un'esecuzione mafiosa.

«Sono nato 65 anni fa ad Aci Trezza, sa, quella dei *Malavoglia*. Ma ormai quasi metà della mia vita l'ho passata qui nelle Filippine. Ci arrivai nel 1977 e fui costretto a lasciarle due volte. La prima volta volevano farmi fuori i militari, la seconda ero nel mirino di un movimento islamico. Il pericolo oggi è ancora superiore. In certe zone non posso più andare, anche chi mi conosce bene ora mi guarda con paura. Il risultato è che qui ci sono sempre meno missionari stranieri, tanti di noi hanno finito per partire.» Padre Sebastiano D'Ambra è sereno, sceglie le parole con cura. Non vuol dare l'impressione di considerarsi un crociato di Cristo schierato su uno dei due fronti nello «scontro di civiltà». Tutto quello che ha costruito finora dimostra il contrario. Mi accoglie nel centro spirituale di Zamboanga City, che ha fondato nel 1984 per promuovere la comprensione tra musulmani e cattolici. È un uomo del dialogo, ha studiato l'arabo e il Corano, parla il tagalog filippino e i dialetti di queste isole meridionali, compreso il curioso creolo ancora impastato di vocaboli spagnoli. La sua vita ormai è tra la gente di Mindanao, capire gli islamici è diventata la sua seconda vocazione. Non ha la minima intenzione di fare le valigie, ma non può dimenticare che a poche centinaia di metri da qui è tenuto prigioniero il suo confratello padre Bossi. Quelli che lo hanno sequestrato sono forse «ragazzacci» – il sacerdote parla come un maestro di scuola alle prese con i discoli della classe –, un gruppo che potrebbe essere ai confini della criminalità comune. Su quest'isola anche la delinquenza può tingersi di ideologia, trovare coperture e alleanze negli ambienti dell'integralismo.

D'Ambra continua a sperare che i suoi contatti nella comunità islamica possano contribuire a liberare padre Bossi. «Anni fa ho salvato la vita a un capo guerrigliero» racconta «subito dopo uno scontro a fuoco in cui era stato ferito a una gamba. Perdeva tanto sangue, aveva bisogno di una trasfusione, fui l'unico a farsi avanti. Qui è un gesto che conta, crea un legame simbolico, e lui mi promise che non avrebbe dimenticato. Voglio credere che sia vero. Forse mi illudo: nella popolazione c'è ancora una forma di rispetto verso noi religiosi, ma anche tra le persone più miti cresce il disagio perché sentono messaggi di odio da certi leader. L'identità musulmana diventa sempre più dura. Si tira avanti, però il clima è cambiato profondamente in pochi anni. In alcune zone di Zamboanga non posso più farmi vedere, sono gli stessi capi delle comunità a dirmelo. Devo stare attento a come mi muovo, a come parlo. Se vado sulle altre isole, sono veloce e torno subito: coi telefonini basta un attimo perché qualcuno segnali i tuoi spostamenti dalle barche.»

In passato, il missionario si è salvato per miracolo. Nel 1981 tentò di mediare tra il gruppo islamico Moro National Liberation Front (Mnlf) e il governo. I militari lo minacciarono, per loro era troppo vicino ai musulmani, il suo tentativo di riconciliazione era sgradito al dittatore Ferdinando Marcos. Partì per due anni, in Italia e nei paesi arabi, si dedicò allo studio del Corano, al ritorno fondò qui il suo centro per il dialogo. Nel marzo 1992 un comandante del Mnlf gli disse: «Ho l'ordine di rapirti», lo sequestrò per poche ore e lo lasciò fuggire. Tre mesi dopo il sacerdote Carzedda, mentre era in auto sulla strada per l'aeroporto di Zamboanga, veniva affiancato da due moto e ucciso da una raffica a bruciapelo. Il gruppo terroristico Abu Sayyaf proclamò: «Come lui ne uccideremo altri». L'indagine fu aperta e subito insabbiata, un'inchiesta giudiziaria protratta a lungo sarebbe stata pericolosa per l'incolumità dei missionari. D'Ambra fu «esiliato» per tre anni in Italia. Tornò e riprese il lavoro dove lo aveva lasciato.

Il centro fondato dal missionario qui a Zamboanga si chiama Silsilah, che in arabo vuol dire «catena», «legame», ed è usato dai sufi (il movimento mistico musulmano sviluppatosi in India). Dà l'immagine di una catena spirituale che lega tutti gli esseri umani nella loro ricerca di Dio. Per D'Ambra vuole significare il legame che si può costruire tra «noi» e «loro», tra Occidente cristiano e mondo islamico. Il centro è immerso in una bella collina verde che si affaccia sul mare. All'ingresso si passa sotto una lunga tettoia, le pareti sono illustrate da citazioni dei Vangeli e del Corano: sono state scelte con cura per sottolineare tutto ciò che nelle due religioni spinge alla comprensione, esalta la tolleranza. L'auditorium del centro è dedicato a padre Santo di Guardo, missionario cattolico morto nel 1975, e al leader spirituale musulmano Hadji Jainudin Nuno. I manifesti didascalici invocano la Grande Jihad, un concetto del Corano che è distante mille miglia dalla guerra santa contro gli infedeli: è infatti la guerra interiore che si combatte per purificare il proprio cuore.

Dentro Silsilah c'è una scuola dove studiano assieme bambini cristiani e musulmani, un miracolo in questa zona ad alta tensione. «Quando la aprimmo» ricorda la maestra Aminda Sanho «le famiglie erano sospettose. Pochi genitori mandarono i loro figli. Anche se noi accogliamo gratis tutti i poveri di questa periferia degradata che non possono permettersi le scuole di città, i genitori temevano che volessimo convertirli. Poi hanno visto che non era vero, si sono rassicurati, ora i nostri istituti misti si stanno diffondendo in tutta l'isola. Li chiamiamo i "programmi della solidarietà".» La biblioteca di Silsilah ospita in pari quantità i commenti dei Vangeli e gli studi coranici, libri di storia sull'Occidente e sul mondo musulmano, scritti da autori di ogni tendenza. Nei weekend, Silsilah manda gruppi di giovani seminaristi cattolici ad abitare presso famiglie musulmane che hanno accettato di ospitarli. «Conoscersi di persona» spiega D'Ambra «è un antidoto contro l'odio.»

Risulta difficile conciliare il mestiere che sta facendo questo siciliano sbarcato a Mindanao trent'anni fa con l'etichetta di «missionario». Questa parola evoca secoli di proselitismo, conversioni di massa spesso sospinte dalla forza economica e militare dell'uomo bianco, sull'onda delle conquiste coloniali. «Essere missionario» precisa D'Ambra «vuol dire prima di tutto accettare la diversità, amare la cultura dell'altro. Io non sono qui per imporre la mia religione. È la lezione del Concilio Vaticano secondo.» È un bel cambiamento, purtroppo in controtendenza rispetto all'evoluzione recente del mondo islamico. L'interpretazione che D'Ambra dà del suo ruolo coincide, in fondo, con il grande pentimento dell'Occidente, il senso di colpa per i crimini dell'imperialismo che ormai studiamo anche sui banchi di scuola. È molto politically correct, ma mentre in Europa e in America è consentita la proliferazione delle moschee e delle madrasse nel cuore delle nostre città, in molti paesi arabi la pratica del cattolicesimo è vietata. Chissà cosa succederebbe se nelle Filippine i musulmani fossero la maggioranza. «La questione della reciprocità esiste, certo,» replica D'Ambra «e ne so qualcosa. Ho vissuto anche in Arabia Saudita per motivi di studio. Là potevo celebrare messa solo come un clandestino, nelle case private degli occidentali. Un giorno uno straniero mi riconobbe all'aeroporto di Riyad e mi chiamò padre: ebbi i sudori freddi, nessuno doveva sapere chi ero. Ma la reciprocità possono chiederla i governi, non credo che sia un compito della Chiesa.

Certo non mi nascondo il problema dei nostri tempi: mentre l'Islam trae forza dalla presenza di Dio che afferma in ogni gesto della vita quotidiana, l'Occidente ha perso fiducia nei suoi valori, è incerto di tutto, questa è la sua fragilità.» A Silsilah, D'Ambra sceglie un altro approccio: «Qui ognuno è libero di perseguire la spiritualità che ha dentro. Anche i non credenti, perché chi non crede in Dio può aver fede in qualcos'altro: la filantropia, il pacifismo, la salvezza dell'ambiente».

Seguo la maestra Aminda Sanho giù verso una spiaggia trasformata in baraccopoli e discarica di rifiuti. Tra le povere palafitte diroccate dei pescatori, immerse nel sudiciume, senza acqua potabile, e il fetore immondo, l'insegnante cattolica riunisce le donne del quartiere più povero di Zamboanga. Non è una lezione di catechismo, Aminda fa il lavoro dell'assistente sociale (che non c'è): spiega alle giovani mamme le regole essenziali dell'igiene alimentare, l'importanza di usare cibi naturali, di tener lontani i figli denutriti dai veleni del *junk food*. Tra il gruppo che l'ascolta ci sono donne col volto completamente coperto dal velo; rispettano la loro maestra cattolica. Si sono portate i figli, bambini e bambine dalle facce smunte, che seguono la lezione muti, con grandi occhi spalancati. Cresceranno musulmani, un giorno incroceranno l'odio dei loro fratelli maggiori che in questo momento tengono prigioniero padre Bossi. Il ricordo di Silsilah forse li fermerà prima che imbocchino quella strada? «Non lo so» ammette Aminda Sanho. «A volte temo che il nostro lavoro sia solo una goccia nel mare, circondato da forze ostili molto potenti.»

POST SCRIPTUM: DIECI ANNI DOPO

Padre Bossi fu liberato il 19 luglio 2007 e tornò nella sua città d'origine, Abbiategrasso. Rientrato nelle Filippine un anno dopo, è morto in Italia nel 2012. Dalle Filippine mi raggiungono spesso le email di aggiornamento sul lavoro di Silsilah per il dialogo tra cristiani e musulmani. Mindanao rimane uno degli avamposti più lontani dove i missionari cattolici cercano di testimoniare quotidianamente il messaggio di pace di papa Francesco in un ambiente ostile e violento. Nel 2013 Zamboanga fu teatro di una vera e propria guerra tra l'esercito filippino e le milizie islamiche del Moro National Liberation Front, che si concluse con centinaia di morti.

Il 9 maggio 2016 a Manila è stato eletto Rodrigo Duterte, 72 anni, il primo presidente filippino originario di Mindanao. Prima di scalare i vertici della politica nazionale, su quell'isola fu sindaco di Davao City per ventidue anni. In quel periodo, diverse associazioni umanitarie hanno calcolato che la città è stata teatro di 1400 esecuzioni sommarie perpetrate da gruppi di vigilantes: perlopiù piccoli delinquenti e spacciatori di strada, anche bambini. Nell'isola di Mindanao, quindi, Duterte aveva fatto le prove generali dei metodi poi applicati a livello nazionale. Il Moro National Liberation Front ha appoggiato Duterte durante la campagna elettorale.

«Finalmente a San Francisco. È lì, la città che prende il nome da Francesco d'Assisi ma che in Italia è un suono speciale, un'immagine, un sogno, che ho pensato che davvero si poteva cambiare la vita di tanti uomini e donne rinchiusi in un altro mondo, un mondo che ancora conoscevo poco. Era un giorno di novembre del 2000...»

Comincia così il diario di Mario Marazziti, uno dei fondatori della Coalizione mondiale contro la pena di morte, nata con il contributo della Comunità di Sant'Egidio. Parte da una data che è un ricordo comune. Anche per me cominciava una storia nuova diciassette anni fa: a San Francisco misi radici, nel mio girovagare di nomade globale. Nel luglio 2000 mi raggiunsero moglie e figli, per l'inizio della nostra lunga avventura californiana. Fu una sorpresa il primo incontro con Marazziti a San Francisco. E uno shock. Sapevo della pena di morte in America, certo, e da italiano ero istintivamente contrario, senza però avere mai approfondito il problema. Lui mi venne a trovare pochi mesi dopo il mio trasloco, mi raccontò di quel grande raduno mondiale contro la pena di morte. C'era suor Helen Prejean, la monaca militante che era stata interpretata da Susan Sarandon nel film *Dead Man Walking* (storia vera). Erano venuti a quel raduno alcuni politici americani e qualche celebrity, impegnati per una causa umanitaria non molto popolare negli Stati Uniti. Marazziti mi raccontò del supercarcere di San Quintino, che si affaccia su un ramo della splendida baia di San Francisco, e del suo braccio della morte. Perché la California – il più progressista degli Stati Usa – vantava un terribile record di condanne alla pena capitale. Non necessariamente eseguite, ma che contribuivano a riempire quella sezione del penitenziario. Il continuo rinvio, l'uccisione annunciata senza una data certa, quel messaggio terribile che dice a un essere umano «ti farò fuori ma non ho ancora deciso quando», si presta all'obiezione di anticostituzionalità. Nella Carta degli Stati Uniti, infatti, è vietato ogni castigo «crudele e inusuale».

Grazie a Marazziti e a quel raduno di diciassette anni fa contro la pena di morte, cominciai a esplorare le contraddizioni del mio Stato adottivo. San Francisco era stata la culla della Beat Generation, i poeti maledetti degli anni Sessanta, i cantori dell'India eterna e delle droghe. La vicina Berkeley nel 1964-65 aveva partorito il Free Speech Movement, la rivolta giovanile antesignana del maggio '68. La stessa California, però, aveva generato Nixon e Reagan, i presidenti che più ispirano Trump. Si era data delle leggi penali terrificanti come la «three strikes you are out», con l'ergastolo automatico al terzo reato (non necessariamente violento). Oggi Marazziti lo rivedo a New York, dove diciassette anni dopo continua la sua battaglia in sede Onu. Non si è mai lasciato scoraggiare. I sondaggi dicono che la pena di morte perde consensi tra gli americani. Gli Stati Usa che la applicano sono in diminuzione.

La diffusione delle missioni cristiane nel mondo.

Per chi voglia saperne di più, e magari entrare in corrispondenza con alcuni «ospiti» dei bracci della morte, il suo diario è *Life. Da Caino al Califfato: verso un mondo senza pena di morte* (Mondadori, 2015).

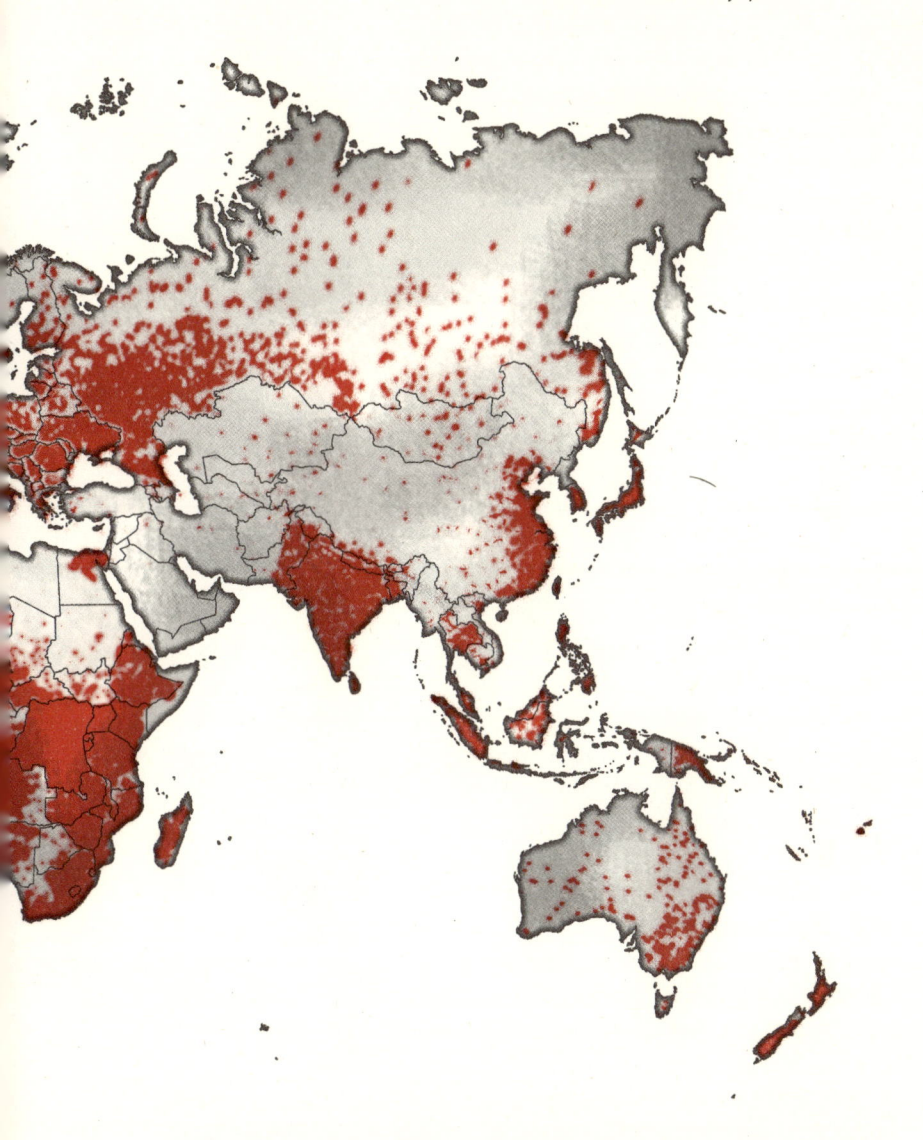

Per me quell'incontro a San Francisco nel 2000 fu anche una rivelazione sulla potenza della Comunità di Sant'Egidio, un gruppo che ha la sua sede originaria a Trastevere dal 1968. Fondato sulla preghiera, sul dialogo tra le religioni, sul volontariato per aiutare i più deboli, è capace di estendere la propria influenza nel mondo intero. Mia moglie Stefania è diventata una volontaria di Sant'Egidio a New York, dove l'organizzazione è attiva nell'assistenza ai senzatetto: distribuisce pasti nelle stazioni Grand Central e Penn Station. Nello scenario geopolitico mondiale, Sant'Egidio è diventata famosa per il ruolo che ebbe nel processo di pace in Mozambico, contribuendo alla fine della guerra civile nel 1992, laddove avevano fallito soggetti ben più grandi e potenti. Tentativi analoghi di una diplomazia parallela per la pace vengono compiuti dalla Comunità in altri paesi africani.

Un altro piccolo aneddoto colpì la mia fantasia: nel 2015 mi fu chiesto di contribuire all'organizzazione del «Secondo Congresso di Vienna», un'idea interessante del filantropo canadese Joel Bell per portare i rappresentanti delle superpotenze al tavolo dove, duecento anni prima, Metternich, Talleyrand, lo zar Alessandro I avevano negoziato i nuovi equilibri internazionali. Invitai a quell'evento alcuni italiani tra cui Romano Prodi e Agostino Giovagnoli, un altro esponente della Comunità di Sant'Egidio. Attorno al tavolo del Congresso di Vienna mi accorsi che Sant'Egidio era un nome arcinoto. Appena vide Giovagnoli, si precipitò ad abbracciarlo il principe El Hassan bin Talal di Giordania. Un altro piccolo segnale dell'influenza di questo gruppo nato a Roma. Su cui, del resto, fa leva volentieri papa Francesco, che ha stretto un forte rapporto con l'associazione, talvolta usandola lui stesso come un «canale parallelo», più discreto e meno impegnativo della diplomazia vaticana.

La geografia delle grandi potenze deve includere la Chiesa cattolica, anche nel XXI secolo. Per noi italiani, forse questa è un'ovvietà, ma i fautori della Realpolitik hanno spesso esibito scetticismo sul «soft power» di una potenza religiosa disarmata. Un aneddoto celebre a questo proposito è stato tramandato da Winston Churchill nelle sue memorie. Secondo lo statista inglese, in un incontro avvenuto nel 1935 a Mosca il ministro degli Esteri francese Pierre Laval avrebbe chiesto al dittatore sovietico Stalin un trattamento migliore per i cattolici russi, al fine di ingraziarsi il papa. La battuta di Stalin, raccontata da Churchill, è diventata leggendaria: «Quante divisioni ha il papa?». Si riferiva alle divisioni armate, alle colonne blindate, ecc. Nessuna, ovviamente, era la risposta. Però la stessa Unione Sovietica avrebbe misurato, più tardi, il temibile «soft power» di un papa: Giovanni Paolo II, il polacco Karol Wojtyła, fu prezioso nel sostenere la battaglia della sua Polonia per la libertà, che fu l'inizio dello sgretolamento del blocco sovietico. La Polonia cominciò a ribellarsi al regime comunista con le lotte operaie nei cantieri navali di Danzica guidati dal sindacato Solidarność e dal suo leader Lech Wałesa nel 1980, nove anni prima della caduta del Muro di Berlino. Seguì l'instaurazione della legge marziale nel 1981, di fatto un golpe militare col generale Jaruzelski. Il quale, però, fu attento a impedire ingerenze sovietiche sul tipo dell'invasione della Cecoslovacchia nel 1968. Jaruzelski usò una repressione «moderata e nazionalista» nei confronti di Solidarność, perché il sindacato polacco godeva del vigoroso appoggio del papa, che gli offriva una visibilità su scala mondiale. Dunque, le «divisioni» di Giovanni Paolo II esistevano, a modo loro.

Ma papa Wojtyła ebbe un'alleanza decisiva con Ronald Reagan, il presidente «vero vincitore» della guerra fredda. Il «soft power» della religione venne appoggiato dall'«hard power» dello zio Sam, oltre che dai finanziamenti di Washington a Solidarność. La storia delle relazioni fra queste due superpotenze, l'«hard power» imperiale dell'America e il «soft power» religioso della Chiesa cattolica, si arricchisce di altre «coppie» come John Kennedy-Giovanni XXIII: nei primi anni Sessanta parve esserci una sintonia ideale tra il primo presidente cattolico degli Stati Uniti e il papa del Concilio Vaticano II. Entrambi erano portatori di un'atmosfera di rinnovamento, di speranza, di uscita dagli anni

I paesi a maggioranza cattolica.

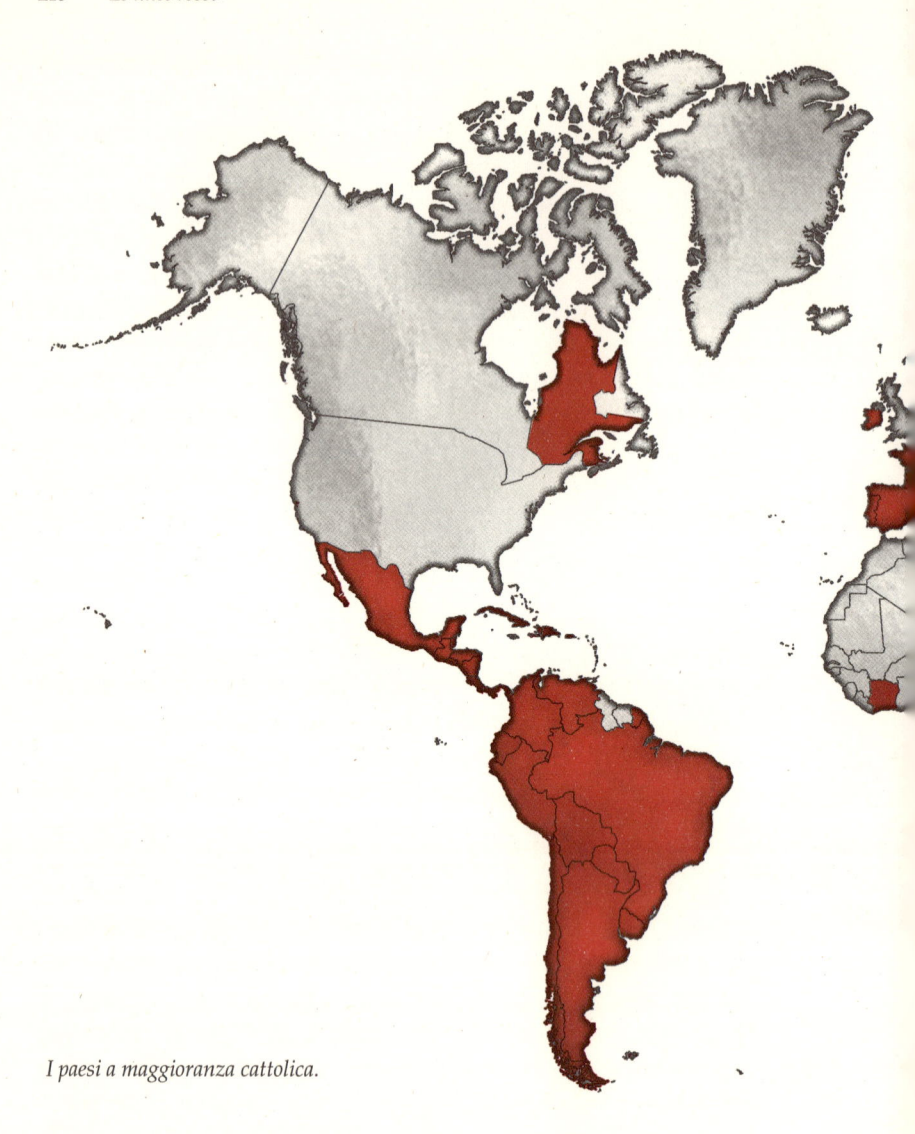

più cupi della guerra fredda. Il presidente giovane e glamour della Nuova Frontiera, il papa del dialogo ecumenico tra le religioni. Probabilmente quella sintonia fu più d'immagine che di sostanza. La coppia di ferro che fu capace quasi di una politica estera «coordinata» rimane quella fra Reagan e Wojtyła.

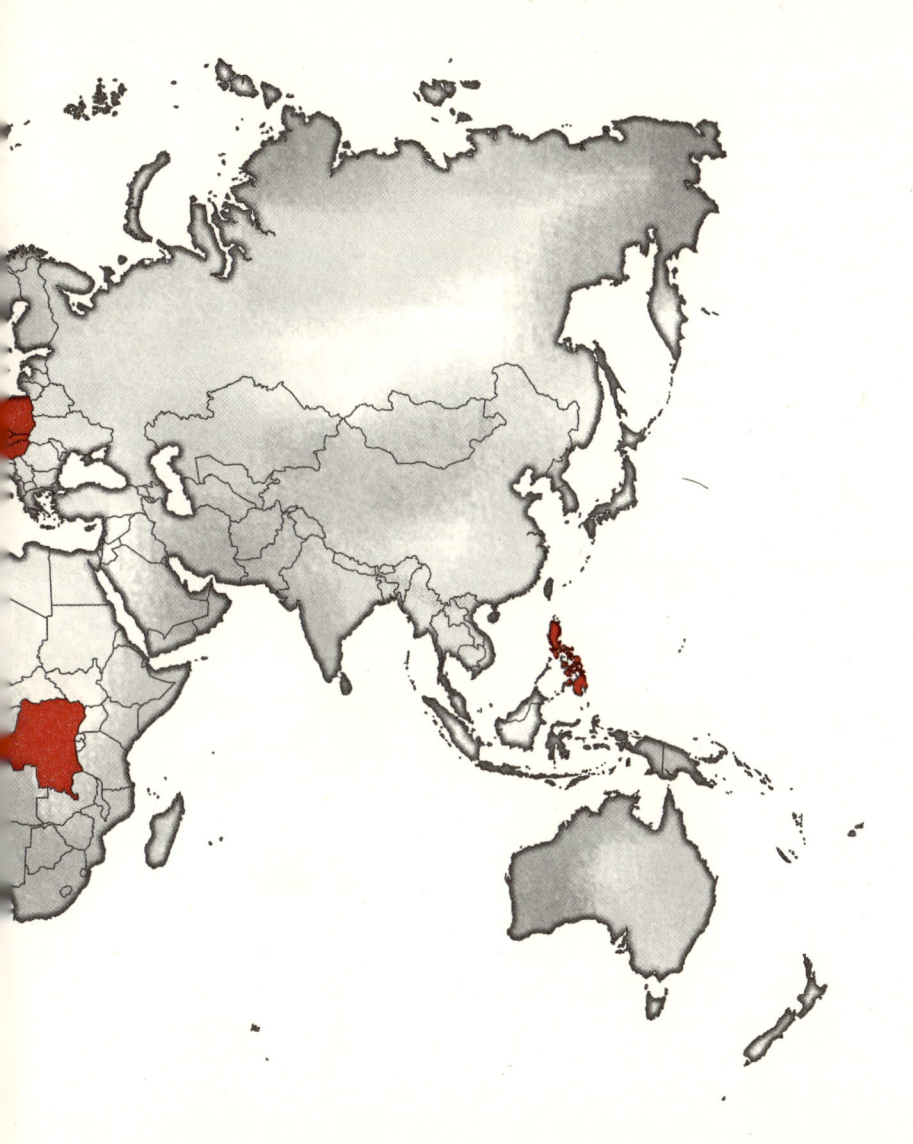

Dunque, quante divisioni ha oggi papa Francesco? Quanti punti sul mappamondo sono toccati dall'influenza della Chiesa cattolica? Dal mio osservatorio americano, per quanto limitato, mi sono già imbattuto più volte nell'incontro/scontro fra la superpotenza leader del nostro tempo e il «soft power» della Santa Sede. Con alterni risultati. Per qualche anno ho visto le prove generali di un asse Obama-Bergoglio, con risultati interessanti. Era la risposta di sinistra alla versione Reagan-Wojtyła. Ora vedo un grosso punto interrogativo, nell'America di Trump. Nel mondo intero la popolarità di Bergoglio, pur vastissima tra i progressisti e perfino i non credenti, misura in qualche modo un limite della sua influenza? Il suo ruolo su temi come l'immigrazione e l'ambiente è diventato quello di un profeta destinato a predicare nel deserto? Nel passaggio da Obama a Trump c'è anche un arretramento brusco di quelle idee che papa Francesco, appena nominato, era venuto a difendere proprio qui negli Stati Uniti.

Era il 24 settembre 2015 a Washington. E sembra un secolo fa.
«La maggior parte di noi sono stati stranieri. Ricordiamo la regola d'oro: fai agli altri ciò che vorresti sia fatto a te. L'America è stata grande quando ha difeso la libertà e i diritti per tutti, con Lincoln e Martin Luther King.» Quel giorno papa Francesco è il primo pontefice nella storia a parlare al Congresso americano a Camere riunite. Affronta Washington con un discorso appassionato e anche duro: chiede l'abolizione della pena di morte e della vendita di armi, invoca politiche di accoglienza per immigrati e profughi, un impegno contro le diseguaglianze, la lotta al cambiamento climatico. Sono i grandi temi del suo pontificato, ma dentro l'aula del Congresso, di fronte ai legislatori della superpotenza mondiale, assumono un peso politico enorme. Standing ovation, è unanime l'applauso in piedi al suo arrivo, ma via via che il papa pronuncia il suo discorso gli applausi diventano più schierati e selettivi. L'entusiasmo, invece, è travolgente e incondizionato nella folla che assiste fuori: in

50.000 lo seguono sui maxischermi montati appositamente nel West Lawn, vasto prato sulla collina del Campidoglio.

Papa Bergoglio ha misurato il giorno prima le affinità elettive con Barack Obama. Ma è un'America diversa quella che lo aspetta al Congresso. Questa è la tana dei leoni, una maggioranza di repubblicani, in piena campagna per la nomination presidenziale: a destra è già in voga la xenofobia di Donald Trump, il negazionismo climatico, il sostegno alla lobby delle armi e alla pena di morte, il rifiuto di politiche fiscali redistributive. Su ciascuno di questi temi il papa non fa concessioni, non smussa le asperità.

American Dream e accoglienza degli stranieri è il primo tema forte del discorso. Bergoglio lo affronta partendo dalla sua biografia e lo declina parlando di Americhe al plurale, come gli è congeniale. Un argentino vede gli Stati Uniti con una prospettiva particolare, nell'emisfero Sud lo zio Sam è stato sinonimo di prepotenze imperialiste, ma l'approdo negli Stati Uniti è anche il traguardo della speranza per chi emigra. «Negli ultimi secoli, milioni di persone sono giunte in questa terra per rincorrere il proprio sogno di costruire un futuro in libertà. Noi, gente di questo continente, non abbiamo paura degli stranieri, perché molti di noi una volta eravamo stranieri. Vi dico questo come figlio di immigrati, sapendo che anche tanti di voi sono discendenti di immigrati ... Anche in questo continente, migliaia di persone sono spinte a viaggiare verso il Nord in cerca di migliori opportunità. Non è ciò che volevamo per i nostri figli?»

Prende di mira i quattro mali più gravi del nostro tempo e li elenca così: l'odio, l'avidità di denaro, la povertà, l'inquinamento. La sua critica agli eccessi del capitalismo globale si traduce in un messaggio rivolto all'America: la più ricca nazione del pianeta non deve lasciare che sia il denaro a dominare la politica, quest'ultima deve avere «al centro l'essere umano». Sulla tutela dell'ambiente il papa chiama in causa direttamente il Congresso, dove tante riforme dell'amministrazione Obama si sono arenate. «Nell'Enciclica *Laudato si'* esorto a uno sforzo coraggioso e responsabile per "cambiare rotta" ed evitare gli effetti più seri del degrado ambientale causato dall'attività umana. Sono convinto che possiamo fare la differenza e non ho dubbi che gli Stati Uniti – e questo Congresso – hanno un ruolo importante da giocare. Ora è il momento di azioni coraggiose e strategie dirette a implementare una "cultura della cura".»

È il passaggio sugli immigrati quello che rende più vistosa la differenza di reazioni: «Non dobbiamo lasciarci spaventare dal loro numero, ma piuttosto vederle come persone, guardando i loro volti e ascoltando le loro storie, tentando di rispondere meglio che possiamo alle loro situazioni». Dentro l'aula del Congresso solo i democratici applaudono. Fuori, sul grande prato, è un boato di consensi: molti ispanici sono venuti ad ascoltarlo da tutta l'America.

Scottante l'intervento sulle armi: il papa non censura solo il grande traffico internazionale di armamenti, ma anche le vendite individuali, un tema tabù per la destra americana allineata con la lobby della National Rifle Association. La destra applaude rinfrancata quando il papa difende il valore tradizionale della famiglia. E tuttavia anche qui Bergoglio inserisce un riferimento alla crisi economica, alla disoccupazione, alle diseguaglianze: «In particolare, vorrei richiamare l'attenzione su quei membri della famiglia che sono i più vulnerabili, i giovani… A rischio di banalizzare, potremmo dire che viviamo in una cultura che spinge i giovani a non formare una famiglia, perché mancano loro possibilità per il futuro».

Poi il papa celebra messa in spagnolo alla chiesa di San Patrizio dove sono radunate famiglie povere. Lì torna sul tema che gli è più caro: «Il Figlio di Dio è entrato in questo mondo come un homeless. Il Figlio di Dio ha saputo che cos'è cominciare la vita senza un tetto». Poche ore prima Los Angeles, metropoli glamour della ricchissima California, aveva dovuto prendere una misura senza precedenti: la proclamazione di uno stato d'emergenza per l'aumento degli homeless.

Quando il papa visita per la prima volta gli Stati Uniti, l'asse Obama-Bergoglio ha già superato il suo collaudo, contribuendo a chiudere una delle ultime ferite della guerra fredda. O, almeno, così era parso. Cinque mesi prima di quel discorso al Congresso di Washington, il 10 aprile 2015 a Panama è accaduto un piccolo miracolo, al quale la diplomazia vaticana ha lavorato molto.

Obama la definisce «una svolta nella storia delle Americhe». Raúl Castro gli rende omaggio: «È un uomo onesto. Non è responsabile lui, per le cose accadute prima del suo tempo». In questo scambio è racchiuso l'evento culmine di Panama: il primo incontro da più di cinquant'anni, fra i presidenti di due Stati che la guerra fredda aveva contrapposto.

«Le cose accadute prima del suo tempo», a cui allude Raúl Castro, hanno segnato la memoria di intere generazioni, e non solo in America latina. Il golpe del generale Pinochet che depose il presidente Salvador Allende in Cile nel 1973, con l'appoggio della Cia, rimane una tragedia che segnò l'immagine degli Stati Uniti. Mentre Richard Nixon arretrava in Vietnam, poteva spadroneggiare impunemente nel «cortile di casa sua», l'America latina. L'assalto al palazzo della Moneda di Santiago accese l'indignazione mondiale contro l'imperialismo yankee. In Italia ebbe perfino conseguenze interne: il segretario del Pci Enrico Berlinguer lanciò il suo «compromesso storico» partendo dall'analisi del golpe cileno: un'avvisaglia dei rischi che poteva correre chi si metteva contro gli Stati Uniti. Poi vennero le prepotenze di Ronald Reagan. L'invasione di Grenada nel 1983. Poi lo scandalo Iran-Contras, la fornitura di armi alle milizie di destra in Nicaragua, a partire dal 1985, nella guerriglia contro il governo sandinista.

Ma le radici storiche dell'ingerenza sono ben più antiche. «Cortile di casa», l'America latina lo diventa per Washington quasi due secoli fa.

La memoria di quei tempi è ancora viva a sud del Rio Grande, impressa nelle biografie personali. Bergoglio viene da quel mondo. Perciò, sotto la sua guida, la diplomazia vaticana ha moltiplicato gli sforzi per avvicinare Washington e L'Avana. Ci è riuscita. Obama gliene darà atto più volte, rivelando tanti retroscena sul «terzo binario vaticano» nelle trattative segrete condotte per anni: il disgelo con Cuba porta le impronte di un pontefice. Anzi più d'uno, in verità. Perché il lavoro sotterraneo della diplomazia vaticana risale a Giovanni Paolo II: il papa polacco è stato il primo a incontrare Fidel Castro, nel 1997. Con un tempismo politico evidente, Wojtyła si era recato a Cuba mentre stavano finendo gli aiuti economici di Mosca e L'Avana entrava in una fase ancora più difficile dell'embargo. Risale al 1997 l'inizio di quel lavoro della «vecchia talpa» vaticana per triangolare il dialogo Roma-Washington-L'Avana, di cui Bergoglio coglie i frutti con il disgelo di Obama.

Il 1° luglio 2015 vado a Cuba per vivere sul posto l'annuncio ufficiale di quell'evento storico. «Più di 54 anni fa, al culmine della guerra fredda, gli Stati Uniti chiusero l'ambasciata all'Avana. Oggi ristabiliamo le relazioni diplomatiche con Cuba, riapriamo le rispettive ambasciate. È l'inizio di un nuovo capitolo coi nostri vicini delle Americhe.» Obama lo dice dal Rose Garden della Casa Bianca. Un coro di approvazione, sollievo e gioia si leva attorno a me; seguito da qualche fremito di scetticismo e preoccupazione. La dichiarazione del presidente americano quel giorno la seguo in tempo reale all'Avana, con amici cubani, in una casa privata. Tutti i canali tv locali la danno in diretta. Lo storico annuncio di Obama è trasmesso integralmente, senza censura neppure quando invoca il rispetto dei diritti umani nell'isola governata dai fratelli Castro.

Ma quanto resta da fare perché diventino realtà le speranze suscitate? «Bloqueo = Genocidio.» In un paese magicamente libero da ogni pubblicità commerciale, l'unico grande manifesto che mi accoglie al mio arrivo, sulla strada dall'aeroporto in città, raffigura la corda di un impiccato. E quello slogan che equipara il «bloqueo», cioè l'embargo, allo sterminio di un popolo. Un po' eccessivo, visto che i cubani, unici in America latina, grazie alla qualità della propria sanità pubblica godono di una speranza di vita eguale agli abitanti della Florida. Il manifesto sull'autostrada riflette il tentativo di addebitare tutta la povertà all'imperialismo arrogante degli yankee. La storia è più complessa.

Ascolta, yankee: nel lontano 1960, in un magistrale pamphlet con questo titolo, il grande sociologo americano Charles Wright Mills spiegava ai suoi connazionali gli enormi errori che stavano facendo, con l'isolamento che spinse Fidel Castro nelle braccia dell'Unione Sovietica. Poi, però, gran parte delle sventure cubane hanno seguito i fallimenti di tutti i sistemi socialisti. Via via che gli aiuti da Mosca (o più di recente dal Venezuela) venivano meno – per la dissoluzione dell'Urss e la morte di Chávez –, il bilancio del castrismo diventava sempre più negativo.

Nel giorno dell'annuncio di Obama, ho avuto diritto come tutti gli abitanti del quartiere di Vedado a quattro ore di blackout elettrico. Una visita ai supermercati consente di scegliere fra pochi prodotti di prima necessità. L'Avana Vieja, il magnifico centro storico che è patrimonio dell'Unesco, casca a pezzi come i bassi di Napoli ai tempi di Eduardo De Filippo, subito dopo i bombardamenti dell'ultima guerra. Ha il fascino della decadenza, di un passato coloniale esuberante e lussureggiante, ma solo a chiazze si sono avviate operazioni di restauro e recupero. Lo straniero rimane sedotto dall'atmosfera retrò, dalle Cadillac anni Cinquanta. Per i tre milioni di abitanti dell'Avana questo disfacimento urbanistico è il riflesso della loro precarietà. Interi palazzi del barocco spagnolo sono dei ruderi in attesa di crollare, sovrappopolati da famiglie numerose in coabitazione plurima. Basta un uragano perché altri splendori ottocenteschi crollino per sempre. Lo scetticismo con cui i miei amici cubani hanno accolto il disgelo riguarda la transizione verso un sistema economico più efficiente. «Modello Cina, modello Vietnam»: tutti ripetono questo slogan che incarna una speranza. Comunismo capitalista, partito unico ed economia di mercato. Avendo vissuto a lungo in Cina, mi sembra azzardato il paragone. La Cina ebbe una fiorente economia mercantile, prima del suo declino nell'Ottocento; era più ricca dell'Europa cinque secoli fa. Cuba, come tutti i Caraibi e l'America latina, ha conosciuto la modernizzazione insieme con la rapina coloniale e lo schiavismo, i latifondi e l'oppressione straniera.

«Quando chiudemmo l'ambasciata nel 1961, nessuno pensava che sarebbe passato più di mezzo secolo per riaprirla. Dopotutto siamo solo a 90 miglia. L'embargo non ha funzionato.» Tocca a Obama voltare pagina rispetto agli errori di un altro giovane presidente democratico, John Kennedy. Progressista su altre questioni, non certo nelle scelte dissennate che fece sull'America latina. Nelle parole di Obama c'è il riconoscimento di una lunga catena di errori, seguito da una promessa. E anche una sorta di minaccioso interrogativo: cosa accadrà di quest'isola di 11 milioni di abitanti, se torna in forze il capitalismo yankee?

Per una curiosa coincidenza, lo stesso giorno in cui Washington annuncia lo scambio di ambasciatori, l'Organizzazione mondiale della sanità offre a Cuba un riconoscimento notevole: nomina l'isola come la prima nazione al mondo che ha «sradicato completamente il contagio in gravidanza madre-figlio sia per l'Aids che per la sifilide»; l'Oms indica L'Avana come «un modello per i sistemi pubblici sanitari nel resto del mondo». Questa non è propaganda di regime. È una notizia che serve a capire perché il «salsa-socialismo» di Fidel ha continuato ad avere ammiratori nel mondo intero, soprattutto in America latina. I medici cubani «prestati all'estero», ricercatissimi per la loro competenza, con le loro rimesse sono la terza fonte di entrate per L'Avana. Gli investimenti nell'istruzione e nella sanità rimangono un fiore all'occhiello. Anche questi, però, sono risultati di un modello che vacilla, e potrebbe non sopravvivere al suo ingresso tardivo nella globalizzazione made in Usa.

La Chiesa cattolica, con la sua presenza antica e capillare in tutta l'America latina – Cuba compresa –, è al tempo stesso paladina degli ultimi e partecipe della loro oppressione. È una storia che papa Francesco conosce meglio di ogni altro, avendo vissuto in Argentina ai tempi della dittatura militare, della tragedia dei *desaparecidos*, e avendo coabitato (in modo conflittuale) con quella «teologia della liberazione» più vicina ai Castro e a Che Guevara che al cattolico John Kennedy. Bergoglio porta con sé il fardello di quell'eredità enorme, che fa della sua chiesa un pezzo di storia delle Americhe: oltre mezzo millennio che va dai peggiori orrori del proselitismo armato dei *conquistadores*, fino alla paziente mediazione con cui la Santa Sede ha avvicinato Obama a Castro.

Rimarrà qualcosa dell'ultima breve stagione in cui Washington e il Vaticano lavorarono di comune accordo come ai tempi di Reagan-Wojtyła? O l'eredità di quell'asse Obama-Bergoglio è destinata a sparire, risucchiata nel vortice della restaurazione trumpiana?

Ambiente, immigrati: tra l'America di Trump e la Chiesa di papa Francesco la distanza è incolmabile. E rimane tale anche quando il presidente americano, a quattro mesi dal suo insediamento, visita il pontefice in Vaticano: è il 24 maggio 2017. Il cerimoniale non può nascondere il gelo, che traspare perfino nelle foto di quella giornata. È un incontro a senso unico: Trump prende ma non dà, incassa il prestigio di un colloquio col pontefice ma non si sposta di un millimetro. Il presidente americano è rispettoso fino all'ossequio, raggiante per l'incontro col papa che considera un successo personale, una foto ricordo da esibire ai cattolici americani. Sfoggia un sorriso trionfale nella «photo opportunity», il ritratto di gruppo coglie invece un papa Francesco insolitamente distante, immerso nei suoi pensieri, quasi cupo. È il ritratto vero di quell'incontro. Quella foto la dice lunga sul disgelo che non c'è stato. Il bagaglio delle divergenze, dei valori incompatibili, tra il presidente e il pontefice era troppo pesante. Scontri duri, come mai c'erano stati tra un papa e un leader americano.

Il 18 febbraio 2016, quando Trump era solo un candidato e Bergoglio compì un viaggio in Messico, il pontefice aveva criticato chi erige muri. Trump gli aveva dedicato la prima replica, durissima: «Il papa è un uomo politico e forse una pedina del governo messicano». Il papa non si era arreso: «Una persona che pensa solo a fare muri non è cristiana. Questo non è nel Vangelo». L'ira del magnate esplose in seguito a un comizio in South Carolina: «Se e quando l'Isis attaccasse il Vaticano, che come tutti sanno è il massimo trofeo che i terroristi vorrebbero avere, vi garantisco che il papa si metterebbe a pregare perché Donald Trump fosse presidente. Il governo messicano mi ha denigrato con il papa perché vuole continuare a farsi beffe dell'America ai confini. Il papa non ha visto il crimine, il traffico di droga». Ultima stoccata: «E sono un buon cristiano, orgoglioso di esserlo».

Il bilancio del summit vaticano è disastroso. Il rispetto degli accordi di Parigi per la lotta al cambiamento climatico è stato uno dei temi centrali nel colloquio col papa. Inutile: poco dopo Trump annuncerà la sua intenzione di ritirarsi da quegli accordi.

Quando il papa gli regala tre libri fra cui spicca la sua enciclica *Laudato si'*, «per prendere cura della casa comune che è l'ambiente», Trump gli risponde: «Li leggeremo». Più che un plurale maiestatis, quello è il riflesso di un uomo che per sua stessa ammissione non legge mai libri, li rifila come un peso inutile ai suoi collaboratori. Sull'immigrazione il dialogo tra i due è inesistente. Così come sui rapporti con l'Islam. O la pena di morte. O le armi. Si è chiuso brutalmente un periodo di affiatamento con Washington che aveva dato alla diplomazia vaticana una marcia in più, una sorta di moltiplicatore delle sue potenzialità.

La mia finestra sull'Africa nera si chiama suor Rosa da Reggio Emilia. Suor Rosa che confessa: «Il mal d'Africa esiste eccome, io ci tornerei subito». L'hanno richiamata in patria d'autorità, per lo stato di grave insicurezza in cui viveva. Più di dieci anni in Centrafrica, aveva passato, e ha visto cose che noi umani (bianchi) neppure immaginiamo: strade lastricate di cadaveri maciullati dalle fazioni in guerra, banditi-guerriglieri che hanno minacciato di rapirla, costringendola alla fuga nottetempo nella foresta tropicale, inseguita dai branchi coi kalashnikov; ripetuti interventi di truppe francesi che non hanno risolto nulla, salvo garantire il controllo sulle miniere di oro, diamanti, uranio. Più l'ignoranza e la superstizione mortale delle credenze animistiche locali, per cui se uno si ammala bisogna trovare un colpevole che gli ha tirato il malocchio, e ucciderlo con pozioni di erbe velenose. Racconta con tono sobrio, lucido, senza censurare episodi scabrosi e terrificanti.

Appena cinquantenne, suor Rosa ha subìto tali prove da missionaria in Africa che il lavoro attuale lo vive con leggerezza. Al convento di Sant'Anna sopra Camogli ha accolto 16 donne profughe, a maggioranza nigeriane. Molte portano segni di abusi atroci, come le piaghe profonde incise nelle gambe dalle catene dei loro schiavisti/aguzzini, ma almeno sono sopravvissute. Suor Rosa se ne occupa senza un'agenda politica, come si suol dire. Per obbedienza. Il papa ha detto ai conventi di aprirsi ai profughi, lei esegue. La prefettura di Genova aveva bisogno di piazzare quelle 16 donne, lei si è offerta. Il chiasso sui profughi non la riguarda, se non quando sente dire bugie. Allora telefona ai politici o ai giornalisti e dice: venite qui a vedere, non abbiamo nulla da nascondere, siete liberi di avere opinioni ma per favore giudicate sui fatti. Non è vero che i profughi siano destinati a essere solo un peso; possono lavorare, la legge lo prevede, infatti suor Rosa mette al lavoro tutte queste donne: una sta per diventare un'operatrice sociosanitaria per accudire anziani. Non è vero che l'assistenza è un business nel quale ci si arricchisce, a meno di essere imbroglioni e sfruttatori (ci sono anche quelli). Nel suo caso, alle donne fuggite dall'orrore in Nigeria offre corsi di lingua e di formazione, oltre a vitto e alloggio; inquadratissime, disciplinate; sono esse stesse un lavoro a tempo pieno. C'è anche l'assistenza psicologica. Una di queste ragazze ha passato mesi nel mutismo, con lo sguardo fisso nel vuoto, prigioniera di ricordi orrendi. Molte hanno lasciato figli dietro di sé, con cui potranno ricongiungersi solo se e quando avranno una situazione stabile.

Suor Rosa sa essere severa per far regnare la disciplina fra le ospiti del suo monastero. Ma ancor più severo è il suo sguardo sulle potenze occidentali in Africa. Quella che ha visto in azione da vicino, la Francia, l'ha disgustata. Ex colonia francese, celebre quarant'anni fa per scandali come «i diamanti dell'imperatore Bokassa» (regalati al presidente Valéry Giscard d'Estaing), la République Centrafricaine continua a essere trattata come un protettorato, dove le truppe di Parigi intervengono a ripetizione. La pace, i francesi non la portano. Né l'istruzione, o un livello decente di cure mediche. Non hanno mai formato una classe dirigente. Per un paese due volte più vasto dell'Italia, con soli 4,5 milioni di abitanti e ricchezze minerarie inaudite, non dovrebbe essere impossibile. A suor Rosa le squadracce di guerriglieri-banditi «spolparono» letteralmente un intero orfanotrofio-scuola, portandosi via anche tubature e sanitari. Ma lei, quando guarda il tramonto su questa riva del Mediterraneo, pensa ogni sera all'altra sponda, e sogna di tornare laggiù.

La sua testimonianza mi costringe a documentarmi sul Centrafrica, di cui lei sa tutto e io non so nulla, a parte il mio ricordo d'infanzia in Francia, sui regali sontuosi fatti all'Eliseo dall'imperatore Bokassa, figura grottesca che sembrava il Re Ubu di Alfred Jarry. Apprendo che, nonostante le immense ricchezze del suo sottosuolo – uranio, oro, petrolio, diamanti, cobalto – e perfino tante terre arabili e capacità di energia idroelettrica, il Centrafrica è stabilmente una delle dieci nazioni più povere del pianeta. Addirittura all'ultimo posto mondiale, centottantottesima, nello Human Development Index delle Nazioni Unite.

La figura ammirevole di suor Rosa concentra in sé tante lezioni su quel corpo di combattenti per la pace che sono i missionari moderni, così diversi dai loro predecessori; sulla geografia mondiale del cattolicesimo, sull'irradiazione universale del ruolo della Chiesa cattolica, e anche sul modo in cui questo influenza la politica italiana. Il dibattito sulle politiche dell'immigrazione in Italia non sarebbe lo stesso, senza l'influenza della Chiesa e di tutte le sue organizzazioni. Ad alcuni questo piace, altri lo considerano un condizionamento negativo o perfino una iattura. Qui m'interessa solo osservare come la geopolitica del cattolicesimo o la «linea rossa» delle emergenze umanitarie su cui il Vaticano ha una posizione precisa, si riflette con un impatto forte sull'Italia. In parte qualcosa di simile è avvenuto in Germania quando Angela Merkel sposò, inizialmente, una linea di apertura ai profughi, poi però corretta e ridimensionata. La Merkel è una democristiana. Una parte dei suoi elettori sono cattolici, soprattutto nella Germania renana e ancor più in Baviera. Ma la Merkel stessa è figlia di un pastore protestante. L'influenza del papa sulla politica tedesca non è paragonabile a quella che esercita in Italia.

Un'altra cosa nella biografia straordinaria di suor Rosa si collega con la figura e il pensiero di papa Francesco. L'argentino Bergoglio oggi è l'erede di una recente conversione cattolica anticoloniale. La conosco perché mi nutrii di quei testi da adolescente. Tra le mie prime letture politiche, formative, ci furono don Lorenzo Milani e gli scritti di dom Hélder Câmara. Nella *Lettera a una professoressa* di don Milani, pubblicato nel 1967, c'erano passaggi durissimi contro l'imperialismo americano e la guerra del Vietnam. Dom Câmara, arcivescovo di Recife in Brasile, era un esponente di punta della teologia della liberazione. Un movimento di rottura, a lungo minoritario, perseguitato anche dal Vaticano. Dai sacerdoti che accompagnavano i *conquistadores* e imponevano agli indios la nostra religione, fino a quelli che appoggiavano le dittature militari nel Sudamerica dagli anni Cinquanta agli anni Settanta, il segno della Chiesa cattolica nel Terzo Mondo spesso è stato molto diverso: il clero stava dalla parte dei bianchi, dei colonizzatori, o delle élite locali. Soprattutto le alte gerarchie ecclesiastiche furono spesso complici del potere, talvolta abbandonando i preti del popolo. Bergoglio ha vissuto da vescovo argentino una situazione difficile. Da una parte c'era una dittatura militare al potere. Dall'altra una teologia della liberazione che spesso sconfinava con l'apologia della guerriglia armata e si allineava implicitamente con l'Unione Sovietica nella guerra fredda. Per questo da vescovo argentino lui non fu un simpatizzante della teologia della liberazione. Oggi però, quando prende posizione sui grandi temi come l'immigrazione e la povertà, nelle sue parole io sento riecheggiare quelle di don Milani e dom Hélder Câmara. Il suo cattolicesimo invita l'Occidente a espiare i peccati della colonizzazione. Anche a rischio di alimentare un equivoco pericoloso: oggi molti paesi africani o sudamericani sono saccheggiati da classi dirigenti locali che usano il discorso antioccidentale per coprire i propri crimini.

Per purificarsi degli errori passati della Chiesa, talvolta il suo «buonismo» verso l'Islam è discutibile. Denuncia il pericolo dell'islamofobia, ma non coglie l'urgenza che le comunità di musulmani facciano piazza pulita di una cultura del vittimismo e della recriminazione che ne fa un terreno fertile per i predicatori di odio e vendetta violenta. Il mondo cattolico che ha faticato a lungo prima di accettare la separazione tra Stato e Chiesa, l'accettazione dei principi della liberaldemocrazia, non è il più adatto a pungolare le comunità musulmane che respingono la nostra laicità.

Resta il fatto che la geopolitica vaticana introduce nel cuore dell'Italia un elemento di universalità, mette a contatto gli italiani con una rete di missionari che conoscono il mondo nelle sue sofferenze estreme. La Santa Sede ha delle «antenne» planetarie che altrimenti un piccolo paese come l'Italia non potrebbe mai possedere. Ospitare la capitale del cattolicesimo è al tempo stesso un onere e un privilegio, una potenzialità e un condizionamento, che faranno sempre parte dell'anomalia italiana.

VIII

Migrazioni e identità, l'Italia risucchiata dal Mediterraneo

Dove un sacerdote colombiano sfuggito ai narcos incontra sia i profughi sia la 'ndrangheta a Ventimiglia; lo «ius soli» agita le coscienze; e la storia delle migrazioni/invasioni ci riporta fino alla caduta dell'impero romano, o molto più indietro: alla misteriosa fine dell'uomo di Neanderthal?

Per arrivare a Ventimiglia prendo un treno locale da Genova, di quelli che fanno tutte le fermate. Mentre sto leggendo, all'improvviso scoppia un parapiglia. Nel corridoio del treno vedo sfrecciare di corsa un ragazzo nero. A pochi metri di distanza, lo insegue una donna controllore che gli urla: «Devi scendere! Scendi subito! Guarda che non mi sfuggi!». Dopo un po' la funzionaria di Trenitalia rinuncia: arrivata in fondo al vagone, si ferma e torna indietro ansimando. Per rincuorarla le faccio i complimenti per lo scatto, la butto sul ridere. Non è una ragazzina, ci vuole fiato per correre così dietro un ventenne. Ci vuole anche coraggio. Ogni tanto leggo notizie di aggressioni violente, capitreno e controllori pestati o accoltellati. Non sempre, ma spesso da immigrati che viaggiano senza biglietto. Che sia un andazzo frequente posso testimoniarlo, pur abitando in America: ogni volta che sono in vacanza in Italia e prendo un treno locale mi capita di assistere a scene simili. L'abitudine di viaggiare a sbafo è diffusa tra gli immigrati. Ci saranno pure italiani che fanno lo stesso, sicuramente, però tra gli stranieri sembra un vizio di massa. I poveri controllori sono così costretti a trasformarsi in poliziotti, ancorché disarmati. Combattono una piccola guerra quotidiana, forse inutile, per instillare un senso di legalità, di rispetto delle regole. Li ammiro perché non ci guadagnano proprio nulla, non ne ricavano un tornaconto personale, corrono dei rischi per fare il proprio dovere.

La donna controllore sul treno per Ventimiglia ha il senso dell'ironia e ha voglia di sdrammatizzare: «Finché le gambe mi reggono, continuo. Ma ormai mancano solo due mesi alla pensione, e allora chi s'è visto s'è visto...». Dai colloqui che ho avuto con lei, e con altri suoi colleghi incontrati in occasioni analoghe, scopro che quegli stranieri loro li conoscono bene. Raramente sono dei nullatenenti; quasi mai dei rifugiati in transito. Più spesso sono degli habitué, che i controllori incontrano ripetutamente sulle stesse tratte; il biglietto potrebbero pagarselo, ma hanno deciso di no, tanto il rischio è minimo, la sanzione non arriva mai.

La scena del treno fa da preludio alla mia visita ai profughi di Ventimiglia. Questa è l'ultima città della Liguria prima del confine con la Francia. Questi confini tra Stati-nazione, spesso arbitrari e capricciosi, ebbero un'importanza micidiale nell'Ottocento e nel Novecento, all'apice dei nazionalismi nostrani: per spostarli di qualche chilometro si combatterono guerre a non finire... La nostra linea rossa che corre lungo il litorale con la Francia ha avuto diversi slittamenti: Nizza fu italiana, ora è francese. Fosse nato dopo il trattato di Torino firmato nel 1860, che cedeva Nizza a Napoleone III, Giuseppe Garibaldi sarebbe stato francese e, come tale, chissà se avrebbe guidato la spedizione dei Mille? I reali di Savoia parlavano francese, come Camillo Benso conte di Cavour, e toccò a loro fare l'Unità d'Italia. L'Italia mussoliniana si riprese Nizza, sia pur brevemente, durante la seconda guerra mondiale. Certo, per quel confine non ci sono stati tanti morti come per l'Alsazia-Lorena, eppure Italia e Francia hanno continuato a spostare la linea di demarcazione, fino a poche generazioni fa. Il revival del confine franco-italiano di Ventimiglia è solo un piccolo esempio che ci ricorda come la storia non sia lineare, e ogni tanto ci fa lo scherzo d'innestare la retromarcia. In Europa si circolava molto liberamente prima del 1914, e i confini erano permeabili per le persone, le merci e i capitali, in quella che fu la «globalizzazione» del primo Novecento. Poi tutto si fermò, e bruscamente precipitò all'indietro, tra le due guerre mondiali.

Con l'entrata in vigore della convenzione di Schengen il 26 marzo 1995, quelle vicende di un passato ancora recente ci erano apparse anacronistiche, insensate. L'Unione europea, all'apice della propria coesione/espansione, decise di consegnare le frontiere interne ai polverosi archivi di un passato un po' ignobile. Sembrava assurdo che una striscia sull'asfalto e una barriera mobile, una garitta di doganieri e un paio di bandiere potessero indicare dove finisce l'Italia e dove comincia la Francia. Eravamo entrati negli Stati Uniti d'Europa, e quindi quelle antiche divisioni perdevano ogni significato: nessuno ti chiede il passaporto quando viaggi dalla California all'Arizona. In quell'anno di grazia 1995, e per circa un ventennio, la nuova geografia dell'Europa postnazionale sembrava solida, destinata a durare nei secoli. In pochissimo tempo tutto è cambiato, tra allarme profughi, jihad islamica in casa nostra, avanzata dei populismi. Retromarcia generale. È l'Europa delle frontiere aperte a diventare un reperto storico, reliquia di un passato troppo bello per essere vero. Tutto si tiene. E non posso dimenticare che proprio nello stesso giorno in cui vado a Ventimiglia, 14 luglio 2017, dall'altro lato della frontiera la Francia commemora il primo anniversario della strage di Nizza. Bambini maciullati sul marciapiede del lungomare. Che c'entra il confine con l'Italia? Non c'entra niente. Non veniva da Ventimiglia il terrorista autore della strage. Non importa; del resto, quella frontie-

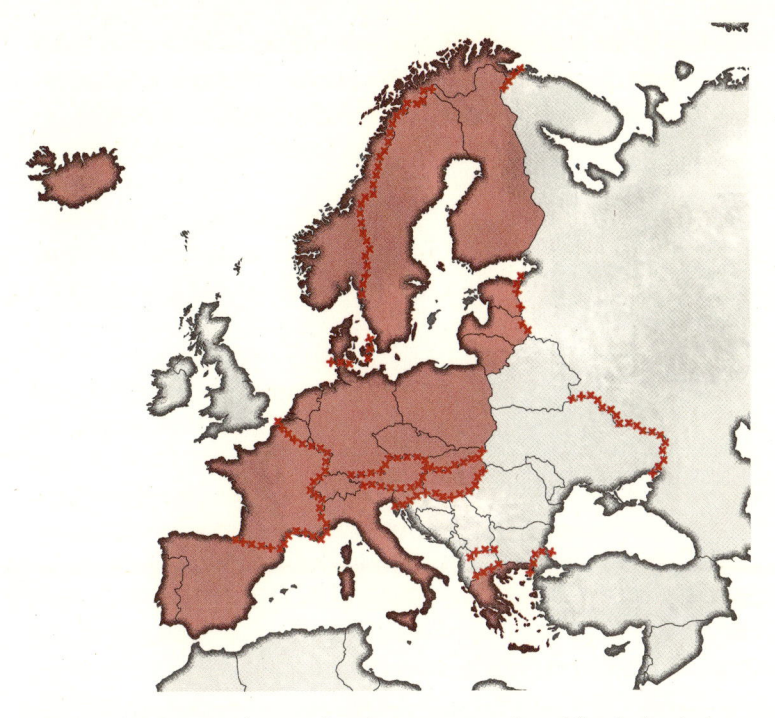

L'Europa di Schengen e le nuove frontiere sorte per arginare i flussi migratori.

ra era già stata chiusa. Ciascuno cerca di difendersi come può, il pericolo è fin troppo reale, la paura è legittima, il vecchio perimetro della patria sembra rassicurante perché, storicamente, è dentro quella linea rossa che abbiamo organizzato eserciti e polizie per difenderci. Nella geografia attuale è lo Stato-nazione a tornare in auge. Ci si aggrappa al colore di una bandiera e di una divisa, come a delle certezze antiche e familiari.

Prima dell'emergenza profughi, quando ancora l'Europa rispettava gli accordi di Schengen, il confine di Ventimiglia era diventato virtuale, lo si passava senza controlli. Poi la Francia lo ha chiuso per bloccare l'afflusso indesiderato. Adesso i profughi che fanno il viaggio della speranza vengono dall'Africa e raggiungono la costa libica, poi attraversano il Mediterraneo e, se sopravvivono, sbarcano in Italia, dove raramente vogliono rimanere. Le mete più ambite sono a nord: Germania, Scandinavia, Gran Bretagna. Alcuni vogliono andare in Francia, perché provengono dall'Africa francofona e pensano che lì li aspetti un futuro migliore; o magari hanno parenti o amici dai quali farsi aiutare. Talvolta, invece, la Francia stessa è terra di transito, per raggiungere Calais e da lì tentare il passaggio in Gran Bretagna. Adesso, però, vanno a cozzare prima di tutto contro la barriera di Ventimiglia, dove la polizia francese li respinge. È una nuova linea rossa: che è vietato oltrepassare. Rossa come il colore del pericolo, come «alta tensione, chi tocca muore», anche letteralmente, visto che alcuni disperati hanno tentato di aggrapparsi ai treni nei tunnel tra Ventimiglia e Mentone, e qualcuno ci ha lasciato la vita. È una frontiera invisibile, dal significato inquietante per molti italiani. È come se i veri confini dell'Africa si fossero spostati qui. L'Italia risucchiata nel suo «destino mediterraneo». La Francia che non ci tratta più come Europa, ma come quel Sud dal quale arrivano gli indesiderati, il pericolo.

Questa immagine del confine africano che si è trasferito a Ventimiglia, la ritrovo lungo il fiumiciattolo Roja. È uno di quei corsi d'acqua tipici della Liguria, che dalle montagne scoscese piombano verso il mare: rigagnoli semiasciutti d'estate, torrenti impetuosi gonfiati dai primi nubifragi in autunno. Sul greto del Roja, tra banchi di sabbia e cespugli di sterpi, vedo centinaia di neri. Sono i profughi dall'Africa che campeggiano all'aperto, in attesa di tentare di varcare il confine in zone meno custodite, affidandosi ai «passeur», versione terrestre degli scafisti. Alcuni a pagamento, magari ex contrabbandieri riconvertiti al traffico di persone. Altri, volontari di Ong venuti dal Nordeuropa a sfidare la polizia francese. O qualche montanaro francese, anarchico e libertario, che lo fa per una questione di principio, rischia la galera e non vuole un centesimo.

Incontro il più improbabile di questi eroi umanitari: è venuto dalla Colombia dei narcos. Si chiama don Rito Alvarez, è parroco della chiesa di Sant'Antonio alle Gianchette, situata a pochi metri dal fiumiciattolo Roja dove sono accampati centinaia di profughi. La storia di come don Rito sia arrivato fin qui è surreale, con un tocco di humour nero. Ha lasciato una regione che era terrorizzata da un capo narcos di origini italiane ed è approdato in un comune d'Italia dove le infiltrazioni mafiose sono all'ordine del giorno (il 3 febbraio 2012 il governo italiano ha sciolto il consiglio comunale di Ventimiglia e commissariato il comune per «gravi ingerenze della criminalità organizzata»; poi però il Consiglio di Stato nel marzo 2016 ha stabilito che il consiglio comunale non avrebbe dovuto essere sciolto perché non sussistevano prove).

In fatto di criminalità don Rito è quasi un esperto. La sua regione d'origine è il Catatumbo, monti e foreste nel Nordest della Colombia, rifugio di guerriglieri che un tempo si dicevano marxisti e poi sono diventati sempre più palesemente un braccio armato del narcotraffico. Nel Catatumbo, secondo alcune stime, si producono circa 47 tonnellate di cocaina all'anno, in gran parte dirette verso il mercato nordamericano. Don Rito ricorda «tanti compagni d'infanzia arruolati dai narcos, e tanti uccisi in esecuzioni feroci, uno sbranato vivo dai cani». E ricorda pure che prima del 1993 – l'anno in cui lui si trasferì in Italia per studiare da sacerdote – il Catatumbo era terrorizzato da gruppi paramilitari, commando speciali antiguerriglia che avrebbero dovuto ripulire il paese dalle forze ribelli, e che spesso divenivano loro stessi protagonisti o arbitri del narcotraffico. Un boss si chiamava Salvatore Mancuso, la cui famiglia era originaria di Sapri, provincia di Salerno. Oggi quel Mancuso colombiano, cinquantatreenne, è rinchiuso in un carcere di massima sicurezza negli Stati Uniti, dopo che la Colombia ha accettato di estradarlo nel 2008. «Mancuso» racconta don Rito «fece uccidere diversi miei parenti. Su tutto il territorio del Catatumbo le milizie hanno fatto diecimila morti. La sua storia la uso per dire agli italiani che è fondamentale parlare dei terribili danni della droga. Ma mi serve anche per contrastare la paura generalizzata degli immigrati, la demonizzazione dello straniero. Se dovessi ragionare per stereotipi, io che ho avuto una famiglia straziata da quel boss dei narcos di origini italiane, dovrei temere ogni italiano che incontro.»

Nell'estate del 2016 papa Francesco esortava ad «aprire le chiese ai profughi». La parrocchia di Sant'Antonio alle Gianchette, nel giorno in cui la visito, ne ospita circa 170. Soprattutto donne, bambini, ammalati. «Ma in un anno ne sono transitati di qua quindicimila» mi dice don Rito «e senza un centesimo di aiuti dallo Stato italiano. Tutto volontariato gratuito.» Donazioni di alimenti, lavoro volontario da parte di professori che insegnano l'italiano, di medici che garantiscono un servizio di ambulatorio. Alcuni profughi vengono addestrati per essere a loro volta d'aiuto, come il ventenne Ismail, del Darfur, richiedente asilo politico in Italia da due anni, che in fondo al cortile della chiesa ha cominciato a coltivare un orticello con pomodori, zucchine e fagiolini. «Il mio sogno sarebbe fare il contadino qui» dichiara Ismail, che non si capacita del perché una regione bella come la Liguria abbia tanti terreni abbandonati. Ma con il suo status di richiedente asilo, nessuno lo vuole reclutare, neppure come bracciante.

«Quando ho aperto la chiesa» dice il sacerdote «siamo andati a prenderli lungo il fiume. Erano abbandonati, nessuno si occupava di loro.» Dopo è arrivata anche la Caritas, che appoggia il lavoro di don Rito. In seguito la Croce Rossa ha aperto un centro di transito. «Transito verso dove, se il confine è chiuso?» osserva tra ironico e sgomento don Rito. Ci sono puntate di attivismo del movimento No Borders, vicino ai no global, che vuole dimostrare l'assurdità delle frontiere e contrastare apertamente le forze dell'ordine. Quelle centinaia di giovani africani, più qualche siriano e afghano, che vedo accampati sotto la calura estiva sul greto del Roja, diventano pedine di un grande gioco in uno scacchiere geopolitico locale ed europeo. Il presidente francese Emmanuel Macron, appena insediato, ha scelto una linea dura contro l'immigrazione e vuole dimostrare che i confini si possono benissimo sigillare. I No Borders, che ogni tanto accompagnano gruppi di profughi nei tentativi di traversata sulle montagne, dichiarano la loro ostilità ideologica all'idea di frontiera. Don Rito si attiene al Verbo del Vangelo, cita la parabola del seminatore, il duro richiamo alla profezia di Isaia: «Udrete con i vostri orecchi e non comprenderete; guarderete con i vostri occhi e non vedrete; perché il cuore di questo popolo si è fatto insensibile: sono diventati duri d'orecchi e hanno chiuso gli occhi». Prete cattolico in mezzo a tanti profughi musulmani, si muove a suo agio. Le difficoltà maggiori le ha con i suoi vicini di casa italiani. Il quartiere delle Gianchette è in rivolta contro i profughi, si moltiplicano proteste, boicottaggi, atti di ostilità. Scopro che, a sua volta, questa popolazione locale è frutto di stratificazioni migratorie.

Un'altra linea rossa che si spostò dal Sud al Nord è quella della criminalità nostrana. Risalgono agli anni Cinquanta e Sessanta del Novecento i primi insediamenti significativi della 'ndrangheta in Liguria, talvolta propiziati dai provvedimenti di confino con cui all'epoca si voleva estirpare la malapianta dal Sud e ridurla all'impotenza isolandola in regioni «sane» del Nord. In realtà, i boss mandati al confino contagiano le loro nuove residenze, riorganizzano reti di collaboratori, vi trasferiscono parte del loro business criminale. Fra le attrazioni della zona ci sono ben due casinò, Sanremo e Montecarlo, ricettacoli tradizionali del riciclaggio; è anche attivo un lucroso contrabbando, almeno finché l'Unione europea non ne inaridirà il gettito alla fonte, abolendo i dazi; c'è l'esportazione illegale di valuta verso le banche monegasche. Un capo della 'ndrangheta calabrese trapiantato a Ventimiglia, Antonio Palamara, ha fatto notizia pure da morto, per il funerale celebrato in pompa magna nella cattedrale di Santa Maria Assunta nel luglio 2017.

I rapporti sulle infiltrazioni della 'ndrangheta sono ufficiali: l'ultimo, presentato l'8 agosto dalla Direzione Investigativa Antimafia, cita esplicitamente Ventimiglia. Alla criminalità può dare fastidio che l'emergenza profughi attiri nuova attenzione e una maggiore presenza delle forze dell'ordine. Questo non significa, però, che le proteste della popolazione locale contro gli immigrati siano state necessariamente ispirate o aizzate dagli ambienti criminali. Anzitutto: nelle aree dove c'è un'infiltrazione criminale esistono complicità e omertà, ma anche una maggioranza di vittime della criminalità stessa. Inoltre, i quartieri popolari sono quelli dove spesso scoppia l'esasperazione sull'emergenza profughi – o sulla presenza di immigrati in generale – perché è proprio lì che si addensano gli stranieri. Sono questi ceti a sopportare tutti i disagi di una società multietnica disordinata, indisciplinata, dove non c'è senso della legalità né rispetto delle regole, dove i flussi di arrivo sono mal governati. Nel mondo intero le élite sono generalmente favorevoli all'immigrazione perché analizzano il fenomeno in astratto; ma sono i meno abbienti ad avere gli immigrati sotto il portone di casa.

Don Rito è stato veloce nel seguire l'invito di papa Francesco, tanto che già nell'estate del 2016 aveva aperto ai profughi. Un anno dopo ha dovuto chiudere, non per sua volontà ma per ordine delle autorità locali. Non mancano però esempi di una chiesa diversa, che ha inteso l'accoglienza come un business. Uno dei casi più ignobili lo sbatte in prima pagina il «New York Times» il 17 luglio 2017 con un reportage dal titolo *La mafia succhia ricchezze dai centri per immigrati*. Il «New York Times» non fa da cassa di risonanza per le campagne politiche della Lega o del Movimento Cinque Stelle, anzi in America il quotidiano liberal è schierato contro Donald Trump e condanna l'idea di un muro col Messico o altri provvedimenti anti-immigrati. L'articolo del «New York Times» riprende quello di Alessia Candito e Fabio Tonacci uscito sulla «Repubblica» il 15 maggio 2017. Sceglie un caso particolarmente eclatante: l'indagine sul Cara di Crotone, uno dei più grandi centri d'accoglienza d'Europa, in mano alla 'ndrangheta da dieci anni. Su 103 milioni di euro di fondi Ue, che lo Stato ha girato dal 2006 al 2015 per la gestione del centro dei richiedenti asilo di Crotone, 36 sono finiti alla cosca degli Arena. L'inchiesta della direzione distrettuale antimafia di Catanzaro ha portato all'arresto di 68 persone, molte appartenenti al clan Arena. Agli arresti anche Leonardo Sacco, presidente della sezione calabrese e lucana della Confraternita delle Misericordie, e il parroco del paese, don Edoardo Scordio, accusati di associazione mafiosa, reati finanziari e malversazione. Sacco avrebbe stretto accordi con don Scordio, parroco di Isola di Capo Rizzuto e tra i fondatori delle Misericordie, per accaparrarsi tutti i subappalti del catering e di altri servizi. Grazie a Sacco, la 'ndrangheta sarebbe riuscita a mettere le mani sui fondi girati dal governo non solo per la gestione del Cara calabrese, ma pure per quella dei centri di Lampedusa. Un affare da 30 milioni di euro: i cibi da preparare, gli operatori chiamati a lavorare nel centro, le lavanderie industriali per pulire lenzuola e tovaglie.

Quando vado a Ventimiglia nell'estate 2017, i profughi sono al centro di una nuova diatriba italiana. L'oggetto della discordia è lo ius soli, termine latino che significa «diritto della terra» e si contrappone allo ius sanguinis, «diritto del sangue». Il primo stabilisce che si è cittadini della terra in cui si nasce, il secondo lega la nazionalità ai propri consanguinei, cioè ai genitori o agli antenati. La riforma in discussione a Roma, che si trascina dal 2015, dovrebbe modificare il percorso verso la naturalizzazione e rendere un po' meno difficile diventare cittadino italiano per chi è nato sul territorio della penisola. Ma cosa c'entrano i profughi di Ventimiglia? Nessuno di loro è nato in Italia. Vedo qualche donna incinta, nella chiesa di Sant'Antonio alle Gianchette. In teoria i loro figli, se nascessero in Italia, potrebbero essere interessati dallo ius soli? No. La legge in discussione in Italia pone limiti severi anche per chi vi nasce: almeno uno dei genitori deve essere in possesso da anni di un regolare permesso di soggiorno. Eppure il dibattito sullo ius soli si mescola continuamente con l'allarme profughi. Nell'estate del 2017 quel disegno di legge arranca al Senato fino ad arenarsi del tutto in autunno, mentre si levano obiezioni e proteste: viene creato un nesso tra l'arrivo dei profughi e la facilitazione (relativa) per l'ottenimento della cittadinanza italiana. Sorprendente? Sì e no. L'Italia non è un'eccezione. Quando si tocca quest'altra linea rossa, cruciale e sensibilissima, che traccia il confine tra cittadini e non, e l'accesso alla nazionalità, si entra in un terreno delicato.

Qualcosa di analogo è accaduto pure nella mia America. Lo ius soli nella sua versione moderna è proprio un'invenzione americana. Lo è nel senso delle Americhe al plurale. Fu adottato in quasi tutte le aree del Nuovo Mondo, con un'applicazione molto estensiva della «common law» britannica, viste le particolari necessità di popolamento da parte dei coloni venuti dall'Europa. Ma è lo ius soli degli Stati Uniti quello più rilevante, sia per le circostanze particolari della sua nascita, sia per il numero di cittadini Usa che diventano tali per il solo fatto di esservi nati, magari da genitori immigrati illegalmente. Si stima che oggi trecentomila bambini diventino ogni anno cittadini statunitensi in questo modo, pur avendo genitori che potrebbero essere espulsi. Nell'era di Trump è tollerabile un'applicazione senza limiti dello ius soli? In tutti i paesi europei che hanno riformato le leggi su cittadinanza e naturalizzazione negli ultimi anni – sotto la pressione di nuove ondate migratorie – è prevalsa qualche forma di ius soli «con limitazioni». Per esempio, il requisito che almeno uno dei genitori abbia avuto un permesso di soggiorno regolare per un certo periodo. Quel disegno di legge italiano discusso al Senato nell'estate 2017 non fa eccezione, ed è in linea con la tendenza europea. Non basta essere nati in Italia, è necessario un requisito di «regolarità» per almeno un genitore. Nulla di simile esiste in America, per ora.

La storia dello ius soli statunitense ha radici giuridiche, filosofiche e culturali nell'antichità classica, dalle leggi ateniesi sulla cittadinanza all'editto di Caracalla, o *Constitutio Antoniniana*, varato nel 212 d.C., che concedeva la cittadinanza romana a tutti gli uomini liberi residenti nel territorio dell'impero. Ma la ragione specifica per cui gli Stati Uniti adottano uno ius soli «estremo» è legata alla piaga dello schiavismo. Dopo la guerra civile e la vittoria dei nordisti, viene aggiunto alla Costituzione il Tredicesimo emendamento, che abolisce e vieta la schiavitù. Ma gli Stati del Sud tentano con ogni mezzo d'impedire che i neri acquiscano diritti reali, e una delle strategie adottate è il divieto, per legge, che un nero possa essere cittadino degli Stati Uniti. Ci vuole il Civil Rights Act del 1866, e soprattutto il Quattordicesimo emendamento alla Costituzione nel 1868, per risolvere definitivamente la questione. Tutto merito dei repubblicani, che allora erano il partito di Abraham Lincoln, antischiavista. Con il Quattordicesimo emendamento entra nella legge fondamentale del paese il principio per cui «tutte le persone nate negli Stati Uniti ... sono cittadini degli Stati Uniti».

Tale principio viene affermato in modo chiaro, totale, inequivocabile. Naturalmente il legislatore dell'Ottocento pensava solo agli afroamericani nati sul territorio nazionale. Non poteva porsi il problema dei figli di immigrati clandestini, per la semplice ragione che allora tutta l'immigrazione era legale. Nel 1868 chiunque poteva entrare negli Stati Uniti, se voleva. Solo in seguito arrivano leggi restrittive. Come ricorda lo storico Eric Foner (*The Good Kind of American Exceptionalism*, in «The Nation»), le riforme che successivamente regolano l'afflusso dall'estero escludono via via, nell'ordine, «prostitute, poligami, pazzi, anarchici, infine l'intera popolazione della Cina». Il Chinese Exclusion Act, adottato nel 1882 e abrogato solo durante la seconda guerra mondiale, è il caso più eclatante di una restrizione che prende di mira in modo esplicito un'etnia. Ce ne saranno altri, magari mascherati attraverso «quote nazionali» di visti. Gli immigrati italiani in America sono stati tra le etnie lungamente discriminate: i più sfortunati tra loro approdarono nel profondo Sud (per esempio in Louisiana), dove sopravvissero in condizioni di semischiavitù, perché oberati dai debiti contratti per comprare appezzamenti di terreno di pessima qualità. Per di più, il Ku Klux Klan, oltre a perseguitare i neri, ogni tanto prendeva di mira anche gli italiani. Magari associandoli, indiscriminatamente, agli anarchici (è pur vero che diversi italiani furono autori di attentati terroristici di stampo anarchico). Uno degli episodi più terrificanti risale al 1891, quando undici immigrati italiani vennero linciati a New Orleans, accusati ingiustamente di avere ucciso il capo della polizia.

Ci vorranno le grandi riforme sociali di Lyndon Johnson a metà degli anni Sessanta per dare agli Stati Uniti il grado di apertura che conosciamo oggi, con le attuali leggi sulla Green Card e la facilità del processo di naturalizzazione (dopo cinque anni di Green Card o residenza permanente, scatta il diritto a chiedere la cittadinanza). Quelle che Trump ha voluto rimettere in discussione, con il suo Muslim Ban, almeno per chi proviene da certi paesi islamici.

A fine Ottocento, neppure la svolta anti-immigrati del Chinese Exclusion Act fece scattare qualche ripensamento sullo ius soli. Nel 1882 si contavano almeno cinquantamila figli di cinesi nati in America, ma nessuno tentò di negare loro la cittadinanza. Il principio dello ius soli era ormai entrato a far parte della cultura nazionale, come ha ricordato uno studioso della materia, Walter Dellinger, l'ex viceministro della Giustizia di Bill Clinton: «Dopo gli anglosassoni arrivarono gli immigranti tedeschi, poi gli ebrei tedeschi, poi altre nazionalità europee, infine i latino-americani, e c'era questo fatto bellissimo che i figli nati qui erano indiscutibilmente, legittimamente americani: a differenza dello ius sanguinis, qui non si guardava all'indietro, alle storie dei loro genitori». È quella che Foner ha definito «la versione migliore dell'eccezione americana».

Nella destra repubblicana oggi non manca la tentazione di cambiare le regole. Due anni fa, all'inizio della sua campagna elettorale, Trump dichiarò: «Molti giuristi sostengono che il Quattordicesimo emendamento non si applica ai figli di clandestini, agli anchor-baby». Questa immagine dei «bebè-àncora» non l'ha coniata lui, circolava da molti anni nel gergo della destra. Sarebbero l'«àncora» che le mamme senza permesso di soggiorno lanciano sul territorio Usa, per potersi un giorno regolarizzare anche loro. I numeri sono grossi o piccoli a seconda dei punti di vista. Stime indipendenti indicano che ogni anno nascono negli Stati Uniti – e ne diventano automaticamente cittadini – oltre trecentomila figli di stranieri senza permesso di soggiorno. Non sono pochi, e tuttavia rappresentano solo l'8 per cento di tutte le nascite. Se si guarda al totale della popolazione di nazionalità americana, è poco più dell'1 per cento ad avere acquisito la cittadinanza per questa via «anomala». Inoltre, l'immagine dell'àncora è una forzatura: il bambino che nasce americano deve aspettare il ventunesimo anno di età per avviare una richiesta di Green Card a favore dei genitori. È forse per queste ragioni che il tema dei «bebè-àncora» riappare stagionalmente. Se ne parla solo in campagna elettorale. Nell'ultima, oltre a Trump, anche altri candidati repubblicani (Ted Cruz, Rick Santorum, Lindsay Graham) proposero di cambiare lo ius soli, introducendo una restrizione per escludere i figli di immigrati illegali. Da quando Trump è alla Casa Bianca si è occupato di muro col Messico e Muslim Ban, ma non ha mai più citato la questione ius soli. Una ricerca su Google col termine *anchor-baby* rivela che l'affollamento di citazioni è del 2015, poi crolla.

Sulla questione dello ius soli una riflessione acuta è quella dello storico Franco Cardini, che in un articolo apparso sulla «Repubblica» nel luglio 2017 e intitolato *La dignità e l'orgoglio che ci fanno dire: siamo tutti bastardi*, risale alle origini classiche di questo concetto giuridico.
Scrive Cardini:

> Espandendosi rapidamente tra VIII e I secolo a.c., Roma apprese una lezione sconvolgente: più la sua potenza si allargava, più diminuiva la coesione interna dei suoi abitanti mentre attorno a lei si moltiplicavano peregrini, *hospites/hostes*, barbari. Il diritto di cittadinanza romana, che poteva esser concesso a intere comunità e a singole persone, divenne un vero e proprio motore di aggregazione, producendo fedeltà e lealismo. Poiché, con la ridefinizione imperiale dello Stato, la concessione del diritto di cittadinanza era stata riconosciuta una prerogativa dell'imperatore, essa si trasformò in un motore della rivoluzionaria concezione secondo la quale l'Urbs si riconosceva e s'identificava con l'Orbis: essere romano acquisiva un significato universale, quanto meno entro i confini dell'impero ai quali si attribuiva una potenzialità di espansione illimitata.
>
> Con la *Constitutio Antoniniana* del 212, l'imperatore Caracalla compì il definitivo passo sulla via di questa dilatazione del diritto di cittadinanza fino allo svuotamento del suo contenuto di status privilegiato e alla sua coincidenza con una pienezza di prerogative giuridiche di tipo universalistico. Tutto ciò, comunque, includeva un problema ulteriore. L'impero aveva già cominciato a entrare in una crisi complessa, un dato qualificante della quale era quello demografico con i conseguenti immediati macrofenomeni dello spopolamento delle campagne, della flessione della produzione, dell'aumento dell'insicurezza. Il collegare saldamente e strettamente la condizione dei singoli alla stabilità dello stato apparve come un provvedimento quanto mai lungimirante.
>
> La frammentazione e la confusione tecnosociologica ed etnoculturale di oggi richiede una ridefinizione in termini di nuova coscienza identitaria. È una sfida alla quale risponde-

re con coraggio. Alla pressione di genti che in numero sempre più consistente giungono da paesi che lo sviluppo postcoloniale ha messo in crisi e si vanno insediando in paesi a loro volta compromessi dall'arresto o dall'involuzione dello sviluppo demografico, non si può rispondere se non con una scelta forte, esemplare, in grado d'infondere speranza e fiducia: fare del paese nel quale si nasce, anche se i nostri genitori sono venuti da lontano, la propria patria. Che non equivale affatto a un ricominciare da zero né un imporre una cultura estranea ma, al contrario, ad accettare un'eredità consolidata e prestigiosa fatta di lingua, d'istituzioni, di tradizioni, di valori. Tanto meglio poi se i nuovi cittadini sapranno immettere nella loro nuova patria anche il contributo delle tradizioni che i loro padri e le loro madri avranno loro tramandato. Dallo ius soli potrà nascere una società futura differenziata, non livellata: le differenze sono valori, ed è necessario affrontarle forti di una cultura dell'et-et, non dell'aut-aut.

Una futura società di bastardi? Ebbene, sì: e dobbiamo dirlo con dignità e con orgoglio. Siamo tutti bastardi. Lo siamo sempre stati. Le società pure sono frutto di lontane mitologie illuministiche e romantiche del tutto prive di concreta verifica storica. Proprio l'impero romano, che ai suoi massimi livelli almeno dal II secolo d.C. ha espresso imperatori iberici, illirici, arabi, siriaci e perfino berberi (e più tardi, in età bizantina, macedoni e anatolici), è prova di tutto questo. L'Italia, come terra avanzata nel Mediterraneo e protesa a sud, è obiettivamente in prima linea. Se riesce a rovesciare la situazione che si sta prospettando e da futura cavia imporsi come futura protagonista, avrà vinto la sua battaglia per la sopravvivenza e per la civiltà.

Siamo tutti bastardi. Questa affermazione di Cardini, scientificamente irrefutabile, spinge a risalire ancora più indietro nel passato delle migrazioni. Molto più indietro: alla misteriosa scomparsa dell'Uomo di Neanderthal. Un ominide molto simile a noi, che ha fatto un pezzo del suo cammino sul pianeta Terra a fianco dell'Homo sapiens da cui discendiamo. Neanderthal ha abitato «qui» molto a lungo, i reperti fossili datano la sua comparsa a circa 400.000 anni fa. Si è trovato a suo agio in questo mondo, ha dimostrato una capacità di adattamento e sopravvivenza eccezionali, visto che la sua fine è «relativamente» recente, pare 40.000 anni fa. Se ce l'ha fatta per 360.000 anni prima di estinguersi, merita la nostra ammirazione, e perfino la nostra invidia. Era peraltro un nostro parente strettissimo: il 99,7 per cento del suo patrimonio genetico custodito nel Dna era identico al nostro. E tuttavia, nel lungo termine, non ha retto alla convivenza con i nostri veri antenati della specie Homo sapiens. Sulle ragioni della scomparsa dell'Uomo di Neanderthal esiste una letteratura scientifica sconfinata, affascinante, e probabilmente ancora incompiuta. Tra gli scienziati-divulgatori che hanno tradotto in un linguaggio semplice le varie ipotesi, i miei preferiti sono Jared Diamond e Yuval Noah Harari, rispettivamente autori di *Il terzo scimpanzè* (Bollati Boringhieri, 2006) e *Sapiens. Da animali a dèi. Breve storia dell'umanità* (Bompiani, 2017). Senza entrare nei dettagli, tutte le teorie sulla scomparsa di Neanderthal si suddividono in tre grandi categorie. C'è l'ipotesi più cruenta: guerra e genocidio. Anche se Neanderthal e Sapiens coabitarono per decine di millenni su un pianeta largamente disabitato, e dove in teoria c'era posto per tutti, forse a un certo punto scattò l'aggressività contro il «diverso», e la specie del primo venne eliminata con metodi brutali. Un'ipotesi alternativa chiama in causa la selezione competitiva, la sopravvivenza dei più adatti: Sapiens si sarebbe rivelato come una specie superiore, in particolare perché più «sociale», più atto alla cooperazione in larghi gruppi, alla divisione del lavoro. Le tribù dei Neanderthal, più piccole e solitarie, nonché più egualitarie (donne e uomini avevano gli stessi ruoli), si rivelarono meno efficienti nella loro organizzazione sociale e finirono per sparire, lasciando la Terra in eredità alla «civiltà» superiore. Un terzo insieme di teorie combina le due precedenti, aggiungendovi la forte probabilità che per un certo periodo ci siano stati dei «matrimoni misti», con mescolanza di Dna. Alla fine, però, di Neanderthal non sarebbe rimasto quasi nulla, e noi siamo, a tutti gli effetti, i discendenti di Sapiens. Dunque, una delle due identità è stata assorbita, e poi cancellata, dall'altra.

Tutto questo ci riporta a Cardini e all'impero romano, infine ai profughi di Ventimiglia. La vicenda di Neanderthal-Sapiens, così come tutte le migrazioni umane che dalla preistoria hanno lentissimamente popolato il pianeta, partendo dai primi insediamenti dei nostri antenati in Africa, confermano che «siamo tutti bastardi». Il termine «bastardo», che allude agli incroci di razze, non significa però che quegli incontri-scontri siano finiti in pareggio. Da ogni mescolanza è uscito un vincitore, nel senso che uno dei due ha lasciato l'impronta genetica più forte. L'Homo sapiens ha lasciato la Terra in eredità ai suoi figli, Neanderthal no. L'affresco che Cardini disegna degli ultimi secoli dell'impero romano conferma che l'incontro-scontro fra etnie non è mai un mix equilibrato. Le culture che si fondono si arricchiscono reciprocamente; ma ce n'è una che prevale, lascia in misura maggiore, come eredità dominante, i suoi valori, i suoi costumi, il suo modello di civiltà. Per lunghi secoli Roma riuscì a integrare e assimilare nuovi cittadini, allargò il patto di cittadinanza a un crescente numero di popolazioni barbare, le cooptò e ne fece dei «nuovi romani». C'era contaminazione, fusione, in un crogiuolo di influenze diverse. Ma alla fine il segno dominante lo lasciava Roma. Da un certo momento in poi la bilancia si spostò, in modo irreversibile, nell'altro senso. Furono i barbari ad avere il sopravvento. Anche quando formalmente continuavano a usare le apparenze della romanità, affascinati dalla storia imperiale, tuttavia cominciarono a svuotarla da dentro. Dai franchi ai goti, dagli unni agli alemanni, da un certo momento in poi la romanità diventa un «residuo» nel Dna, un carattere genetico recessivo, mentre prevalgono valori, costumi, modelli di vita delle tribù barbariche.

Quando oggi c'interroghiamo sullo ius soli e sulle regole della cittadinanza, in fondo è di questo che stiamo parlando. La linea rossa delle migrazioni, che per certi versi ha spostato fino a Ventimiglia il confine tra l'Africa e l'Europa (almeno come lo fanno simbolicamente rispettare i doganieri francesi), ci pone delle questioni fondamentali non solo sulla nostra umanità – l'etica dell'accoglienza – ma anche sull'esito finale delle mescolanze etniche in corso. Siamo sempre stati bastardi come sostiene Cardini? Sì, ma fino a un certo momento il «romano-bastardo» era segnato dai valori di Roma; poi li ha perduti, e hanno preso il sopravvento modelli valoriali e culturali, nonché costumi di vita, dei barbari, che lentamente hanno corroso da dentro, e infine cancellato, tanta parte della civiltà romana. Nel bene e nel male: c'è un revisionismo storico che ha rivalutato la cultura delle tribù barbariche venute dall'Europa nordorientale. Ma in quella come in ogni altra fusione etnica, da Neanderthal-Sapiens in poi, c'è un equilibrio instabile fra migrazione e invasione, fra integrazione e sopraffazione: due razze o due tribù o due specie non si fondono alla pari, ce n'è una che riesce a prevalere marcando in modo determinante l'esito finale dell'incontro.

Oggi è quello che molti sentono, magari confusamente, come il «non-detto» dietro il dibattito politico sull'immigrazione. È ovvio che siamo già in una società multietnica, e da questa non si torna indietro. Ma quali saranno i valori dominanti, i modelli etici destinati a prevalere? È questo il motivo per cui lo stesso dibattito sullo ius soli è sovraccarico di paure, ben oltre i numeri effettivi di coloro che potrebbero accedere alla cittadinanza. Il 25 giugno 2017 un sondaggio realizzato dall'Ipsos di Nando Pagnoncelli, e presentato sul «Corriere della Sera» (*Ius soli, la maggioranza dice no. In sei anni opinioni rovesciate*) rivelava un brutale ribaltamento nei sentimenti degli italiani. Nel 2011 i favorevoli allo ius soli erano una larghissima maggioranza, il 71 per cento. Solo sei anni dopo oltre la metà degli italiani (il 54 per cento) ha cambiato parere, è contraria alla corsia legale verso la cittadinanza italiana per i figli di immigrati stranieri nati nel nostro paese, così come viene discussa in Parlamento, con l'aggiunta di uno *ius culturae* per gli stranieri arrivati da giovani e che hanno fatto studi in Italia. Pagnoncelli aggiunge queste due osservazioni: «Sono soprattutto i ceti più in difficoltà, e le persone meno istruite e quelle meno giovani, a mostrare maggiore chiusura, dettata da una forte preoccupazione. Il dibattito acceso, lo scambio di accuse tra "buonisti" e "cattivisti", come pure l'appello agli aspetti etici produce una radicalizzazione delle posizioni più che un confronto».

Sul primo aspetto, cioè il fatto che l'immigrazione spaventa di più i ceti meno privilegiati, cito qui una testimonianza pubblicata sulla «Repubblica» del 23 luglio 2017 nella rubrica delle lettere a cura di Concita De Gregorio. Rispondendo a Nadia sul «perché si diventa fascisti», Marco C. scrive:

> Sono nato in un quartiere popolare di una cittadina industriale, il villaggio Antonio Gramsci di Pontedera (PI), storico quartier generale della Piaggio. Ci abitano ancora i miei genitori, ma non si trovano più così bene. Ad esempio Souleman non paga il condominio e neanche Ahmed, che è qui da dieci anni e non parla italiano. Figuriamoci se lo paga Youssef. Quindi il tetto non può essere riparato e a mia madre piove in casa. Oltretutto Youssef spaccia, ha rotto il portone di ingresso per far trovare veloce riparo ai suoi «colleghi» quando ci sono le retate. Getta le sigarette dalla finestra e i pacchetti si accumulano sull'aiuola finché mia madre non la ripulisce. Poi lei gli va a chiedere se può per piacere buttare i rifiuti nel cestino e lui dice «Sì sì» e ride sempre. Questa secondo me è la causa principe delle recrudescenze fasciste: la sensazione di esser stati traditi, svenduti, di non esser stati difesi dall'estraneo, dallo straniero. So benissimo che è tutto infinitamente più complesso, che nell'altro possiamo rispecchiarci e rivederci, ma questi piccoli concreti problemi di convivenza sono stati sottovalutati talmente tanto dalle varie sinistre che ormai queste vincono solo negli opulenti centri cittadini, mentre in periferia le destre veleggiano.

È una storia ormai antica, ne osservai i primi sintomi quando abitavo a Parigi a metà degli anni Ottanta e la banlieue operaia, che era stata sempre un bastione del Partito comunista francese, da rossa divenne nera e passò al Fronte Nazionale. E questo a causa dell'immigrazione. I meno abbienti sono quelli che soffrono la concorrenza reale degli immigrati sul luogo di lavoro; che subiscono la diversità di costumi e stili di vita sul pianerottolo di casa; che vedono spuntare nei propri quartieri-dormitorio donne velate e madrasse fondamentaliste; che nel peggiore dei casi subiscono anche le forme d'illegalità quotidiana più sfacciate. Certi ricchi sono «buonisti» e «multietnici» perché vedono l'esatto rovescio della medaglia: loro gli immigrati li assumono come personale di servizio o dipendenti delle loro aziende, come giardinieri o addetti alle pulizie. I ceti meno privilegiati sono quelli che vivono quotidianamente lungo la nuova linea rossa, quella terra di confine dove i nostri e i loro valori sono in competizione per prevalere, per marcare la società in cui viviamo. Peggio ancora se, oltre a essere ceto popolare, quei cittadini che convivono con le comunità di immigrati sono donne: rischiano di sentirsi «xenofobe» o, peggio, «islamofobe», se osano denunciare la cultura maschilista, patriarcale, sessista del vicino di casa nordafricano.

Tra gli italiani che hanno cambiato parere sullo ius soli, e oggi sono contrari a facilitare la cittadinanza per i figli di immigrati nati qui, molti si pongono il problema che lo storico Franco Cardini ha definito benissimo: l'accesso alla nazionalità italiana comporta il fatto di «accettare un'eredità consolidata e prestigiosa fatta di lingua, d'istituzioni, di tradizioni, di valori». Ma siamo in grado noi italiani di fare «accettare» tutto questo ai nuovi venuti? Siamo in grado di trovare un accordo fra noi su quale sia l'eredità da difendere, su quali siano i veri valori dell'italianità, il nocciolo duro della nostra identità nazionale? Se la linea rossa della 'ndrangheta dalla Calabria è salita a Ventimiglia (e in molte altre regioni

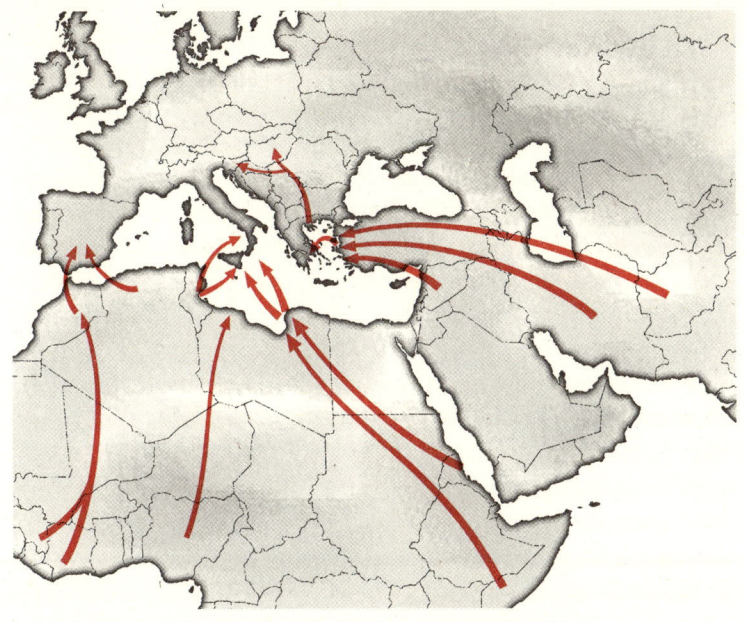

Le principali rotte di migrazione che hanno per destinazione l'Europa.

del Norditalia), è legittima la paura che il nostro paese non sia in grado d'imporre a chi arriva neppure il rispetto della legalità, altro che «istituzioni, tradizioni, valori». E questo dubbio può riguardare certamente anche i figli di immigrati nati in Italia. Quanti ragazzi e ragazze nordafricani o arabi, pur nati in Occidente, a un certo punto hanno deciso di assumere l'identità islamica come aperta sfida nei confronti del paese in cui vivono, come gesto di ribellione, di proclamata volontà di non integrazione? Quelli fra loro che hanno scelto la jihad e la violenza sono una microscopica minoranza, per fortuna. Però, dietro i pochissimi terroristi c'è il fenomeno più ampio di tanti immigrati di seconda o terza generazione che si scelgono come modello valoriale di riferimento un Islam radicalmente alieno, inconciliabile coi valori occidentali dello Stato laico, della libertà di religione, della libertà di espressione, dei diritti della donna.

La linea rossa dell'Africa «che sale fra noi», quella che i francesi hanno deciso di fermare a Ventimiglia e gli austriaci al Brennero, è fatta ancora di piccoli numeri: i profughi sono una minuscola percentuale della nostra popolazione. Se guardiamo al dato puramente quantitativo, l'attuale allarme sociale è assurdo. Però quell'amalgama infondato che si crea tra il dibattito sullo ius soli, l'esodo dei disperati nel Mediterraneo, le indagini antimafia sulla criminalità nostrana che s'impadronisce del business dei profughi, tutto questo va a toccare un nervo scoperto: la sensazione che l'Italia sia il «ventre molle» dell'Europa, una società non abbastanza sicura dei propri valori, con uno Stato debole, un senso della legalità già precario di suo, troppo disunita e insicura per poter assimilare gli stranieri. Lo stereotipo volgare e violento che i doganieri di Macron ci lanciano addosso, «Ventimiglia ultimo confine dell'Africa», un po' ce lo sentiamo addosso anche noi, e da tanto tempo.

IX
Separati in casa, la politica ci divide per tribù

Dove vi porto in viaggio con me nell'America profonda dei metalmeccanici che hanno votato Trump; la sinistra ha rinunciato a rappresentarli e loro lo sanno; Nord e Sud degli Stati Uniti continuano a combattere la guerra di secessione 150 anni dopo; in Inghilterra e in Francia la stessa mappa delle recenti elezioni rivela società spaccate tra globalisti e sovranisti; un voto «di classe» esiste, ed è la destra a conquistare i più deboli, meno ingenui di quanto crediamo.

L'America che non lo ha votato l'8 novembre 2016 (cioè la maggioranza, con tre milioni di voti in più a favore di Hillary Clinton a livello nazionale) decreta il fallimento precoce di una presidenza inaudita, grottesca, distruttiva. Lui tira avanti come nulla fosse, allergico ai fatti, continuando a vantare una «realtà alternativa». Si muove come fosse sempre in campagna elettorale, da comiziante e showman più che da statista. Forse perché la memoria della campagna lo rassicura: anche allora sondaggi e media lo davano per spacciato. A salvarlo dalla sconfitta, quell'8 novembre, ci fu – metafora della teoria del caos – un battito d'ala di farfalla che, amplificandosi a dismisura, si trasformò in uragano su scala nazionale e mondiale. Il battito quasi impercettibile fu lo spostamento di poche centinaia di migliaia di elettori (su 136 milioni di votanti!). Perlopiù operai bianchi, e le loro mogli. Alcuni di loro avevano votato Obama una o due volte, ma nel 2016 hanno scelto l'outsider, il magnate che prometteva sfracelli contro l'establishment. Quel minuscolo spostamento ha precipitato l'America e il mondo in una storia senza precedenti. È a quegli operai che Trump dedicò il 20 gennaio 2017 il suo discorso all'Inauguration Day a Washington: il discorso più «dark» di tutte le inaugurazioni presidenziali, una visione tragica dello stato del paese, la promessa di una rivincita improntata al nazionalismo.

Per capire a che punto siamo davvero, bisogna tornare nell'epicentro del sisma. Tra i metalmeccanici di Detroit, dove tutto è cominciato. Sono andato a sentire la loro versione su questo presidente. È da loro che bisogna ripartire anche per tracciare la linea rossa che separa le due Americhe: sovranisti contro globalisti, ceti popolari contro élite, provincia profonda contro zone costiere cosmopolite. Gli operai a cui do la parola per questa lezione di geografia del voto vivono nell'America di mezzo, quella che con un termine spregiativo viene definita come «fly-over country», perché le élite delle due coste preferiscono sorvolarla senza atterrare, osservarla distrattamente dall'alto senza mischiarsi nei suoi pensieri. Solo ogni quattro anni, almeno noi giornalisti siamo finalmente obbligati a immergerci lì dentro, per le primarie presidenziali: e ne vediamo di tutti i colori. Poi ricorderò che dietro il fenomeno Trump c'è un'altra lettura necessaria, il Sud contro il Nord, una mappatura alternativa che esplorerò più avanti. Alla fine, questa geografia elettorale la ritroveremo, molto simile, anche nella vecchia Europa.

Bisogna arrendersi all'evidenza, la geografia è diventata anche una scienza politica. In alcune delle più antiche e solide liberaldemocrazie occidentali, «dove abiti» è diventato quasi un sinonimo di «come voti». È come se la popolazione di intere nazioni scegliesse di aggregarsi localmente seguendo logiche valoriali: in America, o in Inghilterra, o in Francia, tendiamo a vivere vicino a quelli che la pensano come noi. Le mappe elettorali che hanno sancito le vittorie di Trump, Brexit, Macron seguono una logica topografica, hanno agglomerazioni omogenee, confini precisi. La geografia s'intreccia con la condizione socio-economica, la professione e il reddito, il livello d'istruzione; si traduce in scelte di campo sull'immigrazione e la globalizzazione. Come quelle degli operai di Detroit. Sia chiaro, alcuni di loro, col passare del tempo, avranno pure cambiato parere su Trump, delusi dalle troppe promesse mancate; io ho fotografato con loro la situazione all'inizio della sua presidenza. È rilevante comunque, perché da un lato spiega come è stato eletto, dall'altro evidenzia la nuova geografia del voto, la linea rossa che separa le élite progressiste dai ceti popolari, l'abisso valoriale che si è scavato tra loro.

«Vediamoci, parliamo pure, a condizione che l'articolo sia oggettivo. Voi giornalisti non dite la verità su Donald Trump. Lo abbiamo eletto noi operai, e lui ci sta aiutando. Eccome. È uno che fa quello che dice, vuol mantenere davvero le promesse, non è un politico. Ha già convinto la Ford a tenere qui una fabbrica che doveva finire in Messico. Contro l'immigrazione clandestina, contro la concorrenza sleale della Cina, sulla deregulation e sull'attacco alla burocrazia, il nostro presidente sta facendo un gran lavoro. Crede nelle forze armate, e ha ragione. Se non tutte le riforme gli riescono, la colpa è dei parlamentari fannulloni, è dell'opposizione che lo boicotta. Oggi voi giornalisti liberal lo prendete in giro come un tempo sfottevate Ronald Reagan: uno dei più grandi presidenti della storia. Un giorno dovrete ricredervi anche su Trump.»

Così parla un uomo a cui il presidente deve molto. Brian Pannebecker, 57 anni, per vent'anni operaio alla Ford, da 19 anni alla Chrysler (oggi Fca-Fiat Chrysler Automobiles). Mansione attuale: manovratore di carrello elevatore. Lo incontro con due suoi amici e compagni di lavoro, Bill Dulchavsky e Frank Pitcher, in un «diner», americanissima istituzione dove si mangia tanto e si spende poco. Un ritrovo per «redneck» (colli rossi), come molti decenni fa l'intellighenzia liberal cominciò a etichettare, spregiativamente, quei maschi bianchi abbronzati dal lavoro manuale all'aria aperta; nomignolo che riassume una lunga serie di pregiudizi contro un proletariato bianco scivolato a destra, accusato di essere razzista e oscurantista, omofobo e islamofobo. I metalmeccanici di Trump, insomma. Se non fosse per Brian, Bill, Frank e quelli come loro, oggi alla Casa Bianca ci sarebbe Hillary Clinton.

Immergersi in mezzo a loro può essere uno shock. Gli irriducibili della rivolta operaia contro la sinistra élitaria si aggrappano al loro presidente. Di certo c'è qualche lezione che il Partito democratico farebbe bene ad apprendere, se vuole preparare la sua rivincita.

Il ristorante del nostro appuntamento si chiama LA Coney Island, e si trova al numero 39485 di Mound Road. Una superstrada come tante nell'America profonda, un rettifilo a perdita d'occhio, percorsa dai Tir, tra capannoni industriali e shopping mall «poveri», catene discount, fast-food. Siamo alla periferia di Sterling Heights, 35 chilometri a nord di Detroit. Qui batte il cuore del Michigan industriale, uno dei cinque Stati che furono decisivi per portare Trump alla Casa Bianca. E decisivi lo sono stati questi operai che incontro due ore prima che inizi il turno pomeridiano, quello delle 14. Sull'altro lato della superstrada c'è lo stabilimento Ford Sterling che assembla alberi motore; poco distante, una fabbrica Fiat Chrysler. La cittadina di Sterling Heights (130.000 abitanti) e i suoi sobborghi operai appartengono alla contea di Macomb. In questa circoscrizione elettorale Trump vinse con un margine schiacciante: 54 per cento di voti, contro il 42 di Hillary Clinton. Nel 2012, invece, qui aveva vinto Barack Obama, sia pure di stretta misura (il 51,6 per cento contro il 47,6 di Mitt Romney). Tutto il Michigan ha seguito l'esempio di Macomb County, passando in quattro anni da «obamiano» a «trumpiano». Contro le direttive del sindacato: la confederazione dei metalmeccanici United Auto Workers (Uaw) è da sempre allineata col Partito democratico; i suoi leader avevano dato indicazione di voto per Hillary. Una buona parte della base ha fatto di testa sua, ignorando i capi sindacali. Questa non è una novità per Brian. Lui è un ribelle che rifiuta di pagare l'iscrizione semiobbligatoria alle Union («i leader sindacali fanno i loro interessi, non i nostri, e il tesseramento lo hanno trasformato in una tassa»). Discendente di immigrati dal Belgio, fiero dei quattro anni in cui servì la US Army, Pannebecker si presenta all'appuntamento indossando la sua maglietta elettorale Trump-Pence, e si fa fotografare dietro al suo Suv Ford Escape dove spicca l'adesivo trumpiano.

Per i due suoi compagni la conversione a destra è stata recente. Dulchavsky, 54 anni, single con un figlio, barba e capello lungo. Anche lui ha lavorato alla Ford e ora alla Fiat Chrysler. Pitcher, occhi azzurri e un'aria da ragazzino, lo sguardo sognatore, un fisico da country music, si presenta in tuta da lavoro della Ford. È il «sindacalizzato» dei tre. «Sono grato alla mia Union» dice Frank «perché i sindacalisti hanno sempre difeso i miei diritti. E soprattutto voglio che ci sia una Union per i giovani che verranno dopo di me.» Anche lui ha votato Trump, però. Ordiniamo la specialità della casa, omelette con tre uova, prosciutto e formaggio fuso. Frank aggiunge un «extra» di bacon fritto. Sulle pareti ci sono fotografie di auto modello Nascar, la competizione che è una passione tipicamente redneck, condivisa da Trump. Ci raggiungeranno qui anche degli italoamericani, che gravitano sempre sulla capitale dell'industria automobilistica. Tutti elettori di Trump. È questa l'America di cui bisogna sondare i pensieri profondi, le emozioni e le paure, per capire com'è stato possibile ritrovarsi Trump alla Casa Bianca.

Da quando esistono le indagini demoscopiche, mai nessun presidente si era trovato così in basso al suo esordio, sempre sotto il 40 per cento di consensi nel suo primo anno.

Brian insiste a dare la colpa a noi: «Non abbiamo dei media oggettivi, equilibrati. Voi giornalisti non dite la verità su quello che sta accadendo. Il Partito democratico fa ostruzionismo su ogni proposta del presidente e se ne vanta pure, fiero di potergli rinfacciare che lui non riesce a fare nulla. L'altro grande colpevole è il Congresso, repubblicani inclusi. Sono molto deluso, ad esempio, dall'insuccesso nell'abrogare la riforma sanitaria di Obama. È da sette anni che i repubblicani vogliono cancellare l'Obamacare per sostituirlo con un sistema meno oneroso, una sanità non statalista, che non imponga pesanti obblighi agli americani. Se non ci sono riusciti ora, è perché i parlamentari sono degli incapaci. Ma il presidente non c'entra. Lasciatelo lavorare!».

Gli stessi sondaggi negativi confermano al loro interno il «fenomeno Brian»: ci dicono infatti che rimane fedele a Trump proprio il nocciolo duro della sua base, in particolare l'America operaia. In generale chi ha votato per lui è molto restio a cambiare giudizio: un sondaggio nazionale dell'estate 2017 (realizzato quando già la sua amministrazione aveva accumulato scandali e sconfitte) rivela che il 60 per cento dei suoi elettori «non lo abbandonerà mai», e questa percentuale di irriducibili sale al 72 per cento tra le donne che lo hanno votato.

Di concreto cos'ha offerto Trump a questo zoccolo duro? Lui ha provato a sfoggiare un suo attivismo esecutivo e in certi casi c'è riuscito: gli sono bastati dei decreti presidenziali per smantellare l'eredità di Obama sull'ambiente (autorizza oleodotti e trivellazioni, abolisce restrizioni all'inquinamento di automobili e centrali elettriche, taglia fondi alla ricerca, azzoppa l'authority ambientale). È andato a fare comizi immergendosi nella sua base operaia, da Detroit fino al Wisconsin. «Ho firmato un ordine esecutivo Buy American, Hire American (compra americano, assumi americani). È un'azione storica.» Prevale l'effetto-annuncio, le conseguenze pratiche le vedremo col tempo. Cerca di cambiare qualche regola negli appalti pubblici, onde garantire che le imprese appaltatrici usino solo materiali made in Usa (acciaio). Sulle assunzioni ha annunciato un giro di vite contro certi visti (H1-B) con cui le aziende digitali della Silicon Valley assumono informatici cinesi e indiani, italiani e francesi. Per l'industria dell'auto la novità concreta e immediata è proprio il «liberi tutti» sulle norme ambientali: stracciando di fatto gli accordi di Parigi sul cambiamento climatico, cancellando i limiti di Obama alle emissioni carboniche, autorizzando la produzione di modelli più inquinanti, Trump alleggerisce i costi di produzione.

Come qui nel Michigan, in tutta la Rust Belt americana (la «cintura della ruggine» che descrive le zone di vecchia industrializzazione) lo spostamento della classe operaia a destra è stato reale. Nel vicino Ohio, altro Stato cruciale per l'elezione di Trump, il dirigente locale del sindacato Uaw, Tim O'Hara, stima che «dal 40 al 50 per cento degli iscritti hanno votato Trump ignorando le direttive dei leader». E accusa i democratici di aver perso contatto con una base impoverita e declassata, un ceto sociale dove «un salario operaio che era di 80.000 dollari [annui lordi] e ti consentiva di mantenere una famiglia, in pochi anni è sceso a 35.000».

Per capire quel che è successo, per spiegare quella frana dei salari, l'epicentro della storia è Detroit e il suo hinterland, dove si concentra la massima parte della produzione automobilistica delle tre marche storiche: Ford, General Motors e Fiat Chrysler Automobiles. L'ultima crisi dell'auto made in Usa ha inizio dieci anni fa, nel 2007. L'anno seguente arriva lo shock della grande recessione e a seguire le bancarotte di Gm e Chrysler. Quel disastro non è completamente riassorbito neanche dopo otto anni di crescita economica. Detroit ha subìto uno spopolamento unico nella storia per dimensioni: dai massimi di due milioni di abitanti la città è scesa a 700.000, riducendosi a un terzo di ciò che era. Perfino per quell'America abituata in passato a una notevole mobilità geografica, la fuga in massa da questa città senza lavoro assume proporzioni inaudite. Ancora oggi interi quartieri restano pressoché disabitati, ridotti a fantasmi; malgrado gli esperimenti originali come «l'agricoltura in città», le zone degradate soffrono per la criminalità violenta. Il Comune ha fatto bancarotta e impone un'austerity feroce con tagli drastici a tutti i servizi pubblici (nei quartieri con pochi abitanti è stata interrotta perfino l'erogazione di acqua e luce).

Con la ripresa economica e il boom delle vendite di auto c'è un'inversione di tendenza, ma siamo ancora in un'area depressa. E il grosso del risanamento dei bilanci aziendali è avvenuto proprio a spese dei salari operai. La portavoce di Fiat Chrysler a Detroit, Jodi Tinson, mi riassume quell'accordo sindacale che già nel 2007 consentì di ridurre il costo del lavoro creando due livelli: «Gli operai assunti prima di dieci anni fa, con salario di 29 dollari l'ora; quelli assunti dopo, con salario di 17 dollari». Aggiunge che il nuovo contratto firmato nel 2015 prevede per i neoassunti un percorso graduale di avvicinamento al salario «pieno», ma in otto anni. Brian Pannebecker traduce così l'impatto all'interno della sua fabbrica: «Abbiamo un 20 per cento di colleghi che guadagnano dieci dollari in meno di me per ogni ora lavorata». La media di tutti gli stabilimenti Fiat Chrysler che mi fornisce la portavoce è più squilibrata verso i nuovi assunti: il 47 per cento del totale rientra nel regime salariale più basso.

All'impoverimento economico si è aggiunta una marginalizzazione che forse pesa perfino di più: quella culturale, valoriale, razziale, da parte della sinistra. Tutto ciò che appartiene al mondo dei redneck è diventato spregevole per un'élite globalista, multietnica, laicista. Lo stesso Obama fu colto in flagrante snobismo quando in una riunione a porte chiuse con ricchi finanziatori di San Francisco confidò questa sua descrizione degli operai del Midwest: «Diventano amari, si aggrappano alle loro armi, alla loro birra, alla loro

Bibbia, all'ostilità verso gli immigrati o il libero commercio». Un quadretto abbastanza realistico, ma anche sprezzante. E un linguaggio così esplicito, così duro, non verrebbe usato dalla sinistra verso altre categorie di elettori. Lo stesso Obama avrebbe osato ironizzare su quelli che si aggrappano al loro Corano? Sicuramente no. Gli imam vanno rispettati anche se predicano regole più oscurantiste e retrograde degli evangelici di destra; no, criticare i musulmani non è politically correct. Con la campagna elettorale di Hillary nel 2016 divenne ancora più marcato l'appello ai diritti di tutte le minoranze: gay, lesbiche, transgender, neri, ispanici, islamici, più ovviamente le donne, che avrebbero finalmente polverizzato il metaforico soffitto di vetro, la barriera invisibile all'emancipazione femminile. Tutti avevano qualcosa da guadagnare se vinceva lei, tutti eccetto «loro». Quelli come Brian, Bill e Frank.

È un fenomeno sul quale ha riflettuto lo storico Walter Russell Mead, secondo il quale «molti americani bianchi si trovano in una società che parla costantemente dell'importanza delle identità, che valorizza l'autenticità etnica, che offre aiuti economici e sostegni sociali sulla base dell'identità; per tutti fuorché per loro. Nel corso della campagna elettorale del 2016, tutto quel parlare di un'emergente maggioranza democratica basata sul declino secolare dei bianchi venne percepito come un progetto deliberato per trasformare la composizione dell'America. Hanno visto l'immigrazione come parte di un tentativo determinato e consapevole per marginalizzarli nel loro stesso paese». Un'indagine condotta dal «Washington Post» e dalla Kaiser Family Foundation rivela che, tra coloro che appoggiano Trump, il 46 per cento mette al primo posto tra le preoccupazioni il fatto che i bianchi stanno «perdendo».

Un best seller del 2017 s'intitola proprio *Strangers In Their Own Land* (The New Press), «estranei nel loro stesso paese». Con una forzatura linguistica si potrebbe anche tradurre con «stranieri in patria». L'autrice, la sociologa Arlie Russell

Hochschild, esplora la frustrazione, il risentimento, il rancore che covano nell'elettorato popolare (la sua inchiesta si concentra geograficamente più a sud, in Louisiana). Nelle sue interviste ricorre un'immagine metaforica. La condizione in cui versa il paese viene rappresentata – anzi vissuta nella «deep story», la narrazione profonda che ciascuno si crea – come una fila sempre più lunga di masse che aspirano all'American Dream. Traguardo ambito, ma un tempo accessibile: un modesto benessere per tutti, la proprietà della casa, sicurezza economica, opportunità per i figli. E mentre la fila d'ingresso al Sogno americano si allunga, e avanza sempre più lentamente o sta quasi immobile, ci sono categorie appena arrivate che passano davanti a tutti, si avvalgono di aiuti per le minoranze, sorpassano i bianchi poveri a cui nessuno presta attenzione. Donne, neri, ispanici, profughi, ciascuno ha diritto a «quote», agevolazioni, «affirmative action» per promuoverne l'ascesa.

Frank Pitcher, l'operaio con la tuta della Ford, allude a qualcosa di simile parlando della condizione degli afroamericani a Detroit e dintorni. «Negli anni Sessanta» mi dice «qui ci furono scontri razziali violenti. Poi negli anni Settanta le cose migliorarono molto, e tanti operai neri entrarono a lavorare in fabbrica insieme a noi. Adesso invece abbiamo generazioni che pensano solo di avere dei diritti da rivendicare. Siamo diventati una nazione di diritti acquisiti.» Approva e rincara la dose Bill Dulchavsky: «Più gli dai e più chiedono; più si aspettano, più esigono dal Welfare».

Lo storico Mead, che traccia un parallelo fra il populismo di Trump e quello di Andrew Jackson (settimo presidente degli Stati Uniti, fondatore del Partito democratico), è convinto che molti operai bianchi sentono che «Trump sta inequivocabilmente dalla loro parte, le élite no».

A conferma che oggi loro si sentono i veri perdenti, c'è la droga in fabbrica. Nella nostra conversazione al diner sollevo questo problema dopo aver letto tante denunce di medici sui giornali: le nuove droghe che uccidono negli ultimi anni sono potenti antidolorifici a base di oppioidi, come l'Oxycontin. E le nuove vittime sono loro: operai bianchi di mezza età. Colpisce il fatto che Trump se ne sia occupato quasi subito: tra gli ordini presidenziali firmati nei primi cento giorni c'è stata la creazione di una «Commissione per combattere la crisi degli oppioidi».

«Cominciò anni fa» racconta Brian «quando qualcuno, lavorando in fabbrica, soffriva di artrite e i medici gli prescrivevano l'Oxycontin. Le ricette hanno cominciato a circolare, qualcuno se le rivendeva. Nel mio stabilimento, decine di uomini della mia età sono diventati tossicodipendenti in questo modo, a poco a poco. E naturalmente questo peggiorava i loro problemi economici, finivano per spendere centinaia di dollari al mese per procurarsi quelle medicine. Non abbiamo avuto un'ecatombe paragonabile alle zone più povere, come le regioni degli Appalachi, ma anche da noi è un problema.»

Gli Appalachi a cui fa riferimento Brian sono le montagne che si estendono dal Kentucky alla Virginia. Fu una tra le prime zone degli Stati Uniti a svilupparsi, e tra le prime a entrare in una spirale di crisi, declino, impoverimento. Ci sono lì alcune delle industrie più antiche e oggi disastrate, come le miniere di carbone. Hillary, predicando un futuro «californiano» fatto di energie rinnovabili e auto elettriche, si dimenticò di indicare una soluzione – anche transitoria, anche di breve termine – per quelli che nelle miniere hanno lavorato una vita, e perso la salute, ma hanno comunque guadagnato di che campare. Lì Trump ha fatto il pieno di voti. Un senatore repubblicano, Ben Sasse, individua tra le spiegazioni il degrado umano e le nuove tossicodipendenze. «Nelle indagini demoscopiche che chiedono quali sono le tre o quattro principali preoccupazioni della gente, dieci anni fa il problema dei farmaci antidolorifici non appariva neppure. Oggi gli oppioidi sono diventati una delle maggiori paure. La gente sa che c'è un abuso di droghe tra persone di mezza età. Questo è un sintomo della devastazione economica.» L'inferno degli Appalachi fa da sfondo a un altro libro chiave di questi tempi, *Hillbilly Elegy* (Harper Collins Publisher, 2016). Autobiografico, racconta la storia di uno che ce l'ha fatta a fuggire da quella regione e dalla spirale della miseria. L'autore, J.D. Vance, racconta come si cresce in un mondo di famiglie sfasciate, fallimenti scolastici, alcolismo, microcriminalità, e senza neppure la «scusante» di essere neri. «White trash», spazzatura bianca. Con la Bibbia e le armi come valore a cui aggrapparsi, appunto. Proprio come disse Obama. Dall'alto delle sue due lauree alla Columbia University e a Harvard.

Ecco un'altra intuizione di Trump: «carnage», carneficina. Lui, quella parola, l'ha ripetuta a oltranza nel discorso solenne dell'Inauguration Day, il 20 gennaio 2017. Scatenando lo sdegno, o attirandosi lo scherno, dell'intellighenzia progressista. I media lo fecero a pezzi per quella descrizione catastrofista dell'America di oggi. Come si può parlare di carneficina per un paese giunto all'ottavo anno consecutivo di crescita economica, con 15 milioni di posti di lavoro creati sotto Obama? E lui giù a ripetere: carneficina, aggiungendo altri tocchi di un panorama desolato, «le fabbriche arrugginite, la criminalità in aumento». Spesso esagerato, talvolta smentito dalle statistiche, questo presidente però sa benissimo a chi parla. Carneficina non è una parola eccessiva, se il tuo compagno di lavoro alla catena di montaggio è caduto nella trappola dell'Oxycontin.

Un altro segnale di sofferenza lo rivelano le statistiche della Social Security sui sussidi d'invalidità. Chi crede che i falsi invalidi siano un malcostume tutto italiano, ci ripensi. Falsi o veri che siano, gli adulti americani che ricevono un assegno d'invalidità sono passati da 7,7 milioni nel 1996 a 13 milioni oggi. Quasi raddoppiati in un ventennio. Un simile aumento non può spiegarsi solo con l'invecchiamento della popolazione, o le malattie legate all'obesità. L'amministrazione federale spende per i sussidi agli invalidi più che per tutti gli altri strumenti del Welfare, come le indennità di disoccupazione, i buoni pasto e le sovvenzioni per le case popolari. Inutile prendersela con i furbi, i falsi invalidi, la mentalità assistenzialista. La realtà è che molti americani riescono a sopravvivere così perché il mercato del lavoro non li vuole più, neanche nelle mansioni più umili: sono troppo disadattati. La scorciatoia per un reddito di sussistenza è diventata quell'assegno federale, un certificato d'inabilità al lavoro non si nega a chi ha già una vita distrutta. Il boom delle pensioni d'invalidità contraddice l'idea che si fanno molti europei di un'America dove il Welfare State è stato smantellato completamente da decenni di neoliberismo. In realtà, questa nazione spende tanto per mantenere una popolazione di disoccupati nascosti di cui non sa che fare. Solo di assegni agli invalidi: 200 miliardi all'anno.

C'è voluto un premio Nobel venuto dalla Scozia, Angus Deaton, per rivelare agli americani una tragedia dell'ultimo ventennio legata alle diseguaglianze: la speranza di vita media ha invertito la tendenza, si è accorciata dal 1999 a oggi, e questo è accaduto perché sono i maschi bianchi a morire prima, sono le «malattie da disperazione» (droga, alcol, suicidi) a mietere vittime tra gli operai di mezza età. Tra gli uomini bianchi senza una laurea, in vent'anni sono aumentate del 46 per cento le cirrosi epatiche, del 78 i suicidi, del 323 le morti per overdose. Arthur Brooks, dell'American Enterprise Institute, fa notare il contrasto tra questo panorama desolante e la situazione degli immigrati: sono loro oggi i più fiduciosi nell'American Dream, col 48 per cento degli ispanici che prevedono un futuro migliore per i propri figli. Anche in questo divario dell'ottimismo, i bianchi poveri vedono una conferma dei propri sospetti. Per forza gli immigrati sono più fiduciosi sul futuro, a loro si offrono aiuti, e corsie preferenziali. Sono quelli che saltano la coda e ci passano davanti.

Trump, pur nella sua «allergia ai fatti», nella sua impulsività e improvvisazione, ha intuito qualcosa di profondo. Alle statistiche sulla disoccupazione ufficiale, scesa al 4,5 per cento sotto Obama, lui nei comizi opponeva delle proprie controstatistiche campate per aria: s'inventava da tre a cinque volte più disoccupati «reali». Ma c'è del vero in questa sua invenzione, perché la percentuale di americani maschi in età adulta che sono scomparsi dalle statistiche, usciti dalla forza lavoro in quanto non hanno un posto né lo stanno cercando, è triplicata negli ultimi cinquant'anni. Qualche forma di Welfare si prende cura di loro, ma solo per mantenerli in vita. Non per dare un senso alla loro vita. «The Dignity Deficit» lo ha battezzato Brooks: il deficit di dignità è il sottoprodotto di quelle politiche assistenziali (democratiche) che dai tempi di Lyndon Johnson hanno dichiarato guerra alla povertà, ma il cui bilancio è disastroso. Ai suoi poveri l'America di oggi garantisce di che mangiare, anche troppo. Quando visitò gli Appalachi nel 1964, Johnson venne fotografato sul portico di una casa operaia, a fianco di Tom Fletcher e dei suoi figli: magrissimi, denutriti. Oggi quella categoria sociale è la prima vittima dell'obesità. E ha ancora meno probabilità di trovare un posto di lavoro. Un assegno d'invalidità ti tiene in vita, non ti fa sentire utile al tuo paese.

Una grande scrittrice della classe operaia americana, Barbara Ehrenreich, aggiunge a questo quadro la crisi profonda dello status maschile. Insieme al femminismo e alla battaglia per i diritti dei gay, la crisi economica ha tolto a tanti operai l'ultimo aggancio al ruolo di capofamiglia: una busta paga con cui mantenere i figli, investire sul loro futuro. La deindustrializzazione è stata accompagnata – nei casi più fortunati – da politiche di riqualificazione degli ex operai. La Ehrenreich ha raccontato di recente il suo viaggio tra gli ex minatori che qualcuno cerca di riconvertire come infermieri, cassieri di supermercato, mestieri un tempo tipicamente femminili. Sul «New York Times Magazine» la scrittrice ha confidato: «Io stessa non potevo impedirmi di ridere di fronte all'incongruità per questi uomini abituati a lavorare maneggiando i picconi e la dinamite. Non c'è da meravigliarsi se davanti alla scelta tra i programmi di riqualificazione della Clinton, e uno come Trump che gli offre di restituirgli miracolosamente i loro vecchi mestieri, hanno scelto il secondo».

Per affrontare il legame tra crisi d'identità maschile e rivoluzione dei mestieri – su cui c'è tanta ipocrisia da parte delle élite progressiste – bisogna imparare un altro neologismo: «pink collars», colletti rosa. Se i colletti blu indicano i lavori operai e i colletti bianchi quelli impiegatizi, il rosa segnala lavori che tradizionalmente vengono svolti dalle donne. Sono quelli che crescono di più, almeno in America. E questo è un grosso problema: la classe operaia espulsa dalle sue attività tradizionali non ce la fa proprio a riconvertirsi in «colletti rosa». Questione di attitudine e addestramento, di status, e perfino qualcosa di più profondo: accettare questi lavori significa rinunciare a un'idea di virilità, a un pezzo portante dell'identità maschile. Tra l'altro non sono solo gli operai o ex operai ad avere questo tipo di resistenza. Anche le loro mogli la pensano così. Secoli di separazione dei ruoli non si cancellano d'un tratto. C'è anche un aspetto economico, non il più importante ma nemmeno irrilevante: i colletti rosa guadagnano molto meno. Di questo tema si è occupata una sociologa che conosce bene l'ambiente operaio, anche perché lo ha sposato (suo marito e la famiglia del marito vi appartengono). Lei si chiama Joan Williams e ha scritto un libro intitolato *White Working Class* (Harvard Business Rewiev Press, 2017) dove affronta senza pregiudizi il tema lavoro-virilità. Ci sono mestieri che hanno un'immagine «macho»: chi li fa si sente realizzato e confermato nella propria identità, nel proprio ruolo di padre e marito. Hanno a che fare, almeno in parte, con la forza fisica o con la capacità di costruire cose. Muratore o metalmeccanico, camionista o allevatore. Tradizionalmente erano anche ben remunerati; non di rado grazie a una forte sindacalizzazione. Da decenni le fabbriche chiudono, l'industria licenzia, gli operai sono sempre meno richiesti. Cresce invece la domanda di infermiere, maestre d'asilo, cassiere di supermercato, donne delle pulizie. Ho declinato queste figure al femminile, non a caso. Perché a fare questi mestieri sono state più spesso le donne. Ora, se c'è più richiesta lì, perché gli uomini non si adattano? Di recente ne ha scritto anche una collega giornalista del «New York Times», Susan Chira. «Il concetto di mascolinità stenta a morire, tra le donne e anche fra gli uomini. Non c'è solo il fatto che gli uomini considerano alcuni di questi mestieri degradanti; oppure pensano di non avere l'attitudine emotiva a svolgerli. Anche le loro mogli, i datori di lavoro, e le donne che svolgono quei mestieri, la pensano allo stesso modo.» Davvero sperano che questo presidente possa resuscitare l'industria americana, restituirgli i lavori di una volta? Gli economisti li trattano come dei poveri illusi. Le élite intellettuali considerano come un atteggiamento retrogrado l'attaccamento a mestieri «macho». Però questo disprezzo delle élite è profondamente disonesto. Anche nelle professioni «nobili», quelle di chi vota prevalentemente a sinistra, esiste una divisione di ruoli in base al sesso, eccome se esiste. Gli uomini dei ceti medio-alti si muovono in attività – come manager d'azienda o avvocati, esperti di tecnologia o di finanza – dove c'è un netto predominio maschile. Non mollano il loro status per andare ad accudire bambini o ad assistere malati e anziani.

Carneficina. Per le capitali della finanza (New York), della tecnologia (San Francisco) o del cinema (Los Angeles), per i poli universitari (Boston) o per chi campa sulla politica (Washington) quella parola è assurda, fuori luogo. Non per i metalmeccanici del Michigan che ho riunito nel diner sulla Mound Road di Sterling Heights, orgogliosi nel difendere il loro ruolo, la loro rispettabilità. Con parole antiche, si sarebbe detto: il loro onore. La rivista della sinistra più radicale, «The Nation», su questo fa autocritica. «Nessun operaio aveva bisogno di Bernie Sanders o di Donald

Trump per rivelargli che il nostro sistema economico è truccato e ingiusto. Quello che Trump gli ha dato, è l'impressione che loro contano. Non solo i loro voti ma la loro cultura, i loro valori, l'immagine di sé come persone che fanno un lavoro manuale e rispettano le regole. Gente che si è sentita scartata dal Partito democratico, e aveva abbandonato la politica.»

Una parziale reindustrializzazione degli Stati Uniti era già cominciata sotto Obama. Segnali piccoli, ma significativi, di una rinascita della vocazione manifatturiera. Il problema è che le nuove fabbriche impiegano tanti robot e pochi operai. È solo a questa condizione che un impianto basato negli Stati Uniti può competere con i costi del Messico o della Cina o del Vietnam: investendo nella qualità, nell'automazione, nell'innovazione tecnologica. La ricetta trumpiana «America First» incontra qui uno dei suoi limiti: può incoraggiare le multinazionali a investire di più sul territorio Usa, ma le ricadute sull'occupazione saranno limitate.

I primi a saperlo sono proprio gli operai. Non si fanno illusioni, in fabbrica ci vivono, la vedono cambiare da anni sotto i loro occhi. «I robot mi vanno benissimo» dice Frank Pitcher «perché in una fabbrica automatizzata noi stiamo meglio, scendono gli incidenti sul lavoro.» E aggiunge Bill Dulchavsky: «Lo spero anche per i miei figli, loro devono studiare per lavorare coi robot e sui computer. Nella fabbrica del futuro ci saranno degli ingegneri al nostro posto. Meno infortuni, meno malattie. È proprio di questo futuro che ci parla Trump».

Al lungo tavolo del diner LA Coney Island ci raggiungono degli italoamericani. Niente tripla omelette per loro, non si lasciano tentare dalla bomba al colesterolo (la dieta mediterranea è una buona abitudine che non si perde facilmente). Oggi sono pensionati, hanno lavorato una vita dentro l'industria dell'auto oppure nel suo indotto. Domenico Ruggirello è nato a San Vito Lo Capo, in provincia di Trapani; emigrò prima in Canada, nel 1969, poi a Detroit, nel 1971. Vent'anni alla Ford, quindi un lavoro nel settore edile fino alla pensione, nel 2008. Attivo nella comunità italiana locale, è presidente del Comites di Detroit, un organo di rappresentanza degli emigrati. Solo nel 2016 si è deciso a prendere la cittadinanza americana. Ha fatto in tempo a votare. Per Trump. «Come la maggioranza degli italoamericani di qui» mi dice. Lo conferma Rosolino Lo Duca, anche lui siciliano (di Cinisi, Palermo), negli Stati Uniti da 54 anni, imprenditore edile, cittadino Usa da quasi sempre. Quattro figli e undici nipoti, tutti americani. Una storia d'integrazione riuscita. Due vicende, le loro, che si potrebbero facilmente incasellare nella narrazione positiva sul modello multietnico. Una forza dell'America è proprio questa, la capacità di accogliere e integrare ondate successive di emigranti, di trasformare le loro diversità in una ricchezza, in un motore di crescita e di progresso. O no? Se l'assimilazione multietnica degli Stati Uniti ha funzionato per decenni, perché mai degli ex immigrati hanno scelto di votare il presidente del muro col Messico, l'autore degli editti che volevano chiudere le frontiere a chi proviene da alcuni paesi islamici?

«Per noi italiani» dice Ruggirello «la memoria della nostra esperienza resta importante. Siamo stati dei migranti, questo paese ci ha accolto, ci ha dato opportunità, ci ha aiutato. Ma nella politica di Trump ci sono altri elementi: l'illegalità, il terrorismo. Non è solo un problema d'immigrazione.» Anche Lo Duca raccoglie la sfida: spiegare come degli ex immigrati abbiano potuto votare questo presidente (e gli italiani non sono stati i soli). «La Francia» afferma «regalò all'America la Statua della Libertà, questa è diventata il simbolo di una nazione che dà il benvenuto ai bisognosi, agli oppressi. Esiste un diritto a essere accolti. Però ci sono anche delle giuste regole da rispettare. Benvenuto a tutti, purché rispettino le regole. Trump dice questo, in particolare agli islamici. Devono accettare le leggi di questo paese, rispettarne i valori. Devono amare l'America.»

Gli altri tre, gli americani doc, concordano con gli italiani. Basta rileggere con attenzione i loro cognomi per capire quanto sia assurda l'idea che attorno a questo tavolo esistano americani «doc». Dulchavsky ha qualche antenato slavo. Frank Pitcher descrive un albero genealogico misto: «In parte franco-canadese, in parte sangue indiano. Ovvio che non sono contrario all'immigrazione. Ma i controlli accurati ci vogliono, per proteggere la sicurezza dei nostri figli. Siamo uno Stato di diritto, una nazione fondata sulle leggi. Se qualcuno pensa che la legge islamica della *shariah* sia superiore alla Costituzione degli Stati Uniti, questo non è il suo posto. Io sono cattolico, ma non mi sognerei d'imporre la mia religione ad altri. Questo, con gli islamici, è un grosso problema».

Eppure la capitale dell'auto è considerata come un esperimento riuscito, proprio per l'integrazione dei musulmani. Detroit ospita la più grande comunità arabo-americana di tutti gli Stati Uniti, in gran parte operai venuti a lavorare qui nell'età gloriosa dell'automobile. La cittadina che ospita la sede della Ford, Dearborn, ha metà della popolazione di origini mediorientali. Un altro sobborgo di Detroit, Hamtramck, è il primo municipio d'America dove il consiglio comunale ha una maggioranza di musulmani. Sulla Ford Road di Dearborn c'è la più grande moschea degli Stati Uniti, e lì vicino un museo ricostruisce la storia dell'immigrazione araba, proprio come quello di Ellis Island ripercorre l'arrivo di italiani e irlandesi a New York. Inoltre, la comunità islamica locale si è evoluta negli anni. Oggi ha un livello d'istruzione sempre più alto (il 63 per cento dei nuovi immigrati nell'ultimo quinquennio ha una laurea) e una componente imprenditoriale: gli stranieri sono solo il 6 per cento, ma hanno creato il 33 per cento delle aziende hi-tech della zona.

Neppure queste caratteristiche positive riescono a impedire qualche tensione culturale, valoriale. Un caso estremo, a cui i media locali hanno dato evidenza: una dottoressa musulmana di 44 anni, Jumana Nagarwala, è stata incriminata dalla Procura federale del Michigan per avere praticato delle mutilazioni genitali su due bambine di sette anni. Le operazioni, clandestine e illegali, venivano praticate in una clinica di Livonia, alla periferia di Detroit. Un segnale certamente più innocuo, ma che va nel senso di una maggiore differenziazione nei costumi: dal 2015 è in netto aumento il numero di donne islamiche che chiedono di poter indossare lo *hijab* negli uffici pubblici, nelle foto sui documenti d'identità, nei luoghi di lavoro. E a Hamtramck i cattolici di origine polacca (che sono il 15 per cento della popolazione) hanno protestato quando la moschea ha cominciato a diffondere gli inviti alla preghiera con gli altoparlanti.

Il 63 per cento degli elettori di Trump ritiene che per essere un vero americano bisogna essere cristiani. Questo attaccamento al bagaglio storico di valori cristiani che per duemila anni hanno contribuito a definire cos'è l'Occidente, oggi contribuisce a scavare un solco, anche geografico, tra le due Americhe. Perché sull'assiduità alla messa domenicale si traccia una linea rossa che esclude non solo i musulmani o i buddisti, ma anche le élite costiere laiciste, agnostiche o atee a cui appartengo anch'io. A New York e a San Francisco, noi bianchi di ceppo europeo andiamo in chiesa molto meno (o nient'affatto) rispetto ai nostri concittadini che vivono nella «fly-over country», il territorio da sorvolare per spostarsi tra la East Coast e la West Coast. Il multiculturalismo delle élite bianche, la tolleranza estrema verso gli immigrati che si rinchiudono nei propri alveari etnici, per la «fly-over country» è una conferma che noi bianchi cosmopoliti delle due coste non crediamo più a nulla, siamo indifferenti ai valori. Anzi siamo pronti a svendere i valori cristiani, mentre accogliamo a braccia aperte chi importa religioni ben più esigenti, severe, intolleranti. C'è un'espressione che ricorre tra i bianchi poveri, i meno istruiti: in opposizione a noi liberal delle due coste che abbiamo fatto l'università, loro sono orgogliosi di essere «churched», catechizzati. Vanno fieri della loro istruzione – non meno preziosa della nostra perché ricevuta in chiesa – e sanno citare versetti della Bibbia che noi abbiamo dimenticato.

Frank Pitcher aggiunge quella che era stata una tradizionale critica «di sinistra» all'immigrazione: «Se arrivano qui illegalmente, se non hanno permessi di soggiorno e di lavoro regolari, sono sfruttati. E quindi abbassano i livelli salariali. È importante per tutti avere solo immigrati legali, con gli stessi diritti che abbiamo noi, con gli stessi salari». Questo argomento antico – Karl Marx si riferiva al sottoproletariato come a un «esercito industriale di riserva» usato dal capitalismo contro la classe operaia – è da tempo caduto in disuso nella sinistra globalista. Si tende a minimizzare la concorrenza degli immigrati sul mercato del lavoro con l'obiezione che «vengono a fare lavori rifiutati dagli americani». La sinistra esalta il valore aggiunto che l'immigrazione porta al paese, sia per l'economia sia per il ringiovanimento demografico. Sono tesi ragionevoli, ma semplicistiche. Mark Krikorian, uno dei maggiori ispiratori delle politiche di Trump sull'immigrazione, dirige il Center for Immigration Studies e ha più volte dimostrato che esiste un interesse «operaio» a limitare i flussi d'immigrazione: «Non è vero che gli stranieri vengono a fare solo i lavori che gli americani rifiutano. Un tipico lavoro da immigrato è l'usciere, il guardiano, il portiere. Ma tre quarti di coloro che fanno questo mestiere sono cittadini statunitensi. Dunque la concorrenza diretta c'è. Idem per quanto riguarda addetti alle pulizie, tassisti, muratori, giardinieri: in ciascuna di queste attività vediamo ancora tanti americani al lavoro. I loro salari sono più bassi di quel che dovrebbero essere, perché gli stranieri sono disposti a lavorare per meno». Anche qui la separazione fra le due Americhe elettorali ha un segno di classe. L'élite progressista che ha votato Hillary, dove si addensa una maggioranza di laureati e fasce socio-professionali superiori, usufruisce del lavoro a basso costo da parte di tassisti, muratori, addetti alle pulizie, giardinieri venuti dall'America latina.

Trump ricorda volentieri che lui è stato eletto «dagli americani, per rifare l'America grande come una volta». Non è al resto del mondo che deve rendere conto delle sue azioni. E si vede. Forse in nessun campo il divario di percezione – all'interno del paese e all'estero – è così ampio come sul protezionismo commerciale. «È l'esempio perfetto» dice Brian «che dimostra come questo presidente sia diverso dagli altri. Fa quello che dice. Come prima cosa ha denunciato il Tpp, il nuovo trattato di libero scambio con l'Asia: non si farà, l'America non lo firmerà. È deciso a rinegoziare anche il Nafta, l'accordo per il mercato unico col Canada e il Messico. Tutte cose giuste, tutte promesse che mantiene o che manterrà.» Il coro operaio è pressoché unanime, e Frank interviene per dire che «il cosiddetto libero scambio non è un commercio equo, per esempio il Giappone impone sulle auto americane dazi molto più alti di quelli che noi mettiamo sulle auto giapponesi; a me va bene aprire le frontiere, purché le regole siano uguali per tutti».

«Reciprocità» è la parola magica che Trump ripete nei suoi incontri con i leader stranieri, da Xi Jinping alla Merkel. Questo è un tema sul quale il presidente – almeno a parole – è molto più vicino alle tute blu che ai loro chief executive. Le multinazionali, e non solo quelle dell'auto, hanno abbracciato la globalizzazione e ne hanno dettato le regole, traendone i massimi vantaggi: hanno spostato produzioni nei paesi emergenti sia per servire i mercati locali (la Cina è il primo sbocco di General Motors) sia per sfruttare il minor costo della manodopera e riesportare nei paesi ricchi. Ai chief executive strapagati con le stock option, e ai loro azionisti, questo sistema va benissimo: è il miglior mondo possibile. Trump, nei suoi affari privati, si è sempre comportato nello stesso modo: le T-shirt e altri gadget del suo «merchandising» li fa produrre in Cina. Però ha compiuto la scelta ideologica di denunciare questo sistema, mettendosi di traverso. La sua critica della globalizzazione non è poi tanto diversa da quella della sinistra radicale, di Bernie Sanders.

«Trump è stato chiaro» dice Bill Dulchavsky. «Se un'azienda delocalizza la produzione, taglia posti di lavoro qui e va a fabbricare all'estero, poi reimporta per vendere quei prodotti in America, lui la colpirà. Ecco perché il top management della Ford ha bloccato la costruzione di quella nuova fabbrica in Messico, e ora quei capitali restano qui, a creare lavoro per gli americani.» Un po' più sfumato è il consenso dell'italoamericano Ruggirello, che ha un dubbio sui dazi: «Non vorrei che alla fine il prezzo lo pagassimo noi come consumatori, quando andiamo a comprare le auto assemblate in Messico». Eterno dilemma della globalizzazione, che ha riempito gli scaffali di Walmart di prodotti alla portata di tutte le tasche. Gli economisti lo hanno definito lo «sconto cinese», la chiave per migliorare il potere d'acquisto dei ceti medio-bassi. Ma se il tuo posto di lavoro è finito a un cinese, con quali soldi fai la spesa da Walmart? Sul commercio mondiale «truccato», sulla mancanza di reciprocità, Trump ha dalla sua la forza dei numeri. In un anno l'America importa quasi mezzo trilione (500 miliardi) di prodotti dalla Cina. Mentre i cinesi gliene comprano poco più di un quinto, di prodotti made in Usa.

La politica estera è forse il terreno sul quale Trump raccoglie il massimo di bocciature... all'estero. Dalla Siria alle minacce contro la Corea del Nord, dalle prime bordate anti-Nato ai ripensamenti successivi, dal flirt con Vladimir Putin all'improvviso ritorno di un clima da guerra fredda, gli europei tendono a sottolineare l'incoerenza, il velleitarismo di questo presidente quando si occupa di Damasco o di Pyongyang. Lo zoccolo duro di Detroit ha un altro punto di vista. A cominciare dal riarmo, da quell'aumento del 10 per cento (ovvero di 54 miliardi di dollari in un anno) nelle spese militari. «Mio figlio» dice Frank «a 26 anni insegna scienze al liceo, perché ha servito nella US Air Force. I militari gli hanno dato quella formazione, lo hanno preparato per il mercato del lavoro. Le forze armate erano state indebolite, rimpicciolite sotto Obama. Ricostruirle è un'ottima cosa.» Forse può stupire un europeo l'idea che l'esercito sia un grande istituto tecnico, una scuola di addestramento professionale di massa, ma ci fu un tempo in cui in America questa era un'idea di sinistra. Le forze armate ebbero un ruolo d'avanguardia nell'integrazione razziale; e dopo la seconda guerra mondiale il diritto allo studio per i reduci di guerra divenne una potente leva di promozione sociale, una corsia veloce verso l'American Dream (grazie a una legge voluta dai democratici, il GI Bill). «Avere un esercito forte» afferma Bill «non serve per fare la guerra, semmai per prevenirla e tenere a bada i nostri nemici. I militari insegnano ai giovani a gestirsi, a essere autonomi, sono una grande scuola di vita. I nostri giovani oggi hanno un gran bisogno di tirarsi su i calzoni. Quelli fra loro che non ricevono un'educazione a casa, in famiglia, la possono ricevere in caserma.»

Anche il patriottismo è diventato con il tempo una nuova linea di frattura: tra sinistra e destra, ma anche tra élite e popolo. Gli avversari di Obama gli rinfacciavano di essere «il presidente che va in giro per il mondo a chiedere scusa per le colpe dell'America». L'America di mezzo, la «fly-over country», è percorsa da una radicale diffidenza verso l'establishment globalista: che non è solo la finanza di Wall Street, ma anche un'intellighenzia pronta a mobilitarsi per i diritti umani altrui, a indignarsi per tragedie che accadono in angoli remoti del pianeta, a sacrificare l'interesse nazionale sull'altare delle cause «universali». Obama forse segretamente aspirava a essere davvero il presidente di tutti gli esseri umani... Questo qui è fatto di un'altra stoffa.

«Adesso è sceso molto in basso come popolarità» prosegue Bill «ma va bene così. Non gliene importa un granché, lui non è un politico. Quando Reagan era presidente lo prendevano in giro, i toni erano simili a quelli che adesso vengono usati contro Trump. Lui diventerà il prossimo Reagan. E farà un gran bene: per noi, per il paese.»

Il richiamo a Ronald Reagan è costante in questa parte del Midwest, dove già negli anni Ottanta si avvertirono le prime avvisaglie di un divorzio tra gli operai e la sinistra. Il riferimento obbliga a ricordare differenze fondamentali, come l'apprendistato di Reagan, leader del sindacato degli attori di Hollywood (un'organizzazione altamente politicizzata), e poi, soprattutto, due volte governatore della California. Ma i due hanno in comune il fatto che erano stati democratici. E, su questo, Reagan era tassativo: «Non sono io ad aver lasciato il Partito democratico. È il Partito democratico che ha lasciato me». È un'affermazione sulla quale molti operai si riconoscono.

Per indovinare a priori il voto di un americano, come si è visto, la geografia è maestra. Se l'elettrice o l'elettore abitano a poca distanza dalla riva di un oceano (Atlantico o Pacifico, non importa), se quindi sono in prima linea sulla frontiera invisibile della globalizzazione, in quelle metropoli dove c'è più scambio culturale con il resto del mondo, e dove ci sono più immigrati, è molto probabile che voti a sinistra (Partito democratico). Se invece abitano in un'America «più americana», più introversa, continentale, la fede repubblicana gli è congeniale. (Quando parlo di esposizione verso il resto del mondo mi riferisco ai flussi di idee, informazioni, valori, manifestazioni artistiche, gastronomie. Non invece ai rapporti economici. Il Michigan, dove vivono gli operai che ho intervistato, è dal punto di vista culturale decisamente Midwest, quindi «fly-over country», America di mezzo, e tuttavia è assai esposto all'impatto della globalizzazione economica, della concorrenza cinese o messicana.)

È paradossale che ci sia più paura degli immigrati in quegli Stati Usa dove ce ne sono relativamente meno, rispetto a

New York e alla California. Ma questa è una contraddizione solo apparente, la «fly-over country» pensa: «Difendiamoci finché siamo in tempo, finché siamo ancora maggioranza in casa nostra». Ritroveremo la stessa situazione in tante elezioni europee: dall'Inghilterra all'Ungheria, chi vota contro gli immigrati di solito vuole preservare proprio lo stile di vita che ha, alzare barriere «prima che sia troppo tardi».

La geografia del voto americano deve incrociare le mappe cartografiche con l'atlante della storia nazionale. Da una parte, semplificando, gli Stati Uniti sarebbero un «monocolore di sinistra» se vincessero le fasce costiere. Negli Stati di New York e della California, nel 2016 Hillary aveva conquistato tra i due terzi e il 70 per cento dei voti; visti da lì, oggi i repubblicani sembrano quasi una razza in via di estinzione. Le zone costiere sono sottili ma popolose; il sistema elettorale impregnato di federalismo, però, impedisce che gli iper-Stati a più alta concentrazione demografica dettino legge. Le maggioranze perfino eccessive che Hillary aveva conquistato sulle due coste non le sono bastate perché in troppi Stati «di mezzo» ha prevalso Trump, sia pure di stretta misura.

Tuttavia, alla contrapposizione netta fra le coste e la massa terrestre centrocontinentale si aggiunge un'altra dicotomia, che è quella fra Nord e Sud. Qui non è solo la mappa terrestre a guidarci, la topografia va arricchita con il ricordo di un evento di oltre 150 anni fa, mai completamente superato: la guerra civile. Quegli Stati Usa che allora praticavano e legalizzavano lo schiavismo, e che tentarono la secessione armata pur di conservarlo, oggi sono perlopiù roccheforti repubblicane. I Confederate States of America all'inizio erano costituiti da un nucleo fondatore di sette Stati (South Carolina, Mississippi, Florida, Alabama, Georgia, Louisiana, Texas), la cui economia era prevalentemente agricola, basata su piantagioni con ampio uso di manodopera in stato di schiavitù, deportata dall'Africa. Questi si autoproclamarono nazione indipendente, dopo l'elezione alla presidenza degli Stati Uniti del repubblicano Abraham Lincoln nel

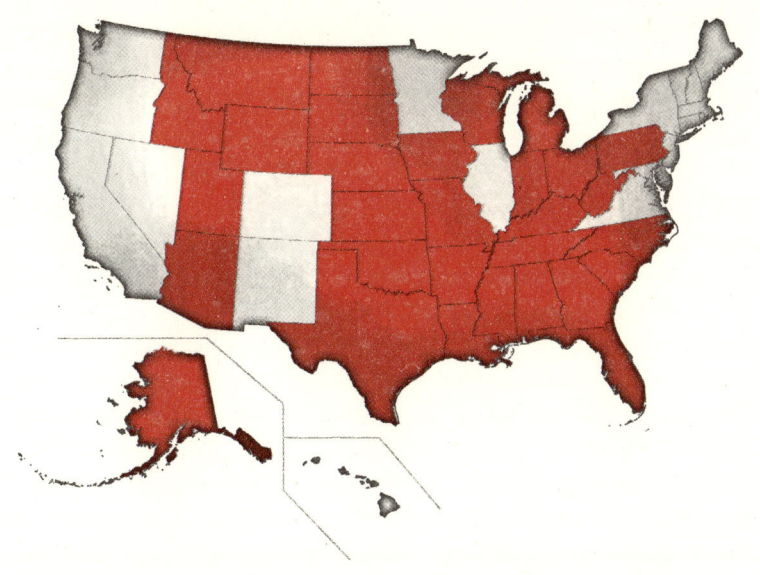

Gli Stati vinti dal Partito repubblicano durante le ultime elezioni americane.

novembre 1860. I Confederati scesero in guerra per uscire dall'Unione di cui facevano parte nel 1861, quando fu chiaro che Lincoln intendeva mantenere la promessa grazie alla quale era stato eletto: abolire lo schiavismo, metterlo fuori legge. A guerra iniziata, si aggiunsero ai Confederati altri quattro Stati: Virginia, Arkansas, Tennessee, North Carolina. La linea rossa del voto per Trump include tutti gli Stati ex schiavisti della Confederazione sudista, con l'unica eccezione della Virginia. Peraltro, quattro anni prima gli stessi Stati (meno la Florida) avevano votato per il repubblicano Mitt Romney contro Barack Obama. Il profondo Sud sconfitto nella guerra civile è diventato un affidabile serbatoio di voti per la destra. Questo rende particolarmente significativo il comportamento tenuto da Trump nell'estate del 2017 durante la «guerra delle statue sudiste». Un evento non di facile comprensione per chi vive al di fuori dagli Stati Uniti, ma essenziale per capirne le dinamiche politiche.

«È triste vedere la storia e la cultura del nostro paese fatte a pezzi con la rimozione di belle statue e monumenti.» Trump su Twitter, a metà agosto 2017, prende così posizione: sta dalla parte dei nostalgici del Sud. Trova assurdo che i sindaci di tante città rimuovano o demoliscano monumenti che celebrano i Confederati, ovvero generali come Robert Lee, che durante la guerra civile del 1861-65 si battevano per preservare lo schiavismo. In occasione di una di queste «rimozioni» decisa dal sindaco di Charlottesville, in Virginia, l'11 e 12 agosto 2017 affluiscono da tutta l'America le milizie dell'estrema destra per opporsi. Suprematisti bianchi, Ku Klux Klan, neonazisti, una galassia che viene etichettata come «alt-right», cioè destra alternativa, radicale. Arrivano anche delle manifestazioni antirazziste, per protesta contro la protesta. Ci sono scontri. Una giovane donna muore, investita da un estremista di destra in auto.

Trump, d'istinto, adotta una linea di equidistanza, accusa la sinistra radicale quanto la destra per quelle violenze. Ma poi ha parole di comprensione verso i cortei dell'estrema destra, nei quali secondo lui ci sono «anche tante persone perbene». Si tira addosso condanne dal suo stesso partito, una presa di distanza dei vertici militari (l'esercito è una macchina d'integrazione razziale dalla seconda guerra mondiale; nella prima guerra del Golfo del 1991 ebbe come capo supremo l'afroamericano Colin Powell), subisce un fuggi fuggi di top manager industriali, che abbandonano incarichi di consulenza per la Casa Bianca. Trump non demorde. E se sugli scontri di piazza è equidistante, sulla vicenda delle statue si schiera con la destra razzista. «Le prossime statue da rimuovere saranno quelle di George Washington e Thomas Jefferson?» twitta provocatoriamente. Ricordando così che il primo e il terzo presidente degli Stati Uniti furono ricchi latifondisti e proprietari di schiavi. Gli viene risposto: un conto era possedere schiavi (la cosa era «normale» tra gli agricoltori bianchi del Sud), ben altro era scendere in guerra contro i propri connazionali pur di difendere lo schiavismo al momento della sua abolizione.

È interessante che Trump – uomo che non legge mai libri, per sua stessa ammissione – decida a quel punto di addentrarsi nella polemica revisionista. Lui che sulla storia americana ha dato prove d'ignoranza crassa, su questo tema invece ha le idee chiare. Lo schiavismo è parte della nostra storia, non possiamo ripudiarlo, è il suo messaggio. Il Sud venne sconfitto nella guerra civile, però in seguito ci fu una riconciliazione nazionale; non vanno eliminati dal nostro paesaggio gli omaggi ai suoi eroi, come le statue del generale Robert Lee. In apparenza Trump sembra voler parlare il linguaggio della riconciliazione, in fondo la magnanimità verso gli sconfitti fu anche la strategia di Nelson Mandela, che in Sudafrica decise di non processare i leader bianchi per i crimini dell'apartheid. È per questo che in alcuni Stati del Sud anche dei moderati difendono le statue incriminate: un pezzo di storia, un omaggio alle radici culturali di mezza America. Ma il Kkk e le altre milizie dell'estrema destra che inneggiano a Trump sanno che non è vero. Quei monumenti non sono stati costruiti per sanare le ferite della guerra civile, al contrario. Ci sono in giro per l'America ben 1500 statue erette per celebrare «eroi» della Confederazione come Lee, e la maggior parte sono state costruite nel Novecento, molte addirittura dopo la seconda guerra mondiale. I leader bianchi che le hanno volute sono gli stessi che hanno osteggiato le battaglie di Martin Luther King contro la segregazione, e le leggi sui diritti civili approvate sotto le presidenze democratiche di John Kennedy e Lyndon Johnson. Sono le stesse classi dirigenti sudiste che oggi approvano leggi restrittive sull'accesso ai seggi elettorali, controlli e verifiche fatti apposta per scoraggiare il voto dei neri.

Nell'estate del 2017 l'America è costretta così a rivisitare dolorosamente la propria storia, con un presidente che esaspera lacerazioni antiche anziché ricucirle. E il resto del mondo si vede costretto a studiare la geografia per capire quanto sia ancora attuale la «questione meridionale» negli Stati Uniti, in particolare (ma non solo) in quegli undici Stati così importanti per eleggere un repubblicano alla Casa Bianca. Si capisce dalla crudezza delle contrapposizioni che otto anni di un presidente afroamericano non hanno rappresentato una svolta risolutiva nelle relazioni razziali. Anzi, forse hanno riacceso un odio antico.

Geografia e storia sono terreni di una battaglia politica mai conclusa. Perfino certi manuali scolastici sono scritti diversamente a seconda che vengano adottati nei licei di Boston o in quelli del Texas. Quando si parla della guerra civile, o guerra di secessione, gli undici Stati del Sud le attribuiscono un movente diverso. Per loro, o almeno per una parte della loro popolazione bianca, i Confederati non difendevano tanto lo schiavismo quanto «i diritti degli Stati» (noi diremmo l'autogoverno delle autonomie locali); difendevano inoltre uno stile di vita, un modello di società, un insieme di valori. Per diritti degli Stati s'intende qui la versione più estrema del federalismo, secondo cui ogni Stato è padrone a casa sua, anche di varare e applicare leggi palesemente contrarie alla Costituzione Usa: è una foglia di fico, è l'alibi per mantenere lo schiavismo. Stile di vita, modello di società, valori: dietro queste espressioni c'è una visione idilliaca del profondo Sud alla *Via col vento*, cioè come di una società agricola fondata sulla famiglia, sulla religione, sul patriottismo; un mondo antico e nobile all'insegna di un galateo cavalleresco, buone maniere, solidarietà, ospitalità e generosità. All'estremo opposto, in questa ricostruzione idealizzata dei sudisti, il Nord di Abraham Lincoln era una società dominata dal capitalismo rapace, con metropoli anonime e inquinate dall'industrializzazione, famiglie sfasciate, una borghesia materialista ed egoista, massificazione e consumismo agli albori, immigrati poveri importati dall'Europa per lavorare nelle fabbriche, in condizioni non molto più umane degli schiavi nelle piantagioni. Sempre nella versione romantica dei sudisti nostalgici, la guerra fu vinta dalla potenza del denaro, non da valori ideali. I nordisti con Lincoln usarono il pretesto di abrogare lo schiavismo per dare il via allo sfruttamento coloniale del Sud. Schiavismo a parte, è curioso notare le analogie tra questa narrazione dei Confederati e quella di una certa cultura ultrameridionalista italiana, che legge tutti i problemi attuali del Mezzogiorno come un'eterna conseguenza dell'annessione piemontese, e arriva al punto di rimpiangere i Borboni.

Un'altra analogia con il Mezzogiorno la si può rintracciare, usando *Il Gattopardo* di Tomasi di Lampedusa, sul tema del compromesso fra classi dirigenti vincitrici e sconfitte. Con Lincoln nella parte di Cavour? A chi non voglia addentrarsi nei saggi di storia, consiglio su questo punto il bel film di Steven Spielberg su Lincoln. Realizzato nel 2012, è stato tratto dal saggio della storica statunitense Doris Kearns Goodwin, *Team of Rivals: The Political Genius of Abraham Lincoln* (Simon & Schuster, 2006). Racconta gli ultimi quattro mesi di vita del presidente, prima del suo assassinio. La vicenda si svolge a cavallo tra il 1864 e il 1865, mentre la guerra civile ancora imperversa ma la vittoria dei nordisti appare sempre più probabile. È in quel periodo che il sedicesimo presidente degli Stati Uniti, ormai al suo secondo mandato, affronta un'impresa ardua: «scolpire» l'abolizione della schiavitù dentro la Costituzione. Fino a quel momento, la soppressione era stata varata come una legge di guerra, cosicché rischiava di essere ignorata dopo la fine delle ostilità. Al centro del film è dunque una battaglia politica, non militare: le grandi manovre al Congresso per fare approvare il Tredicesimo emendamento della Costituzione americana. È quello l'articolo aggiuntivo che mise fine alla più abominevole anomalia degli Stati Uniti: liberaldemocrazia fondata sullo schiavismo per quasi un secolo dopo l'emancipazione dal giogo coloniale inglese. Ma al centro di *Lincoln* c'è un altro aspetto. È la distinzione fra il presidente e il leader dei repubblicani alla Camera, Thaddeus Stevens. Quest'ultimo è un intransigente nella lotta contro lo schiavismo, non a caso la storiografia revisionista di destra lo ha accusato di avere imposto «inique sanzioni» contro gli Stati del Sud dopo la guerra civile. Lincoln ne esce come un manovratore più lucido e più abile. Uno statista che nelle parole della storica Doris Goodwin «ebbe la saggezza e il carattere del vero leader, fu capace di una rara magnanimità verso i suoi oppositori». Insomma, uno che manovra per realizzare un'alleanza gattopardesca con le classi dirigenti del Sud, convinto che gli Stati Uniti non si possano governare senza di loro. A che prezzo? Cooptare interi pezzi della vecchia «nobiltà latifondista» del Sud in nome della riconciliazione nazionale e della stabilità, avrebbe significato anche in America «cambiare tutto perché nulla cambi»?

La guerra civile americana fu una carneficina senza precedenti. Si stima che abbia mietuto fino a un milione di morti, tra militari e civili (il 3 per cento della popolazione): un numero di vittime superiore a quello complessivo dei caduti nei due conflitti mondiali e nelle guerre di Corea, Vietnam e Iraq messe insieme. È la prova generale di «metodi industriali» di massacro, che poi avrebbero avuto ampia applicazione sul Vecchio Continente con la Grande Guerra. Quattro milioni di schiavi vengono liberati dopo la vittoria del Nord, che dal 1865 al 1877 tenta la Ricostruzione: Lincoln e i suoi successori non volevano che il Sud rimanesse agricolo e sottosviluppato, né tantomeno che vi attecchisse un risentimento permanente. La Ricostruzione concede i diritti politici agli afroamericani del Sud e cerca al tempo stesso di favorire una riconciliazione con le classi dirigenti sudiste sconfitte, per arrivare a un'autentica unificazione del paese. Ma dura poco, anche perché l'alta borghesia bianca del Sud ottiene il ritiro di tutte le truppe federali nel 1877; e il Nord incappa poi in una grave recessione nel 1882. Segue una restaurazione sudista di fatto, incluso il «terrorismo bianco» del Ku Klux Klan con linciaggi e massacri. I diritti dei neri, affermati sulla carta, vengono cancellati nei fatti. E con l'avallo della Corte suprema, la quale nel 1896 sancisce il principio «separati ma eguali» che legalizza il segregazionismo: i neri non hanno accesso alle stesse scuole, università, esercizi pubblici, ecc. Le assemblee legislative locali varano le cosiddette leggi Jim Crow, che regolano la segregazione e impediscono ai neri il voto. Molti Stati sudisti adottano nuovamente la bandiera dei Confederati e si afferma la narrazione revisionista secondo cui la guerra civile è stata «una nobile causa perduta».

In tutta questa fase il partito del razzismo sono i democratici, saldamente radicati tra i proprietari terrieri del Sud. Ma la massima fioritura di statue risale a un'epoca successiva, dopo la seconda guerra mondiale. È in quel periodo postrooseveltiano che il Partito democratico fa una scelta di campo in favore dei diritti civili dei neri. Subisce così una secessione interna: nel 1948 i democratici del Sud se ne vanno e si ribattezzano Dixiecrat. È in quella fase che prende avvio il più vasto movimento di costruzione di statue, monumenti, targhe e lapidi commemorative degli «eroi» sudisti. Quando John Kennedy, Lyndon Johnson e Bob Kennedy (ministro della Giustizia) fanno approvare dal Congresso le leggi antisegregazioniste, rimuovono gli ostacoli al voto dei neri negli Stati del Sud e proibiscono le discriminazioni o i divieti di accesso, la costruzione di statue sudiste accelera. E matura un'altra svolta politica gravida di conseguenze: i repubblicani, cioè il partito di Lincoln, decidono di «annettersi» i bianchi del Sud. È la «strategia sudista», che favorisce le vittorie di Richard Nixon e Ronald Reagan. Da quel momento si consolida la nuova geografia elettorale che Trump ha ereditato e sfruttato a proprio vantaggio.

In parallelo, dal fallimento della Ricostruzione fino al segregazionismo, avanza un'altra operazione sociale, culturale e valoriale. I gattopardi americani, la vecchia borghesia latifondista, aizza i bianchi poveri contro i neri. Il vasto sottoproletariato bianco del Sud, il «white trash», viene convinto che il vero pericolo è finire risucchiati verso il basso insieme ai neri, o subire la loro criminalità, o pagare la loro tendenza a vivere di assistenzialismo. I bianchi poveri del Sud si aggrappano al colore della loro pelle, l'unico privilegio che gli è rimasto. Votano a destra, convinti che la sinistra fa «tagliare la fila a quegli altri». Da Nixon a Reagan, da Bush a Trump, nessun presidente repubblicano è stato eletto senza fare propria in qualche modo quella narrazione.

Facciamo un salto sull'altra sponda dell'Atlantico, da dove arrivarono i pellegrini puritani sulla nave *Mayflower*, tra i primi coloni inglesi nel Nuovo Mondo. Laggiù, nel vecchio Regno Unito, il 23 giugno 2016 la vocazione insulare torna a prevalere: vince Brexit, ovvero il partito del Leave (lasciare l'Ue) e perde quello del Remain (restare nell'Ue). Il referendum sull'uscita dall'Unione europea ha la più alta affluenza alle urne degli ultimi vent'anni, ben il 72 per cento degli aventi diritto. Su 33 milioni di votanti la spaccatura è verticale: 17 milioni scelgono Leave (51,9 per cento), mentre 16 milioni avrebbero voluto Remain (48,1 per cento). Lo scarto non è enorme, fra le due tribù dei sovranisti e dei globalisti c'è un margine del 3,8 per cento, sufficiente però a spingere verso una decisione epocale, le cui ripercussioni possono essere profonde (pure per gli altri paesi europei). Anche in questo caso, la geografia elettorale è istruttiva. Due nazioni che compongono il Regno Unito, cioè la Scozia e l'Irlanda del Nord, votano massicciamente (67 e 63 per cento) per restare in Europa. La vera Inghilterra, insieme col Galles, vota al 53 per cento per staccare gli ormeggi. All'interno della prima spicca però l'eccezione di Londra, dove il 60 per cento vuole Remain. La capitale, che è anche l'unica grande metropoli del paese, è in netto contrasto con le province.

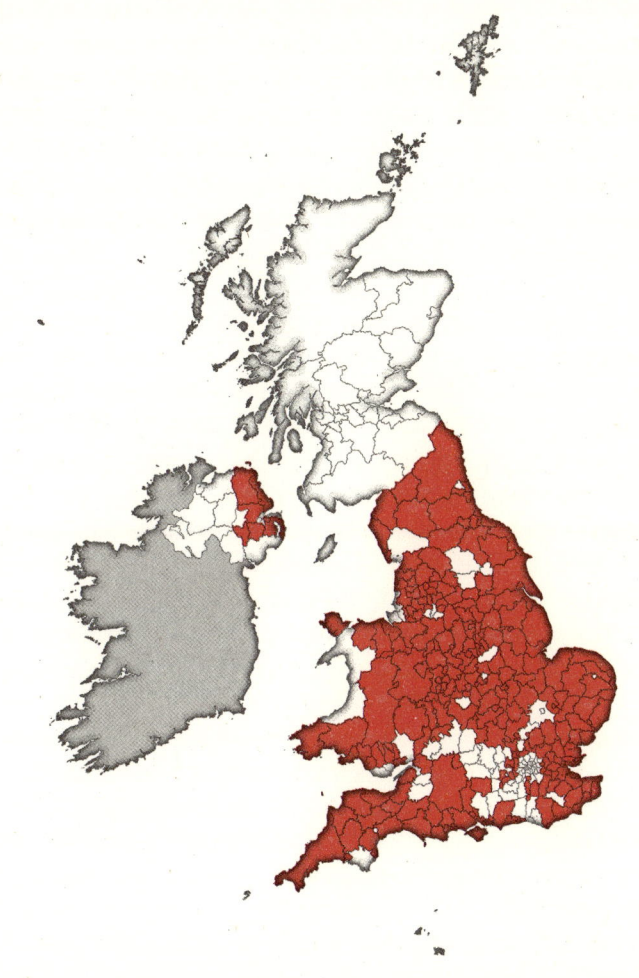

Le circoscrizioni elettorali vinte dal partito del Leave al referendum sulla Brexit.

Altre linee rosse, oltre a quelle geografiche, separano i globalisti sconfitti dai sovranisti vincitori: tracciano confini di età, istruzione, etnia. Le frontiere divisorie fra le tribù sono incredibilmente simili a quelle degli Stati Uniti. Tre quarti dei giovani nel Regno Unito votano per restare nell'Ue (in

America Trump non è piaciuto ai giovani), mentre il 60 per cento degli ultrasessantacinquenni è felice di tornare allo splendido isolamento di Albione. Il 65 per cento dei britannici con una laurea vuole restare europeo, ma chi non ha titoli di studio superiori alla maturità sceglie Brexit (in America i laureati hanno votato Hillary). I disoccupati inglesi votano a maggioranza per l'uscita. Tra gli immigrati con cittadinanza, e quindi diritto di voto, stravince il Remain, così come in America le minoranze etniche hanno preferito la Clinton. Ultimo dettaglio in questo lungo elenco di analogie: la maggioranza degli inglesi avrebbe deciso come votare solo l'ultimo mese prima del referendum; e i sostenitori del Remain erano convinti di vincere. Idem in America, con l'alto tasso di indecisi, il clamoroso flop dei sondaggisti, lo shock in campo democratico per una sconfitta inattesa.

È difficile resistere alla tentazione di etichettare come «élite» i globalisti (hanno mediamente studiato di più e guadagnano di più, vivono nelle metropoli più dinamiche) e come «popolo» i sovranisti. Poi, le etichette, ognuno le usa come gli pare. Non sono per forza giudizi di valore. È meglio evitare comunque i preconcetti di ogni genere, compreso lo stereotipo per cui un operaio che non vota per la sinistra «agisce contro i propri veri interessi». È pericoloso pensare che solo chi ha studiato meno sia facile preda di errori nelle sue scelte politiche; o che chi non vota come noi cade in un inganno, è manipolato, cede agli istinti peggiori, ecc.

Era il 1977. Ventenne, esordivo da giornalista nella stampa del Partito comunista italiano, ai tempi di Enrico Berlinguer: «Città Futura», «Rinascita». Facevo l'inviato sindacale. Frequentavo gli operai della Fiat-Mirafiori, dell'Alfa Romeo di Arese o Pomigliano d'Arco. Ammiravo il leader dei metalmeccanici Bruno Trentin. La classe operaia, sulle sue spalle, doveva traghettare l'Italia verso un futuro migliore. Non è andata così. Ho celebrato i miei quarant'anni di attività a

Detroit, altra capitale dell'auto. Ho incontrato lì altri metalmeccanici: quelli che hanno votato Trump. Fra queste estremità della mia vita c'è in mezzo un segnale premonitore: ero corrispondente a Parigi quando di colpo la «banlieue» operaia passò dal Partito comunista francese di Georges Marchais al Front National di Le Pen padre.

La Francia, ecco un altro paese dove la geografia fa capolino alle urne in modo interessante. La geografia sociale che ho vissuto da vicino, dal 1986 al 1991, cambiò colore brutalmente a intere periferie come La Seine-Saint Denis: da rosse a nere in poco tempo. C'era un socialista all'Eliseo, il presidente François Mitterrand. Passò in pochi anni da una politica economica di ultrasinistra – nazionalizzando le grandi banche e aziende – a una sterzata rigorista, in sintonia con la Germania di Helmut Kohl. Ancora più determinante per spostare il voto operaio fu l'immigrazione. La borghesia radical-chic dei bei quartieri dai nomi famosi (Saint-Germain e Luxembourg, Marais e Île Saint-Louis, École Militaire e Invalides, XVI arrondissement e Neuilly-sur-Seine) gli immigrati arabi li incontrava come donne delle pulizie e netturbini, guidatori del metrò e fattorini delle consegne. Gli operai francesi, invece, li avevano come vicini di pianerottolo nei caseggiati popolari. I figli dei maghrebini andavano nelle stesse scuole delle loro figlie. La differenza era tutta lì. L'allarme sulla difficoltà d'integrazione – o sul rifiuto d'integrarsi – delle comunità islamiche, qualcuno lo viveva quotidianamente sulla propria pelle, non leggendo articoli sui giornali. Di lì a poco in quella che è stata assurdamente definita come una intifada delle banlieue, gli adolescenti figli di immigrati maghrebini hanno cominciato a fare guerriglia urbana. Le automobili incendiate erano dei loro vicini di casa, gli operai ex comunisti. I borghesi della Rive Gauche, l'intifada se la vedevano la sera sui tg, il popolo sentiva la puzza di bruciato aprendo le finestre.

Ma le letture geografiche del voto si possono arricchire e aggiornare di continuo. Sulla Francia che ha respinto Marine Le Pen e nel 2017 ha eletto presidente Emmanuel Macron ha scritto un interessante articolo Franco Farinelli (*Anche i paesaggi europei vanno alle elezioni*, in «Corriere della Sera», 28 maggio 2017), che prende spunto da una ripartizione fatta nel 1929 dal grande storico francese Marc Bloch in *I caratteri originali della storia rurale francese* (Einaudi, 1973), un libro che ha ispirato altri studi sul paesaggio europeo, a partire dall'architettura campestre. Cito qui la sintesi che ne fa Farinelli, e la conclusione politica.

> Bloch individuava due grandi e opposti regni all'interno del territorio del proprio paese: a occidente, verso l'Atlantico, il dominio dei campi tozzi recintati da siepi (*bocage*) e delle sedi sparse; a oriente, in direzione dell'Europa centrale, l'ambito invece dei lunghi campi aperti (*open field*) e degli abitati accentrati, composti da case ammassate e addossate le une alle altre ... In prossimità della costa oceanica si dispiegava una civiltà contadina fondata su una forte tradizione di autonomia, in cui di fronte alle siepi il potere dell'autorità si arrestava e ogni contadino era padrone di coltivare sul proprio campo quello che preferiva. Verso l'Europa continentale, al contrario, la pressione molto più vigorosa della comunità si traduceva nella rotazione obbligatoria delle colture, nell'esistenza di una serie di servitù collettive (di transito, d'irrigazione) sugli appezzamenti, tutti privi di qualsiasi visibile segno del passaggio da una proprietà all'altra, nello scambio di vicendevoli reciproche prestazioni di manodopera ... L'ambito dei campi aperti si estendeva, e ancora risulta leggibile, in tutta la Francia a nord della Loira, nelle due Borgogne, in Provenza. E, ad eccezione della regione parigina, esso coincide oggi quasi alla perfezione con i dipartimenti che hanno votato per Marine Le Pen, mentre tutta la Francia atlantica dei campi chiusi ha votato per Emmanuel Macron.

La linea rossa che separa le due France sarebbe quindi antichissima.

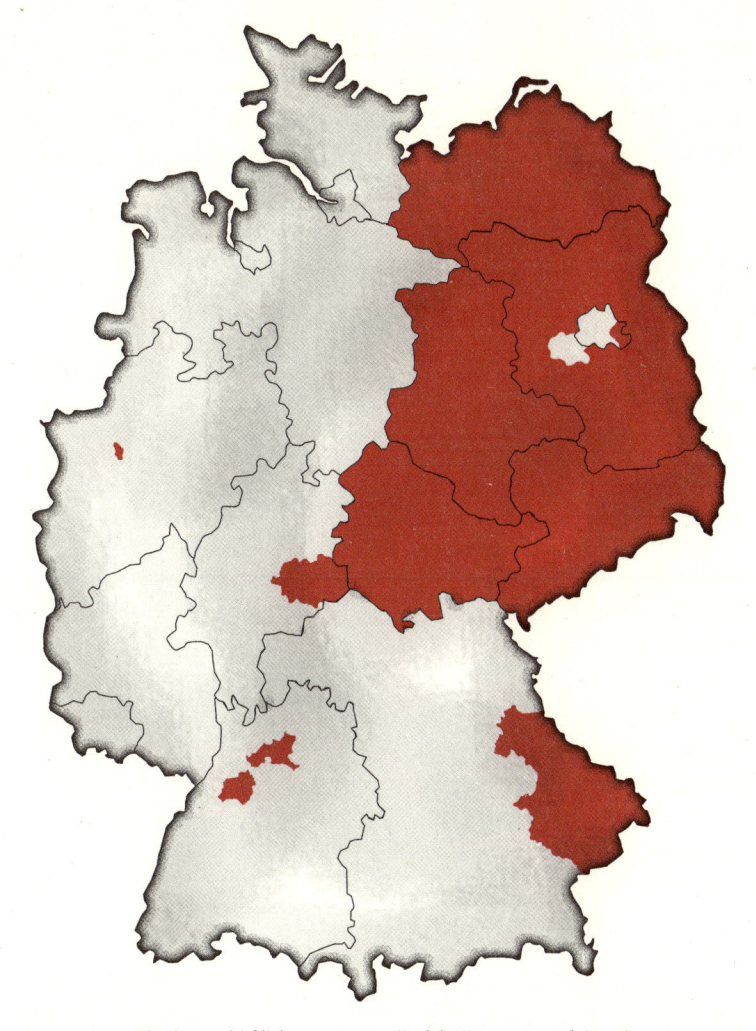

Le zone in cui la destra (Afd) ha ottenuto più del 15 per cento dei voti nelle elezioni tedesche dell'ottobre 2017.

Peraltro, il sospiro di sollievo con cui l'élite europea ha accolto la vittoria di Macron – celebrata come «l'inizio della fine» dell'onda populista – non può far dimenticare l'esile mandato di questo presidente votato da una minoranza dei suoi concittadini: solo il 44 per cento. Al secondo turno delle presidenziali francesi il 7 maggio 2017 si è registrato il più alto tasso di astensionismo da mezzo secolo (25 per cento) più quattro milioni di schede bianche. Il massimo delle astensioni: soprattutto tra i giovani e i disoccupati.

Un verdetto simile è arrivato dalle elezioni tedesche del 24 settembre 2017. Anche lì l'avanzata dell'estrema destra (Afd) è avvenuta tra i ceti popolari, quelli che perfino nella robusta economia tedesca subiscono i crescenti danni del precariato, i tagli al Welfare, la concorrenza degli immigrati sul mercato del lavoro, l'impoverimento da globalizzazione. Un altro aspetto del voto tedesco è analogo all'America di Trump e al Regno Unito di Brexit: molti hanno dato un voto «anti-immigrati» in regioni dove di stranieri ce n'è pochi, quei Länder della Germania Est dove però il disagio sociale è più acuto, la paura di perdere identità e sicurezza pure.

Per noi newyorchesi una sola metropoli al mondo è paragonabile alla nostra. Per dimensioni, varietà, vitalità culturale, ma anche per la vocazione al business e alla finanza, Londra è la «gemella rivale». E ci accomuna alla capitale britannica anche il voto espresso per rimanere nell'Unione europea: non ha condiviso gli slogan anti-immigrati della campagna Brexit. New York è una delle città meno razziste d'America, non è qui che Trump può fare il pieno di voti promettendo di espellere 11 milioni di immigrati. Il paragone ha un valore più generale. Analizzando la mappa del voto su Brexit in Gran Bretagna, e le roccheforti del consenso a Trump negli Stati Uniti, ho già sottolineato questo dato: dove ci sono più immigrati, lì fanno meno paura. Le sacche del risentimento e della xenofobia sono situate in un'America che di stranieri ne ha relativamente pochi. Qui a New York, ma anche a San Francisco e Los Angeles, metropoli multietniche dove noi bianchi siamo ormai minoranza (40 per cento i bianchi definiti «caucasici», di origini europee, esclusi cioè i latinos), i flussi migratori non provocano reazioni di rigetto.

Le spiegazioni? La prima è semplice: noi che ne abbiamo così tanti, sappiamo apprezzare il ruolo benefico degli immigrati. Sappiamo che l'economia di New York o di Londra si fermerebbe senza di loro: dai ristoranti agli alberghi, dall'edilizia agli ospedali. Camerieri o fattorini, scienziati o medici, gli stranieri ci circondano dalla mattina alla sera, è assurdo pensare di sopravvivere senza di loro. Abbiamo anche la dimostrazione – almeno qui a New York di cui posso parlare con certezza – che l'aumento degli immigrati non fa salire la criminalità se accompagnato da un vero controllo del territorio, da una «tolleranza zero» verso ogni forma di reato. La Grande Mela di stranieri ne ha assorbiti un milione in più nell'ultimo decennio, e i reati hanno continuato a scendere: vivo in una città più multietnica e al tempo stesso più sicura di vent'anni fa. New York e Londra hanno elaborato un «software» della convivenza civile, un capitale sociale che fluidifica l'integrazione e riduce il potenziale minaccioso dell'«invasione straniera».

Una variante di questa spiegazione allarga lo sguardo alla storia. New York stratifica generazioni successive di immigrati. Un ruolo importante lo ebbero gli ebrei, accorsi qui perché la Germania li sterminava e l'Europa non li voleva. La comunità ebraica, anche dopo essersi integrata, affermata sia in termini di potere che di successo economico, non dimentica le proprie origini e il passato. Una delle ragioni per cui New York è politicamente a sinistra, molto liberal, sta nell'orientamento della sua componente «jewish»: respinge la xenofobia anche quando le vittime sono gli altri. Un riflesso simile si è verificato più di recente con gli asiatici. Pur essendo mediamente ricchi (il loro reddito è superiore a quello dei bianchi) gli «asian-american» nel 2012 votarono per Obama con percentuali altissime, paragonabili ai neri. Nel caso degli asiatici la ragione è la stessa della comunità ebraica: anche se oggi stanno bene, non vogliono dimenticare un passato in cui gli «indesiderati» erano loro.

Dietro il successo di Brexit nella provincia inglese, o di Trump in certe aree degli Stati Uniti che sono ancora molto bianche, ci sono diversi fattori, ma anche una spiegazione molto semplice, geograficamente speculare: quelli non vogliono affatto diventare più simili a New York e Londra. I provinciali che affluiscono qui in vacanza, e passeggiano col naso all'insù fra Times Square e il nuovo World Trade Center, vanno la sera a un musical di Broadway, girano in bici a Central Park, se ne tornano a casa loro come se fossero stati in un paese straniero: divertiti e storditi dall'esperienza, ma contenti di ritrovare le loro certezze, le loro sicurezze, i luoghi e i volti familiari. Il caos newyorchese li diverte come un giro sulle montagne russe. Non hanno nessuna voglia di viverci, sulle montagne russe. La «seconda transizione demografica», com'è stato definito l'impatto trasformativo delle nuove migrazioni, la vogliono tenere il più possibile lontana da casa loro.

X
I confini mobili delle democrazie

Dove si scopre che tutto accadde in anticipo in Italia, laboratorio politico mondiale, ancora prima di Berlusconi e perfino prima di Mussolini; la Terra promessa della libertà, che sembrava un traguardo universale dopo la caduta del Muro di Berlino, ha perso attrattiva; avanzano sotto ogni latitudine gli uomini forti; nella nuova geografia, i confini della tolleranza si rimpiccioliscono anche dove meno ce lo aspettiamo.

Noi italiani ci siamo presi una strepitosa rivincita. Ne avremmo fatto volentieri a meno. Ma sempre rivincita è. Per noi che abitiamo in America è evidente. Sembrano lontanissimi i tempi del primo governo Berlusconi in cui gli amici americani ci trattavano come una Repubblica delle banane, con un leader da operetta buffa, e si facevano grosse risate sulla nostra «telecrazia», sui conflitti d'interessi, e così via. Già si erano un po' moderati e si erano inflitti qualche autocritica ai tempi di George W. Bush, quando ebbero alla Casa Bianca un uomo che sapeva scatenare guerre tremende, ma parlava un inglese sgrammaticato e tradiva un'ignoranza imbarazzante. Con Donald Trump è arrivato lo shock finale, l'umiliazione estrema: i più onesti si rendono conto che, anziché dileggiarlo e ridicolizzare noi italiani, avrebbero fatto meglio a «studiare Berlusconi» con molta attenzione, per prevedere e prevenire un fenomeno analogo in casa loro. Noi sappiamo che lo stesso Berlusconi non era un modello venuto dal nulla; a sua volta aveva studiato l'America di Ronald Reagan, le tecniche di marketing politico già in voga qui negli anni Ottanta, la televisione commerciale made in Usa, la vendita di un presidente al pubblico come un prodotto di consumo, e così via. In questa ricerca degli antecedenti, dei modelli, dei paradigmi e delle genealogie, si procede a ritroso nella storia per trovare i pionieri, l'originale. Ed è qui che arriva la vera sorpresa. Perché tra i più raffinati intellettuali americani è in corso la riscoperta di un'altra Italia come laboratorio politico, in grado di anticipare tendenze che stanno conquistando il mondo.

Un esempio è il best seller di un autore cosmopolita, un indiano che vive a Londra e ha successo in America, Pankaj Mishra. Il libro s'intitola *Age of Anger* (L'età della rabbia; Penguin, 2017) ed è un viaggio dentro i nuovi populismi, le loro cause, la loro natura profonda. Mishra è un giovane intellettuale di vaste letture. Per capire Trump e Brexit, Marine Le Pen o il jihadismo islamico, spazia da Jean-Jacques Rousseau a Hannah Arendt, da Fëdor Dostoevskij a Michail Bakunin. Ma il capitolo introduttivo del suo libro, il più importante, lo dedica a Gabriele d'Annunzio, che considera il geniale precursore di tutto ciò che si agita nel caos mondiale dei nostri giorni. D'Annunzio agitatore politico più che poeta: il vate del nazionalismo, l'ispiratore del fascismo, l'inventore di un'estetica eroica del populismo. Un uomo che volle travalicare i confini tradizionali fra destra e sinistra, spazzare via i politici, sostituirli con un leader carismatico e ispirato, in diretta comunicazione con le masse. Decisionista. Impavido di fronte all'uso della violenza. Nel magma vulcanico delle idee dannunziane c'era tutto e il contrario di tutto. Affascinò il Benito Mussolini della fase iniziale, quella in cui il futuro Duce era un po' socialista, molto nazionalista, non ancora compiutamente fascista; e voleva raccogliere consensi a 360 gradi, fra i proletari reduci della prima guerra mondiale, fra la piccola borghesia impoverita e spaventata dagli scioperi, fra i capitalisti reazionari. La vaghezza e l'ambiguità sovversiva di d'Annunzio fu la perfetta ispirazione per il giovane Mussolini. Mishra vede altri aspetti di d'Annunzio che prefigurano i superuomini populisti del nostro tempo: egomania, narcisismo sfrenato, formidabile capacità di autopromozione, «self marketing». D'Annunzio arrivò a simulare la propria morte per lanciare un romanzo. Inventò il «merchandising» creando un profumo col proprio nome e battezzò i grandi magazzini La Rinascente. In confronto, Trump è un dilettante.

Un aspetto più terrificante, Mishra lo individua nella liberazione/occupazione di Fiume, che d'Annunzio trasformò in una libera repubblica: attirandovi giovani avventurieri in preda a un delirio di onnipotenza, in mezzo a orge sessuali dove prevale un'ideologia ipermaschilista (ma anche aperta all'omosessualità) che Mishra paragona all'overdose di «testosterone» dei militanti jihadisti, che nei territori controllati dall'Isis schiavizzano e violentano le donne. E c'è anche l'ideologia del martirio, l'aspirazione a una morte sacra in nome di un valore supremo, nazione o religione che sia.

Altri americani stanno riscoprendo quell'epoca della storia patria in cui i loro genitori o nonni ammirarono il fascismo italiano e sognarono di trapiantarlo negli Usa. Dagli anni Venti tornano agli anni Novanta: Berlusconi, e non solo; la Lega come pioniera dei movimenti anti-immigrati. Per finire con l'attualità, Beppe Grillo e il Movimento 5 Stelle. Anche i più orgogliosi tra gli americani hanno perso ogni complesso di superiorità. I più onesti chiedono scusa per averci... sottovalutati.

Ricordo quando ero un giovane iscritto al Partito comunista di Enrico Berlinguer, e girando il mondo scoprivo quanto fosse studiato Antonio Gramsci. Oggi è uno stupore diverso che mi coglie quando, nelle università newyorchesi e californiane, mi sento interrogare su altri «maestri» italiani che il mondo sta riesumando, copiando, emulando. C'è una sorprendente linea rossa che lega alcuni personaggi politici dell'Italia del secolo scorso all'evoluzione più recente della democrazia-guida, l'America.

Non è solo una curiosità storica a imporre i raffronti con il passato. Dietro c'è l'ansia di capire dove va il mondo. Stiamo forse ripercorrendo una storia già vista negli anni Venti e Trenta del secolo scorso? Dopo d'Annunzio, il nazionalpopulismo genera Mussolini, dopo Mussolini arriva al potere il suo allievo Hitler, e dirimpetto a lui, oltre il confine, c'è un altro tipo di dittatore feroce come Stalin. Quel periodo terribile si chiude con una guerra mondiale. Tornano in voga teorie sull'ineluttabilità delle grandi guerre, quasi fossero delle catarsi purificatrici a cui l'umanità non riesce a sottrarsi troppo a lungo. C'è perfino una versione di sinistra, l'intrigante e dotto saggio *The Great Leveler*, sottotitolo *La violenza e la storia della diseguaglianza, dall'età della pietra al XXI secolo* (Princeton University Press, 2017), scritto dallo storico Walter Scheidel dell'università di Stanford. La grande livellatrice del titolo è la guerra. In un certo senso è la prosecuzione dello studio di Thomas Piketty su capitalismo e diseguaglianze. Già Piketty osservava che le due guerre mondiali furono segnate o seguite da una forte riduzione delle diseguaglianze. Una delle ragioni è che lo sforzo bellico ebbe costi talmente elevati da obbligare i governi a prendere i soldi là dove erano (e sono): nelle tasche dei ricchi. Scheidel allarga lo sguardo ben oltre la storia del capitalismo moderno e generalizza un'osservazione di Piketty: le guerre ci rendono più eguali, è nei periodi di pace «troppo» prolungati che si cristallizzano privilegi, si ricostituiscono le oligarchie, prosperano le élite parassitarie che succhiano rendite dal resto della società. Cito questo importante studio non per abbracciarne frettolosamente le conclusioni, ma perché fa parte dello spirito del nostro tempo: c'è nell'aria il tema del declino dell'Occidente, la sfiducia nei valori che abbiamo rappresentato, e al tempo stesso la sensazione che tutto ciò potrebbe sfociare in una catastrofe come una nuova grande guerra. Proprio come gli anni Venti e Trenta dei nazionalpopulismi e della Grande Depressione generarono i campi di concentramento, le carneficine della guerra, Hiroshima.

Uno degli indicatori per capire la direzione che ha imboccato la storia è la geografia delle libertà. Per riprendere l'immagine della linea rossa, stavolta usandola come il perimetro che abbraccia i confini delle liberaldemocrazie, ci fu un tempo recente in cui quella frontiera avanzava impetuosamente. L'Europa vide cadere le ultime dittature di destra in Grecia, Spagna e Portogallo negli anni Settanta del secolo scorso e la prospettiva di raccogliere i benefici del mercato comune aiutò quei paesi a democratizzarsi. Dopo il 1989, le frontiere della democrazia si allargarono ulteriormente, fino a includere gran parte dell'Europa centrorientale; con la caduta del comunismo iniziarono libere elezioni, la costruzione di Stati di diritto, la libertà di espressione, la tutela delle minoranze; ancora una volta, con il premio di un ingresso nell'Unione europea (e nella Nato) al traguardo. In un'altra parte del mondo, il Sudafrica segnò una poderosa avanzata della democrazia quando finì l'apartheid e nel 1994 si tennero le prime elezioni universali, che sfociarono nella presidenza di Nelson Mandela. In Sudamerica, Argentina, Brasile e Cile si erano liberati delle rispettive dittature militari.

Ma vicino a casa nostra, in quell'area per noi vitale che è il Mediterraneo, l'avanzata dei diritti cominciò a frenare con il tragico fallimento delle Primavere arabe; e, in parallelo, con i negoziati per l'allargamento dell'Unione europea alla Turchia. Sulla Turchia si contrappongono due tesi. Da una parte c'è chi sostiene che abbiamo fatto bene a rallentare l'ingresso dei turchi, perché ci saremmo messi in casa un paese destinato a scivolare verso il fondamentalismo islamico. Dall'altra c'è chi crede, invece, che proprio il mancato ingresso nell'Unione europea ha privato

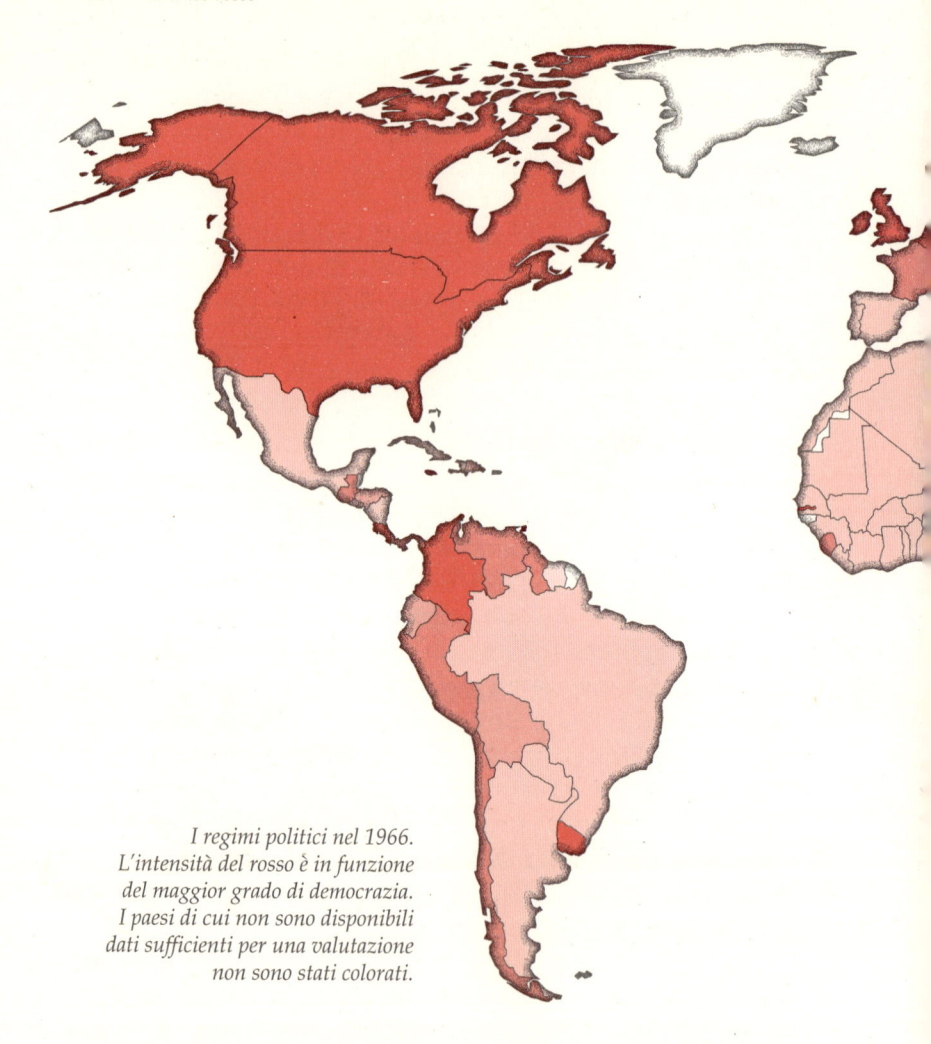

*I regimi politici nel 1966.
L'intensità del rosso è in funzione
del maggior grado di democrazia.
I paesi di cui non sono disponibili
dati sufficienti per una valutazione
non sono stati colorati.*

Ankara di un solido aggancio alla democrazia, aprendo la strada alla deriva autoritaria di Erdogan. Questa seconda tesi, pur legittima, sbatte contro una seria controprova: l'Ungheria e la Polonia sono due Stati membri dell'Ue, eppure questo non vi ha impedito l'arrivo al potere di leader autoritari che hanno posto limiti alle opposizioni, alla libertà di espressione, all'indipendenza della magistratura. L'Ue si è rivelata impotente a proibirlo. La liberaldemocrazia torna a regredire anche nel cuore della vecchia Europa, che sembrava liberata dai totalitarismi, vaccinata contro le tentazioni dittatoriali.

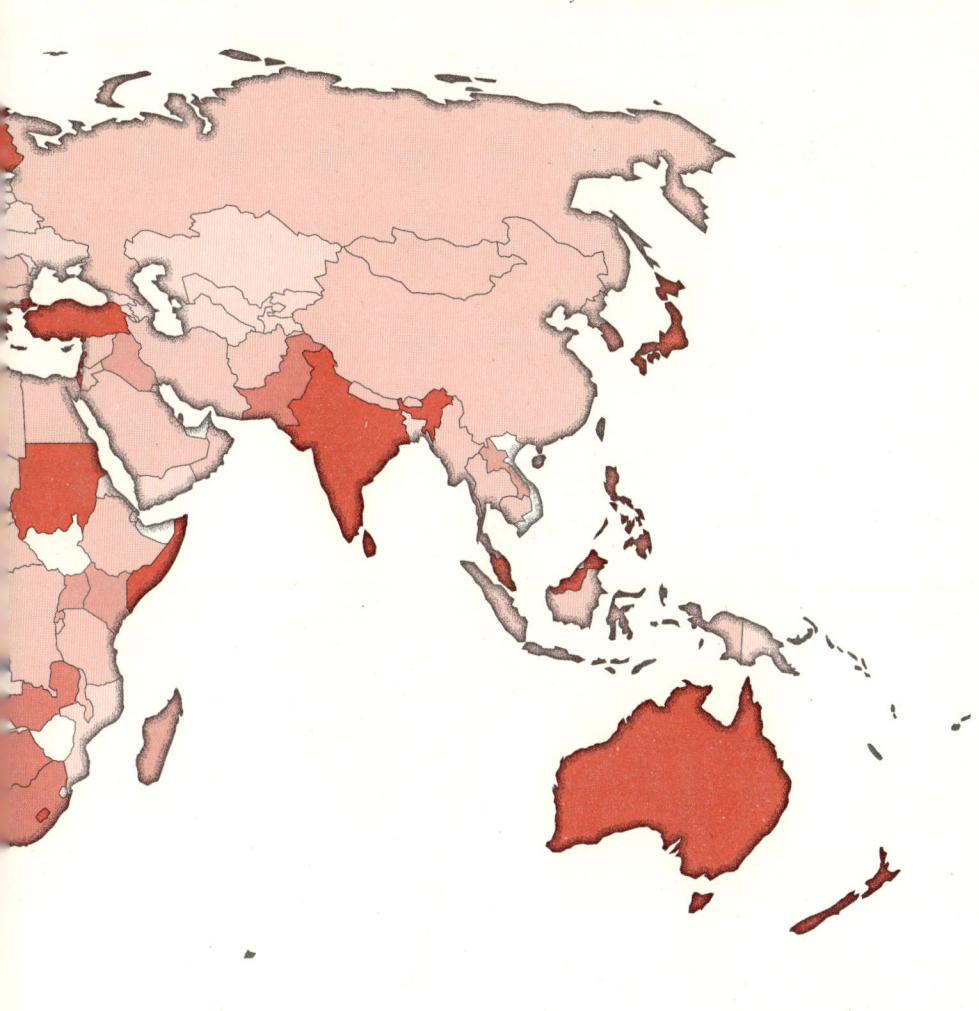

Il fenomeno è mondiale. La mappa più attendibile della democrazia nel mondo è il rapporto annuo stilato dalla Freedom House, un'organizzazione indipendente fon-

I regimi politici nel 1993.

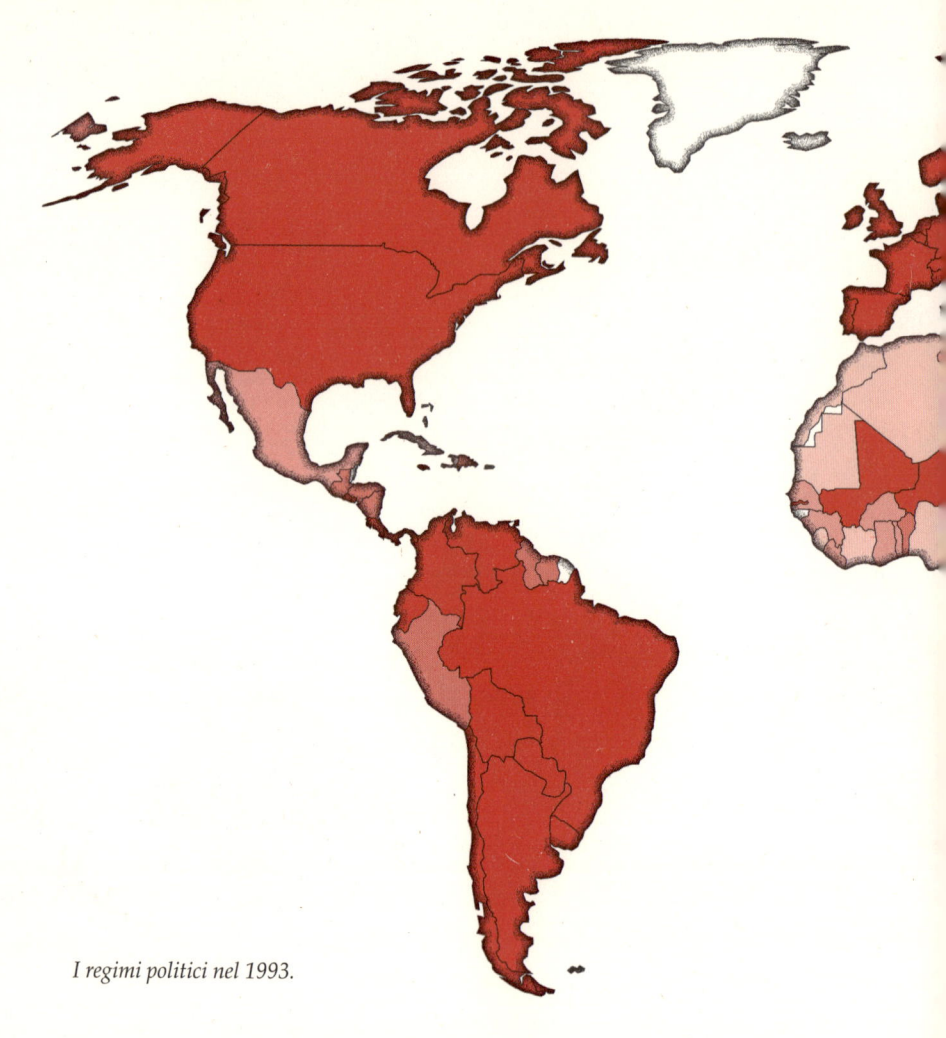

data nel 1941 che vigila sullo stato delle libertà e della democrazia nel mondo. Ha sede a Washington, ma non esita a prendere posizione contro l'America, se necessario. Il suo rapporto annuale ci consegna un'aggiornata geografia sui diritti umani. Misura non solo la democrazia in senso stretto, ma tutte le libertà. Ha ragione: per-

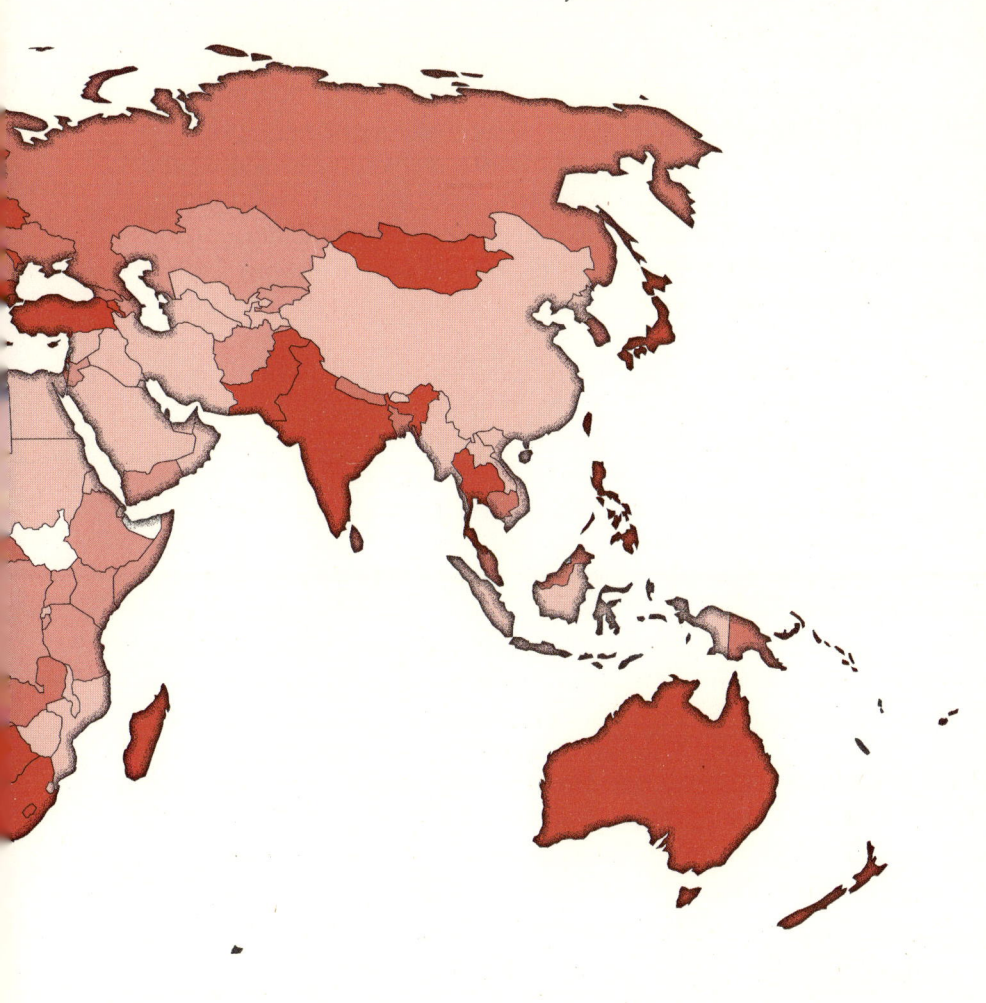

ché c'è chi definisce «democratico» qualsiasi paese dove si svolgano le elezioni, e in questo caso la Russia di Putin, la Turchia di Erdogan, le Filippine di Duterte, il Venezuela di Maduro ingrosserebbero le file degli Stati democratici. Guardare all'effettivo rispetto delle libertà è ben più importante. C'è una distinzione tra democrazia elettiva e democrazia liberale, che a noi può sembrare astratta, ma non a chi vive sotto il tallone di un autocrate. Nella democrazia liberale c'è lo Stato di diritto che pone un limite al potere dei governanti – per esempio, sottopone i politici alle leggi e al giudizio dei tribunali – e al potere della maggioranza, che non può opprimere le minoranze. Nelle democrazie illiberali, i vari Putin, Erdogan, Duterte e Maduro vengono eletti a furor di popolo; poi, guai a chi non la pensa come loro.

Il *Freedom House Report 2016*, l'ultimo disponibile mentre scrivo, ci dice che 2,5 miliardi di persone, oltre un terzo della popolazione mondiale, vivono in paesi «non liberi». La situazione sta peggiorando anziché migliorare. Il 2016 è l'undicesimo anno consecutivo segnato da un declino delle libertà globali. Tra i paesi dove c'è stato qualche regresso, piccolo o grande, Freedom House elenca Brasile, Polonia, Serbia, Sudafrica, Tunisia, nonché consolidate liberaldemocrazie occidentali come la Francia (per via della legge marziale introdotta dopo le stragi terroristiche) e gli Stati Uniti. In quanto a mancanza di libertà, Medio Oriente e Nordafrica presentano le situazioni peggiori in assoluto. Al centro del suo rapporto Freedom House mette l'avanzata di «forze politiche populiste e nazionaliste negli Stati democratici», oltre alle atrocità perpetrate nelle zone di guerra. Un totale di 72 paesi hanno sofferto un peggioramento delle libertà e dei diritti civili nel 2016, mentre quelli in miglioramento sono solo 36. Se in passato i peggioramenti avvenivano soprattutto all'interno di Stati già autoritari, ora è fra le democrazie occidentali che sta accadendo un'involuzione significativa. «Quasi un quarto dei paesi retrocessi nel 2016 sono in Europa.»

Nel frattempo continuano a regredire anche diversi paesi che erano già non democratici. E non dei minori. Il caso macroscopico e gravissimo è quello della Cina, per tutte le sue potenziali ricadute. Mi è familiare, lo vivo da vicino, e sono d'accordo col rapporto di Freedom House. La Repubblica popolare cinese aveva lasciato sperare in un graduale miglioramento dei diritti umani dopo la tragedia di piazza Tienanmen (1989), quando Deng Xiaoping mandò l'esercito a massacrare gli studenti che chiedevano la democrazia. Qualche allentamento della censura, qualche maggiore apertura a idee nuove, qualche germoglio di pluralismo all'interno del Partito comunista, ci furono sotto i presidenti Jiang Zemin e Hu Jintao. Invece quello attuale, Xi Jinping, ha brutalmente sterzato nella direzione opposta. La durezza della censura sull'informazione oggi si è inasprita rispetto al periodo (2004-2009) in cui abitavo a Pechino. La svolta repressiva – mascherata con il linguaggio nazionalista – sta soffocando anche gli spazi di libertà di Hong Kong, quella che era un'isola felice di autonomia e diritti umani all'epoca in cui ho vissuto in Cina. Quel che colpisce di Xi Jinping è che lui predica apertamente di voler costruire un modello politico alternativo alla liberaldemocrazia occidentale, e dipinge quest'ultima come decadente, caotica, inefficiente, destinata a soccombere nella gara con il paternalismo autoritario cinese. Qualcosa di simile va sostenendo da tempo Vladimir Putin. Anche lui ha irrigidito il controllo autoritario dentro la Russia e, al tempo stesso, si è lanciato in audaci blitz all'estero per influenzare o sabotare le democrazie di alcuni paesi rivali. Nel mondo intero, dunque, gli uomini forti vanno alla riscossa, e i regimi autoritari hanno lanciato una controffensiva per ricacciare indietro le libertà.

Questo quadro già negativo è tanto più inquietante se vi si aggiunge la staffetta Obama-Trump nella più antica liberaldemocrazia del mondo. Freedom House osserva, giustamente, che non è solo l'elezione di Trump ad aprire interrogativi angoscianti. Anche il bilancio del suo predecessore non è esaltante. «Dopo otto anni da presidente» si legge nel rapporto «Obama ha lasciato un mondo dove l'influenza globale dell'America è ridotta, e il suo ruolo come faro delle libertà è incerto.» Ma ora c'è Trump, e la domanda s'im-

I regimi politici nel 2015.

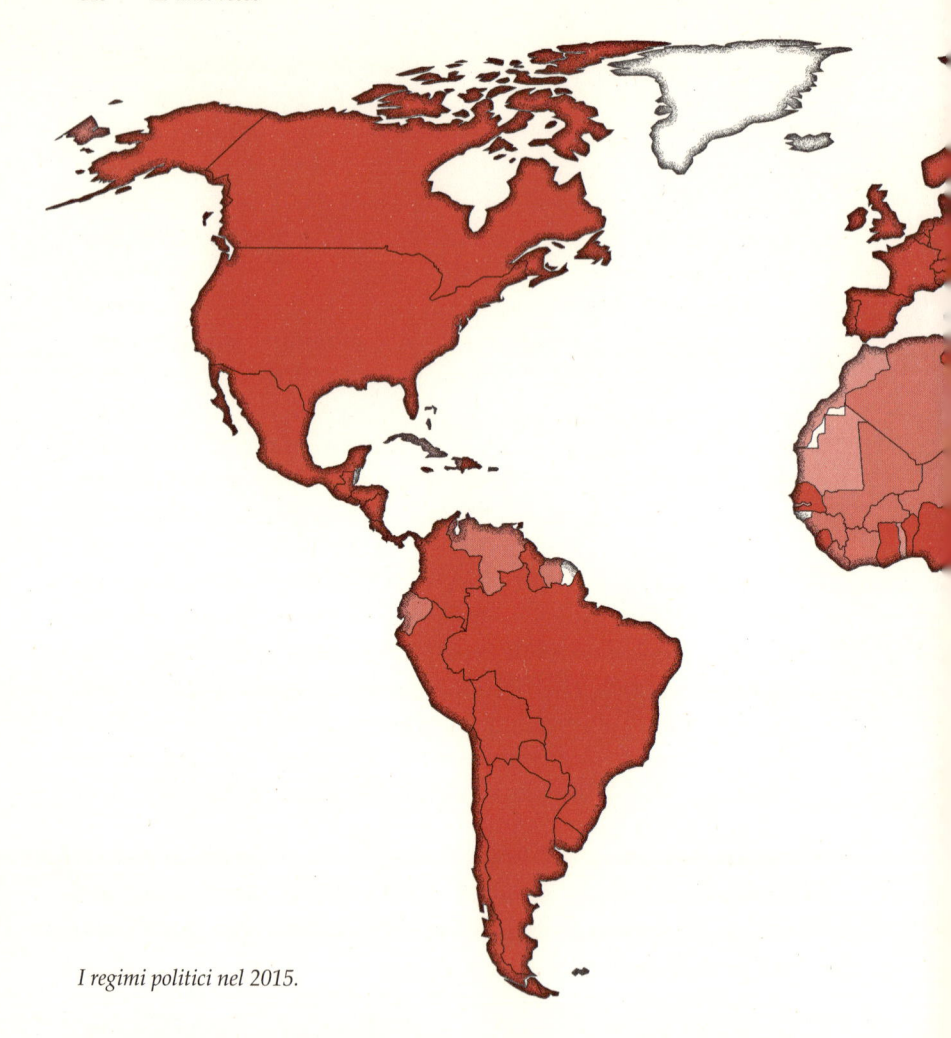

pone: alla Casa Bianca abbiamo un criptofascista, con la valigetta nucleare in mano?

Ci voleva un grande conservatore per osare pronunciare quella parola. Il fascismo in America? A spezzare il tabù per primo è stato Robert Kagan, già consigliere di George W. Bush, «neocon» esperto di geopolitica, autore della cele-

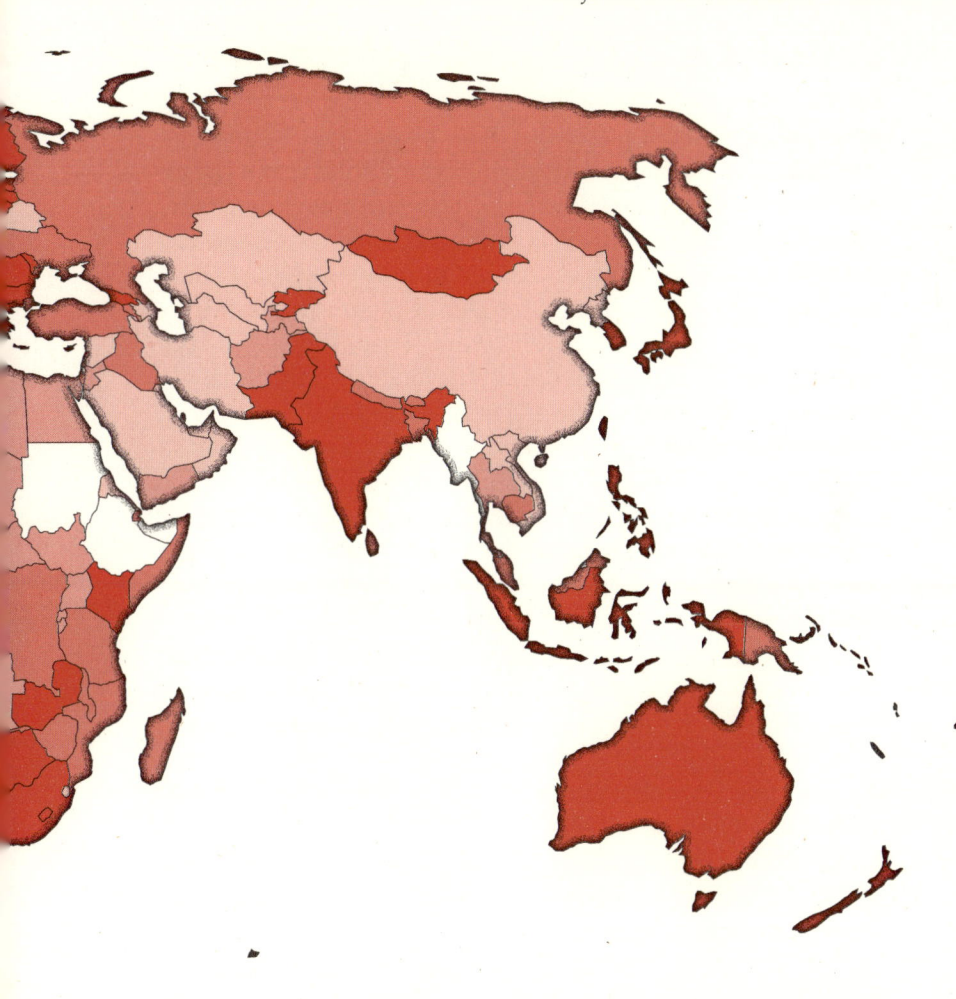

bre metafora secondo cui «gli americani vengono da Marte, gli europei da Venere». E non ha aspettato che Trump s'insediasse come presidente. No, Kagan quell'allarme lo ha lanciato nel bel mezzo delle primarie, quando Trump non era certo neppure di ottenere la candidatura del Partito repubblicano. In un editoriale shock sul «Washington Post», il 18 maggio 2016 Kagan ha messo da parte cautele verbali, circonvoluzioni e inibizioni dell'intellighenzia. Il titolo è stato come un pugno nello stomaco: *Ecco come il fascismo arriva in America*. Il portatore della peste nera, Kagan non aveva dubbi, si chiama Trump. In quell'intervento drammatico l'intellettuale di destra non risparmiava le accuse ai suoi compagni di partito: «Lo sforzo dei repubblicani per trattare Trump come un candidato normale sarebbe ridicolo, se non fosse così pericoloso per la nostra Repubblica». Seguiva una descrizione del ciclone Trump in tutti i suoi ingredienti: «l'idea che la cultura democratica produce debolezza ... il fascino della forza bruta e del machismo ... le affermazioni incoerenti e contraddittorie ma segnate da ingredienti comuni quali il risentimento e il disprezzo, l'odio e la rabbia verso le minoranze». Il verdetto finale: «È una minaccia per la democrazia», è un fenomeno che «alla sua apparizione in altre nazioni e in altre epoche fu definito fascismo».

Dopo che il guru neoconservatore aveva lanciato contro The Donald l'accusa che molti non osavano pronunciare, il «New York Times» decise di sbattere la controversia in prima pagina. Con il titolo *L'ascesa di Trump e il dibattito sul fascismo*, il quotidiano liberal dava conto nella primavera del 2016 di un allarme che stava diventando esplicito. Un politico, l'ex governatore del Massachusetts William Weld, paragonava il progetto di Trump per la deportazione di 11 milioni di immigrati alla «notte dei cristalli», quando nel novembre 1938 in Germania i nazisti si scatenarono in violenze contro gli ebrei. Il «New York Times» allargava l'orizzonte, per cogliere dietro il fenomeno Trump una tendenza più globale: l'emergere di una generazione di leader che vanno da Putin a Erdogan, dall'ungherese Orbán ai suoi emuli in Polonia, più l'ascesa di vari movimenti di estrema destra in Francia, Germania e Grecia.

È così che l'élite intellettuale newyorchese ha riscoperto due romanzi di fantapolitica. Scritti da due premi Nobel, in epoche diverse, ma con la stessa trama: l'avvento di un autoritarismo nazionalista in America. Il primo è *Da noi non può succedere* di Sinclair Lewis (pubblicato in Italia da Passigli nel 2016). Affermazione rassicurante solo in apparenza, quella del titolo, ma platealmente contraddetta dalla trama narrativa. Scritto nel 1934, immagina che Franklin D. Roosevelt, dopo un solo mandato, sia sconfitto e sostituito da un fascista. L'altro romanzo, molto più recente (2004), è di Philip Roth, il quale immagina che nel 1940 Roosevelt sia battuto dall'aviatore Charles Lindbergh, notorio simpatizzante di Hitler e Mussolini. È probabile che Roth si sia ispirato al precedente di Lewis. La grande letteratura aveva previsto ciò che i politologi non hanno voluto prendere in considerazione nella campagna elettorale del 2016?

La reticenza che aveva impedito questo dibattito sulla deriva autoritaria in America ha varie spiegazioni. Innanzitutto, la fiducia sulla solidità della più antica tra le liberaldemocrazie. Poi, il fatto che l'America è abituata a considerarsi all'avanguardia, ed è quindi imbarazzante dover ammettere che nel 2016 ha importato tendenze già in atto da molti anni in Europa (nell'ordine Bossi-Berlusconi-Grillo, per citare solo i nostri) e culminate nel Regno Unito con Brexit. L'autocensura che ha trattenuto gli intellettuali nasce anche da un complesso di colpa: l'élite pensante ha ignorato per anni le sofferenze di quel ceto medio bianco (declassato, impoverito dalla crisi, «marginalizzato» dalla società multietnica) che nell'ultima campagna presidenziale si è invaghito di Trump. Dargli del fascista può sembrare una scorciatoia per ignorare le cause profonde di un disagio sociale: quel tradimento delle élite che ho messo al centro del mio saggio *Il tradimento* (Mondadori, 2016).

Sulle etichette, molti preferiscono sfumature diverse, dalla «democrazia illiberale» ai «populismi autoritari». L'allarme di Kagan si è rivelato comunque troppo tardivo per arrestare la tendenza dei repubblicani a salire sul carro del vincitore. Frastornati, storditi, imbarazzati, umiliati, ma in larga parte troppo codardi, essi avranno una responsabilità immensa: l'aver consegnato il Grand Old Party di Abraham Lincoln e di Dwight Eisenhower a un affarista imbroglione, egomaniaco narcisista, con pulsioni autoritarie. La cui somiglianza col protagonista del romanzo di Sinclair è impressionante, inquietante.

C'è un'ultima spiegazione – non la meno importante – per cui l'allarme di Kagan rimase inascoltato in quella primavera 2016: si chiama amnesia, o colpevole ignoranza della propria storia. Tanti, troppi americani, anche della classe dirigente, non sanno o non ricordano quanto il loro paese arrivò vicino al fascismo negli anni Trenta. Sinclair scrisse nel 1934 *Da noi non può succedere* proprio perché era giustamente convinto del contrario di quanto affermava il titolo del suo romanzo, e lo usava con sarcasmo. In quel periodo Mussolini aveva dei fan di grande importanza nell'establishment americano: tra gli altri, l'industriale dell'auto Henry Ford e il padre dei Kennedy. Alcuni poi si pentirono, ma la tentazione fascista li aveva avvinti a lungo.

Per guarire il paese dall'amnesia bisognerà attendere l'estate del 2017, dopo oltre un semestre di presidenza Trump. Il Ferragosto 2017 sarà ricordato come il giorno in cui un presidente degli Stati Uniti ha sdoganato ufficialmente l'«alt-right», che sta per «alternative right», destra alternativa. Più che alternativa, estremista, radicale, fanatica e talvolta violenta. Nessun presidente repubblicano aveva mai osato tanto. La scintilla è la rimozione delle statue di alcuni generali sudisti, che avevano combattuto per mantenere lo schiavismo; e le proteste della destra razzista, a loro volta contrastate da manifestazioni di sinistra. A pochi giorni dai violenti scontri di Charlottesville, in Virginia, dove un militante di estrema destra aveva ucciso una giovane donna, Trump ha dichiarato: «C'erano delle persone molto perbene alla manifestazione». L'assoluzione presidenziale ai cortei dove sventolavano simboli del Ku Klux Klan (Kkk) e le svastiche di Adolf Hitler è inaudita ma non sorprendente.

È il culmine di un idillio sbocciato nella lunga scalata di Trump alla Casa Bianca. Lo studioso Richard Fording ricorda che «durante tutta la campagna elettorale lui era attento a non perderli, li citava costantemente». Le prove generali per la candidatura Trump risalgono al 2012, quando lui cavalcò la menzogna su Barack Obama nato in Kenya, quindi straniero, ineleggibile, usurpatore: fu allora che conquistò il consenso dell'estrema destra razzista. Che non lo ha mai tradito. Ma cosa si nasconde dietro la sigla alt-right, quali sono le componenti di questa galassia?

L'etichetta è contestata, non tutti accettano questo termine. A lanciarlo fu una celebrity dell'estrema destra, Richard Spencer, nel 2008: l'anno dell'elezione di Obama. Spencer, richiestissimo dai comitati di studenti di estrema destra per conferenze nei campus universitari (spesso cancellate per motivi di ordine pubblico), coniò il termine per includervi tutta la destra radicale che si dissociava dal conservatorismo troppo moderato di George W. Bush. Tanti a sinistra denunciarono quel termine come un'ipocrisia, un'etichetta asettica per nascondere la sostanza razzista, gli addentellati con milizie armate, neofascisti, suprematisti bianchi. Un altro esperto, George Hawley, autore del saggio *Making Sense of the Alt-Right* (Columbia University Press, 2017), mette in guardia contro le semplificazioni: «Sbaglia chi crede che l'alt-right sia un'organizzazione, un gruppo con una struttura e una leadership». La descrive come «una folla anonima che comunica via Internet e ha in comune un'agenda politica razzista». Sottolinea la forte attrazione verso i giovani, millennial e perfino liceali.

Il manifesto fondatore è datato 29 marzo 2016, in piena battaglia per la nomination repubblicana. Quel giorno il sito Breitbart News di Steve Bannon (consigliere di Trump fino all'agosto 2018) pubblica *An Establishment's Conservative Guide to the Alt-Right*. Lo firmano Milo Yannopoulos, altra pop star del movimento, e Allum Bokhari. Il titolo è ironico, i due autori fingono di voler spiegare al ceto politico repubblicano cosa sia l'alt-right. Comincia come il *Manifesto* di Karl Marx: «Uno spettro si aggira...». In questo caso lo spettro è l'estrema destra, che incombe minacciosa sulle «cene per raccogliere fondi e sui think tank dell'establishment». I notabili della destra «lo temono più di quanto paventino la sinistra». Perché l'alt-right è «giovane, creativa, eretica». Chiaro l'aggancio con la campagna di Trump, tutta antiestablishment, con temi come protezionismo e isolazionismo lontani dalla tradizione repubblicana. Più il razzismo esplicito. È a quel testo che si collega idealmente, 17 mesi dopo, la manifestazione Unite the Right indetta a Charlottesville. La organizza Jason Kessler, membro dei Proud Boys, «attivista pro-bianchi e pro Trump», e tra gli oratori figura Richard Spencer.

La banca dati più attendibile sull'estrema destra è del Southern Poverty Law Center, un'organizzazione per la difesa dei diritti civili. Elenca più di 1600 gruppi estremisti. Cataloga come alt-right «quelli che credono che l'identità bianca è sotto attacco da parte di forze multiculturali che usano il politically correct e la giustizia sociale per minare la nostra civiltà». Queste le sigle più importanti. Il National Socialist Movement è l'erede del Partito nazista americano, rifondato dopo la guerra nel 1959. Capo attuale è Jeff Schoep, 43 anni, animatore anche del Nationalist Front, che punta a coalizzare altre sigle dell'alt-right. Il Ku Klux Klan è la sigla più antica: nasce dopo la sconfitta sudista nella guerra civile, all'epoca della Ricostruzione, per sabotare violentemente i diritti dei neri: pratica massacri, linciaggi (anche contro altre minoranze, inclusi gli italiani). La sua ultima resurrezione è degli anni Sessanta per contrastare Martin Luther King e le leggi sui diritti civili di Kennedy e Johnson. Uno dei leader recenti, David Duke, appoggiò in campagna elettorale Trump. Capo attuale dei Cavalieri del Kkk è il pastore cristiano dell'Arkansas Thomas Robb. Poi ci sono i White Nationalist, di cui Spencer è il capo; i Neoconfederati, che teorizzano una nuova secessione del Sud; le Milizie patriottiche, protagoniste dell'occupazione di terre federali nell'Oregon; i già citati Proud Boys, nati nel 2016 per lavorare alla vittoria di Trump. Fa capolino la destra religiosa – pur distinta dall'alt-right – con il predicatore Jerry Falwell Jr che difende Trump a oltranza.

Subito dopo Charlottesville e le parole equivoche, indulgenti di Trump, il magazine «Time» ripubblica una foto da brivido: ventimila nazisti al Madison Square Garden di New York. L'anno è il 1934, al raduno degli Amici della Nuova Germania. Ancora il 1934, l'anno di *Da noi non può succedere*.

La buona notizia, per quanto riguarda i Rampini, è che Costanza ha ottenuto il suo dottorato di ricerca. È la prima persona in famiglia a potersi fregiare del titolo americano di Doctor, che non spetta a un «semplice» laureato come in Italia ma soltanto a chi ha conquistato il Ph.D., il dottorato di ricerca. Quello di mia figlia, dopo anni di ricerche sul campo per realizzare un progetto sui danni del cambiamento climatico nell'Assam (India), lo metto fra i trofei della sua perseveranza.

Le celebrazioni in famiglia sono state brevi, anche perché il lieto evento è mitigato dal contesto «ostile». La tempistica non è fortunata per Costanza. Si è presa il suo dottorato in Scienze ambientali proprio quando a governare l'America è arrivato Trump. Il quale ha sposato le tesi negazioniste sul cambiamento climatico e si circonda di petrolieri. Ha designato come segretario di Stato il chief executive di Exxon, la multinazionale petrolifera. Alla guida dell'Agenzia federale per l'ambiente, Trump ha messo uno che smantella le regole di Obama. Annuncia il ritiro dagli accordi di Parigi sulla riduzione delle emissioni carboniche. Taglia i fondi federali per le ricerche sull'ambiente. Un brutto colpo per chi proprio adesso comincia una professione universitaria in questo settore. Ma a preoccupare Costanza, i suoi amici e coetanei, non c'è solo il danno che Trump può fare. C'è anche il danno già fatto. Perfino nell'ultraprogressista California, mia figlia mi racconta un'escalation di aggressioni dell'estrema destra: razzisti, suprematisti bianchi, neonazisti. In certi casi sono aggressioni fisiche, «hate crime» (crimini dettati dall'odio), che prendono di mira soprattutto le minoranze, dai gay ai neri agli islamici. Più spesso sono aggressioni sui social media. Costanza mi descrive l'organizzazione dell'estrema destra, che si muove come un branco compatto. Avendo lei solidarizzato con un docente che era stato preso di mira da questi estremisti, è stata a sua volta sommersa da insulti sui social media. Siccome è una donna, le aggressioni prendono subito un tono sessista, le offese sono ancora più pesanti e volgari. Trump ha sdoganato la parte più mostruosa della società. Una minoranza, certo, ma così ben organizzata e fanatica da poter fare molto male.

Qualcosa è già successo, che andava ben oltre le aggressioni verbali sui social media. Ricordo una foto: un ragazzo biondo, capelli lunghi e barba, jeans e Timberland, un'aria un po' hippy, un po' sportivo, un po' artista. Potrebbe essere mio figlio. Nella foto cammina a braccia alzate, mani dietro la nuca. Sullo sfondo della stessa immagine, una poliziotta col giubbotto antiproiettile è seminginocchiata, l'arma sguainata, lo tiene nella linea di tiro. Lui è Edgar Maddison Welch, 28 anni. La sua grande passione è fare hiking; è riuscito a percorrere le 500 miglia dello splendido Colorado Trail. Ha studiato arte al college, si cimenta con la scrittura e le sceneggiature per il cinema. Malgrado la giovane età, ha due bambine piccole, che adora. Un giorno Maddison (gli amici lo chiamano col secondo nome) prende un fucile da guerra AR-15 e una pistola calibro 38, e parte dalla cittadina di Salisbury, nel North Carolina, dove abita, per raggiungere Washington. Nella capitale federale ha un obiettivo: la pizzeria Comet Ping Pong. Fa irruzione nel locale con le armi in pugno. Inizia una vera e propria perquisizione: 45 minuti di terrore, in cui gli parte anche un colpo, per fortuna senza ferire nessuno. Alla spicciolata, quasi tutti i clienti fuggono dando l'allarme. La polizia circonda l'isolato; da fuori gli altoparlanti gli intimano di arrendersi. Lui non si spaventa, continua la sua «indagine», prima di uscire a mani alzate. Che cosa cercava là dentro? Un centro di sfruttamento della prostituzione minorile, bambini o bambine ridotte a schiavi sessuali. Un traffico criminale gestito da Hillary Clinton, dal capo della sua campagna elettorale John Podesta, col proprietario della pizzeria Comet Ping Pong. Non lo sapevate? Ignorate che la Clinton dirigeva un vasto business di sfruttamento di schiavi sessuali? E dove vi informate? Queste sono cose risapute: è tutto su Internet.

La spedizione punitiva del giovane Edgar Maddison Welch, convinto che sarebbe stato accolto come un liberatore e un salvatore dai poveri bambini imprigionati dentro quella pizzeria, è diventata un simbolo atroce. La conclusione perfetta, mostruosa e diabolica, di una campagna elettorale che ci ha portati nell'era «post-fattuale». Il tempo della «post-verità». Fino a quel giorno del dicembre 2016 in cui Maddison ha fatto irruzione armi in pugno nella pizzeria di Washington, il dibattito sulla post-verità partiva dalle tante bugie che Trump ha detto impunemente. La menzogna di Obama nato all'estero. La falsa leggenda degli immigrati arabi nel New Jersey che festeggiavano la distruzione delle Torri Gemelle l'11 settembre 2001. La storia del cambiamento climatico che «è una bufala ordita dai cinesi per danneggiare l'industria americana». Le bugie di Trump riempiono biblioteche del genere horror, a futura memoria. In altri tempi, per molto meno degli uomini politici avrebbero avuto le carriere stroncate. Ma nell'era post-fattuale, la verità è un optional. Ciascuno si sceglie la sua, su misura dei propri pregiudizi. Che Obama sia nato in Kenya (e sia musulmano) continua a pensarlo un terzo degli elettori repubblicani. Anni fa, per mettere fine a questa assurda menzogna la Casa Bianca pubblicò il certificato di nascita del presidente. Pronta la risposta dei siti di estrema destra: era il certificato a essere fasullo. «Lo dice Internet!» Se cercate bene, online c'è la prova che la Terra è piatta.

Un'ulteriore contorsione è avvenuta dopo l'arresto del ventottenne Maddison. Alcuni siti dell'estrema destra si sono aggrappati al fatto che il ragazzo ha studiato arte, e hanno smontato tutto: è un attore, ingaggiato dai democratici per screditare la storia del traffico di bambini. Intanto «Pizzagate rimane una pista valida, finché non ci dimostrano il contrario». Lo ha scritto su Twitter un certo Michael Flynn Jr. Suo padre, Michael Flynn Sr, è un generale che ha lavorato alcuni mesi alla Casa Bianca come National Security Advisor del presidente. Poi licenziato solo per i sospetti di inciucio con Putin.

È guerra aperta fra Donald Trump e il «New York Times», oltre che con altri media come il «Washington Post» e la Cnn. Infuria con una durezza che ricorda l'epico scontro fra Richard Nixon e i giornali (perse il primo: dimissioni per lo scandalo Watergate, anno 1974). Il presidente, quando parla del maggiore quotidiano nazionale, usa sempre un'espressione di scherno: «the failed New York Times». Fallito, fallimentare, avviato alla bancarotta? Il quotidiano invita Trump a rassegnarsi: non serve insultare i media «per distrarre dagli eventi reali» e dagli incidenti della sua amministrazione; si abitui a una stampa scomoda perché «non c'è alternativa ragionevole al potere della curiosità umana in una democrazia».

Di questo epico scontro fra una presidenza inaudita e il Quarto Potere, che scuote dalle fondamenta l'America del Primo emendamento, parlo con il presidente e chief executive del «New York Times», Mark Thompson. Inglese, 59 anni, ha trascorso gran parte della sua carriera come reporter della Bbc prima di diventarne il direttore generale. Da quattro anni è presidente e chief executive del quotidiano newyorchese. In Italia è stato tradotto il suo libro sul decadimento della politica: *La fine del dibattito pubblico* (Feltrinelli, 2017). Gli chiedo come fanno lui e i suoi giornalisti a convivere con un presidente che attacca quotidianamente il «New York Times» con tanta durezza. «Mi diverte ricordare» risponde Thompson «che poco dopo la sua elezione lo invitammo a un pranzo di lavoro nella nostra redazione, alla presenza di molti giornalisti, e lui fu generoso di complimenti, ci definì "un gioiello del giornalismo". In quel pranzo lo interrogai sulle minacce che aveva fatto in campagna elettorale di rivedere le leggi sulla diffamazione per rendere più facili i processi contro i giornali. Gli chiesi esplicitamente se intendeva rispettare il Primo emendamento, sulla difesa della libertà di stampa e di espressione. Mi diede una risposta ("non avete di che preoccuparvi") forse un po' sibillina, col senno di poi. La Costituzione americana ha forti tutele per la stampa, e tuttavia un governo ostile può fare molto contro di noi. Per esempio, una linea dura sulle fughe di notizie dall'interno dell'amministrazione può ridurre il nostro accesso ai fatti. Detto questo, la tutela del Primo emendamento vale anche per lui: il presidente degli Stati Uniti ha libertà di espressione.»

Che sfida rappresenta Trump per l'etica professionale? C'è il rischio di farsi dettare l'agenda quotidiana dai suoi tweet mattutini, di lasciare a lui l'iniziativa, di rincorrerlo sullo stesso terreno? Secondo l'amministratore delegato del quotidiano «non sarebbe corretto né opportuno trasformarci in un'opposizione politica, contro il governo o contro il Partito repubblicano. Il nostro mestiere resta uno solo: cercare le notizie e raccontarle. Trattando con correttezza ogni presidente. Ho fiducia che sopravvivremo e avremo successo ben oltre l'orizzonte di questa presidenza. Il nostro rapporto con lui non deve diventare un match di wrestling. Nelle nostre risposte ai suoi attacchi abbiamo cura di non scendere sullo stesso piano, di non farci contagiare dalla stessa rabbia che lui esprime verso di noi».

Nel saggio sopra citato Thompson si interroga sulla decadenza del linguaggio politico. Lui stesso, però, in una vita precedente, lavorando per la Bbc negli Stati Uniti degli anni Ottanta, vide nascere i «soundbite», la comunicazione fatta per slogan shock. Vide all'opera Ronald Reagan, che pure criticava i media accusandoli di essere troppo liberal. «Ci sono» mi dice «elementi di continuità ma prevalgono le novità, e sono radicali. Trump comincia le sue frasi senza sapere come andranno a finire. A volte non sono neppure frasi, ma sequenze di parole che si accavallano. Quello che dice vuole riflettere sentimenti, emozioni, rabbia, sconcerto. Al posto della verità mette la "truthfulness" (una sorta di verosimiglianza). Non c'è nulla nel suo linguaggio che possa articolare delle politiche, dei programmi. Parla in un modo che assomiglia a certe conversazioni casuali, ciascuno di noi ha incontrato delle persone che si esprimono così. Ma è stupefacente se lo fa un capo di Stato. È una cosa totalmente nuova. A questo lui aggiunge una capacità senza eguali di maneggiare i social media, di comunicare direttamente col pubblico. È quello che i teenager hanno scoperto da anni, è quello che ha consentito a certe celebrity di costruirsi una carriera. Al vertice della politica, abbiamo lo stile di un ragazzo di 17 anni.»

La crisi del linguaggio politico – questa è la tesi principale di Thompson – è una minaccia diretta per la democrazia. La salute del sistema democratico dipende dalla nostra capacità di comprenderci gli uni con gli altri, di capire i punti di vista diversi dai nostri, e così di avanzare insieme verso la soluzione dei problemi comuni. Non è solo una patologia «semiologica», è il segnale di un male più profondo, la scomparsa di regole comuni nella sfera pubblica, di un'etica condivisa, di un patto di cittadinanza che ci unisce nel rispetto reciproco. Sono temi che includono tutte le «fake news», ben oltre la politica: per esempio il rigetto della scienza, dal clima alle vaccinazioni. Cosa succede alla democrazia quando il linguaggio pubblico impazzisce? Un esempio recente Thompson lo prende dalla sua Gran Bretagna: dopo la vittoria di Brexit, improvvisamente c'è stato un boom di ricerche su Google per capire cos'è l'Unione europea. Solo dopo, non prima del referendum, molti hanno cominciato a scoprire cos'è veramente l'Unione. Nel corso della campagna elettorale il livello del dibattito era stato angosciante da ambo le parti, aveva confuso gli elettori anziché illuminarli. In America si scopre che un terzo degli elettori sono contrari alla riforma sanitaria detta Obamacare, però vogliono salvare l'Affordable Care Act, che è esattamente la stessa legge chiamata con un nome diverso. Il livello d'informazione sulle politiche pubbliche s'inabissa, mentre prevale la pancia, l'istinto, l'emozione convogliata da tv e social media. «Il modo in cui si sono evoluti i social media» mi dice ancora Thompson «è riassunto nel passaggio dalla fotografia al selfie: ciascuno vuole anzitutto l'immagine riflessa di se stesso. L'obiettivo non è rivolto verso il mondo esterno ma verso l'utente, in un'autoconfessione permanente, in cui esterno quello che sento, minuto per minuto. A Facebook affidiamo la cronaca delle nostre emozioni, non un resoconto oggettivo. Tra l'altro, questa deriva ha contagiato anche i media tradizionali che ormai sono invasi da confessioni, autobiografie. La tv Vice ne è un esempio: perfino i suoi inviati sul fronte di guerra raccontano conflitti lontani attraverso le loro emozioni personali. La comunicazione del vittimismo ha un senso se viene da minoranze veramente oppresse.

Ma nell'America di Trump è la maggioranza bianca, il ceto medio benpensante, ad avere copiato le tattiche delle minoranze per descriversi come una vittima, bisognosa di protezione di fronte agli immigrati: e così il linguaggio del vittimismo è diventato generale. Abbiamo di fronte ai nostri occhi ciò che succede quando in una democrazia tutti pretendono di essere minoranze oppresse.»

Il chief executive del «New York Times» conia un neologismo, «autenticismo», ben diverso dall'autenticità. E la sua spiegazione è interessante perché entra nel vivo del linguaggio politico populista.

«L'autenticità, lo sforzo di essere sinceri su noi stessi, è un valore importante. L'autenticismo è un istinto politico con cui presenti te stesso come più "vero" del tuo oppositore, ti richiami al "popolo reale" mettendolo in contrasto con l'élite. Come se un funzionario dello Stato o un economista o un giornalista non fossero reali. È una reazione contro una cultura della razionalità che risale all'Illuminismo, che cercò di depurare il linguaggio pubblico dalla religione e dalle emozioni. Nel mio libro risalgo a una retorica aristotelica che cerca un equilibrio fra ragione, identità, sentimenti. È quell'equilibrio che si è perduto oggi. Dal cambiamento climatico ai vaccini, i dati statistici, i risultati dell'analisi scientifica, insomma i fatti, vengono ignorati per dare spazio alla narrazione delle nostre sofferenze, delle nostre paure, dei nostri rancori.»

Come Pankaj Mishra che ho citato all'inizio di questo capitolo, anche Thompson è uno di quelli che sottolineano le analogie fra Trump e alcuni «precursori» italiani. Lo interrogo perciò sulla sua visione dell'Italia, se si può dire che è diventata un laboratorio della rivolta contro il razionalismo. «Non tutti i populisti sono per forza fascisti» mi risponde Thompson «ma è vero che l'eco degli anni Trenta è percepibile. Mussolini fu un precursore dell'autenticismo, un maestro nel fingere una diversità radicale fra se stesso e il ceto politico tradizionale, ipocrita e falso per definizione. Berlusconi, prima di Trump, ha sfidato l'idea marxista secondo cui uno straricco con uno stile di vita lussuoso (e per di più una vita privata disordinata) non può diventare l'alfiere del popolo. Ma i sostenitori di Berlusconi e Trump non devono aver letto Marx. Amano il parlare semplice, di chi gli promette: basta parole vuote, io passo all'azione. Con Grillo hanno in comune il fatto che nessuno di loro viene dalla politica.»

Una sigla entrata in voga in America per descrivere l'essenza del nostro tempo è TL;DR ovvero «too long; didn't read» (troppo lungo; non l'ho letto). Riassume una pigrizia diffusa, superficialità e uno scatto di stizza verso i contenuti seri, approfonditi, elaborati. Ma l'industria dell'informazione è in grado di investire sulla qualità, sull'approfondimento? Ha i mezzi per farlo?

Mark Hertsgaard è un amico da quando misi le radici a San Francisco, diciassette anni fa. Lui è rimasto californiano, io in seguito ho vissuto a Pechino e New York, ma non ci siamo persi di vista. È una grande firma del giornalismo americano, lo scoprii leggendo un suo libro di tanti anni fa, *On Bended Knee* (Farrar, Straus & Giroux, 1988). Titolo duro, vuol dire «in ginocchio». Era un saggio di denuncia sull'atteggiamento della stampa americana verso Reagan. Soggiogata, subalterna, servile o impotente, anche quando credeva di incalzarlo e criticarlo finiva per subire l'agenda di quel grande comunicatore (a cui oggi Trump vuole ispirarsi). Hertsgaard, nell'ultimo decennio, è stato un grande reporter investigativo sui danni del cambiamento climatico. Di recente, indagando sulla violenza a New Orleans, è stato ferito in una sparatoria, e questo sarà il tema del suo prossimo libro, un inno d'amore verso quella città derelitta.

Mark fece all'origine una scelta di vita: anziché lavorare per un giornale preferì essere free lance. Da professionista indipendente si poteva permettere una grande libertà. Decideva le inchieste, ci lavorava per mesi, le vendeva a testate autorevoli. I suoi reportage sono usciti sui migliori quotidiani e settimanali. Scelta audace, però tutt'altro che rara qui in America. Nella categoria dei free lance c'erano grandi firme, reporter noti e affermati. Il mercato statunitense lo consentiva: tanti lettori, alte tirature per quotidiani e mensili, editori dotati di ampie risorse. Mark non è mai diventato ricco, certamente, né questo lo interessava. Però poteva mantenersi con il suo mestiere. L'ho rivisto di recente a San Francisco e la sua situazione è cambiata. «Oggi» mi ha detto «come free lance guadagnerei un decimo del mio reddito di dieci o vent'anni fa. Non c'è più mercato. Ho dovuto rinunciare.» Ha accettato l'offerta da un settimanale prestigioso ma poverissimo, «The Nation», un magazine della sinistra radicale che gli dà uno stipendio di pura sopravvivenza. «The Nation» è stata la rivista più vicina a Bernie Sanders durante le primarie democratiche. «Ha milioni di lettori per il suo sito Internet» mi ha spiegato Mark «ma non pagano. I lettori dell'edizione cartacea sono scesi molto, come per tutti.»

È una storia che conosciamo, la racconto dall'angolatura di questo amico perché lo considero un maestro di giornalismo serio, rigoroso, di qualità. Quello che ai tempi di Trump viene definito «establishment, élite». Noi giornalisti dobbiamo fare un esame di coscienza severo se in tutto il mondo siamo assimilati alle élite, disprezzati o perfino odiati dai nuovi populismi. Però il mio amico è l'esempio tipico di una condizione economica tutt'altro che elitaria: ha un mutuo da pagare, una figlia da mantenere, se non arriva uno stipendio a fine mese è in difficoltà come chiunque nel ceto medio. Ma più della sua condizione personale, lo preoccupa il futuro di una nazione che sembra voler fare a meno dei media. «Se vogliamo una democrazia sana,» afferma «non vedo alternativa al ruolo dei professionisti dell'informazione. Illudersi che l'informazione possa essere gratuita, è come voler vivere a sbafo nella comunità dei cittadini.» Puoi anche prendere l'autobus tutti i giorni senza pagare il biglietto, ma poi hai il diritto di lamentarti se il trasporto pubblico è scadente? Circondati dalle fake news, dalla manipolazione bugiarda dei potenti, possiamo fare a meno di un giornalismo serio? Lo so, dette da un giornalista queste cose sembrano meschine rivendicazioni corporative. Qualcuno deve dirle, però. La democrazia sta perdendo colpi, inquinata da troppa cattiva informazione. Liberi i cittadini di scegliersi giornali migliori di quelli che gli stiamo offrendo; ma se credono di farne completamente a meno, temo che andremo verso la barbarie.

Quell'uomo ci renderà tutti un po' più stupidi? Forse non è il danno più grave che può fare Trump: in un lungo elenco di pericoli lo metterei dopo la terza guerra mondiale, per esempio. Però le conseguenze di Mr Trump sulla nostra intelligenza sono deleterie, quotidiane, un lento e impercettibile scivolamento verso uno stato maniacale. Mi alzo la mattina e sul «New York Times» trovo dai tre ai sei editoriali contro di lui. Il compassato, autorevole, solenne quotidiano, checché ne dica il suo chief executive, è diventato un giornale di battaglia. Il «Washington Post» lo insegue e lo tallona. Cnn è la tribuna da cui vengono urlate tutte le nefandezze della Casa Bianca. Intendiamoci, la materia c'è: un presidente che sdogana i neonazisti e il Ku Klux Klan non è una banalità. Le preoccupazioni per lo stato della democrazia americana sono fondate, tanto più che il partito del presidente controlla quasi tutto il potere: Casa Bianca, Camera, Senato, Corte suprema, più tanti governatori di Stati e assemblee locali. Come resistere alla voglia di urlare, almeno per farsi coraggio?

Il problema è che ogni tanto, sia pure rarissimamente, il mostro grottesco dice o fa delle cose giuste. Per esempio, dice che la Cina ci sta fregando: Xi Jinping ha impugnato la bandiera della globalizzazione, predica il Vangelo dei mercati aperti, ma a casa sua pratica uno spietato protezionismo. I furti di know how occidentale sono legalizzati. Tutto questo lo dicono anche molti imprenditori italiani che ci lavorano. Sui danni della globalizzazione – con le regole del gioco attuali – Bernie Sanders spendeva la metà dei suoi comizi. Ne hanno scritto grandi economisti come il premio Nobel Joseph Stiglitz. Ma ora che lo dice Trump? Tutti a dargli addosso: sciagurato protezionista, rovinerai il mondo scatenando una guerra commerciale. Se il riflesso diventa pavloviano, per cui dobbiamo dargli addosso a prescindere, ci sdraiamo tutti quanti sulla linea della Goldman Sachs (a Wall Street va benissimo «questa» globalizzazione, è ovvio).

Altro esempio: i titoloni dei giornali denunciano terrificanti aumenti delle assicurazioni sanitarie e ne danno la colpa a Trump. Un momento. Trump ha provato a sfasciare Obamacare. La sua controriforma ci avrebbe precipitati in una situazione peggiore. Ma non ci è riuscito, perché non ha messo d'accordo i suoi al Congresso. Siamo tuttora governati dalle regole di Obama. L'iperinflazione delle polizze assicurative o dei farmaci è un male che Obama non aveva risolto. Ogni anno, quando c'era il mio beneamato alla Casa Bianca, la mia assicurazione mi infliggeva aumenti scandalosi senza che il governo facesse nulla per impedirlo.

Ho avuto paura per la nostra intelligenza perfino sul dramma di Charlottesville. L'indulgenza di Trump verso i fascisti è oscena, intollerabile, gravida di pericoli. Ma i media lo hanno smentito sdegnati anche quando lui ha detto un'ovvietà, cioè che in piazza c'erano dei violenti anche dall'altra parte. Ma certo che c'erano. Sono della famiglia dei black bloc, anarchici di pseudosinistra che anche in Italia sfasciano vetrine e pestano le forze dell'ordine. Sono nati a Seattle nel 1999. Lo sanno tutti, li vedono tutti. Che peccato rinunciare alla nostra intelligenza, perdere lucidità ed equilibrio: vuol dire che in qualche misura lui sta vincendo. A modo suo, cioè senza combinare quasi nulla di concreto, ma disseminando un'agitata confusione nelle nostre menti.

Che accade sul fronte opposto, nella liberaldemocrazia più antica e più potente? Dov'è la sinistra, cosa fanno i democratici? Molti continuano a considerare che Obama abbia un'autorità morale unica, impareggiabile, probabilmente aumentata da quando c'è una caricatura di presidente al suo posto. Ma sapete qual è stata la parcella per la prima conferenza pubblica del beneamato? 400.000 dollari. Lo riscrivo in lettere: quattrocentomila. Ha battuto Bill e Hillary Clinton, che pure usano lo stesso agente: scommetto che i coniugi hanno un travaso di bile. Non sono convinto che Obama stia facendo bene a monetizzare così il suo straordinario carisma. Da un lato lo capisco: è il modo più semplice, automatico, efficiente, per selezionare fra le migliaia di inviti e proposte che gli stanno arrivando da quando ha lasciato la Casa Bianca. Qualsiasi ex capo di Stato diventa un trofeo ambito nel business dei convegni. Fissare una tariffa altissima evita d'inflazionarti l'agenda, di sequestrare la tua vita. Inoltre, gran parte del ricavato finirà in beneficenza.

D'altro lato, però, Obama scivola nel vizio di tutti i leader di sinistra che lo hanno preceduto, dai Clinton a Tony Blair. Appena ha smesso di governare l'America, lo abbiamo visto in vacanza sugli yacht dei miliardari. Poi ha firmato un contratto da svariate decine di milioni per il primo libro. Poi per aprire bocca ha chiesto un assegno da 400.000 dollari. Le prediche dei progressisti sui conflitti d'interesse del magnate Trump, ai metalmeccanici che lo hanno votato suonano un po' ipocrite.

Mentre le attenzioni del mondo intero seguono in modo spasmodico, isterico, ossessivo, le gesta del suo successore, da Obama possiamo però ricavare una lezione che forse vi sorprenderà. Una lezione di rispetto anche verso i suoi avversari. Compreso quell'errore/orrore gigantesco che siede sulla poltrona che fu sua.

La lezione non è mia, la riprendo dalla mia scrittrice preferita nella destra americana. Peggy Noonan, gran dama del giornalismo politico conservatore, editorialista del «Wall Street Journal». Una che sa trattare di cose molto serie con uno stile lieve, un'eleganza sublime. Una che, prima di diventare giornalista, da giovane scriveva i discorsi di Reagan. Leggo regolarmente la Noonan senza condividere quasi mai quello che scrive. Lei ha avuto per otto anni lo stesso approccio con Obama. Lo ha osservato con attenzione, non ha approvato quasi nulla di lui. Poi, un bel giorno, proprio sul finire, un college l'ha invitata a tenere una conferenza agli studenti, sulle storie dei presidenti che lei ha conosciuto (tanti). E lei si è resa conto che la sua analisi di Obama non li convinceva. Ha capito – solo in quel momento, quando ormai lui stava per andarsene – qualcosa che le era sfuggito per otto anni.

«Quella sera» scrive la Noonan «ho visto cosa Obama è stato per i giovani, soprattutto quelli provenienti da famiglie in crisi o disagiate. Se tu eri un dodicenne quando Obama fu eletto la prima volta, e sei cresciuto con una madre single, o da solo con tua nonna, e magari quella madre o quella nonna non ti trattava neppure tanto bene, e non c'era nessuno nei dintorni per insegnarti giorno dopo giorno come dev'essere un uomo, mostrarti cosa deve fare un uomo, e tu hai visto Obama agire con una dignità attenta e consapevole, con la sua famiglia intatta, con il suo stile e la sua eleganza personale: forse tutto questo ha avuto un significato enorme. Ti ha dato delle indicazioni. E forse quando tu vedevi lui che celebrava i diversi, anche questo ha significato molto per te. Obama ha avuto dignità nella sua sfera personale. Irradiava fiducia, rispetto per se stesso. Ti sei reso conto, nel corso di quegli otto anni, che lui faceva ciò che un uomo deve fare, per esempio verso sua moglie e le sue figlie. Non ne parlava, ma era un modello attraverso le sue azioni. Questo, in una nazione dove la scomparsa o il declino di ruolo dei genitori si aggrava, è stato inestimabile. Non avevo dato sufficiente peso a questo, fino a quella sera al college. E lo scrivo ora per ricordare a tutti, anzitutto a me stessa, che puoi opporti fortemente a qualcuno per le sue politiche, ma hai il dovere di osservare quel che c'è di buono in lui. Questa capacità la stiamo perdendo, rinchiusi nei nostri recinti.»

Mi rendo conto che lo sforzo reciproco è sovrumano. In questo momento mi costa una fatica immensa cercare «il positivo» nel successore di Obama. Anzi, ho perfino paura che chi compie questo sforzo possa sottrarsi al dovere di vigilanza, sui pericoli che corre la democrazia americana e l'Occidente intero. Ma se non facciamo questo sforzo, siamo condannati dentro i «recinti», le tribù dei simili, in un'alternanza feroce e impazzita dove le due parti della nazione non vogliono mai provare a capirsi, solo prevalere l'una sull'altra.

Un rischio che corre la sinistra americana è lampante: comportarsi come un toro nel recinto della corrida, con i tweet di Trump che fungono da panno rosso. Imbestialita, inferocita, sempre a rincorrere l'ultima provocazione del presidente.

C'è un altro rischio, diverso e forse più sottile. Lo chiamo, per spiegarmi, la sindrome Zuckerberg. Perché un giovane signore con quel nome è diventato un possibile leader anti-Trump, suo malgrado o forse a lui piacendo. Condanna nazionalismi e xenofobia, invoca la comprensione per l'altro e la solidarietà. Mark Zuckerberg, il trentatreenne fondatore e chief executive di Facebook, ha illustrato un piano decennale per lo sviluppo strategico del social media, che è anche un condensato della filosofia e dei valori della sua azienda. Un social network da due miliardi di utenti, che a Zuckerberg «va stretto»: la sua ambizione è collegare a Internet tutti i 7 miliardi di abitanti del pianeta. Di qui discende anche la sua visione politico-morale: «Siamo una comunità globale unica, nell'accogliere i rifugiati che tentano di salvarsi da una guerra, o gli immigrati in cerca di opportunità; nell'unirci per combattere un'epidemia o il cambiamento climatico». Ha polemizzato contro «l'attuale tendenza di molte nazioni a ripiegarsi su se stesse». Ha accusato «le voci della paura che invitano a costruire muri e a prendere le distanze dalle persone descritte come diverse da noi».

Zuckerberg parlava così a San Francisco nell'ambito della conferenza annuale F8, dove affluiscono tutti i developer che scrivono nuovi programmi di software per le app di Facebook. La data è importante: 13 aprile 2016. In piena campagna elettorale. Quando già era esploso un fenomeno Trump; senza però che sembrasse verosimile trovarselo presidente. Ad ascoltare il fondatore di Facebook quel giorno in California c'era una folla di 2600 collaboratori interni o esterni, venuti dal mondo intero. Al centro del suo messaggio, Zuckerberg ha messo uno slogan: «Dare a ciascuno il potere di condividere con tutti gli altri». Verbo chiave è «to share», che indica la «condivisione» di messaggi, foto, esperienze e commenti che ciascuno fa con gli amici sulle proprie pagine di Facebook. Ma è anche allusione a un altro tipo di condivisione, la diffusione delle opportunità, la distribuzione delle ricchezze. Zuckerberg si appropria così di una tradizione della giovane Silicon Valley e di tutta la West Coast americana: un luogo dove gli imprenditori hanno spesso cavalcato visioni progressiste, utopie sociali, il sogno di rifare il mondo. Da Bill Gates a Steve Jobs, da Larry Page a Elon Musk, molti pionieri dell'innovazione tecnologica hanno anche proposto un credo ideologico libertario, ambientalista, inclusivo, multietnico.

Zuckerberg si candida in questo caso a rubare il ruolo a Google, che agli albori fu celebre per il motto «Don't be evil», non essere cattivo o non fare del male. «Ci vuole coraggio oggi» ha detto Zuckerberg «per scegliere la speranza al posto della paura. Se lo fate, qualcuno vi definirà ingenui, ma ogni passo avanti nel progresso è stato consentito da questa speranza e da questo ottimismo.» Un passaggio in perfetto stile «obamiano».

Nella campagna elettorale del 2016 Zuckerberg è intervenuto di striscio, con discrezione, tramite un'organizzazione bipartisan, Fwd.Us (dall'abbreviazione di *forward*, cioè «in avanti»), che ha sostenuto singole campagne tematiche: per esempio, la battaglia per una riforma delle leggi sull'immigrazione, allineata con le posizioni dei democratici; invece ha caldeggiato l'oleodotto XL Keystone, combattuto dagli ambientalisti e bocciato da Obama.

Un anno dopo, è già tempo di pensare a Zuckerberg for President? La sinistra americana sogna un cavaliere bianco che arrivi al galoppo per salvarla. Chi meglio del giovane che ha inventato il social media più ubiquo del nostro tempo? Il padrone di Facebook smentisce a ripetizione nel corso del 2017: «Non sarò candidato». Ma dicono tutti così, fino a un minuto prima del fatidico annuncio. Sui piani di Zuckerberg per scalare la Casa Bianca è lui stesso ad aver seminato indizi. Ha compiuto un tour nazionale in trenta Stati Usa con lo scopo dichiarato di «conoscere meglio gli americani». Ha cominciato dall'Iowa dove hanno inizio ogni quattro anni le primarie per la nomination. Poi il Michigan, dove ha incontrato, a Detroit, gli operai della Ford, constituency che fu decisiva per l'elezione di Trump. È passato nell'Ohio, altro Stato chiave per conquistare la presidenza. Prima di partire aveva assunto nella propria Fondazione uno degli strateghi delle vittorie di Obama, David Plouffe, considerato un genio del marketing elettorale. Poi un altro reclutamento, Joel Benenson: pure lui lavorò con Obama come esperto di analisi demoscopiche, in seguito fu chief strategist della campagna di Hillary Clinton. Alle dietrologie su queste due assunzioni, Zuckerberg risponde: Plouffe e Benenson sono talenti al servizio dell'impegno umanitario. Quei due aiutano la Fondazione Chan Zuckerberg (il primo cognome è della moglie) nei progetti per «curare malattie, migliorare l'istruzione, dare voce a tutti coloro che vogliono costruire un futuro migliore».

Non bastano le smentite a placare i sospetti. La Fondazione può diventare un ideale trampolino di lancio per la candidatura. Nell'azione umanitaria c'è un condensato dei valori che Zuckerberg propone agli americani, un suo identikit etico e politico. Non è detto che un suo ingresso in politica debba avvenire attraverso uno dei due partiti tradizionali. Altri imprenditori si candidarono da indipendenti: Ross Perot, che fu battuto alle presidenziali del 1992 ma ebbe un seguito superiore alle previsioni e prefigurò il protezionismo di Trump; e Michael Bloomberg, con più successo, come plurieletto sindaco di New York. Tuttavia, se c'è un partito che in questo momento ha un gran bisogno di volti e idee nuove, ricambio generazionale e progettuale, è il Partito democratico. «Missing in action», come i soldati scomparsi in guerra: per quanti disastri abbia combinato Trump, si parla solo di lui. Cosa faccia l'opposizione democratica, lo sanno in pochi. E sul partito incombe ancora il potere dei Clinton, che non hanno mollato la presa. La selezione di una nuova classe dirigente è più urgente che mai: nel novembre 2018 si vota per le legislative di mid-term, la prima occasione di rivincita contro Trump. Guai ad arrivarci senza messaggi chiari e candidati convincenti.

Zuckerberg ha delle qualità evidenti. È giovane. È un outsider. Ha costruito un'impresa che vale cento volte quella di Trump: 500 miliardi di dollari è la capitalizzazione di Facebook. E non è un'impresa qualsiasi, è la nuova «piazza virtuale» dove quasi un terzo della popolazione mondiale dialoga e socializza, si scambia informazioni, emozioni, amicizie. È disinteressato: donerà alla sua Fondazione il 99 per cento della ricchezza. È progressista, ma su quest'ultima affermazione si apre un problema. I liberal della Silicon Valley sono fin troppo di sinistra – rispetto al baricentro politico della nazione – su temi come l'ambiente, i matrimoni gay o la marijuana. Ma hanno costruito un'alleanza malefica con Wall Street e un capitalismo diseguale, afflitto da problemi sociali enormi. Che non si risolvono a colpi di beneficenza: proprio Zuckerberg è incappato in un disastro quando ha donato 100 milioni per risanare le scuole pubbliche di Newark (New Jersey), con risultati fallimentari.

Se la liberaldemocrazia americana è malata, soffre di un male che potremmo definire una pandemia. Dal dizionario medico, dicesi «pandemia» un'epidemia di vaste proporzioni, diffusa al punto da estendersi su vari continenti. Una parte della patologia è legata agli squilibri sociali ed economici. Un'altra, al decadimento del discorso pubblico e della qualità dell'informazione. In questo quadro i Padroni della Rete come Zuckerberg sembrano portatori del virus, più che medici curanti.

XI

La tecnologia crea la nuova geografia

Dove il potere delle mappe decide la sorte degli imperi: da Cristoforo Colombo a GoogleMap; il paesaggio urbano e quello sociale vengono sconvolti e ridisegnati a ogni rivoluzione tecnologica; anche Internet conosce una deriva dei continenti; nessuno ancora ha capito perché una Silicon Valley nasce lì e non altrove (forse gli hippy?); i Padroni della Rete dispensano false utopie a loro beneficio; dopo il canale di Suez, attendiamo un'altra svolta dalla diplomazia degli scienziati.

Ci cascarono una volta, i cinesi, e gli è costato mezzo millennio di ritardo, un faticoso inseguimento sull'Occidente. Sottovalutarono l'immenso potere che è racchiuso nelle carte geografiche. Le mappe sono uno strumento per descrivere il mondo conosciuto. Quindi esplorarlo. E infine conquistarlo, possederlo. Quelle cinesi erano di gran lunga le più avanzate, all'inizio del Quattrocento. I proprietari di quelle carte – gli imperatori della dinastia Ming – avrebbero dovuto nasconderle, top secret. Non lo fecero, e mal gliene incolse. Mi riferisco all'ipotesi che le formidabili traversate oceaniche di Cristoforo Colombo e di Amerigo Vespucci siano state possibili grazie al know how geografico e tecnologico portato dai cinesi in Italia.

Un ruolo chiave lo svolge una misteriosa ambasciata cinese del 1433 a Firenze. La cartografia europea era più arretrata della loro: i navigatori occidentali dovevano affrontare i mari senza un'accurata misurazione delle longitudini. Le flotte cinesi, invece, da secoli perlustravano l'oceano Indiano utilizzando conoscenze astronomiche più avanzate per determinare sia la latitudine sia la longitudine di una nave in mare. I dignitari inviati a Firenze dalla dinastia Ming portarono con sé delle mappe. Le vide, a quanto sembra, l'astronomo-geografo Paolo Toscanelli. Capì di aver molto da imparare e si mise al lavoro. Fu un caso in cui noi copiammo i cinesi, senza pagare il copyright. Le nuove carte geografiche di Toscanelli furono preziose per Colombo e altri navigatori. Si aprì l'era delle grandi scoperte, poi del colonialismo. La Cina, che all'inizio del Quattrocento era molto più ricca di noi, e anche tecnologicamente più sofisticata, cominciò a perdere terreno. Lo sta recuperando solo adesso, mezzo millennio dopo.

Forse ammaestrati da quel precedente, adesso i cinesi non scherzano più con le carte. Non si permettono di sottovalutarne il potere. Anzi ci stanno attenti in modo maniacale. È così che hanno imposto severi limiti e restrizioni a GoogleEarth e GoogleMap sul loro territorio. Non solo con il divieto di mappare zone sensibili per ragioni strategico-militari. C'è un intero quartiere di Pechino, quello dove abita la nomenklatura comunista, che è «fuori mappa». Un buco nero, dove il Grande Fratello americano non deve guardare.

Il potere delle carte geografiche spiega l'eccitazione – e l'ansia – che circondano le potenzialità di GoogleEarth-GoogleMap, la nuova tecnologia che è diventata ubiqua, perfino banale nei nostri gesti quotidiani. Tutto era cominciato col primo Gps (Global Positioning System: anche quella una tecnologia applicata alla geografia con l'uso dei satelliti geostazionari), che divenne un gadget popolare quando fu installato in auto. E già quello non era banale nelle sue conseguenze; non ultimo il fatto che un'intera generazione trova normale una mappa parlante, che ci dirige e ci comanda. Nonché una mappa intelligente, che sempre più spesso incorpora dati sul traffico e sugli incidenti; o ci segnala in anticipo l'Autovelox. Ne esistono ormai varianti infinite come app da scaricare sugli smartphone e ce n'è una made in Israele, Ways, che è tra le più veloci a incorporare la «saggezza delle folle», cioè tutte le informazioni che gli utenti-guidatori scoprono in tempo reale incappando in un ingorgo, una manifestazione, lavori in corso, un maxitamponamento. Nacque all'epoca dell'intifada, si dice, per aiutare gli automobilisti ad aggirare anzitempo i blocchi di polizia. Da una miriade di sensori esterni che siamo noialtri alla guida, l'algoritmo estrae in una frazione di secondo l'itinerario più veloce per andare da A fino a B.

Allo stesso tempo, queste varie carte geo-digitali come GoogleMap e le sue sorelle concorrenti sono diventate enciclopedie dell'ambiente urbano (posso consultarle per capire quali monumenti sto vedendo, dunque risalire alla loro storia), nonché ipermercati virtuali dove seleziono ristoranti o alberghi, negozi di abbigliamento o teatri. È tutto maledettamente normale, e non lo era affatto fino a dieci o quindici anni fa. È diventato facile, un automatismo in più nella nostra vita quotidiana, farci guidare e quindi anche manipolare da queste mappe (troppo) «intelligenti». Conviene fermarsi un attimo per capire che razza di rivoluzione stiamo vivendo. Cosa c'è dietro. Verso dove stiamo andando, non nel senso di un indirizzo a casa di amici già memorizzato su GoogleMap: verso quale società futura. Quale ambiente urbano. Quale rapporto fra le nazioni. Senza sottovalutare, naturalmente, come stia cambiando uno dei più antichi e affascinanti atti della razza umana: il viaggiare, la sfida di Ulisse.

Uno storico-geografo inglese, Jerry Brotton, che insegna storia del Rinascimento alla Queen Mary University di Londra, ha dedicato al magnifico e tremendo potere delle carte un saggio importante: *La storia del mondo in dodici mappe* (Feltrinelli, 2013). Si conclude proprio con un capitolo dedicato alle mappe del nostro presente e futuro, di cui GoogleEarth - GoogleMap è la leader momentanea. Già su questo concetto bisogna soffermarsi, perché ormai lo diamo per scontato mentre invece dovrebbe farci sobbalzare: nell'era che combina l'uso dei satelliti con la tecnologia digitale del nostro smartphone, il potere di disegnare e diffondere la conoscenza geografica diventa un business privato, in mano a un quasi-monopolista come Google-Alphabet (almeno in Occidente). Non era ovvio, anzi. Certo, in un passato remoto le grandi carte solevano essere proprietà dei sovrani, o dei condottieri militari, o delle compagnie di navigazione. Ma l'Ottocento e il Novecento, tra Illuminismo e liberaldemocrazie, ci avevano abituati al concetto di un sapere pubblico, di una conoscenza non sequestrabile dietro il recinto di una proprietà privata. Ebbene, il mondo come lo «navighiamo» oggi – in senso letterale e in senso figurato – è sempre più spesso una rappresentazione gestita da un'azienda capitalistica, che della mappatura del pianeta, o delle vie del mio quartiere, ha fatto un business a scopo di profitto.

Poi c'è la questione delle potenzialità future, ed è quella che appassiona di più Brotton. Lui spiega che con GoogleEarth e GoogleMap si è fatto realtà il sogno dello scrittore argentino Jorge Luis Borges: una carta geografica su scala 1:1. Uno a uno vuol dire una carta geografica su scala reale, delle stesse identiche dimensioni del mondo che rappresenta. Borges era un mago della fantasia surreale, con le sue storie metteva a dura prova i limiti della comprensione umana, della logica. Una carta uno a uno, una mappa di New York che è una copia identica, grande quanto New York: a che mi serve? Cosa potremmo farcene di una rilevazione dell'Italia grande esattamente quanto l'Italia, una della Terra grande quanto il pianeta stesso? Nei tempi «antichi», cioè fino a pochi decenni fa, era ovviamente assurdo, oltre che inutile, comico e irrealizzabile al tempo stesso. Se non per immaginare, tipica acrobazia logica alla Borges, che una simile carta sostituisca l'originale? Ma GoogleEarth è esattamente questo: dall'alto delle sue rilevazioni satellitari fotografa e immagazzina le immagini del mondo su scala integrale, con dettagli che possono includere ogni angolo della nostra privacy. Dentro GoogleEarth c'è molto più di quanto ci serve sapere, quindi in un certo senso è quella la realtà ultima. Inoltre, l'immagine della Terra come viene raffigurata dallo spazio con GoogleEarth è «migliore»: andate a controllare, è priva di nubi, perciò assai più visibile di quella che vedremmo se fossimo degli astronauti in orbita. GoogleEarth deve pur agire (per ora) entro i limiti che le leggi nazionali, o le autorità militari, decidono di fissare. Ma sono dei limiti artificiali: Google è già in grado di oltrepassarli; non lo fa perché non le conviene, non vuol mettersi contro il Pentagono o il governo di Pechino. Intanto quelle informazioni, quelle immagini, quelle mappature del nostro mondo e di noi stessi continuano ad accumularsi: diventano Big Data, una mole sterminata di dati in crescita esponenziale nei quali è stato risucchiato anche lo scibile umano della geografia. Atlante, il nome che davamo a un certo tipo di rappresentazioni figurative del mondo, prima ancora era stato nella mitologia greca il Titano che reggeva il mondo sulle sue spalle. Oggi quel Titano è il chief executive di Google-Alphabet; ma non si limita a reggerlo, ne sta riproducendo all'infinito ogni minimo dettaglio, per scopi commerciali che lui stesso ha appena cominciato a sfruttare.

Quando diciamo carte, mappe, noi oggi non abbiamo la più pallida idea di cosa siano diventate davvero, di cosa c'è dietro, di cosa potranno diventare, di come sapranno comandarci.

Le nuove tecnologie trasformano il paesaggio urbano. Non solo la sua rappresentazione, ma quello che è. Letteralmente: la fisicità degli ambienti, i luoghi dove si svolge la nostra vita quotidiana, vengono ridisegnati da chi governa il progresso tecnologico. Oggi: i Padroni della Rete.

Questo, ovviamente, è sempre accaduto. Tante rivoluzioni tecnologiche del passato hanno stravolto la geografia. Dove la tecnologia va intesa in senso lato, come un nuovo modo di produzione, una diversa conoscenza della natura, un cambio di paradigma economico. L'invenzione dell'agricoltura, la nascita di società sedentarie, la necessità di organizzazioni collettive complesse per governarle e quindi l'appropriazione di una rendita da parte di un'élite: tutto questo consentì la mobilitazione di forza lavoro per deforestare vaste zone del mondo e trasformare boschi in campi; o per realizzare grandi opere come le piramidi egizie o maya e la Muraglia cinese, che sono dei pezzi di paesaggio, talmente ingombranti da essere visibili dal finestrino di un jet. L'invenzione della ruota e l'addomesticamento del cavallo furono condizioni tecnologiche preliminari perché si potessero costruire vasti imperi come quello romano, con le loro strade, ponti e acquedotti che tuttora sono dei pezzi (bellissimi) del nostro paesaggio. La «civiltà idraulica» degli imperatori cinesi fu maestra nel dirottare i fiumi e costruire canali artificiali – prima ancora del nostro Leonardo da Vinci – e questo ebbe enormi conseguenze sull'aspetto fisico delle campagne. L'invenzione della ferrovia accorciò le distanze e solcò interi continenti imprimendovi delle «ferite» fisiche non indifferenti: basta pensare ai trafori delle montagne. Ancor più di recente è arrivato il motore a scoppio. Se si eccettuano gli oceani, i deserti, le cime montagnose più inaccessibili, e qualche zona di foresta tropicale (ma non tutte), il resto del pianeta è stato completamente rifatto in funzione dell'automobile e dei camion. Strade e autostrade hanno a loro volta «comandato» la disposizione dei centri abitativi, degli agglomerati umani, delle zone di aggregazione sociale, di lavoro, di commercio. Il paesaggio come lo conosciamo da un secolo a questa parte è un paesaggio automobilistico: perfino quei borghi medievali che s'illudono di aver preservato vicoli e piazze com'erano dieci secoli fa, in realtà vengono invasi da un turismo di massa che arriva lì vicino in automobile o in torpedone. La tecnologia edile, l'uso di nuovi materiali a partire dal cemento armato e dalle varie tipologie di vetri resistentissimi per la costruzione dei grattacieli, ha consentito quelle agglomerazioni di cattedrali moderne che sono New York e Chicago, e poi le loro imitazioni, da Dubai a Shanghai, a Kuala Lumpur. Viviamo nell'antropocene, l'era geologica segnata dall'impatto della razza umana su questo pianeta: e la geografia è piena delle nostre impronte digitali, talvolta leggere ed eleganti, più spesso mostruose.

Oggi un'altra di queste rivoluzioni paesaggistiche sta maturando. I primi segnali sono quasi impercettibili, non tutti se ne accorgono, il cambiamento è diseguale. Non siamo ancora di fronte a uno strappo tecnologico della portata del motore a scoppio; tantomeno delle grandi invenzioni del passato. Però si avvicina la fine di un modello e in embrione s'intravede la possibilità di una transizione verso qualcos'altro. In America è già in corso. Dalla Quinta Strada di Manhattan fino alla provincia profonda del Minnesota, il profilo fisico degli Stati Uniti si appresta a essere lentamente stravolto da una nuova rivoluzione. Per adesso abbastanza silenziosa, ancora discreta in questo stadio iniziale. Uno dei segnali premonitori è un'ecatombe di negozi, grandi magazzini, centri commerciali, decimati dall'avanzata inesorabile del commercio online. La crisi è profonda e non ha solo una dimensione economica: investe un business che è anche un simbolo dell'American Way of Life, uno stile di vita, perfino un luogo di aggregazione sociale. Dai tempi del film retrò *American Graffiti*, un rito iniziatico dell'adolescente americano era l'uso dell'automobile per andare a incontrare i suoi coętanei nei piccoli centri commerciali di provincia, le prime concentrazioni dove si univano supermercati, fast-food, cinema all'aperto. Negli anni Cinquanta nacquero gli «shopping mall», cattedrali nel deserto dell'America profonda, che attorno al consumismo costruivano occasioni d'incontro, un modo per riempire il tempo libero, una caricatura ipermoderna delle piazze medievali del Vecchio Continente. Nel 1962 Sam Walton cominciò l'avventura di Walmart, gli ipermercati che a loro volta hanno incarnato per decenni un American Dream fatto di carrelli della spesa extralarge e strapieni, Suv caricati a buon mercato, grazie allo «sconto cinese» (prodotti alla portata di tutte le tasche perché made in China).

Ora tutto questo sta tramontando, lentamente. Fotografi e artisti amanti del macabro percorrono l'America in cerca di shopping mall in bancarotta, le nuove ghost-town del nostro tempo, città fantasma, colossi abbandonati per mancanza di clienti. Relitti giganteschi sui quali soffia il vento della morte. La middle class di «Suburbia», come vengono definiti i quartieri residenziali delle periferie, con le loro villette monofamiliari, i giardini e il garage, sta perdendo il gusto di quelle spedizioni familiari che nel weekend avevano una destinazione favorita, lo scintillante shopping mall dove ciascuno ne trovava per i suoi gusti. Ora nella villetta monofamiliare ciascuno se ne sta chiuso in camera sua, a dialogare sui social media, o a ordinare da Amazon sul proprio tablet. Un camioncino dell'Ups fa tappa davanti all'uscio di casa per lasciare una pila di pacchi delle consegne a domicilio. E alcuni shopping mall, deserti, falliscono. Non solo loro. Quasi tutta la grande distribuzione, dalle boutique di lusso ai supermercati, ai grandi magazzini, vive la stessa sindrome di decadenza – oppure una transizione verso un futuro incerto, molto diverso dal presente – e questo accade proprio nel paese che l'aveva inventata. È anche il paesaggio dei centri cittadini che rischia di essere irriconoscibile entro breve: se i consumatori rimangono a casa per fare la spesa, chi andrà ancora in giro a guardare le vetrine? Si salvano per ora quei magneti del turismo globale che possono compensare la scomparsa del consumatore locale con le frotte di cinesi e russi, italiani e francesi: per adesso questo sta proteggendo la vocazione di luoghi come la Quinta Strada e Soho a Manhattan, o Be-

Internet nel mondo.

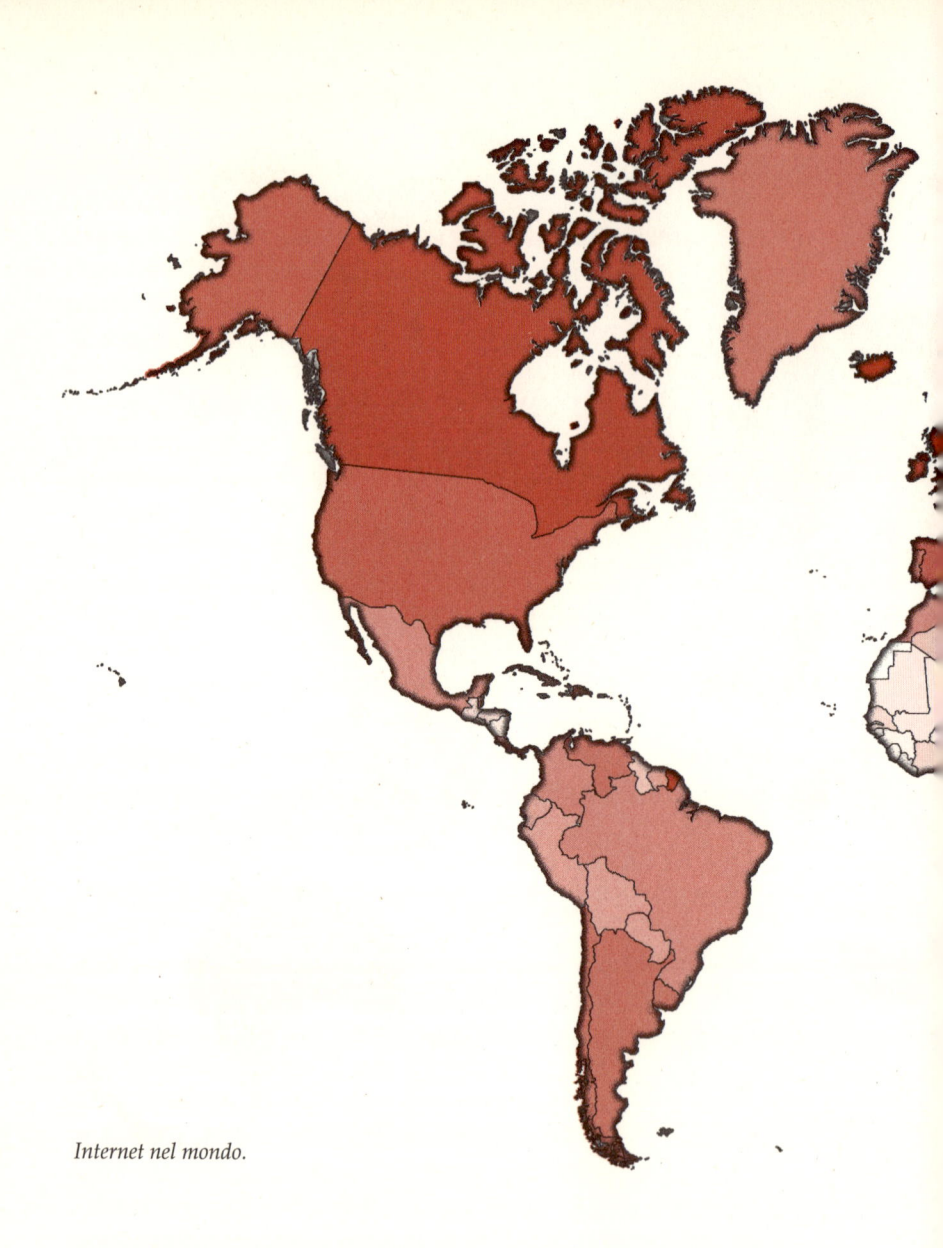

verly Hills a Los Angeles. Forse anche via Montenapoleone e via della Spiga a Milano, via Condotti a Roma? Che però assomigliano sempre di più a un duty free dell'aeroporto di Dubai, stesse griffe, stessi marchi, la scomparsa di qualunque riconoscibilità locale nel carattere dei negozi e dei prodotti.

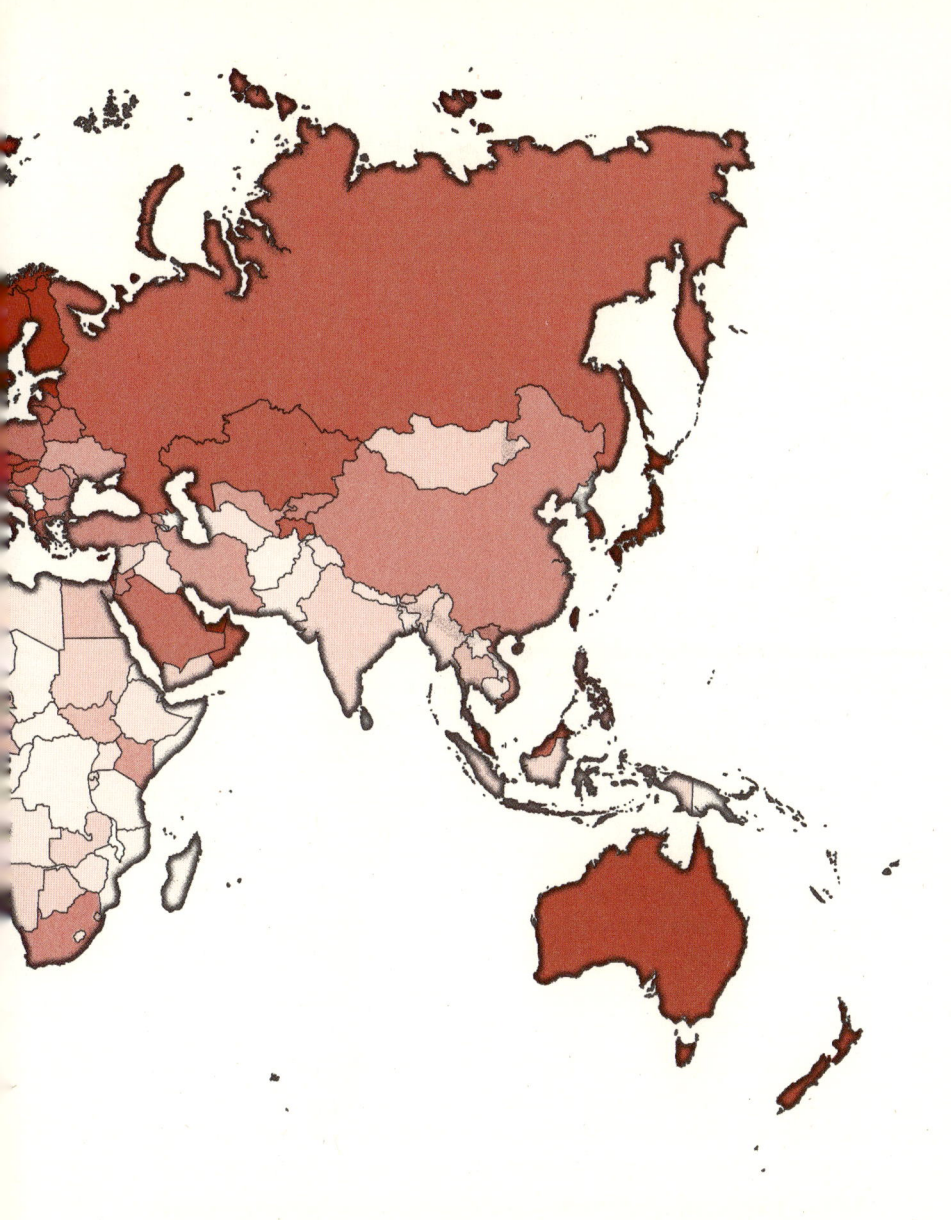

L'ultimo bollettino di guerra nell'estate 2017 elenca i 170 negozi chiusi da Bebe, un marchio di moda che sembrava lanciatissimo ancora pochi anni fa e ora si riconverte per vendite esclusivamente online. La catena di moda per adolescenti Rue21 chiude 400 negozi su 1100. Sono due esempi fra tanti in un settore delle vendite al dettaglio che in America ha visto 8600 chiusure solo nel primo trimestre del 2017: peggio che durante la grande crisi del 2008. Eppure stavolta non siamo in recessione, tutt'altro, abbiamo raggiunto l'ottavo anno di crescita. Quel che accade è dovuto a un cambiamento repentino di abitudini e comportamenti tra i consumatori. L'intero mondo della distribuzione «fisica», con punti vendita su strada, dagli shopping mall alle boutique di nicchia, ha eliminato 50.000 posti di lavoro nel primo semestre del 2017. Forse siamo solo ai prodromi del disastro. Secondo lo studio di un'azienda immobiliare specializzata negli shopping mall, la Ggp, per ridimensionarsi su misura della spesa attuale i centri commerciali dovrebbero chiudere il 30 per cento dei loro spazi e licenziare quasi 5 milioni di persone. È un atto di morte, nella nazione che aveva inventato il modello e lo aveva esportato nel resto del mondo.

E ancora c'è spazio di crescita per il commercio online. Le vendite su Internet sono appena il 10 per cento del totale e già hanno provocato cotanto sconquasso. Figurarsi cosa può accadere in futuro. Il modello di partenza lo hanno offerto libri, Cd e video, dove l'avanzata di Amazon e dei suoi emuli fu formidabile, al punto che oggi in quei settori oltre il 60 per cento delle vendite sono online. Segue la stessa curva di apprendimento il settore dell'elettronica e delle forniture per uffici, già vicino al 40 per cento di vendite su Internet. Stanno facendo la stessa fine i giocattoli per bambini, forse perché la rinuncia a visitare di persona i negozi ha sollevato i genitori da uno stress, o forse perché i più piccoli sono «nativi digitali» e cercano sul tablet i regali da chiedere. Ogni luogo comune ha vita effimera: si diceva che mai ci saremmo rassegnati a comprare vestiti e scarpe senza provarli fisicamente, e invece quello dell'abbigliamento è uno dei settori di maggior crescita delle vendite online. Anche qui Amazon ha fatto da pioniere, ma molti applicano la ricetta: velocità delle consegne, facilità nel restituire la merce di cui non si è soddisfatti e ottenere l'immediato rimborso. Amazon era arrivata in ritardo nell'ultima frontiera, che è la spesa per alimenti freschi, ma sta recuperando terreno con l'acquisizione dei supermercati salutisti Whole Foods nei quali sviluppa il settore ordini online e consegne a domicilio. Nomi gloriosi come Macy's e Penney, icone del consumismo americano, attraversano crisi esistenziali dagli sbocchi incerti. E la nuova geografia delle città salpa verso destinazioni sconosciute.

Un'altra tecnologia che cambia le carte geografiche del nostro vissuto quotidiano è Uber. Idea geniale, vincente nel mondo intero (o quasi). Azienda più volte inguaiata, col top management decapitato nel 2017, e una marea di contestazioni nel mondo intero. È il paradosso di Uber. Questa app nata a San Francisco ha rivoluzionato la mobilità urbana, in tutti i sensi. Nello stesso giorno (20 giugno 2017) in cui gli scandali costringevano alle dimissioni il suo fondatore e chief executive, il quarantenne Travis Kalanick, «The Wall Street Journal» dedicava un intero inserto speciale al tramonto della «proprietà dell'automobile». Un concetto obsoleto, soprattutto per i giovani, che hanno sposato in massa il «car sharing» e ogni altra formula che privilegia l'uso sul possesso. A San Francisco un'inchiesta ha rivelato che nel budget mensile dei Millennial la voce di spesa Uber ormai svetta in testa, a pari valore con l'affitto della casa.

È difficile trovare un'altra azienda al mondo capace di suscitare emozioni così contrastanti, dall'ammirazione all'odio. A otto anni dalla sua fondazione a San Francisco, questa app inventata per procurarsi un passaggio in auto a pagamento è ancora tecnicamente una start-up, poiché nel 2017 non è stata collocata in Borsa, ma già viene stimata a 70 miliardi di dollari. Tra i suoi azionisti, il fior fiore del «venture capital» della Silicon Valley e blasonate banche d'affari di Wall Street come Goldman Sachs e Morgan Stanley, nonché il fondo sovrano dell'Arabia Saudita.

I guai per Uber sono di varia natura. Quelli più dannosi per la sua immagine – visto che l'utente medio di Uber è urbano, cosmopolita, digitalmente evoluto, spesso liberal – hanno a che vedere col sessismo. Si va dalle denunce di alcune dipendenti donne sul clima maschilista all'interno dell'azienda fino all'episodio in cui un top manager ha cercato di diffamare una donna che era stata stuprata da un autista Uber in India. Infine, un'azione legale del governo di Washington, che accusa Uber di frodi per aggirare le leggi sul trasporto urbano. La reputazione di Uber ne ha sofferto: una recente indagine rivela che l'80 per cento dei clienti Uber sono informati sugli scandali. La principale concorrente, Lyft, ha aumentato la sua quota di mercato dal 21 al 25 per cento in soli tre mesi. La posizione di Uber resta dominante, col 75 per cento del mercato Usa, ma ancora un paio di anni fa deteneva il 90 per cento. Il bilancio continua a essere in rosso, però si tratta di un «dettaglio» nel mondo delle start-up e non solo. Un colosso come Amazon insegna: l'azienda di Jeff Bezos accumulò perdite per molti anni, secondo la logica di occupare il mercato senza badare a spese.

La città dove Uber è nata è l'osservatorio ideale per capirne i meriti. San Francisco era tristemente nota per la pessima qualità del servizio taxi (introvabili), oggi è diventata una città «liquida» per la facilità con cui si ottiene un passaggio a pagamento. Ma perfino sulla costa opposta, a New York, la qualità del servizio Uber nella versione X e Black, riservata a professionisti con licenza di autonoleggio, è incomparabilmente superiore ai taxi gialli, pur abbondanti e poco costosi. Nell'America «di mezzo», fra le due coste, Uber ha reso «liquida» la mobilità in tante aree di provincia dove il servizio taxi è sempre stato quasi inesistente o costoso. Un'altra rivoluzione di stili di vita.

Il mondo intero oggi viene diviso da Uber. Da una parte, nazioni che abbracciano la nuova app cerca-autisti, in nome della libertà dei consumatori. Dall'altra, nazioni o città che lo mettono al bando, in nome delle regole o degli interessi costituiti (i tassisti). È una nuova geopolitica del pianeta, con mappe e confini che vengono ridisegnati dai rapporti di forze: dove vincono le corporazioni o il primato delle normative; dove invece s'impongono gli utenti. Diverse sentenze collocano l'Italia nel primo campo. Le nazioni anglosassoni sono generalmente nel secondo.

La Uber-guerra non impedisce che questo nuovo modo di spostarsi in città si diffonda. Uber è già un fenomeno planetario: il servizio è ormai attivo in 200 città e 55 nazioni del mondo. Ha generato imitazioni tanto da creare il neologismo «Uberification» per designare questa proliferazione. Il principio innovativo sta nell'algoritmo. Il software della sua app offre diversi servizi: mette in contatto a gran velocità chi cerca un'auto e chi vuol vendere il proprio servizio da autista, da professionista del noleggio (Uber Black) oppure da freelance occasionale (Uber Pop). L'algoritmo muove le tariffe per fare incontrare la domanda e l'offerta: è questo il «miracolo» che fa apparire per le strade auto disponibili, anche quando i tassisti regolari sono introvabili perché piove o è un'ora di punta. Naturalmente, se la domanda è alta i prezzi salgono, e questo è stato uno dei motivi delle proteste: in occasione di ondate di maltempo, come l'uragano Sandy a New York, i prezzi rasentarono lo strozzinaggio. Il tassista regolare, invece, è tenuto a praticare sempre la stessa tariffa. Uber fornisce anche un sistema di navigazione all'autista, e gestisce tutti i pagamenti. Infine raccoglie valutazioni nei due sensi: i passeggeri danno un voto agli autisti e viceversa (un cliente maleducato o aggressivo, o perennemente in ritardo, può finire sulla lista nera e gli Uber-autisti rifiuteranno la chiamata). Sempre la stessa app consente di seguire sul proprio smartphone la macchina in corso di avvicinamento. Il successo di Uber ha attirato fra i suoi azionisti un colosso cinese, il sito Baidu (a Pechino e Shanghai il servizio è permesso), nonché il fondo sovrano del Qatar. E la prossima frontiera dell'innovazione su cui la società sta investendo è l'auto senza pilota. Google, che ne prepara una, è entrata nel capitale di Uber.

Poiché viviamo da un secolo dentro il paesaggio disegnato dalla civiltà dell'automobile, è obbligatorio interrogarci su cosa può cambiare con la «share economy» e l'auto elettrica, due delle novità all'orizzonte della mobilità geografica.

Tra i primi a capire l'importanza della «condivisione dei beni» come sostituto della proprietà fu Jeremy Rifkin, che teorizzò l'«economia dell'accesso». È il passaggio da un mondo in cui si cerca il titolo di possesso di un bene a un nuovo universo dove si punta a usarlo solo quando serve. È qualcosa di più e di diverso dall'affitto tradizionale: la share economy ha infinite varietà di durata, anche brevissima, moduli contrattuali flessibili. E porta con sé un nuovo mondo del lavoro. Una share economy produce freelance. Nasce anche per necessità: generazioni dai redditi molto bassi hanno imparato per forza il consumo frugale. I critici denunciano la «condivisione delle briciole», quando si guarda ai salari (i profitti finiscono nelle tasche di pochi). Indubbio il vantaggio ambientale: un bene usato a turni riduce sprechi e inquinamento. È una rivoluzione di costume e di valori, il salto verso una dimensione economica largamente inesplorata. Qui mi limito all'impatto sulla geografia urbana. Se intere generazioni si convertono a un uso limitato dell'automobile, sganciato dall'acquisto e dalla proprietà, avremo ancora bisogno di dedicare spazi immensi ai parcheggi? Un pezzo delle superfici urbane, o del sottosuolo, oggi serve a ospitare eserciti di vetture immobili e silenti: è stato calcolato che un'auto privata sta ferma e inutilizzata per il 95 per cento del tempo. Una prevalenza della share economy potrebbe liberare vasti «territori occupati». In quanto all'auto elettrica, su cui investono ormai sia le potenze tecnologiche come Google sia le case automobilistiche tradizionali, anche qui le implicazioni per la fisionomia del territorio sono notevoli: da un mondo traversato dagli oleodotti a uno dove le stazioni di rifornimento elettrico saranno ubique.

Le tecnologie cambiano il paesaggio anche in questo modo sottile: modificando la convenienza economica, quindi la facilità di spostarsi, quindi in ultima istanza la nostra percezione dello spazio. Noi misuriamo le distanze in tempi di percorrenza, e denaro che occorre spendere per traversarle. Un esercizio facile per capirlo è ridisegnare le carte d'Italia adottando come criterio-guida l'esistenza, o l'assenza, di una linea Tav. Da quando esistono Frecciarossa e Italo, Milano Bologna Firenze Roma Napoli sono diventate oggettivamente più vicine tra loro. Mentre la costa tirrenica, per esempio, è rimasta lunga quanto prima: per me, che passo spesso le vacanze in Liguria, è «evidente» che Genova-Roma oggi è una distanza molto superiore a Milano-Roma. Perché io la calcolo in ore del mio tempo da dedicare al viaggio, che sono una cosa concreta, non in chilometri.

La nuova equazione della spesa di trasporto è quella che le linee aeree low-cost hanno sconvolto. Oggi una quota crescente di passeggeri volano là dove le low-cost hanno aperto nuove rotte, hanno inaugurato nuovi scali: perché è talmente conveniente che ci si lascia guidare dal vincolo di portafoglio. Le carte geografiche d'Europa sono state letteralmente ridefinite da questo fenomeno: città che un tempo erano poco note e poco frequentate, destinazioni di serie B negli itinerari turistici, diventano «la periferia di casa» perché Ryanair o Easyjet o Vueling hanno aperto nuovi collegamenti a prezzi molto bassi. Questa non è una nuova tecnologia ma ci assomiglia molto, perché è un nuovo «business model», un sistema diverso per far quadrare i bilanci di un'azienda di trasporto (com'è noto, quel che paghiamo per il biglietto aereo è diventato una fonte secondaria di fatturato per la tipica low-cost, che si fa finanziare dagli aeroporti e dalle regioni di destinazione alle quali porta i nuovi flussi di visitatori).

Lo stesso effetto di trasformazione geografica lo esercitano dei cambiamenti come Erasmus, che possiamo definire una «piattaforma educativa» per gestire l'istruzione universitaria con scambi internazionali sistematici; oppure la trasformazione delle università americane in aziende multinazionali che disseminano di filiali-campus i quattro continenti. Nell'uno e nell'altro caso si ridefiniscono distanze, si creano nuovi flussi, vere e proprie migrazioni indotte dallo studio. È il nostro rapporto con lo spazio che cambia, se il percorso educativo normale di un individuo occidentale o asiatico nel XXI secolo si ramifica su un intero continente, o salta da un continente all'altro.

L'importanza del dominio sulle tecnologie è tale che da molti decenni le classi dirigenti del mondo intero si pongono questo problema «geografico»: com'è accaduto che certi luoghi siano diventati dei poli d'innovazione, abbiano conquistato una supremazia e quindi un'egemonia in questo campo? Applicato alla realtà del nostro tempo, questo interrogativo si traduce così: cosa c'è nella geografia specifica di quel pezzo della California tra San Francisco e San Jose, che ha fatto nascere proprio lì la Silicon Valley? È replicabile altrove una geografia dell'innovazione? Come si fa a generare una Silicon Valley italiana, francese, cinese? Tutti la vorrebbero a casa propria, o almeno ne vorrebbero una piccola copia, per ricavarne almeno in parte dei benefici analoghi.

Avendo vissuto a lungo a San Francisco, ho visto tanti pellegrinaggi di governi stranieri, dai cinesi agli italiani, tutti in cerca del Sacro Graal, della formula magica per trapiantare una geografia dei poli tecnologici innovativi a casa loro. Ricordo le prime leggende che cercarono di dare una spiegazione divulgativa al mistero, alcune curiose e comiche: c'è chi credette che davvero in quella valle abbondasse il silicone (no, quello lo importavano i chirurghi estetici per rifare i seni alle signore), o che vi fossero miniere di silicio, che è il materiale usato nei microchip elettronici. La Silicon Valley non è neppure una valle vera e propria (come lo è invece la Central Valley californiana, zona agricola), i suoi confini sono arbitrari e fluidi. Una spiegazione della sua genesi è esterna alla Silicon Valley, lega in un'invisibile linea rossa Pearl Harbor, Oakland, l'università di Berkeley. L'attacco giapponese nel 1941 alla base navale americana nelle Hawaii costrinse Roosevelt a concentrare lo sforzo bellico iniziale sulla West Coast. Affluirono tanti soldi pubblici per la ricerca a scopi militari e uno dei poli naturali era attorno al porto di Oakland, base di partenza per le truppe che andavano a combattere la guerra del Pacifico. A Berkeley diversi scienziati nucleari, tra cui l'italiano Emilio Segrè, parteciparono al progetto di sviluppo della bomba atomica. Prima ancora, a fare di quella zona una candidata per la nascita dell'industria elettronica c'era stato un evento casuale: l'incontro-amicizia fra William Redington Hewlett e David Packard all'università di Stanford nel mezzo della Grande Depressione, la loro decisione di creare insieme un'azienda in un garage di Palo Alto nel 1935. La nascita della Hewlett-Packard, pioniera dell'elettronica e, in seguito, dell'informatica. Una scintilla primigenia poi trasformata in una sorta di mito fondatore, come nelle leggende greche, che sarebbe stato replicato dai vari Bill Gates e Steve Jobs.

Le condizioni geografiche devono incorporare una mappa valoriale, una cartografia della cultura locale. Lo ricordo nell'anno in cui ricorre il 50° anniversario dell'esplosione floreale, musicale, anarchica, del movimento hippy. Al quale Steve Jobs e altri della sua generazione guardarono come una sorta di allegoria di un capitalismo nuovo: dirompente, rivoluzionario, trasgressivo, irrispettoso verso le tradizioni.

Non esisteva Internet, tantomeno Facebook, e neppure i telefonini. Fu dunque un passaparola all'antica, ma di straordinaria efficacia, a far convergere cinquant'anni fa a San Francisco centomila giovani da tutta l'America. Molti fuggiti di casa, coi genitori disperati che mandavano le loro foto alla polizia californiana. Ma nel quartiere di Haight-Ashbury li proteggeva l'omertà totale della comunità hippy. Si accamparono al Golden Gate Park per ascoltare i loro musicisti preferiti: Grateful Dead e Jefferson Airplane. Nasceva il «San Francisco Sound», cominciava l'incredibile evento che fu la Summer of Love, l'Estate dell'Amore, popolarizzata da Scott McKenzie che cantava «Se stai andando a San Francisco / ricordati di metterti dei fiori nei capelli / Incontrerai persone gentili laggiù / Per le strade di San Francisco / Per tutta la nazione c'è una vibrazione / Un'intera generazione si mette in movimento / L'estate sarà il tempo dell'amore».

L'evento segnò una rottura profonda: musicale e di costume, politica, culturale. Sul piano artistico, altri giganti dominavano quel tempo, da Bob Dylan ai Beatles. A San Francisco, però, allo happening musicale si congiungevano movimenti politici, sperimentazioni sulle arti visive, una filosofia New Age che metteva insieme ambientalismo, liberazione sessuale, spiritualità orientale, insomma una «teoria olistica» che voleva essere un'alternativa integrale alla società degli adulti.

Lo shock che fu la Summer of Love lo riassume bene un tg del giugno 1967, della Cbs, con immagini del caos giovanile, le note di *Dancing in the Street* in un concerto all'aperto dei Grateful Dead, e le parole del commentatore: «La maggior parte di questi giovani sono borghesi istruiti. Si oppongono ai mali della nostra società materialista. Ma il loro scopo è ritirarsi in un benessere intimo e individuale. Il movimento sta crescendo, e con esso l'uso delle droghe. Il pericolo è che siano sempre più numerosi a seguire il motto *turn on, tune in, drop out* (accèndìti, sintonìzzati, abbandònati)».

San Francisco offriva già di suo le precondizioni per diventare la culla della controcultura. Era stata città di pirati e avventurieri, tra la Barbary Coast, Jack London, la febbre dell'oro del 1848. Aveva ospitato i poeti maledetti della Beat Generation negli anni Cinquanta. Nel 1964, nel campus di Berkeley era scoppiato il primo sussulto della contestazione giovanile. Nel gennaio 1967 il Raduno delle Tribù volle mettere insieme due anime: gli aspiranti alla rivoluzione politica (Berkeley) e i praticanti di una vita alternativa, cioè gli hippy di Haight-Ashbury. C'era sullo sfondo l'obiezione di coscienza, il rifiuto di molti ragazzi di andare a combattere nel Vietnam. Le contaminazioni etniche avvenivano nella moda: gli abiti mescolavano il retrò dell'Inghilterra vittoriana, l'esotismo orientale e le fogge dei nativi americani glorificati ex post come modelli di vita comunitaria, anticonsumisti, rispettosi dell'ambiente. Tra le forme artistiche fiorivano i poster, manifesti per la pubblicità dei concerti o copertine dei dischi: artisti come Rick Griffin, Victor Moscoso, Wes Wilson, fondono il Liberty con l'India e la Pop Art. Nei video dell'epoca, di Bill Ham e Ben Van Meter, si cerca di riprodurre l'esperienza sensoriale delle allucinazioni da Lsd. Una Free Clinic assicura assistenza medica gratuita per i tanti giovani che dormono all'addiaccio, tra sesso libero e droghe copiose. Colpisce, rispetto a quel che accadeva a Carnaby Street (Londra) o con i Beatles e i Rolling Stones, la dimensione della gratuità nella Summer of Love, l'assenza quasi totale del business. Fa eccezione solo la Levi's di San Francisco che, con i jeans a zampa d'elefante, s'impadronisce della creatività diffusa e la trasforma in una moda globale.

La Summer of Love dura poco più dell'estate stessa. Il 6 ottobre 1967 il suo funerale viene celebrato in piazza con tanto di cadavere recitante: «The Death of the Hippie». Mezzo secolo dopo, non posso impedirmi di pensare al cuoco dei Grateful Dead, Charlie Ayers, andato a lavorare nella mensa di Google. La San Francisco di oggi trabocca denaro. Nessun artista bohémien potrebbe permettersi gli affitti attuali. Haight-Ashbury è una vetrina di ricordi traversata da torpedoni di turisti. Resta però quell'idea tenace, che la cultura dell'innovazione tipica delle startup ha incorporato: la tradizione trasgressiva di San Francisco, un atteggiamento che premia l'originalità, che rispetta la figura del ribelle. È difficile trapiantare questo modello a Pechino, o anche a Singapore. Cioè all'ombra di regimi autoritari.

Nella geografia culturale o fisica di San Francisco e della Silicon Valley c'entrano tante altre cose: dallo spirito pionieristico ereditato con la conquista del West al moderno venture capital, dalla proiezione naturale verso l'Estremo Oriente alle università di eccellenza costruite con una combinazione di lungimiranza statale e mecenatismo privato.

Infine c'è un ultimo, sporco segreto. Col passare del tempo, è proprio questo che diventa sempre più importante. È un tratto che accomuna la Silicon Valley alla storia di altri poli geografici che divennero dominanti in occasione di precedenti rivoluzioni tecnologico-industriali: una volta che si addensano in un'area del mondo delle aziende-leader, lì si creano monopoli e oligopoli. Questi ultimi si aggrappano al proprio potere, lo difendono dagli assalti degli outsider. Si crea dunque una sorta di coazione ad aggregarsi lì, in quei luoghi dove c'è la massima concentrazione di ricchezza. È proprio quello che caratterizza la Silicon Valley di oggi, sede di Apple, Google-Alphabet e Facebook, o la West Coast in senso lato con la sua diramazione settentrionale a Seattle, sede di Amazon e Microsoft. La geografia diventa un destino. Così come Wall Street è difficile da schiodare dal suo ruolo di capitale finanziaria globale, senza che ci sia un imperativo geografico che assegna questa funzione a una punta dell'isola di Manhattan.

È così che la Silicon Valley di oggi può permettersi di attirare cervelli dal mondo intero, pur avendo tradito tante delle promesse idealistiche dei suoi «giovani» pionieri, da Jobs a Zuckerberg. All'origine ci fu uno spirito anarchico, perfino anticapitalistico, che vedeva nella Rete un moltiplicatore di libertà, accesso, sapere universale. Una rivoluzione egualitaria, così fu raccontata a lungo dalla narrazione delle origini. Oggi la realtà si è trasformata in un'orrenda caricatura di quell'utopia.

Una giornata ordinaria nella San Francisco dei nostri giorni inizia con la cacciata dei senzatetto dalla Cesar Chavez Street. In un giorno di maggio 2016 l'operazione scatta alle sei del mattino. Su ordine del sindaco Ed Lee arriva la colonna di camion della nettezza urbana. Dietro, le ambulanze. E un corteo di auto della polizia. È un'altra tendopoli cresciuta in mezzo a San Francisco, che viene smantellata con un blitz. Dura poco. Partita la polizia, gli stessi homeless torneranno ad accamparsi sui marciapiedi. O si sposteranno un po' più in là sulla Potrero Avenue. Altri hanno occupato in permanenza il Tenderloin, ancora più in centro. Si spingono fino a Union Square, una delle piazze più turistiche della città.

Come cuore della Bay Area, San Francisco ospita la più gigantesca concentrazione di ricchezza mai esistita: ci vivono i fondatori e maggiori azionisti di Google, Apple, Facebook, Twitter e tutti gli altri Padroni della Rete. Città ricca di celebrity anche dello spettacolo, vi hanno casa da Sharon Stone a Morgan Freeman. Per i miliardari cinesi è la seconda città d'America preferita negli investimenti immobiliari dopo Manhattan.

Gli homeless sono l'altra faccia della «bolla». Li ha sempre avuti, San Francisco. La leggenda metropolitana, fin dai tempi di Jack Kerouac e della Beat Generation, vuole che i clochard arrivino da fuori, attratti dal clima mite e soprattutto dalla tolleranza locale e dall'assistenza generosa, tradizioni di una città radicale e liberal. Non è più tanto vero. Il censimento degli homeless rivela che il 71 per cento era già residente in città prima di precipitare nella povertà. I due estremi dell'opulenza e dell'emarginazione sono collegati. I ripetuti boom tecnologici, l'afflusso di «cervelli» da tutto il mondo, fanno di San Francisco una delle città più costose. Comprare o affittare casa è fuori della portata di un pezzo di ceto medio. Un professore di liceo dovrebbe spendere il 64 per cento del suo stipendio per affittare una monocamera in città (canone medio 3500 dollari). Molti se ne vanno. Qualcuno scivola verso l'esercito dei nuovi poveri.

I senzatetto «si vendicano» invadendo anche quartieri eleganti, così succede d'incontrarne perfino a Pacific Heights e Castro. Scene da Terzo Mondo: abitanti rispettabili della città s'imbattono in quelli che orinano o defecano sulla pubblica piazza, vomitano dopo una sbornia, si accasciano per un'overdose. Possono essere minacciosi. La direttrice del maggiore quotidiano cittadino, il «San Francisco Chronicle», mentre usciva col bambino sul passeggino ne vide due che facevano l'amore all'aperto, osò gridare e fu aggredita dal loro pitbull. L'indomani il «San Francisco Chronicle» guidò una campagna di tutti i media locali: «Homeless Shame of the City». *Shame* come «vergogna».

I numeri assoluti non sono altissimi: 6686 i senzatetto cronici censiti nel 2016, s'intende quelli che davvero vivono in strada e non vanno mai nei centri di accoglienza. Ma San Francisco è una piccola città per gli standard americani, appena ottocentomila abitanti. E i suoi senzatetto sono cresciuti del 4 per cento in due anni, mentre le quotazioni di Borsa della Silicon Valley volavano nella stratosfera.

Per decenni la California fu il laboratorio ideale per una sinistra libera dalle rigidità ideologiche del passato: crescita trainata dal digitale, energie rinnovabili, società multietnica, alto livello d'istruzione e di ricerca scientifica. Ma la California di oggi è una vetrina piena di crepe. In senso letterale, sono le crepe delle infrastrutture che cascano a pezzi: dalla diga di Oroville alla leggendaria autostrada panoramica di Big Sur chiusa per frane, o la farsa della Tav che si annuncia da vent'anni e non arriva mai. Perfino la sua risorsa più preziosa, il sistema universitario, è in preda a una deriva classista con rette sempre più inavvicinabili, debiti studenteschi che durano tutta la vita, il diritto allo studio ormai violato nei fatti. La California paga gli errori di una classe dirigente democratica che non ha affatto investito in beni pubblici e servizi collettivi.

Poi c'è l'altra faccia della Silicon Valley, il capitalismo «progressista» che elude le tasse, accentua le diseguaglianze sociali, non è riuscito a costruire un modello di crescita alternativo.

L'élite liberal ha voluto pavoneggiarsi con i Padroni della Rete, senza affrontare quel vasto mondo di sofferenza che è anche un sottoprodotto di quel modello economico. I faraoni della Silicon Valley, nei loro paradisi fiscali offshore, tesaurizzano risorse di cui le comunità nazionali hanno un disperato bisogno.

Un esempio di questo malsano connubio fra progressisti e Padroni della Rete è un incidente politico avvenuto a fine agosto 2017. In un prestigioso think tank di Washington, un ricercatore ha osato approvare la maximulta inflitta dalla Commissione europea a Google. Peccato che tra i finanziatori del pensatoio in questione ci sia proprio Google, nonché il suo chief executive. L'incauto studioso è stato cacciato. A rendere ancora più inquietante questa vicenda: il think tank che esegue i diktat di Google è progressista, si chiama New America Foundation, è legato a doppio filo al Partito democratico. La presidente, che ha censurato e cacciato la voce scomoda, è stata il braccio destro di Hillary Clinton al Dipartimento di Stato. La morale è deprimente: la sinistra, sempre pronta a denunciare la collusione fra Donald Trump e Big Pharma o i petrolieri, è docile quando si tratta dei «suoi» capitalisti, i presunti imprenditori liberal della Silicon Valley.

La vittima della censura si chiama Barry Lynn, uno studioso di monopoli e normative antitrust. Lavorava per la New America Foundation. Sul sito del think tank ha scritto un'analisi positiva sulla sanzione inflitta da Bruxelles a Google (2,4 miliardi di euro). Quel testo è scomparso, cancellato dal sito su ordine della sua capa. Lei si chiama Anne-Marie Slaughter, nome di spicco dell'intellighenzia progressista: carriera accademica a Harvard e Princeton, autrice di saggi sulle relazioni internazionali, fu reclutata ai vertici del Dipartimento di Stato da Hillary. La Slaughter, dopo aver letto quell'analisi favorevole alla maximulta europea a Google, ha convocato l'autore e lo ha licenziato in tronco. Nessun mistero sulla motivazione: alla capa della New America Foundation erano giunte le rimostranze di Google e le lamentele personali del suo chief executive, Eric Schmidt. Quest'ultimo, sia a titolo aziendale che personale, ha versato 21 milioni di dollari in donazioni al think tank. E quindi, chiedendo il licenziamento di Lynn, ha fatto valere il proprio diritto di «socio benefattore» della fondazione di ricerca. Lynn ha dovuto spostarsi altrove, e con un gruppo di suoi collaboratori ha già riaperto un sito dal nome che è un programma: Citizens Against Monopoly. Dove accusa Google di «censurare giornalisti e ricercatori che combattono i monopoli pericolosi».

Google, oltre a essere una delle aziende più ricche del pianeta, è una piovra lobbistica. Finanzia 170 centri di ricerca «non profit». Ha speso 9,5 milioni in attività di lobbismo a Washington solo nei primi sei mesi del 2017. Non c'è da stupirsi, perciò, se nel proprio paese Schmidt non incappa negli stessi guai con l'antitrust che lo inseguono in Europa. Negli Stati Uniti, prendere di mira i giganti della Silicon Valley è diventato molto difficile. Le responsabilità della sinistra sono enormi. L'amministrazione Obama si schierò sistematicamente a fianco dei «suoi» campioni nazionali dell'economia digitale, ogni volta che incappavano nei fulmini di Bruxelles. Così facendo, l'esecutivo a guida democratica spesso ha nuociuto agli interessi più generali dell'America. Un esempio: Obama prese le difese di Apple nel dossier sull'elusione fiscale in Irlanda, anche se quell'uso di paradisi offshore da parte delle multinazionali americane sottrae gettito fiscale allo Zio Sam, e quindi danneggia i contribuenti Usa. Peraltro, Google da anni rafforza la sua pressione politica anche in Europa, a 360 gradi, compreso il mondo accademico e degli esperti. Lo conferma la commissaria europea alla concorrenza, Margrethe Vestager (quella che ha inflitto la sanzione da 2,4 miliardi): «L'Europa è molto esposta ai loro lobbisti, posso garantirlo» ha dichiarato al forum di Cernobbio il 2 settembre 2017. «Vedo dai nostri registri la grande quantità di soldi e il numero di incontri che Google sta generando. È esploso. Lo sforzo lobbistico di Google a Bruxelles è cresciuto a una velocità senza precedenti, hanno messo in giro un sacco di soldi. È l'attività lobbistica nascosta che mi preoccupa: i soldi donati a università che dovrebbero restare indipendenti, la gente che si rende conto di non poter più parlare apertamente.»

Certo, i vari Eric Schmidt, Tim Cook e Mark Zuckerberg hanno il cuore che batte a sinistra quando si parla di cambiamento climatico, immigrazione, diritti dei gay. Ma sono dei monopolisti spietati. Il capitalismo californiano è sempre più simile a quel vecchio capitalismo che pretendeva di rivoluzionare. La geografia dell'innovazione non corrisponde più alla geografia sociale della ricchezza. Nell'economia digitale, i più ricchi non sono gli informatici e gli ingegneri che inventano. Quelli sono pagati bene, certo, ma sono solo un'«aristocrazia operaia». Le vere ricchezze spettano agli azionisti, in una simbiosi sempre più stretta con la finanza di Wall Street che cura i collocamenti in Borsa delle start-up. Un'altra categoria che prevale e prevarica sugli inventori sono gli avvocati: autentiche fortune della Silicon Valley si sono create negli studi legali specializzati su copyright, proprietà intellettuale. Le guerre dei brevetti, per esempio fra Apple e Samsung, hanno arricchito eserciti di avvocati, con parcelle che un ingegnere non si sogna neppure. È un'altra degenerazione, quando un'élite parassitaria succhia risorse che nulla hanno a che vedere con l'innovazione vera.

In certi casi il modello aziendale della Silicon Valley è perfino più spietato e ineguale rispetto al capitalismo tradizionale. Un esempio concreto lo illustra un reportage del «New York Times», pubblicato il 3 settembre 2017, che mette a confronto due lavoratrici con mansioni iniziali identiche, due storie parallele in due epoche e mondi diversi. La prima si chiama Gail Evans, 35 anni fa era una donna delle pulizie negli uffici della Kodak (a Rochester, nello Stato di New York). La seconda, Marta Ramos, fa lo stesso lavoro oggi negli uffici di Apple a Cupertino, uno dei «santuari» della Silicon Valley. I loro due salari sono pressoché identici, se si guarda al potere d'acquisto. La ricchissima Apple, che è la società numero uno al mondo per valore di Borsa, non ha fatto progredire di un centesimo in 35 anni la condizione degli addetti alle pulizie. Ma c'è di peggio.

Ecco cosa rivelano le due storie parallele raccontate dal «New York Times»: «La signora Evans era una dipendente della Kodak a tempo pieno. Aveva diritto a più di quattro settimane di vacanze retribuite all'anno, il rimborso parziale della retta universitaria per seguire un college part-time. E quando l'ufficio che lei puliva venne chiuso, l'azienda le trovò un altro lavoro nel reparto dove venivano tagliate le pellicole fotografiche. La signora Ramos è dipendente di una ditta esterna a cui Apple appalta le pulizie. Non ha fatto una vacanza da anni, perché non verrebbe retribuita. Seguire un corso universitario è fuori della sua portata. Non c'è la minima possibilità di essere trasferita in un altro lavoro alla Apple». La storia si conclude con un happy ending per Gail Evans: iniziò come donna delle pulizie, ma grazie al corso d'informatica che seguì al college serale cambiò mestiere, oggi è manager di una piccola azienda. L'American Dream era più verosimile trentacinque anni fa col vecchio capitalismo della Kodak. Il destino dei lavoratori meno qualificati non interessa Apple, neppure se li ha dentro il suo quartier generale. Li ha espulsi dal suo orizzonte, con una parola – «outsourcing» – di cui tutti conosciamo il significato. Nel momento in cui miriadi di funzioni vengono affidate in appalto e subappalto a ditte esterne, l'azienda-madre si disinteressa del trattamento di quei lavoratori. Non la riguardano. Non è colpa sua se vengono sfruttati e sottopagati. Il fondatore di Apple, Steve Jobs, diede il cattivo esempio personalmente: si rifiutò sempre di andare a visitare gli stabilimenti della Foxconn a Shenzhen, come gli chiedevano diverse associazioni umanitarie. Le condizioni di lavoro e di vita degli operai cinesi che assemblavano l'iPhone non lo riguardavano. Tanto non erano dipendenti suoi, ma di un'azienda taiwanese con fabbriche in Cina.

Non solo le abnormi diseguaglianze all'interno della Silicon Valley californiana, ma l'intera Utopia di una società globale resa migliore da Internet viene stigmatizzata in modo implacabile dallo storico dell'economia Niall Ferguson. Reso celebre dai suoi studi sull'impero britannico e sulle crisi finanziarie, Ferguson insegna all'università di Harvard ma è anche ricercatore presso la Hoover Institution di Stanford, nel cuore della Silicon Valley, a poche miglia dai quartieri generali di Apple, Facebook, Google. Sta lavorando a un libro che ricostruirà la storia di tutti i «network di potere», dalla massoneria... a Facebook. Da questo saggio ancora in fieri ha anticipato, sulla rivista «Foreign Affairs», una requisitoria contro «la falsa profezia dell'iperconnessione». Prende di mira il buonismo interessato di Zuckerberg, citando i proclami messianici del fondatore di Facebook che sostiene di voler connettere il mondo nell'interesse di tutti. In un celebre discorso alla cerimonia di consegna dei diplomi di laurea dell'università di Harvard nel maggio 2017, Zuckerberg ha detto di voler contribuire ad affrontare le grandi sfide del nostro tempo, tra cui «l'automazione, che elimina milioni di posti di lavoro, l'ascesa di autoritarismi e nazionalismi». Ferguson obietta: «Ha dimenticato di menzionare che la sua azienda e le consorelle della Silicon Valley hanno peggiorato tutti questi problemi. Nessuno più dei giganti tecnologici californiani sta sforzandosi di eliminare posti di lavoro umani. Nessun individuo incarna la spettacolare concentrazione di ricchezza al vertice dello 0,01 per cento della popolazione più dei padroni della Silicon Valley. E nessun'altra azienda ha contribuito più di Facebook ad aiutare i populisti nelle vittorie elettorali del 2016, sia pure involontariamente. Senza la massa di dati che Facebook ha sui suoi utenti, le campagne a basso costo di Brexit e Trump non avrebbero avuto successo. E il social media ha contribuito suo malgrado all'epidemia di falsità, di fake news».

Ripercorrendo la storia di Internet, Ferguson ricorda che anche in un'epoca relativamente recente – anno 2001 – esistevano utopisti come il creatore di software Eric Raymond che teorizzava la vittoria del movimento «open-source», cioè quello che promuove la gratuità dei programmi informatici. «Il sogno open-source» scrive Ferguson «è morto con l'ascesa di monopoli e duopoli che hanno ostacolato i controlli pubblici. Apple e Microsoft hanno imposto una sorta di duopolio nel software. Amazon, che era partita dalla vendita dei libri, è ormai dominante in tutto il commercio online. Google ha un semimonopolio nel motore di ricerca. E Facebook, ovviamente, ha vinto la gara per il dominio dei social media.» Lo storico britannico sostiene che l'impatto globale di Internet è paragonabile a quello che ebbe l'invenzione della stampa da parte di Gutenberg nell'Europa del XV secolo. «Ma le conseguenze sulla distribuzione della ricchezza e dei redditi sono molto diverse. L'invenzione della tipografia non creò alcun miliardario, e Johannes Gutenberg nel 1456 fece bancarotta.»

Nel frattempo la geografia di Internet sta mutando per effetto della deriva dei continenti. Proprio così. Mentre noi occidentali continuiamo a cullarci nell'illusione che esista un World Wide Web (le iniziali che formano il prefisso www), cioè una Rete veramente globale, questo è sempre meno vero. Noi e gli americani continuiamo a condividere uno spazio digitale comune. Altre nazioni molto vaste, quasi interi continenti, si allontanano da noi. Fanno secessione. Perlopiù, è una deriva pilotata dalle loro classi dirigenti. La Cina ha la leadership di questo movimento che ridisegna le mappe del potere digitale.

Le più grandi aziende tecnologiche non sono più solo americane. Fino a poco tempo fa cinque «sorelle» della West Coast formavano un club molto esclusivo, quello delle aziende digitali che superano i 400 miliardi di dollari di capitalizzazione in Borsa. Le cinque sorelle sono Apple, Google-Alphabet, Facebook, Microsoft e Amazon. Tre della Silicon Valley e due di Seattle. Ma nel 2017 quel club si è allargato per fare posto a due colossi cinesi, Alibaba e Tencent, che hanno raggiunto o superato anch'essi la soglia dei 400 miliardi di valore azionario. Avere una capitalizzazione così alta significa valere il doppio di altre aziende hi-tech come Intel, Cisco, Ibm. La soglia dei 400 miliardi naturalmente è arbitraria, e peraltro Apple ne vale il doppio, staccando nettamente le altre. C'è anche il sospetto che siamo di nuovo nel bel mezzo di una bolla speculativa. Ma l'arrivo delle cinesi nel «club» serve a segnalare che Internet non è più un dominio americano. È comprensibile che lo credano gli americani e anche gli europei, dato che l'egemonia delle cinque sorelle è solida sulle due rive dell'Atlantico. Ma l'Asia è un'altra cosa. E ignorarla significa commettere un peccato di superbia, oltre che tradire provincialismo. La Cina, con i suoi 750 milioni di utenti Internet, è di gran lunga il più vasto mercato online del mondo; l'intera popolazione degli Stati Uniti è meno della metà. I cinesi praticano acquisti online più di ogni altro popolo e il loro commercio elettronico vale il 40 per cento del totale planetario. Alibaba ne è il numero uno, mentre Tencent, con il servizio di messaggeria Weixin-WeChat, si avvicina al miliardo di utenti (Facebook ne ha il doppio).

L'aggancio dei giganti cinesi ai loro rivali americani, però, non è avvenuto seguendo dinamiche esclusivamente di mercato. La Cina guida da anni quella tendenza che è sta-

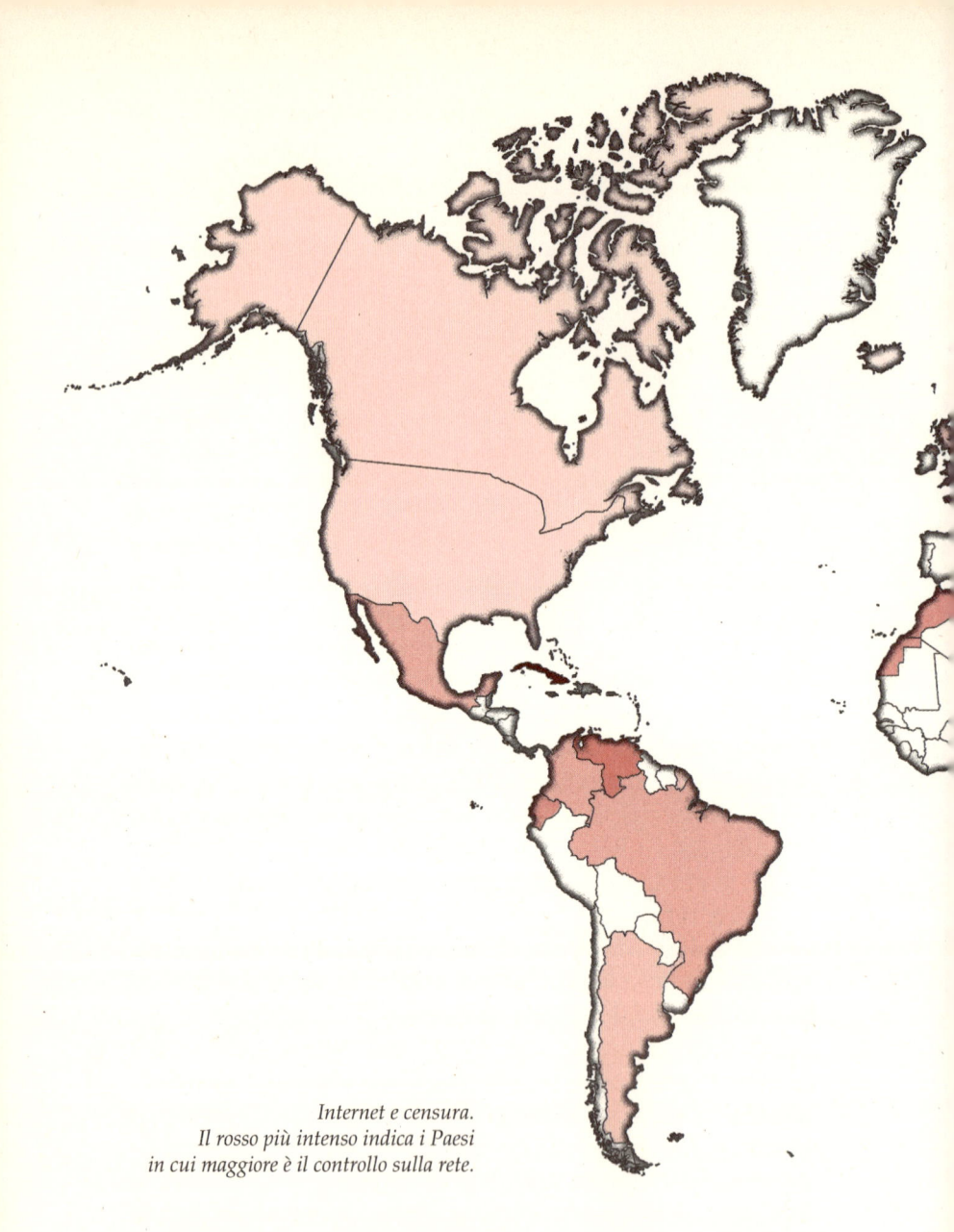

*Internet e censura.
Il rosso più intenso indica i Paesi
in cui maggiore è il controllo sulla rete.*

ta definita la «ri-nazionalizzazione di Internet». Con la sua censura, e con altre misure protezioniste, Pechino ha eretto robuste barriere contro la penetrazione di stranieri. Nel 2010 bloccò il motore di ricerca Google dopo che l'azienda

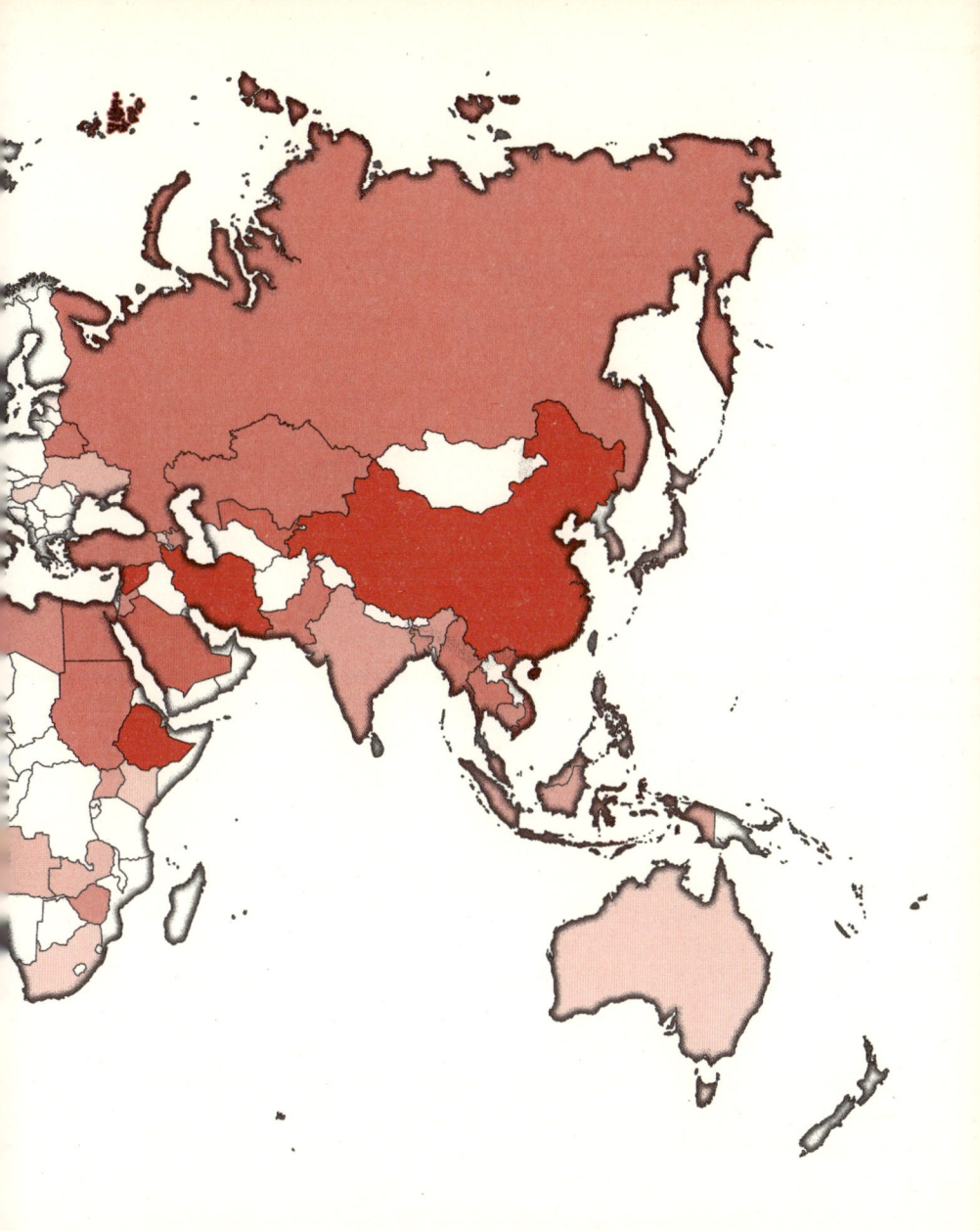

californiana aveva rifiutato di collaborare con la censura di Stato cinese. La maggior parte dei social media americani, come Facebook e Twitter, in Cina sono vietati. E poiché una piccola minoranza di cinesi cerca di usarli lo stesso aggirando gli ostacoli con l'uso della tecnologia Vpn, di recente il presidente Xi Jinping ha lanciato una stretta anche contro i Vpn. Insomma, il mercato cinese è blindato ed è al riparo di quella protezione che sono cresciuti i monopoli locali. C'è chi sostiene che questa è una debolezza, non una forza. È la tesi dell'imprenditore cinese Richard Liu (fondatore di un altro colosso del commercio online, JD.com), secondo il quale le aziende digitali del suo paese sono «come creature allevate in una scatola chiusa e sterilizzata, al primo contatto col mondo esterno si ammaleranno e moriranno». Ma chi lo ha detto che avverrà questo contatto col mondo esterno? Perché Pechino dovrebbe rinunciare al protezionismo? Tra l'altro non è vero che l'assenza di competizione con gli americani ha reso le aziende cinesi del tutto incapaci di innovare: in un settore come il pagamento attraverso smartphone, la Cina è molto più avanti. Inoltre, quelle aziende hanno cominciato a uscire di casa investendo in India e nel Sudest asiatico.

La geografia delle tecnologie deve includere una finestra aperta su un futuro migliore. Almeno uno scenario ottimista, lo prendo da un fenomeno poco studiato. La chiamano «Science Diplomacy»: quando la scienza fa il lavoro della diplomazia, affronta le grandi crisi globali. E magari riesce là dove i governi avevano fallito, perché prigionieri dei loro conflitti, delle rivalità geopolitiche, o delle lobby interne.

La diplomazia degli scienziati, come ho appreso dalla storica di Bologna Barbara Curli, risale nientemeno che al canale di Suez. Una delle grandi opere con cui fu modificata la geografia del pianeta, uno dei lavori titanici che fecero da preludio alla globalizzazione accorciando le distanze e i tempi di navigazione, ebbe dalla cooperazione internazionale degli scienziati un impulso decisivo. I governi diffidavano, gli scienziati forzarono la mano alla politica.

In certi casi, scienziati e leader politici illuminati ebbero lo stesso coraggio e una visione comune: penso alla decisione lungimirante che diede vita all'Euratom, cioè la messa in comune della ricerca atomica a scopi civili tra i paesi del nucleo fondatore della Comunità europea. È una storia che per me è anche un ricordo d'infanzia: da bambino sono cresciuto a Bruxelles, «figlio» di quell'Europa dei padri fondatori. E mi chiedo se adesso ci siano in giro leader che avrebbero il coraggio di fare scelte così audaci.

E oggi? C'è il modello del «Sincrotrone della pace» dove collaborano scienziati israeliani e arabi. C'è il cambiamento climatico: terreno sul quale la comunità scientifica ha un consenso quasi unanime, che resiste all'assalto del negazionismo della destra americana al potere. E poi le epidemie globali. L'accordo sul nucleare iraniano. Esempi concreti su cui la diplomazia della scienza ha qualcosa da insegnarci. Un mondo al quale mi sono avvicinato nel maggio 2017 incontrandone a Bologna i protagonisti: scienziati dal mondo intero, riuniti da Romano Prodi con la sua Fondazione per la Collaborazione tra i Popoli, e l'aiuto di diverse istituzioni sovranazionali (Unesco, Organizzazione mondiale della sanità, Commissione europea) nonché cinque università di tre continenti. L'occasione per una «rivincita» della scienza in una fase in cui è sotto attacco, dall'alto e dal basso: aggredita dai portatori di conflitti d'interessi (lobby petrolifera) o da correnti politiche e di opinione pubblica che inseguono ciarlatani e boicottano le vaccinazioni.

Oltre a ricostruire la storia della Science Diplomacy dal canale di Suez ai nostri giorni, la conferenza ha approfondito quattro casi chiave. Sesame è il sincrotrone in costruzione in Giordania, parzialmente già attivo, a cui cooperano scienziati israeliani, palestinesi, iraniani, pachistani, turchi e da altri paesi a maggioranza islamica. Un esempio in cui la ricerca è riuscita a superare barriere e conflitti che sembrano insanabili. Un caso da studiare per capire quale ne sia la portata concreta, e se sia replicabile in altri settori. Nel campo delle epidemie (Sars, Ebola, Zika) c'è spesso un divario tra le prescrizioni della medicina per sconfiggere questi flagelli globali e gli ostacoli politici che rallentano o vanificano gli interventi necessari. Da ogni epidemia si può imparare qualcosa: quali sono stati gli errori iniziali, le sottovalutazioni; quali i successi ottenuti. Sul cambiamento climatico, oggi in America la comunità scientifica è protagonista di una «resistenza attiva» per ostacolare la demolizione della conoscenza, oltre che delle riforme ambientaliste.

XII

Il clima cambia, il paesaggio di più

Dove il mondo intero trova un colpevole unico per il cambiamento climatico (Trump); una narrazione ottimista spiega che gli accordi di Parigi vinceranno lo stesso; le potenze inquinanti si nascondono dove non te l'aspetti; l'acqua scarseggia in luoghi insospettabili ed è meno potabile di quanto crediamo; la geografia dell'Artico e delle rotte navali cambia sotto i nostri occhi; e le mappe vengono riscoperte da un nuovo esercito di pellegrini, camminatrici e camminatori lungo sentieri che forse conducono alla riscoperta di noi stessi.

Qui, a Manhattan, agosto è stagione da golf di lana. Con l'arrivo dell'afa newyorchese bisogna uscire di casa con un maglione pesante. Più fa caldo fuori, più fa freddo dentro: in ufficio o in aereo, al ristorante o al cinema, e perfino nel metrò, si entra in atmosfere polari. Guai ad arrivare impreparati, dal forno esterno entri in un freezer, ogni volta che passi attraverso un portone è come se cambiassi latitudine, dai Tropici all'Artico. Aumenta perfino il rumore già assordante di Manhattan: è il rombo di tutti i condizionatori d'aria che vanno al massimo. Orribile spreco d'energia, inquinamento inutile. Già, però il nostro sindaco di sinistra, Bill de Blasio, è stato veloce a condannare Donald Trump e a proclamare che New York andrà avanti sulla strada degli accordi di Parigi per la lotta al cambiamento climatico. Lo stesso ha dichiarato il governatore dello Stato di New York, Andrew Cuomo, democratico come de Blasio.

Il più importante pronunciamento è venuto dalla California, governata anch'essa da un leader di sinistra, Jerry Brown: ha ribadito fedeltà agli accordi di Parigi. Poiché la California è il più grosso degli Stati Usa, e con un Pil superiore alla Francia starebbe dentro il G7 se fosse una nazione indipendente, la sua decisione è considerata come una sfida formidabile contro Trump. Però, l'ultima volta che ho fatto una passeggiata per le vie di Los Angeles – tra Beverly Hills e la sede dell'Istituto italiano di cultura dove tenevo una conferenza – ho avuto paura di essere arrestato. Ero l'unico pedone, gli automobilisti mi osservavano come un individuo sospetto. Anche se il supermercato o la scuola dei bimbi dista un quarto d'ora a piedi, una mamma «tipica» di Los Angeles guida un Suv che potrebbe trasportare una squadra di pallavolo.

Tutti bravi ambientalisti? Ho dei dubbi. Nel mio appartamento di New York – come in tanti grattacieli – non c'è neppure il contatore dell'elettricità. Proprio così. Niente bolletta della luce. Poiché l'energia elettrica costa poco, per semplificarci la vita nei grattacieli da cento appartamenti si paga la luce in modo forfettario, è incorporata nelle spese condominiali: un incentivo allo spreco, visto che non sai neppure quanto consumi. La raccolta differenziata non sappiamo cosa sia, guardate le montagne di sacchi di plastica neri che si accumulano nottetempo sui marciapiedi di Manhattan: la maggior parte è «indifferenziata», schifezza mista, alla rinfusa.

Per tutte queste ragioni non mi convince l'indignazione con cui gli americani progressisti hanno reagito alla decisione di uscire dagli accordi di Parigi. Trump è un ignorante pericoloso, non ho dubbi che quella decisione sia infame. È la buona coscienza degli altri, però, che mi sembra ipocrita. A ogni angolo di strada, a ogni gesto banale della vita quotidiana, da quando abito in America osservo un popolo sprecone, energivoro, che dell'ambiente se ne frega nei suoi comportamenti reali, anche quando proclama alto e forte il contrario. Dalle loro mega-automobili con gli steroidi, ai loro camion con le ciminiere fumanti, dall'iper-riscaldamento invernale all'iper-raffreddamento estivo, dall'agro-business all'edilizia, basta aprire gli occhi per capire che Trump è solo più volgare, più arrogante e prepotente, ma è l'espressione di una cultura nazionale.

Questo presidente regala a «noialtri» una coscienza impeccabile che non ci meritiamo affatto. Ho lo stesso timore quando allargo lo sguardo al resto del pianeta. Virtuosa la Germania? Ma la sua Volkswagen truccava i dati dell'eurodiesel, molto più inquinante del dovuto, colossale impostura ai danni dell'ambiente che è stata scoperta dall'authority americana per l'ambiente e ha dato luogo a un processo penale. Lo stesso è vero, peraltro, di Fiat-Chrysler. Virtuosa la Cina che resta «dentro» Parigi? Ci ho vissuto cinque anni e ci torno regolarmente: a Pechino il governo per anni ha nascosto o falsificato i dati sull'inquinamento; per conoscere la verità sull'aria infetta che si respira bisognava consultare il sito dell'ambasciata americana. Il peggior pericolo a cui Trump ci espone è questo autocompiacimento, questa illusione troppo comoda che il problema sia lui. Inoltre, questa improvvisa unanimità mondiale contro Trump e a favore degli accordi di Parigi ha ridotto l'attenzione sui gravi limiti di quegli accordi: gli stessi che li criticavano ferocemente fino a ieri, ora li difendono come l'ultima speranza. Cosa c'è di vero dietro il fumo delle opposte propagande?

Per fare chiarezza bisogna tornare alla casella precedente. Dov'eravamo rimasti, prima del ciclone Trump? Com'eravamo arrivati agli accordi di Parigi, cosa li aveva resi possibili, qual era il loro contenuto?

Alla conferenza Cop21 di Parigi ci andai al seguito di Obama il 30 novembre 2015. Vertice blindatissimo, ancora più militarizzato del solito: il calendario della presidenza francese lo aveva programmato con largo anticipo, non potendo ovviamente prevedere gli attacchi terroristici multipli del Bataclan e Stade de France che precedettero di poco quel summit (13 novembre, 130 morti).

I dati che conservo da Cop21 danno i brividi. Si riferiscono alle conseguenze della rivoluzione industriale, misurabili da quando le rilevazioni delle temperature hanno cominciato a essere affidabili: anno 1880. Ebbene, il calore accumulato ogni giorno sulla Terra per effetto delle emissioni carboniche prodotte da noi umani equivale a quello che verrebbe rilasciato dall'esplosione di 400.000 bombe atomiche come quella di Hiroshima. Sembra assurdo, impossibile, esagerato all'ennesima potenza. Ma è questa la sostanza dell'«antropocene», l'era geologica che ho descritto nell'*Età del Caos* parlando di una Sesta Estinzione, innescata nel momento in cui l'«asteroide-uomo» si è abbattuto sul pianeta stravolgendone l'ecosfera. È quello che rende l'accumulo di tante emissioni carboniche e l'aumento della temperatura un processo quasi irreversibile. Quasi. Il tempo a disposizione per fermare il processo è ormai davvero limitato. La scommessa è tutta nelle mani delle generazioni oggi viventi: se non ce la facciamo noi, per chi sta per nascere la missione diventerà impossibile.

«Le speranze dell'umanità poggiano sulle nostre spalle, mai la posta in gioco è stata così alta.» Con queste parole l'allora presidente François Hollande apre il vertice sul cambiamento climatico. Obama quel giorno accetta la parte del «grande inquinatore pentito» e ammette: «Riconosciamo il ruolo dell'America nel creare questo problema. Abbiamo il potere di cambiare il futuro, ma solo se saremo all'altezza di questo appuntamento. Come avvertì Martin Luther King, si può arrivare troppo tardi. E noi ci siamo quasi». Giunge l'appello di papa Francesco: «Il mondo è sull'orlo del suicidio». Partecipano 150 leader e 195 delegazioni nazionali. I lavori durano 12 giorni, ne esce un accordo che deve entrare in vigore nel 2020. L'obiettivo: contenere l'aumento della temperatura planetaria a +2 gradi rispetto all'era pre-boom industriale. Sulla base dei piani fin qui presentati, salirà di almeno 2,5 gradi. «Il rischio è che raggiungeremo l'obiettivo perché lo abbiamo fissato troppo basso» avverte Hollande.

Obama descrive l'emergenza ambientale che abbiamo creato: «Gli ultimi 14 anni sono i più caldi della storia da quando registriamo le temperature. Ho visto coi miei occhi in Alaska il mare che inghiotte villaggi, la tundra che brucia, i ghiacciai che si sciolgono. È un'anticipazione del futuro che prepariamo ai nostri figli: nazioni sommerse, città abbandonate, campi che non danno più raccolti, nuove guerre e fiumane di profughi disperati».

Obama garantisce per gli Stati Uniti, entro un decennio, una flessione del 26-28 per cento rispetto ai livelli del 2005 grazie alle nuove norme che impongono tagli di CO_2 su automobili, camion, centrali elettriche. Xi Jinping impegna la Cina a fermare l'aumento dei gas-serra entro il 2030. Insieme, sono le due maggiori potenze inquinatrici del pianeta. Su questo terreno hanno trovato un linguaggio comune, un'assunzione di responsabilità congiunta. L'Europa avrebbe voluto strappare degli impegni giuridicamente vincolanti. Un'opzione impresentabile a Washington, dove il Congresso a maggioranza repubblicana boccerebbe un trattato visto come un *vulnus* alla propria sovranità (che include evidentemente il diritto a devastare il pianeta di tutti). Per Obama, che deve fare buon viso a cattiva sorte, l'alternativa è «un controllo costante sugli impegni presi, una pressione congiunta per rispettarli, e la massima trasparenza sul percorso che faremo».

Più nette sono le differenze Nord-Sud, o meglio sviluppati-emergenti. Le ricorda il premier indiano Narendra Modi, che evoca Gandhi, «il più grande difensore della natura», e lancia una requisitoria contro l'Occidente ricco e sprecone: «Lo stile di vita di una minoranza non deve precludere le opportunità alla maggioranza, che è ancora ai primi gradini dello sviluppo. La comunità internazionale non può imporre la fine delle energie fossili, bisogna lasciare spazio alla crescita dei paesi in via di sviluppo». Obama, però, avverte che «proprio quelli che hanno inquinato di meno, saranno i primi a subire gli effetti disastrosi del cambiamento climatico». La Cina appoggia le ragioni del Sud, ma accetta di stare dalla parte dei ricchi nel finanziare il trasferimento di tecnologie verdi ai più poveri. Siamo ancora lontani dall'obiettivo di 100 miliardi che era stato fissato sei anni prima a Copenaghen: finora solo 60 miliardi stanziati.

Da Parigi non esce un trattato con valore giuridico, dunque, ma un sistema di «Transparency & Reporting», monitoraggio permanente dei progressi compiuti, sottoposti a vigilanza e verifiche internazionali. Un approccio complementare viene offerto dal settore privato. L'alfiere è Bill Gates, il fondatore della Microsoft e filantropo, accolto a Parigi alla pari dei capi di Stato. Promuove «Mission Innovation», un piano per convogliare capitali privati nella ricerca di nuove tecnologie. Non basta lo stato attuale dell'energia solare e dell'eolica, serve un balzo nel progresso tecnologico di ben altre dimensioni. «C'è bisogno» sostiene Gates «di un'energia a buon mercato che sollevi interi popoli dalla povertà, un'energia pulita e rinnovabile che costi meno del carbone.» Al progetto, per il quale 28 investitori privati stanziano 7 miliardi di dollari, partecipano 40 università guidate dalla University of California.

Un'idea audace lanciata dalla comunità scientifica, cioè quella di fissare un «monte emissioni» totale da non superare, e poi assegnare quote ai singoli paesi, non passa. Solleverebbe un immenso conflitto distributivo su scala mondiale. E poi questa non è un'epoca in cui le opinioni pubbliche accettino facilmente i diktat di organismi sovranazionali.

Passano cinque mesi, e il 22 aprile 2016 l'attenzione si sposta a New York, sede Onu. In una solenne cerimonia al Palazzo di Vetro, quel giorno i leader di 175 nazioni firmano gli accordi presi al summit Cop21 di Parigi. Cina e Usa promettono: ratifichiamo entro l'anno. La cerimonia alle Nazioni Unite è l'«endorsement» formale dei governi, a cui devono seguire le ratifiche. Non necessariamente parlamentari. Obama sa che il Congresso a maggioranza repubblicana glielo boccerebbe, perciò ha voluto che l'accordo di Parigi fosse giuridicamente diverso da un trattato vincolante: in questo modo la ratifica può avvenire con un semplice atto dell'esecutivo. Il che, però, faciliterà il dietrofront di Trump (di cui nessuno in quel momento prevede la vittoria). In compenso, Obama ha fatto inserire una clausola di sicurezza: un paese non può rinnegare l'accordo per almeno quattro anni, tanto quanto dura un mandato presidenziale negli Stati Uniti. Alla cerimonia nel Palazzo di Vetro – la più folta della storia – molti hanno cercato di rappresentare simbolicamente le responsabilità verso le future generazioni. Il segretario di Stato americano John Kerry ha firmato l'accordo tenendo in braccio una nipotina. Gli ottimisti osservano che vent'anni fa la consapevolezza politica era molto inferiore e un accordo simile sarebbe stato irrealizzabile. Ma gli scienziati fanno notare che, da quando l'Onu fissò gli obiettivi nel 2009, la temperatura globale ha continuato a salire, «mangiandosi» la metà dell'aumento massimo consentito.

Dopo il dietrofront di Trump, annunciato il 1° giugno 2017 (ma sospeso fino al 2020 grazie alla clausola-Obama), che succede? Su questo do la parola a un autorevole collaboratore di Obama, che fu Senior Adviser della Casa Bianca durante la presidenza democratica e ha partecipato ai negoziati cruciali per l'accordo. Si chiama Brian Deese, e oggi è ricercatore a Harvard. La sua è una voce di cauto ottimismo: *Parigi non brucia* è il titolo ironico di una sua lunga analisi, sottotitolo «Perché gli accordi sul clima sopravvivranno a Trump», apparsa sulla rivista «Foreign Affairs». Deese interpreta un consenso diffuso nell'establishment progressista: la convinzione, cioè, che il mondo si sta muovendo nella direzione giusta, perché potenti forze di mercato hanno già condannato le energie fossili e stanno quindi lavorando per salvare il pianeta.

Decisiva, secondo Deese, è stata la svolta cinese. Dal 2007, superando gli Stati Uniti, la Cina è diventata la più grande generatrice di emissioni carboniche. Senza di lei è inutile parlare di lotta al cambiamento climatico, però Pechino ha sempre rifiutato un accordo che possa apparire come un diktat occidentale. I leader cinesi ritengono, non a torto, che i paesi ricchi del Nordamerica e dell'Europa non hanno nessun diritto né autorità morale per dare lezioni di ambientalismo. Per quanto la Repubblica popolare abbia fatto balzi notevoli in termini di tenore di vita, il cinese medio resta più indietro dell'occidentale medio quanto a livello di consumi, e su 1,3 miliardi di abitanti, almeno la metà ha ancora necessità di aumentare sensibilmente il proprio reddito. La «decrescita felice» è inaccettabile se viene imposta da noialtri, che abbiamo già inquinato e possediamo quasi tutto, a chi solo di recente ha avuto accesso a condizioni di vita dignitose. Inoltre, noi occidentali (più il Giappone, che sta con noi nel club dei vecchi ricchi) continuiamo a esportare «morti da inquinamento» attraverso le nostre delocalizzazioni industriali. Ogni anno, 3 milioni di morti premature sono collegate alle microparticelle o polveri sottili dell'inquinamento industriale (gli esperti le chiamano PM2,5, perché sono particelle di dimensioni inferiori ai 2,5 micron). Il 22 per cento di queste morti è «la conseguenza della produzione nei paesi poveri di merci destinate a essere vendute nei paesi ricchi, i quali in sostanza esportano l'inquinamento associato ai loro consumi», rivela uno studio di Zhang Qiang dell'università Tsinghua di Pechino, pubblicato sulla rivista «Nature».

Al tempo stesso, sotto la presidenza di Xi Jinping il livello d'inquinamento a Pechino, Shanghai e in tutte le metropoli cinesi è salito fino ad allarmare quel ceto medio-alto che non lavora in fabbrica, ha raggiunto un benessere materiale che lo rende più sensibile alla qualità della vita, ed è uno zoccolo duro di consenso verso il regime. Per quanto il governo abbia censurato, manipolato o falsificato i dati, il fetore dell'aria che si respira, i cieli grigio-neri, sono percepibili dalle narici e dalle pupille di ciascuno. Alcune scuole per ricchi di Pechino e Shanghai hanno cominciato a costruire delle «bolle», o cupole artificiali, per le attività di ricreazione o educazione fisica, usando filtri e aria condizionata per proteggere i polmoni dei ragazzi. Ma c'è un limite alla possibilità dei ricchi di purificare l'aria che respirano, salvo emigrare in California o in Australia. Xi è stato il primo leader cinese ad ammettere che l'inquinamento è una tragedia nazionale. Ha proclamato, chiaro e forte, che è nell'interesse della Cina stessa ridurre le emissioni carboniche e raccogliere la sfida di una riconversione allo sviluppo sostenibile. Quando ancora era presidente Hu Jintao, un vertice sulla lotta al cambiamento climatico fallì miseramente – a Copenaghen nel dicembre 2009 – proprio per il muro contro muro tra Occidente da una parte e Cina e India dall'altra. L'impasse fu superata con un nuovo approccio da parte di Obama e Xi, che creò le premesse dell'accordo di Parigi. Era, bisogna ricordarlo adesso, un'intesa resa possibile da un arretramento: sia l'America sia la Cina avevano interesse a espellere dall'orizzonte l'ipotesi di tagli vincolanti alle emissioni carboniche. Obama, perché aveva già una destra maggioritaria al Congresso. Xi, perché voleva guadagnare tempo e riservarsi ancora una «crescita carbonica» per diversi anni. Dietro la Cina, l'insieme dei paesi emergenti si è accodato a questo compromesso al ribasso. Di qui al 2040 saranno proprio loro i grandi inquinatori: il 70 per cento delle emissioni avverrà al di fuori dei paesi di vecchia industrializzazione (Cindia, con i suoi satelliti, inquinerà più di Nordamerica-Europa-Giappone).

Oggi, di fronte al gran rifiuto di Trump, è invalsa una tendenza a idealizzare gli accordi di Parigi, laddove durante quel vertice il fior fiore delle Ong ambientaliste protestava vibratamente per il loro minimalismo. È un altro esempio di come Trump ci rende tutti un po' più stupidi. Trasformare a posteriori l'intesa di Parigi in un successo rovinato solo per opera di Trump, è cattiva informazione. Il fatto che quell'accordo si basi sulla buona volontà dei paesi firmatari, senza alcuna possibilità di castigare chi fa il furbo, chi imbroglia sui dati, o chi semplicemente non mantiene le promesse, è un limite tremendo. Nella foga unanime dei cori anti-Trump c'è chi ha già assegnato a Xi Jinping il ruolo di salvatore del pianeta. Sarà meglio aspettare che rispetti gli impegni presi; possibilmente verificandoli in modo indipendente, non dalle statistiche ufficiali del governo cinese.

L'obamiano ottimista Brian Deese sottolinea però che la Green Economy va avanti per conto suo, che i governi la vogliano o no. Incluso quello americano. «Più di 3 milioni di americani» spiega Deese «lavorano nelle energie rinnovabili o nella produzione di beni ad alto risparmio energetico, o di veicoli elettrici. L'occupazione nell'energia eolica e solare è cresciuta del 20 per cento annuo negli ultimi anni, 12 volte più che nel resto dell'economia.» Conclusione: ormai il capitalismo Usa scommette sulle tecnologie postcarboniche e non si torna indietro, neanche se Trump ha promesso ai minatori degli Appalachi di rilanciare il carbone. Il carbone costa troppo e non è efficiente. Il mercato sta dalla nostra parte. Lo stesso Deese osserva poi che «già nel 2015 la Cina ha investito 103 miliardi di dollari nelle energie rinnovabili, gli Stati Uniti 44 miliardi. In Cina hanno sede cinque delle sei maggiori aziende produttrici mondiali di turbine eoliche e batterie al litio per le auto elettriche». Conclusione: è ormai in atto una competizione mondiale per dominare la nuova geografia energetica, le rinnovabili sono un business dove la Cina vuole eccellere, e chi si ferma è perduto.

Nel frattempo la stessa geografia interna degli Stati Uniti si sta modificando, per effetto di quella secessione ambientalista di cui la California è la punta avanzata. Se immaginiamo una linea rossa che separi le zone del mondo che stanno riducendo le emissioni carboniche da quelle che non le riducono, abbiamo delle sorprese. La Cina e l'India stanno ancora aumentando in proporzioni poderose la quantità di CO_2 nell'atmosfera. La California, invece, ha raggiunto il suo record nel 2004 e da allora è scesa del 10 per cento. Tra il 2014 e il 2015 ha tagliato 1,5 milioni di tonnellate di gas carbonici: è come se avesse tolto dalla circolazione 300.000 automobili dalle sue strade. Entro il 2020 la California si è impegnata a tornare ai suoi livelli di emissioni carboniche del 1990 e, nel decennio successivo, vuole realizzare tagli del 40 per cento. Il federalismo americano in questo caso aiuta. La California si è conquistata da tempo un'autonomia preziosa in campo ambientale. Per esempio, ha il diritto di fissare i suoi limiti sull'inquinamento di auto e camion. Altri Stati governati dai democratici, come lo Stato di New York, hanno «agganciato» la loro normativa in modo automatico agli standard californiani. Questo fa sì che quando Trump ha cominciato a cancellare per l'industria automobilistica le direttive anti-inquinamento dell'Environmental Protection Agency risalenti a Obama, la California e un terzo degli Stati Usa hanno potuto dire: la cosa non ci riguarda, chi vuole vendere automobili qui da noi deve rispettare gli standard più rigorosi. È un vincolo stringente perché l'industria automobilistica di Detroit non ha interesse a fabbricare modelli diversi, meno inquinanti per la California e New York, più inquinanti per il Texas. La linea rossa che separa gli Stati Usa più ambientalisti da quelli che hanno votato Trump finisce per frenare la restaurazione dell'energia fossile che il presidente repubblicano ha promesso alla lobby petrolifera. Siamo quindi in una fase dove la battaglia sul cambiamento climatico è ancora possibile, un pezzo d'America è in flagrante insubordinazione e si dissocia dalle direttive emanate da Washington, un pezzo di capitalismo che ha investito nella Green Economy tira in direzione opposta rispetto a Big Oil.

Però è pericoloso sottovalutare le forze che stanno dietro il negazionismo di Trump. Lui è arrivato buon ultimo e ci ha messo il suo cappello sopra, ma il sabotaggio delle riforme obamiane era costante da anni, e i repubblicani già ai tempi di Bush non accettavano i verdetti della scienza. È una storia che spacca in due il capitalismo Usa e attraversa perfino una delle sue dinastie storiche.

I Rockefeller contro la «loro» Exxon: è una saga molto americana. The Cousins, i 21 cugini eredi della più altisonante famiglia capitalistica, si riuniscono ogni anno nella stanza 5600 del magnifico grattacielo in stile Liberty che porta il loro nome, il Rockefeller Center, nel cuore di Manhattan. In comune con Trump – un microbo in confronto alle loro dimensioni patrimoniali – hanno l'origine tedesca degli avi. E un atteggiamento piratesco, di disprezzo delle regole. Salvo che i Rockefeller sono dei «pentiti» da molto tempo (due generazioni fa). E nell'espiare i peccati originali, stanno rivolgendo la potenza del loro denaro contro Exxon, la più grande compagnia petrolifera americana. Una creatura di famiglia, e la multinazionale guidata per gli ultimi 12 anni da Rex Tillerson, colui che Trump ha messo a capo del Dipartimento di Stato cioè della diplomazia Usa.

In una requisitoria pubblicata a puntate sulla «New York Review of Books», gli amministratori del più grande patrimonio privato d'America spiegano la loro guerra contro la multinazionale da loro fondata, posseduta e diretta per più generazioni: «Il Rockefeller Family Fund ha annunciato il disinvestimento dei propri capitali da tutte le società che producono energie fossili. Se nell'insieme questa sarà un'operazione graduale, abbiamo preso di mira singolarmente ExxonMobil, nel cui caso il disinvestimento sarà immediato per il suo comportamento moralmente riprovevole». I due amministratori dei 21 cugini Rockefeller, David Kaiser e Lee Wasserman, spiegano lo scandalo: «Per oltre un quarto di secolo l'azienda ha cercato d'ingannare governi e cittadini sulla realtà del cambiamento climatico, ha protetto i suoi profitti causando immensi danni alla vita su questo pianeta». La multinazionale petrolifera, quando era ancora sotto la guida di Rex Tillerson, aveva replicato a suo tempo con toni altrettanto brutali: «Non ci stupisce che disinvestano, stanno già finanziando un complotto contro di noi». E non volano solo accuse infamanti. Lo scontro è ormai giudiziario. I procuratori generali di New York, California, Massachusetts e altri 13 Stati Usa indagano sui possibili reati (inclusa la frode e il falso in bilancio) imputabili alla Exxon per aver manipolato illecitamente i dati sugli effetti delle emissioni carboniche. A scatenare la tempesta giudiziaria è stato un lungo lavoro di giornalismo investigativo compiuto dalla Columbia's Graduate School of Journalism e finanziato personalmente dai Rockefeller. È quello il «complotto» denunciato da Tillerson.

L'ira (e il denaro) dei Rockefeller si rivolgono contro la loro creatura, quella che fu all'origine della fortuna familiare. È alla fine dell'Ottocento che i capostipiti John D. e William Rockefeller s'innalzano ai vertici del capitalismo americano grazie alla Standard Oil, il colosso petrolifero dei loro tempi (che poi, attraverso successive acquisizioni, diventerà l'attuale ExxonMobil). Nonché brutale monopolista, contro cui il presidente Ted Roosevelt usa la prima legislazione antitrust mai varata, lo Sherman Act. Malgrado l'offensiva antitrust, la fortuna dei Rockefeller continuerà a crescere, diversificandosi nella finanza con la Chase Manhattan Bank. Ma già da allora i Rockefeller, devoti protestanti (battisti), cercano di mitigare la loro immagine di avidi profittatori con una munificenza filantropica senza precedenti. È grazie al loro mecenatismo che nascono gioielli dell'arte e della cultura, istituzioni educative o think tank che fanno la forza dell'America: donazioni a Harvard e Princeton, al Moma e al Lincoln Center, al Council on Foreign Relations e all'Asia Society. La costruzione sulla Quinta Strada del Rockefeller Center all'inizio della Grande Depressione rimane come la testimonianza monumentale di un atto di fede nel Secolo americano.

Alla quarta generazione i Rockefeller sono in tutto 150, ancora relativamente coesi e solidali grazie all'autorità dei 21 cugini. L'offensiva contro Exxon li trova compatti. L'accusa è infamante: la multinazionale che impiega ben 16.000 fra scienziati e ingegneri, avrebbe falsificato le sue stesse ricerche interne che dimostravano in modo preveggente il cambiamento climatico. Per poi finanziare invece degli pseudoesperti «negazionisti», ai margini della comunità scientifica. Ci sarebbero gli estremi di una frode a danno degli azionisti, visto che l'effetto del cambiamento climatico ha ricadute anche sulla redditività futura di Exxon. Tillerson ha fatto 41 anni di carriera tutti là dentro, scalando i vertici dell'azienda che i fondatori-azionisti additano come il laboratorio di una gigantesca truffa. Prima di diventare il ministro degli Esteri della superpotenza americana.

Le lobby che vogliono la libertà d'inquinare, quell'America che sta dalla parte «carbonica» della linea rossa sull'ambiente, non bisogna immaginarsela solo a Houston, in Texas, nei grattacieli che ospitano i quartieri generali delle compagnie petrolifere. Né si trova solo tra i grandi imbroglioni dell'industria automobilistica europea (tedesca, francese, italiana) che ci hanno raccontato per anni la favola bugiarda dell'«eurodiesel pulito». C'è un settore che avvelena in modo plateale l'ambiente e non viene messo sotto accusa. Io ce l'ho sotto casa. Anche sotto l'ufficio. In effetti, ovunque mi giro, sono circondato. È una storia che vivo dentro la geografia urbana di New York, ma si applica in ogni angolo del pianeta.

La legge della ruspa è la legge del più forte, a Manhattan. Lo ha appreso a sue spese anche un'icona della nostra cultura, la storica libreria Rizzoli che fu a lungo un ritrovo per bibliofili, scrittori, amanti dell'arte e dell'Italia. L'ultimo giorno di apertura al pubblico è arrivato in un venerdì di aprile 2014, al celebre indirizzo che certi newyorchesi doc ricorderanno a lungo: 31 west sulla 57esima strada. La notizia dello sfratto non è arrivata all'improvviso, i proprietari lo sapevano da tre anni. Più sconcertante (per i non-newyorchesi) è la causa. Inizialmente si era saputo di un fortissimo aumento nel canone di locazione, triplicato di colpo, sull'onda della febbre immobiliare che imperversa a New York ed espelle da questa città chi non può permettersi affitti da Vip. Poi è arrivata un'altra novità ancor più grave. Dietro lo sfratto, la demolizione, e un nuovo progetto speculativo. La Rizzoli si è poi trovata un'altra sede a Midtown, riaprendo vicino a Eataly. Ma nell'indirizzo storico è scomparso tutto il palazzo che la ospitava: un elegante immobile del 1919 in stile Art Déco. A nulla è servita la mobilitazione di una parte degli abitanti del quartiere. Tra loro c'era Layla Law-Gisiko, che è la presidente del comitato «paesaggistico» nel Community Board 5, cioè il consiglio di quartiere. «Anche le cause perse meritano una battaglia» ha dichiarato la Law-Gisiko. Lei ci aveva provato a far mettere quel palazzo sotto la tutela della Landmarks Preservation Commission, qualcosa che assomiglia alle sovrintendenze italiane. Ma a New York quel poco di storia semiantica che c'è non regge davanti ai formidabili interessi dei costruttori edili. «Chiudere la Rizzoli e demolire questo isolato di palazzi è sbagliato» insisteva la Law-Gisiko. La motivazione con cui la Landmarks Preservation Commission ha respinto il suo appello sembra risibile: nonostante quel palazzo risalga al 1919, è stato osservato che la decorazione interna è del 1985, quindi non merita tutela.

Eppure, un bel pezzo di storia era legato a quelle pietre. Nello stesso isolato hanno vissuto grandi famiglie come i Roosevelt e i Rothschild, simboli di un'America patrizia. Poi era diventato una specie di «distretto del pianoforte», dove avevano sede le botteghe artigianali e i negozi di Steinway & Sons, Sohmer & Company, Chickering and Hardman, Peck & Company, marche che fornivano Carnegie Hall. Negli anni Trenta il «New York Times» propose che quel pezzo di 57esima venisse ribattezzato «Rue de la Paix», come l'omonima via parigina. Ora vi sorge un'altra brutta enclave riservata ai miliardari. La nuova bolla immobiliare è segnata dalla costruzione di grattacieli residenziali sempre più alti, banali e brutti, che sfidano le vertigini e contendono i record delle nuove Freedom Tower innalzate al World Trade Center. Sembra impossibile, ma perfino le banche si spostano verso altri quartieri un po' meno cari, compresa Wall Street e la punta sud di Manhattan, per fare posto a progetti residenziali. Per abitare nelle loro «penthouse» (superattici) con vista a 360 gradi, i banchieri possono pagare fitti ancora superiori agli uffici in cui lavorano. Alcuni supergrattacieli in corso di costruzione in quest'area di Manhattan hanno già venduto tutti gli appartamenti, prima ancora che le ruspe abbiano demolito il «vecchiume».

E così ogni mattina esco di casa sentendo fracasso di martelli pneumatici dalle finestre. Lungo il tragitto casa-ufficio, cammino su marciapiedi coperti dalle impalcature di cantieri edili. Arrivo alla redazione della «Repubblica», nei pressi di Union Square, e lì intorno interi isolati sono sventrati da ruspe, sovrastati da gru, in un viavai di camion che trasportano cemento. New York è un cantiere immenso e permanente, tanto che la febbrile attività edilizia non teme il confronto con una città «emergente» come Pechino. Con una differenza significativa, però: mentre a Pechino ho visto ampliare in pochi anni il metrò che oggi è uno dei più moderni del mondo, il fervore edile di New York (e di altre città americane) è tutto concentrato sul privato, sulla speculazione, mentre le infrastrutture collettive e i servizi pubblici cascano a pezzi perché non sostenuti dalla molla del profitto. Nulla trattiene l'irruenza del business immobiliare: non c'è vincolo urbanistico né paesaggistico, non ci sono limiti all'inquinamento delle polveri né all'inquinamento acustico, i permessi di costruire «mostri» che inseguono record di altezza vengono concessi con generosità.

Vista da questa prospettiva, è quasi un'ovvietà l'ascesa alla Casa Bianca di un palazzinaro newyorchese.

Da lontano, New York evoca altre gerarchie economiche. La si associa immediatamente con uno dei poteri forti del capitalismo contemporaneo per eccellenza: la finanza di Wall Street. Più in generale, quando si pensa alle lobby più potenti in America vengono in mente, oltre ai banchieri, le multinazionali petrolifere, Big Pharma, l'agroindustria e, naturalmente, i produttori di armi. Ma vivendo immersi nella geografia urbana newyorchese ci si accorge che qui i più potenti di tutti sono proprio i palazzinari. Fanno i loro comodi, sventrano e ricostruiscono la città, in un tacito patto con il potere politico che non cambia a seconda se i sindaci siano repubblicani o democratici, pro business come Michael Bloomberg o populisti di sinistra come Bill de Blasio. I costruttori teorizzano questo connubio con la politica sostenendo che l'edilizia fa ricca questa città, è uno dei motori della sua crescita e dell'occupazione, quindi non bisogna mai intralciare i suoi piani. Anzi, bisogna favorirla con prebende fiscali di ogni tipo. Trump non ha mai voluto divulgare le sue dichiarazioni dei redditi anche per questo: il contribuente normale, il lavoratore, il ceto medio, scoprirebbe che sovvenziona i miliardari della speculazione immobiliare, ai quali vengono offerti sgravi così generosi che bisognerebbe definirli «aiuti di Stato». È un settore fiscalmente assistito, nonostante che i prezzi degli immobili salgano sempre più su.

Parlare di imprenditorialità a proposito di questo mondo è una beffa. Trump, la famiglia del «primo genero» Jared Kushner, o altre dinastie di palazzinari molto più grandi, non si occupano affatto di costruire, altri lo fanno per loro. Non rischiano capitali propri, quel rischio lo spalmano sulle banche, e alla peggio si sfilano dagli investimenti sbagliati con la bancarotta, dalla quale i big dell'edilizia (Trump incluso) entrano ed escono con disinvoltura. L'unico know how essenziale per avere successo in questo mestiere è quello politico-legalistico: finanziano le campagne elettorali dei sindaci e dei governatori; si circondano di avvocati per sfruttare ogni cavillo che consenta di prosperare in un business fatto di leggi speciali, sconti fiscali, esenzioni, permessi ad hoc. Sono parassiti, ma di una specie particolare: che inquina tantissimo. Anche perché, al riparo da una vera concorrenza, i costruttori edili sono una delle industrie più arcaiche e inefficienti del mondo. Questo vale sotto ogni latitudine. A livello planetario il business delle costruzioni muove un fatturato di dieci «trilioni»: 10.000 miliardi di dollari all'anno. Uno studio della Oxford University, citato dall'«Economist» il 19 agosto 2017 (*The construction industry – Least improved*), rivela che il 90 per cento di tutte le opere infrastrutturali sono in ritardo cronico e sfondano i budget iniziali. Nessun'altra industria al mondo è così inaffidabile su tempi e costi. Perfino Apple, la cui efficienza è leggendaria, quando ha deciso di costruirsi un nuovo quartier generale nella Silicon Valley è passata sotto le forche caudine dell'inefficienza edile: due anni di ritardo e due miliardi di sovracosti. Al «record mondiale dei più bassi aumenti di produttività» rilevati dalla McKinsey, si accompagnano le pratiche dei subappalti, il lavoro nero, lo sfruttamento di immigrati clandestini e i danni dell'inquinamento atmosferico: dalle polveri sottili dei cantieri all'andirivieni delle betoniere, al carosello di macchinari movimento terra i cui motori beffano tutti gli standard sulle emissioni carboniche. E tutto alla luce del sole, sotto i nostri occhi, dentro le nostre narici e i nostri polmoni.

«Era lì da migliaia di anni. Per spaccarsi ne ha impiegati meno di tre. La piattaforma di ghiaccio Larsen C si è spezzata, liberando nel mare che circonda la Penisola Antartica uno dei dieci iceberg più grandi fra quelli mai osservati: un fronte di un centinaio di chilometri, 350 metri di altezza, 5800 chilometri quadri di superficie (più della Liguria), mille miliardi di tonnellate di peso, tanta acqua da poter

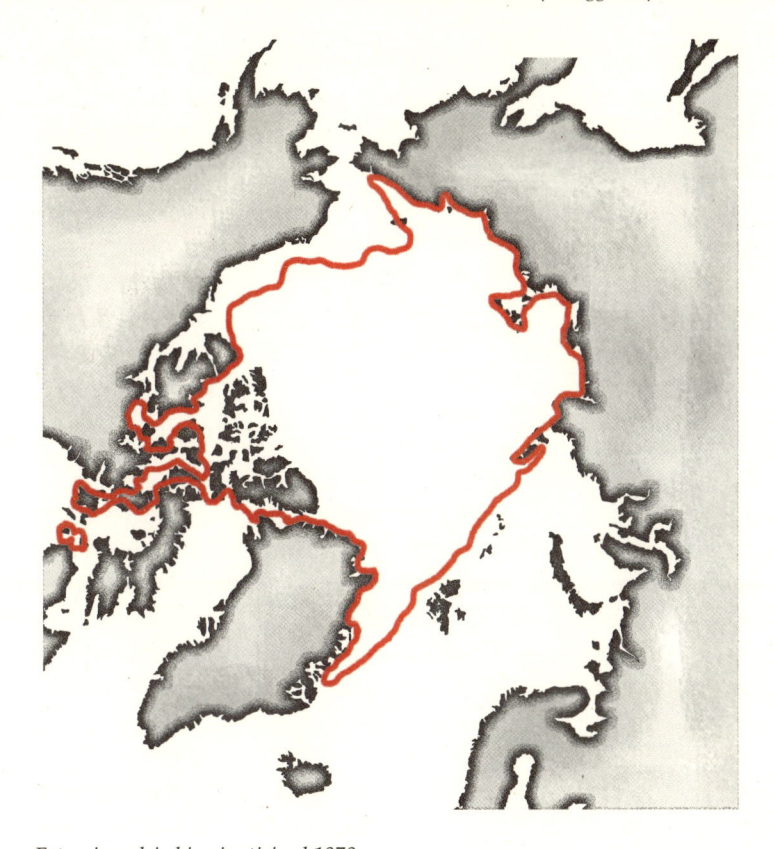

Estensione dei ghiacci artici nel 1979.

riempire tre volte il lago di Garda.» Così scriveva Elena Dusi sulla «Repubblica» nell'estate 2017 raccontando l'evento inaudito che ha ridisegnato le mappe geografiche: un'intera Liguria che si è staccata, ha mollato gli ormeggi, è partita verso il mare.

«La Penisola Antartica – la parte più settentrionale e quindi meno fredda del continente bianco – si è riscaldata di 2,5 gradi tra il 1950 e il 2000: oltre la media del pianeta» continuava la Dusi. «Le piattaforme di ghiaccio (lastre galleggianti spesse centinaia di metri che si formano

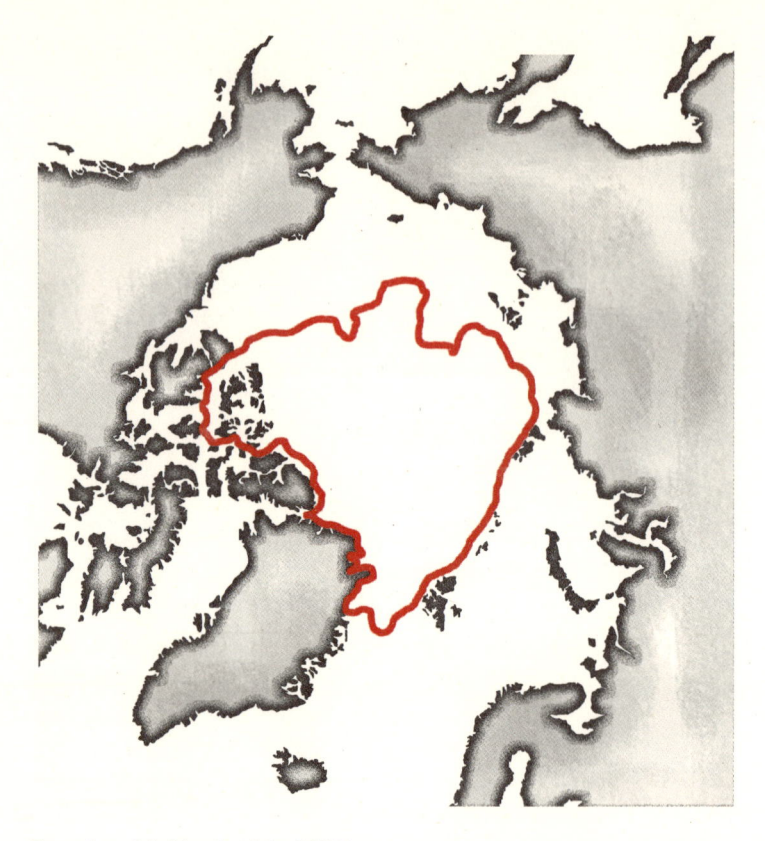

Estensione dei ghiacci artici nel 2016.

quando i ghiacciai della terraferma premono verso le coste e invadono il mare) stanno perdendo volume dagli anni Novanta, con un'accelerazione sensibile dagli anni 2000. Fernando Paolo, scienziato brasiliano dell'università della California, ha misurato l'entità del fenomeno in uno studio su "Science". Le piattaforme antartiche dal 2003 hanno riversato in mare 310 chilometri cubi di ghiaccio ogni anno. Si tratta di ghiaccio – spiega oggi Paolo – che era lì anche da 11.000 anni» (*Si stacca l'iceberg dei record, è grande come la Liguria*, 13 luglio 2017).

Tante carte geografiche tradizionali stanno diventando inutili, il cambiamento climatico le rende obsolete velocemente, perché cambia la conformazione fisica del pianeta. La notizia dell'iceberg grande come la Liguria ci arriva dall'Antartico, cioè dal Polo Sud. Cambiamenti altrettanto sconvolgenti avvengono nell'Artico, il Polo Nord. I due poli sono la parte della Terra dove gli effetti del cambiamento climatico sono più violenti e rapidi. Perfino se venissero applicati rigorosamente gli accordi di Parigi, «non salveremo più l'Artico», avverte lo scienziato Lars-Otto Reiersen, capo di una task force che ha elaborato il rapporto *Snow, Water, Ice, Permafrost* per conto del Consiglio artico. Una perfetta esecuzione degli accordi di Parigi – del tutto improbabile, come sappiamo – lascerebbe comunque aumentare da 5 a 9 gradi le temperature sopra l'oceano Artico, rispetto al periodo 1986-2005. La Groenlandia ha già perso 375 miliardi di tonnellate all'anno di ghiacci dal 2011 al 2014. In un rapporto sull'Artico pubblicato dall'«Economist» il 29 aprile 2017, si ricorda che il poderoso impatto del cambiamento climatico sull'Artico ha un'altra dimensione: apre opportunità di business. «L'Artico contiene più di un quinto di tutte le risorse ancora inutilizzate di idrocarburi. E l'industria mineraria è interessata allo sfruttamento di metalli come il rame.»

C'è poi il risparmio di tempo e denaro per gli armatori, con l'apertura delle nuove rotte polari per la navigazione mercantile, lungo una linea rossa «tagliata» dal surriscaldamento climatico che scioglie i ghiacci. I passaggi marittimi a Nordovest o a Nordest (a seconda del punto di partenza), che un tempo erano impraticabili, si stanno aprendo per periodi sempre più lunghi: entro il 2040 l'oceano Artico sarà «liquido», cioè senza iceberg, per tutta la stagione estiva. Il risparmio in distanze è enorme per le navi, dato che, come si è detto, la Terra è più stretta ai poli. Quelle rotte polari che noi passeggeri aerei siamo abituati a percorrere sui voli intercontinentali, da New York a Pechino o dall'Europa al Giappone, diventano utilizzabili anche ad altitudine zero.

Vladimir Putin è stato il primo a sfruttare questa nuova linea rossa. La Russia è la più intraprendente fra le nazioni che vantano diritti di sovranità sull'Artico. Nell'agosto 2017 una petroliera russa è stata la prima nave della storia a viaggiare lungo la rotta polare senza neppure essere scortata da una rompighiaccio. La petroliera, che si chiama *Christophe de Margerie*, ha trasportato un carico di gas naturale liquefatto dalla Norvegia alla Corea del Sud in soli 19 giorni, cioè il 30 per cento di tempo in meno rispetto alle rotte convenzionali che traversano il canale di Suez. Le carte geografiche dei naviganti sono rivoluzionate da questa possibilità. I russi hanno costruito quella petroliera apposta per sfruttare la rotta polare e trasportare gas estratto nella penisola Yamal, uno dei grandi giacimenti della zona artica voluto da Putin. La previsione russa è che il traffico cargo lungo la rotta polare sarà decuplicato nei prossimi due anni. Questo significa anche nuovo inquinamento, generato dalle navi in una zona che prima resisteva al loro passaggio.

L'acqua razionata a Genova? Ho questo ricordo d'infanzia. Vivevo in Belgio, ma d'estate andavo in vacanza a casa dei nonni in Liguria. A certe ore l'acqua non arrivava. Anche per quello cucine e bagni erano attrezzati con dei cassonetti che raccoglievano l'acqua nelle ore buone, di erogazione. Accadeva alla fine degli anni Sessanta. Poi, evidentemente, la gestione della rete idrica è diventata più efficiente, almeno in quella parte d'Italia, e per decenni è diventato normale veder scorrere l'acqua a gogò dai rubinetti, per un costo assai modesto. Nell'estate 2017, improvvisamente, sono gli abitanti di Roma ad aver vissuto la possibilità di un razionamento. L'emergenza è durata poco. Ma di colpo ha dato la sensazione che l'acqua, forse, non è illimitata come sembrava. Eppure siamo abituati a pagarla così poco che lo spreco è sistematico. Francesco Grillo ha scritto sul «Corriere della Sera»: «In Italia un litro di acqua potabile costa la millesima parte di un euro. Con il costo di una tazzina di caffè, un abitante di Roma può permettersi di consumare 150 litri di acqua al giorno (di cui la metà per la doccia) per una settimana. In una sola giornata un francese consuma l'acqua a cui accede un algerino in un mese. A Copenaghen si paga già in media dieci volte di più che a Milano» (*Le guerre dell'acqua, un pericolo da evitare*, 27 agosto 2017).

Ho vissuto in altre parti del mondo dove il rapporto con l'acqua è più attento, inquieto, problematico. Nel Kerala, che pure non è l'India arida e desertica bensì una regione umida e verdeggiante, ho ammirato il rispetto dell'acqua da parte di una popolazione locale dalla quale abbiamo tanto da imparare. Per i turisti occidentali sprechi, nei bagni degli alberghi hanno messo istruzioni per insegnarci le virtù del risparmio. «Quando noi ci laviamo i denti, per sciacquare la bocca ci basta usare l'acqua di un bicchiere. Se voi la lasciate scorrere dal rubinetto, potete sprecare fino a 44 litri al giorno.» «C'è chi si lava le mani con l'acqua e la lascia scorrere giù dal lavandino. Noi tappiamo il lavandino e conserviamo l'acqua per sciacquare le mani insaponate: un semplice gesto vale 16 litri risparmiati.» «Sotto la doccia abbiamo l'abitudine di aprire il rubinetto a intermittenza, e chiuderlo quando non serve. Chi lo lascia aperto dall'inizio alla fine, consuma 70 litri in più.» Sull'acqua, l'India non può permettersi leggerezze.

Ho un altro ricordo d'infanzia sull'acqua. A scuola studiavo storia in francese, e nelle lezioni sul periodo d'oro della Mesopotamia ero affascinato da quell'espressione: *croissant fertile*. In italiano si usa il termine «Mezzaluna fertile» per indicare la pianura tra i fiumi Tigri ed Eufrate. In francese suona ancora meglio: l'associazione con il cornetto della colazione è appetitosa, e per me bambino evocava latte e miele, un'abbondanza da *Mille e una notte*. In età adulta mi sono reso conto che quella zona, oggi corrispondente all'Iraq, è diventata tutt'altro che fertile. In passato fu il granaio di una delle più grandi civiltà umane, oggi è arida. Il cambiamento climatico lì è già accaduto, molto prima che arrivasse la rivoluzione industriale, quindi per cause diverse. A volte le cause dei disastri ambientali sono state umane, anche in epoche premoderne, senza fabbriche né automobili. Lo studioso Jared Diamond, nel suo libro *Collasso. Come le società scelgono di morire o vivere* (Einaudi 2014), esplora numerose civiltà del passato che sono decadute, implose, talvolta scomparse del tutto, per non aver saputo amministrare oculatamente l'ecosistema dal quale traevano la linfa vitale. Il cambiamento climatico è avvenuto anche prima che apparisse l'Homo sapiens: il nostro meraviglioso Mediterraneo si prosciugò quasi completamente sei milioni di anni fa, prima di essere nuovamente riempito 5,3 milioni di anni fa dall'alluvione «zancleana» (il termine fu coniato dalla geologa-paleontologa italiana Maria Bianca Cita nel 1972). Questi sono i fenomeni che i negazionisti – almeno quelli colti, che leggono qualche libro – amano citare per ripulirsi la coscienza dalle responsabilità umane, assolvere i petrolieri, e dare a tutti quanti libertà d'inquinare. Eppure l'evidenza scientifica è ormai schiacciante e unanime: certo che gli sconvolgimenti climatici ci sono sempre stati, questa volta però il nostro ruolo è determinante, e se non cambiamo strada, finiremo al collasso della specie.

Il petrolio del futuro è l'acqua. Le guerre che nel XX secolo si combattevano per il controllo strategico delle fonti d'energia, nel XXI secolo potrebbero avere come posta in gioco l'accesso alle riserve idriche del pianeta. Da anni il Pentagono studia uno scenario da terza guerra mondiale che opporrebbe Cina, India, Bangladesh, Pakistan, con il Tibet e i ghiacciai dell'Himalaya come «serbatoio vitale» da controllare. L'importanza dell'acqua per la sopravvivenza della specie umana accomuna due poli estremi della ricchezza e della povertà. L'intera West Coast americana è stata soggetta a penuria idrica per quattro anni consecutivi, durante i quali sono morti 12 milioni di alberi. Dici California, pensi alla Silicon Valley: ma perfino questo laboratorio d'innovazione è costretto a riconoscere che la tecnologia non ha risposta a tutti i problemi. Quella scorciatoia tecnologica che sarebbe la desalinizzazione non è perseguibile su vasta scala per via dei danni ambientali. «Gli impianti di desalinizzazione» mi ha detto lo scienziato Michael Loik della University of California-Santa Cruz «consumano molta energia fossile, inquinano, e restituiscono al mare acqua più salata e riscaldata.» La soluzione più efficace, nell'immediato, è un riesame radicale dell'American Way of Life. Vaste zone della California sono la versione estrema di quel modello di benessere: le villette col prato all'inglese da innaffiare, le piscine. In quanto alla tecnologia, il suo contributo ci sarà, ma in altre forme, presto potrebbero esserci nuove regole sugli elettrodomestici, l'obbligo di produrre lavatrici e lavastoviglie dai consumi d'acqua ridotti. La California dovrebbe imparare dall'India, dove la «Jugaad Innovation» è un filone di invenzioni orientate al risparmio delle risorse scarse.

All'estremo opposto, nelle zone più povere del pianeta la mancanza d'acqua uccide 1400 bambini ogni giorno. La sua scarsità o la sua contaminazione sono le due facce della stessa medaglia. «650 milioni di persone,» spiega l'Ong WaterAid «cioè quasi un abitante della Terra su dieci, non hanno a disposizione acqua potabile, o abbastanza pulita da non uccidere.» La mancanza d'acqua si ripercuote nell'assenza di fognature, di impianti sanitari, di toilette. Le conseguenze sono drammatiche per 2,4 miliardi di persone sprovviste di accessi a toilette igieniche. Nel mondo intero l'acqua è anche la causa principale della mortalità infantile: «Più di mezzo milione di neonati ogni anno muoiono per infezioni come la setticemia, perché le madri e le ostetriche non possono neppure lavarsi le mani con acqua pulita».

Di qui allo scenario politico-strategico il passaggio è prevedibile. Già da molti anni nelle università americane i dipartimenti di Scienze ambientali ricevono finanziamenti dal

Pentagono, per le ricerche sulle «guerre dell'acqua». Il ministero della Difesa americano è convinto che la crisi idrica sarà un detonatore dei conflitti. Lo studioso di strategia Strobe Driver, in un saggio sulla rivista «Global Policy», sostiene che in realtà sia già accaduto più volte. Secondo Driver, «nella guerra dei Sei giorni, anno 1967, conquistando le alture del Golan Israele si garantì un terzo delle proprie forniture idriche; così come l'acqua fu la causa vera dietro la guerra indo-pachistana del 1965 per il controllo del Kashmir». Ai nostri giorni, non si spiegherebbe altrimenti il disperato accanimento con cui le forze regolari irachene, i curdi e lo Stato Islamico hanno combattuto attorno alla diga di Mosul; la strategia bellica è orientata al controllo dell'approvvigionamento idrico, proprio come avveniva nella seconda guerra mondiale per il petrolio di Baku.

Che non basti la ricchezza economica per risolvere l'emergenza acqua, oltre alla California lo dimostra un'altra superpotenza capitalistica: la Cina. La desertificazione avanza implacabile invadendo ampie aree della Repubblica popolare. Pechino è soggetta sempre più spesso a terribili tempeste di sabbia che ne accentuano l'inquinamento. In una nazione dove non mancano né le risorse economiche né l'attitudine a pianificare, si cercano risposte in un'antichissima tradizione: i canali. Un progetto titanico di nuove canalizzazioni per trasferire interi corsi d'acqua è quasi ultimato. È la versione moderna di quella «civiltà idraulica» che fu il vanto degli imperatori della Terra di Mezzo, un sistema ammirato da storici occidentali come Karl Wittfogel e Fernand Braudel.

Ma oggi non basta più deviare e dirottare fiumi esistenti, alcuni dei quali (Fiume Giallo) per lunghi periodi dell'anno sono ridotti a rigagnoli semi-inariditi. Di qui l'accanimento con cui Pechino mantiene la sua morsa sul Tibet. Nell'area himalayana oppure dai vicini altipiani tibetani nascono tutti i maggiori fiumi che irrigano l'Asia: Yangtze e Fiume Giallo per la Cina, Indo, Gange e Brahmaputra per l'India, Mekong e Irrawaddy per la penisola indocinese. Controllare gli altipiani tibetani è come avere il possesso dei «rubinetti» dell'Asia. Con tutte le possibili ricadute: il governo dei corsi dei fiumi, e anche dell'energia idroelettrica. Di qui gli scenari più apocalittici studiati dal Pentagono, la prossima guerra mondiale potrebbe scoppiare per l'acqua, in quella parte del pianeta dove (se a Cindia si aggiungono Pakistan e Bangladesh) vivono tre miliardi di persone.

A Pechino e Shanghai l'acqua scorre abbondante dai rubinetti, e teoricamente è potabile. Almeno così dicono le autorità locali. Però nessuno dei miei amici cinesi la beve se non dopo lunga bollitura, sotto forma di tè. Altrimenti acquistano gran quantità di acqua pseudominerale. In realtà non è quella di sorgente, bensì quella di rubinetto «purificata», come la marca Dasani con cui si arricchisce la multinazionale Nestlé. In tutte le città della Cina che ho frequentato, nelle case e negli uffici ci sono quei grandi distributori di acque purificate a pagamento, un business alimentato dalla diffidenza verso il governo e la sua capacità di proteggere la salute dei cittadini. È un eccesso di sfiducia e sospettosità, tipico di un popolo governato da un regime autoritario? Forse. Però a fidarsi dello Stato hanno pagato un prezzo terribile gli abitanti di Flint, nel Michigan. In quella cittadina americana le autorità pubbliche, per risparmiare, hanno dato in gestione la rete idrica a una società privata, che ha tagliato i costi attingendo a un fiume contaminato, con alte percentuali di mercurio da scarichi industriali. Centinaia di bambini – i più fragili perché in fase di sviluppo – hanno subìto lesioni cerebrali, per aver ingerito mercurio. Nella modernissima America, il caso di Flint ha fatto scattare verifiche e indagini altrove, e si è scoperto che la qualità dell'acqua da rubinetto non si può dare per scontata.

C'è poi la plastica nell'acqua. La beviamo tutti, senza saperlo. Voi e io. In America e in Europa, oltre che in tante nazioni emergenti. Ce lo rivelano diversi studi scientifici, i cui dati sono riportati in un articolo di Dan Morrison e Christopher Tyree sul sito Orb Media (e tradotto sulla «Repubblica» il 6 settembre 2017). Ne cito qui un estratto. Dobbiamo aprire gli occhi sulla contaminazione delle nostre acque che consideriamo potabili:

> Dai rubinetti di casa di tutto il mondo, da New York a Nuova Delhi, sgorgano fibre di plastica microscopiche. È quanto emerge dall'analisi di 159 campioni di acqua potabile di città grandi e piccole nei cinque continenti: l'ottantatré per cento di questi campioni, compresa l'acqua che esce dai rubinetti del Congresso degli Stati Uniti e della sede dell'Agenzia per la protezione dell'ambiente, a Washington, e quella del ristorante Trump Grill nella Trump Tower, a New York, conteneva microscopiche fibre di plastica. La ricerca originale è stata condotta da Orb Media, un sito di informazione non profit di Washington. Lavorando insieme ai ricercatori dell'Università statale di New York e dell'Università del Minnesota, la Orb Media ha trovato tracce di microplastiche nell'acqua potabile proveniente da tutto il mondo. E se ci sono nell'acqua di rubinetto probabilmente ci sono anche nei cibi preparati con l'acqua, come pane, pasta, zuppe e latte artificiale, dicono i ricercatori. Gli scienziati non sanno in che modo le fibre di plastica arrivino nell'acqua di rubinetto, o quali possano essere le implicazioni per la salute. Qualcuno sospetta che possano venire dai vestiti sintetici o dai tessuti usati per tappeti e tappezzeria. Il timore è che queste fibre possano veicolare sostanze chimiche tossiche, come una sorta di navetta che trasporta sostanze pericolose dall'acqua dolce al corpo umano. Negli studi su animali, «era diventato chiaro molto presto che la plastica avrebbe rilasciato queste sostanze chimiche, e che le condizioni dell'apparato digerente avrebbero facilitato un rilascio piuttosto rapido» dice Richard Thompson, direttore associato della ricerca presso l'Università di Plymouth, nel Regno Unito. «Dalle osservazioni sulla fauna selvatica abbiamo dati a sufficienza per essere preoccupati» dice Sherri Mason, una delle pioniere della ricerca sulla microplastica, che ha supervisionato lo studio della Orb Media. «Se sta avendo un impatto sulla fauna selvatica, come pos-

siamo pensare che non lo avrà su di noi?» La contaminazione sfida le barriere geografiche e di reddito: il numero di fibre trovate nel campione di acqua di rubinetto prelevato nei bagni del Trump Grill è uguale a quello dei campioni prelevati a Quito, la capitale dell'Ecuador. La Orb Media ha trovato fibre di plastica perfino nell'acqua in bottiglia, e nelle case in cui si usano filtri per l'osmosi inversa. Dei 33 campioni d'acqua prelevati in varie città degli Stati Uniti, il 94 per cento è risultato positivo alla presenza di fibre di plastica, la stessa media dei campioni raccolti a Beirut, la capitale del Libano. Fra le altre città prese in esame, figurano Nuova Delhi in India (82 per cento), Kampala in Uganda (81 per cento), Giacarta in Indonesia (76 per cento), Quito in Ecuador (75 per cento) e varie città dell'Europa (72 per cento). ... Il mondo sforna ogni anno 300 milioni di tonnellate di plastica. Oltre il 40 per cento di tutta questa materia viene usato una volta soltanto, spesso per meno di un minuto, e poi buttato via. Ma la plastica rimane nell'ambiente per secoli. Secondo un recente studio, dagli anni Cinquanta a oggi sono stati prodotti in tutto il mondo oltre 8,3 miliardi di tonnellate di plastica. Migliaia di miliardi di pezzettini di questo materiale sono disseminati sulla superficie dell'oceano. Le ricerche hanno trovato fibre di plastica dentro i pesci venduti nei mercati, nel Sudest asiatico, nell'Africa orientale e in California. C'è una fonte di inquinamento da fibre di plastica confermata, e probabilmente l'avete indosso. Gli indumenti sintetici emettono fino a 700.000 fibre a lavaggio, secondo quanto scoperto dai ricercatori dell'Università di Plymouth. Gli impianti di depurazione delle acque reflue negli Stati Uniti ne intercettano oltre la metà: il resto finisce nei corsi d'acqua, per un totale di 29.000 chilogrammi di microfibre di plastica al giorno. Alcuni esperti ritengono che queste fibre vengano portate dai sistemi idrici negli insediamenti più a valle ed entrino nelle case attraverso le condutture. ... «Siamo abbastanza convinti che i laghi e gli altri specchi d'acqua possano essere contaminati da deposizioni atmosferiche» dice Johnny Gasperi, professore dell'Università di Parigi-Est Créteil.

«Quello che abbiamo osservato a Parigi dimostra tendenzialmente che nelle ricadute atmosferiche è presente un'enorme quantità di fibre.» Restano molte incognite. Quanto è grande il pericolo se, per esempio, le fibre di plastica assorbono perturbatori endocrini, che alterano i sistemi ormonali degli esseri umani e della fauna selvatica, prima di essere consumate attraverso l'acqua potabile? «Non abbiamo mai veramente preso in considerazione questo rischio prima» dice Tamara Galloway, ecotossicologa all'Università di Exeter. (Il testo completo del rapporto è disponibile sul sito www.orbmedia.org)

Caleb Otto, ambasciatore all'Onu di Palau, isola del Pacifico con 21.000 abitanti. Deborah Manase, ambasciatrice all'Onu delle isole Marshall, arcipelago equatoriale con 29 atolli corallini. Sono due fra i tanti visitatori che vedo spalancare gli occhi di fronte alla galleria di fotografie esposte al Palazzo di Vetro, New York. Quindici scatti di aree costiere, altri quindici di paesaggi sottomarini. A prima vista, io li situerei proprio in qualche atollo tropicale raggiungibile solo in venti ore di volo, isole deserte e remote. I diplomatici stranieri sgranano gli occhi quanto il sottoscritto nello scoprire che quelle foto di sogno, quelle riprese di paesaggi stupendi e incontaminati, sono tutte bellezze italiane. Via via che leggo le didascalie sotto le foto, m'illumino di orgoglio. Un po', anche, di vergogna: la metà di quei paradisi terrestri, io italiano, non li ho mai visitati. Tra quelli che conosco: Portofino e le Cinque Terre, la Maremma, la Maddalena, il Conero. Ma i fotografi hanno saputo rivelare tali splendori che perfino i luoghi che conosco dall'infanzia mi stupiscono come li vedessi la prima volta. Poi ci sono, dalla Sardegna, l'Asinara, Capo Carbonara, le Saline di Molentargius. Dalla Sicilia, le Madonie, le Eolie. Il Cilento campano. Ventotene rivela un fondale corallino e una flora da fare invidia alla Polinesia. C'è una foto del Gennargentu che fa scomparire qualsiasi veduta delle Hawaii, o delle finte isole selvagge (la mitica Isla Nubar vicino al Costarica) dove Spielberg ha ambientato *Jurassic Park*. Abbiamo in casa nostra pure la preistoria, terre così primitive che sembra che l'uomo non vi abbia mai calpestato un fiore o un'alga.

È uno di quei momenti dove un italiano a New York si sente trasportato a qualche metro di altezza, vola sopra gli altri, sollevato dall'orgoglio per la propria terra.

La grande magia che avvolge i visitatori del Palazzo di Vetro si chiama «Il polmone blu del pianeta». È un'esposizione organizzata dalle Ong ambientaliste MareVivo e Fondazione Univerde, con la Società geografica italiana. Ai diplomatici di tutto il mondo che scoprono le meraviglie dei mari italiani, lo scienziato Ferdinando Boero (biologia marina, una microfacoltà di eccellenza nell'Università del Salento) spiega che, in realtà, stiamo facendo di tutto per distruggerlo. A fianco delle foto da sogno, infatti, c'è un documentario che illustra disastri terribili, naufragi di petroliere, fino alla *Costa Concordia*. Poi un documentario positivo, sul bene che sappiamo e possiamo fare: energie rinnovabili che l'Enea genera dalle onde marine. Un sogno concreto e realizzabile. Se tutti i moli e le banchine dei porti e porticcioli d'Italia trasformassero le mareggiate in elettricità, avremmo bisogno di molto meno petrolio. Si può fare, si comincia a fare, si deve fare.

Un'esposizione così, in un luogo che è simbolicamente la capitale del mondo, racchiude tutto il meglio e tutto il peggio di noi italiani. Paesaggi tali da abbagliare gli ambasciatori delle isole del Pacifico. E una terra fragilissima, visitatissima, esposta a tante incurie, troppe violenze. Un giorno, speriamo, diventerà il laboratorio di esperimenti per conservare tutto il meglio e liberarci dei vizi distruttivi.

Rosalba Giugni di MareVivo ha lanciato la nuova campagna «Mare Mostrum». Quel mostro che nasce dalle nostre plastiche. Non solo bottigliette buttate in acqua, ma anche microplastiche contenute nei dentifrici e shampoo. Avvelenano i pesci, che avvelenano noi.

La lotta per salvare la specie umana dalla Sesta Estinzione comincia anche dal quartiere dove abitate. Dal vostro condominio, dalla vostra scuola, dal vostro ufficio. Dalle scelte che fate ogni mattina sui mezzi di trasporto per recarvi al lavoro. È alla nostra, alla vostra portata, giorno dopo giorno, un gesto alla volta.

Da un paio d'anni, per la prima volta nella storia umana, la maggioranza degli abitanti del pianeta risiede in ambienti urbani. Nei paesi di antica industrializzazione, ovviamente la percentuale è molto più alta: dall'80 per cento in su, tra noi occidentali, è la quota della popolazione che vive in città. Il che significa che tante decisioni di enorme impatto ambientale vengono prese a livello cittadino. È nelle singole città che si stabilisce la politica del trasporto pubblico e della raccolta dei rifiuti. Le città decidono quanto spazio dare alle piste ciclabili, e al verde pubblico di parchi e giardini. Spesso si decidono a livello cittadino anche norme sul riscaldamento urbano o sull'erogazione di energia. Questo significa che non solo un movimento dei sindaci, ma anche un movimento dei cittadini, può davvero fare la differenza. Alla fine è ciascuno di noi a poter modificare tanti piccoli gesti quotidiani: con quale mezzo di trasporto spostarsi, che cosa mettere nel carrello della spesa, quanta attenzione investire nel portare i rifiuti ai cassonetti differenziati. Magari anche il gesto di abbassare il termostato di casa di un paio di gradi e mettersi un maglione in più guardando la tv. Sarà la sommatoria di questi gesti, uno alla volta, decisi da ciascuno, a stabilire se ce la faremo. Non a «salvare il pianeta», espressione assurda, tipica di una visione antropocentrica: la terra esisteva milioni di anni prima di noi e continuerà a esistere anche dopo la nostra scomparsa. È l'abitabilità del pianeta per questa specie umana e per molte altre che stiamo trascinando verso l'estinzione, la posta in gioco.

Le carte geografiche conoscono una nuova vita grazie ai camminatori e alle camminatrici. Un esercito silenzioso cresce di anno in anno, lungo sentieri sconfinati. In Europa, in America, riscopriamo in tanti un esercizio antico. La specie umana nasce nomade: camminatrice di lungo corso, esplorò continenti interi a piedi, emigrò lungo distanze di migliaia di chilometri quando ancora non aveva neppure inventato le calzature né addomesticato il cavallo.

Empire State Trail – il nome è altisonante, le dimensioni titaniche – è una grande opera che evoca i cantieri del New Deal rooseveltiano. Ma niente cemento, zero inquinamento, anzi questa è un'infrastruttura che più verde non si può: 1200 km di pista-sentiero per camminatori, corridori e ciclisti. Si tollerano anche i cavallerizzi. Dal cuore di Manhattan fino al Grande Nord canadese. È per chi ama le lunghe gite all'aria aperta, lo hiking estremo, o la mountain-bike. Le parole chiave di questa nuova iniziativa sono due. «Multiuso»: le piste nascono già con la vocazione flessibile, camminatori corridori e ciclisti sono benvenuti. E poi «track-to-trail», cioè dalla rotaia al cammino, perché almeno una parte dei sentieri vengono ricavati dalla conversione di ferrovie abbandonate. Che è già accaduto con enorme successo in ambiente urbano, vedi la High Line di Chelsea, a Manhattan. La novità più grossa, per questo Empire State Trail (che prende il nome dallo Stato di New York, immodestamente battezzatosi «imperiale» dalle origini), è la sua... novità. Nel senso che, a differenza di altri sentieri antichi, qui si tratta di attrezzare ampi tratti su zone dove non c'era alcun sentiero per hiking, né tantomeno per biciclette. Il percorso d'avvio dell'Empire State Trail, dopo la partenza da Manhattan, ha delle biforcazioni, segue la vallata boscosa del fiume Hudson fino ai monti Adirondacks, poi un segmento alternativo unisce le città di Albany e Buffalo.

La realizzazione di questa nuova opera è anche la conseguenza della crescente popolarità dei due sentieri «storici» più famosi. La East Coast aveva già il suo percorso selvaggio: l'Appalachian Trail. Questo è tutto interno agli Stati Uniti. All'estremo Sud parte dal monte Springer, in Georgia, il capolinea settentrionale è il monte Katahdin, nel Maine. In tutto, 3500 km attraverso North Carolina, Tennessee, Virginia, West Virginia, Maryland, Pennsylvania, New Jersey, New York, Connecticut, Massachusetts, Vermont, New Hampshire. La manutenzione di questi sentieri è curata da 31 associazioni. L'itinerario si sviluppa in gran parte attraverso foreste e paesaggi naturali quasi vergini, solo occasionalmente c'è qualche passaggio in cittadine, strade asfaltate o terreni agricoli. *A Walk in the Woods*, una passeggiata nei boschi, è il film che qualche anno fa venne dedicato all'Appalachian Trail, con Robert Redford e Nick Nolte.

Ancora più famoso e celebrato sia dalla letteratura sia dal cinema è il Pacific Crest Trail, all'estremo opposto degli Stati Uniti. È forse il più lungo tracciato di montagna, un sentiero per escursionisti dalle dimensioni smisurate, superiori a quelle della Via Francigena degli europei. A differenza del pellegrinaggio verso Santiago di Compostela, la cresta sul Pacifico è solo un'esperienza di contatto con la natura. Selvaggia, incontaminata, grandiosa e spettacolare. Da un capo all'altro sono 4265 chilometri, dal Messico al Canada attraversando gli Stati Usa di California, Oregon e Washington. Percorre vasti deserti, costeggia i ghiacciai della Sierra Nevada, le foreste di sequoie giganti, i vulcani del Cascade Range. È un itinerario attrezzato, pulito e conservato dall'abnegazione di migliaia di volontari, membri della Pacific Crest Trail Association, oltre alle guardie forestali dello US Forest Service. Si possono fare tratti di molte centinaia di chilometri o passarci un solo weekend, si può andare a piedi o a cavallo, campeggiare all'aperto o fermarsi in qualche rifugio.

Il Pacific Crest Trail, pur immenso e solitario, attira più frequentatori di una volta. Soprattutto donne sole, «in cerca di sé». In parte è per merito, o per colpa, di un romanzo e di un film. Il libro, *Wild* (edito in Italia da Piemme), è l'autobiografia di Cheryl Strayed, scrittrice di Minneapolis. A 47 anni, per risollevarsi da vari shock psicologici – la morte della madre, la tossicodipendenza, il divorzio – partì dal deserto del Mojave e seguì il Pacific Crest Trail per 1800 km, un'odissea di quasi cento giorni. Il suo best seller è finito sullo schermo nel 2014, protagonista Reese Witherspoon: altro successo di pubblico. Ma non un successo da spettatori passivi: migliaia di donne americane si sono messe sulle tracce di Cheryl Strayed. La fauna umana che s'incontra più spesso lungo quei sentieri meravigliosi sono donne sole, in cerca di esperienze forti, che compiono un viaggio iniziatico per superare traumi, riflettere sulla propria esistenza, progettare nuove direzioni di vita.

Forse avremmo bisogno tutti di staccare, per un periodo della nostra vita, e sottoporci al grande cammino nella natura. Per capire cosa stiamo perdendo, per raccogliere le idee, per darci la forza di reagire finché siamo in tempo.

XIII

La globalizzazione raccontata dal Prosecco

Dove si scopre che l'Italia è una superpotenza mondiale senza saperlo; dietro il successo della gastronomia, della moda e del turismo, affiora un «modello olistico» che esercita un fascino planetario; l'immagine degli italiani è migliore di quanto essi credano; spesso, però, il made in Italy non arricchisce noi, è sequestrato da multinazionali straniere; il protezionismo è un'arma a doppio taglio e nessuno la maneggia meglio dei cinesi; dieci anni dopo la Grande Crisi stiamo già dimenticandone le lezioni; le mie fantasie deluse sul Mediterraneo Sud torneranno mai d'attualità?

Come rivolgersi all'ex uomo più potente del mondo, se lui è a cena con moglie e figlia, e tu devi spiegargli il menu del ristorante? L'etichetta vorrebbe «Mister President», titolo che gli rimarrà incollato a vita (tanto più se il successore lo merita così poco). Jacopo Rampini ha scelto un rilassato «Hi guys». Che, tradotto alla lettera, sarebbe un «salve ragazzi», ma qui in America è molto usato perché siamo più casual. Del resto, il caposquadra del Secret Service era stato tassativo, nello spiegargli le regole del gioco: «Stasera avrai come ospiti al tuo tavolo un papà e una mamma che vogliono godersi una cena tranquilla con la figlia. Niente formalismi, per carità».

Mio figlio fa l'attore per passione e vocazione, il cameriere per mantenersi. A volte i mestieri si confondono. Come quella sera del 10 marzo 2017, quando fu lui a doversi occupare di Barack, Michelle e Malia. Il ristorante dove lavora, Via Carota al West Village, ha due chef donne bravissime che ne hanno fatto un magnete di celebrità: attori, cantanti, politici e altri Vip di passaggio. Ci puoi incontrare Sarah Jessica Parker e Woody Allen, Harvey Keitel e Uma Thurman. Ma quel venerdì in cui si sparse la voce che doveva arrivare Obama, anche per i loro standard fu allarme rosso. Le due chef proprietarie decisero di affidare a Jacopo la «gestione» esclusiva di quei tre clienti particolari, forse perché bisognava avere i nervi saldi, come sul palcoscenico. Gli Obama continuano a suscitare scene di delirio ovunque appaiano: quando vanno a vedere un musical a Broadway, devono entrare a spettacolo iniziato per evitare tumulti popolari. E poi la sicurezza resta un affare di Stato anche dopo l'addio alla Casa Bianca. A Via Carota il Secret Service si è presentato due ore prima: ispezione dei luoghi, interrogatorio delle proprietarie. Non bisognava chiudere il locale al pubblico perché gli Obama non vogliono perturbare la vita degli altri. Però: saletta separata, accesso diretto dalla strada, corridoio riservato per portare i piatti dalla cucina sul loro tavolo, sotto lo sguardo vigile di sei guardie del corpo. Nonostante le cautele, quando si è sparsa la voce che c'era Obama, nel ristorante è scattata la «standing ovation».

Ma, dentro la saletta, l'intimità era totale: papà mamma e figlia, più l'occasionale visita di Jacopo. «Sarò il vostro cameriere stasera, posso illustrarvi i piatti del giorno?» Il resto della conversazione è riservato: i camerieri hanno una deontologia severa. Ho saputo solo qualche dettaglio. Come in tutte le famiglie dei nostri tempi, la figlia parla e i genitori ascoltano. Malia ha colpito Jacopo per la buona educazione; Michelle perché la più calorosa, empatica; Barack perché ha le idee chiare fin dall'inizio, anche sulla lista dei vini, e non aspetta i consigli del cameriere. Che comunque gli ispira fiducia «perché italiano». Correttezza anche nei dettagli: la diciottenne Malia non tocca un goccio di alcol, neppure un dito di Prosecco, perché non ha compiuto i 21 anni come chiede la legge. Barack lascia una mancia che è il doppio della media americana, già generosa. (Ma non mi commuove: ha firmato un contratto da 60 milioni di dollari per il suo libro di memorie e per quello della moglie.) In famiglia ci tramanderemo la foto incorniciata di quella ricevuta con la firma del 44esimo presidente degli Stati Uniti.

Confessione invidiosa: negli otto anni del suo mandato ho intervistato due volte Obama per «la Repubblica», ho viaggiato al suo seguito, ho assistito a decine di conferenze stampa; eppure non ho mai avuto un contatto così intimo con lui come mio figlio cameriere. Merito delle due chef di Via Carota, certo. Ma, più in generale, l'episodio rientra nella moda dilagante del mangiare italiano, uno status symbol per le élite americane. E mondiali. Quando gli Obama hanno voluto fare un regalo alla figlia, non hanno avuto dubbi: la serata in famiglia doveva essere a base di gastronomia italiana.

«Pro... secco? What is it? I'm sorry, we don't have it.»
Come ho già ricordato, traslocai a San Francisco con tutta la famiglia nell'anno 2000. Ci trasferimmo da Milano e avevamo le abitudini di consumo tipiche del nostro paese. Molta roba italiana si trovava già nei supermercati della California, zona ricca e salutista. Il Prosecco no. Impossibile farsi un aperitivo con le bollicine, a meno di volersi rovinare con una costosissima flûte di champagne francese, o francese-californiano. Sì, la California aveva scoperto la cultura del vino già da qualche decennio, aveva produttori locali di alta qualità e di fama mondiale. Erano arrivati i francesi, naturalmente, e avevano investito alla grande, comprando terreni e vigneti dalla Napa Valley a Sonoma County. Si era insediato Moët & Chandon che, oltre a esportare lì lo champagne di casa, ne produceva uno locale, sempre dal prezzo elevato.

Passarono due anni della nostra vita sulla West Coast. E, di colpo, il Prosecco sbarcò a San Francisco. Ma non in punta di piedi. Fu un'operazione del tipo «sbarco in Normandia» nella seconda guerra mondiale. Un'invasione in massa. Per me, semplice consumatore, l'impressione fu che dalla sera alla mattina ogni bar, ogni ristorante, si era arreso di fronte all'invasore. Una guerra lampo. All'improvviso, quei baristi che fino a poco tempo prima non capivano di cosa parlassi, erano diventati degli esperti delle varie marche di Prosecco e mi offrivano anche una varietà di cocktail a base dello stesso vino. Era ubiquo nelle liste dei vini di tutti i ristoranti, quelli di lusso e quelli popolari. I sommelier imparavano a memoria nomi di piccole località venete e friulane. Conegliano e Valdobbiadene erano famosi quanto Venezia e Firenze. Lo champagne era stato cacciato in una nicchia di consumi da straricchi, un po' esibizionisti. La maggioranza dei consumatori – e, lo ripeto, i californiani di vino se ne intendono – avevano abbracciato con entusiasmo le bollicine italiane, democratiche e a buon mercato. Da allora la colonizzazione dell'America da parte del Prosecco è andata avanti. Sulle due coste, nelle città cosmopolite – da New York a Washington, da Miami a Boston, da San Diego a Los Angeles –, l'operazione Prosecco è stata replicata più di recente con lo Spritz Aperol e una varietà di cocktail sempre a base di bollicine italiane. Ma il Prosecco «semplice» ormai me lo vedo offrire anche in Texas e in Louisiana, o addirittura nelle catene di hotel Marriott della provincia profonda, nonostante che i fratelli Marriott (fondatori e tuttora proprietari) siano dei mormoni rigorosamente astemi.

Il genio, o più probabilmente la squadra di geni, che hanno inventato il marketing del Prosecco non si sono limitati alla conquista dell'America. Nell'estate del 2017 una notizia buffa – o irritante – è giunta dall'Inghilterra. Stufi della dominazione schiacciante del Prosecco tra i consumatori britannici, alcuni produttori locali (di mediocre qualità,

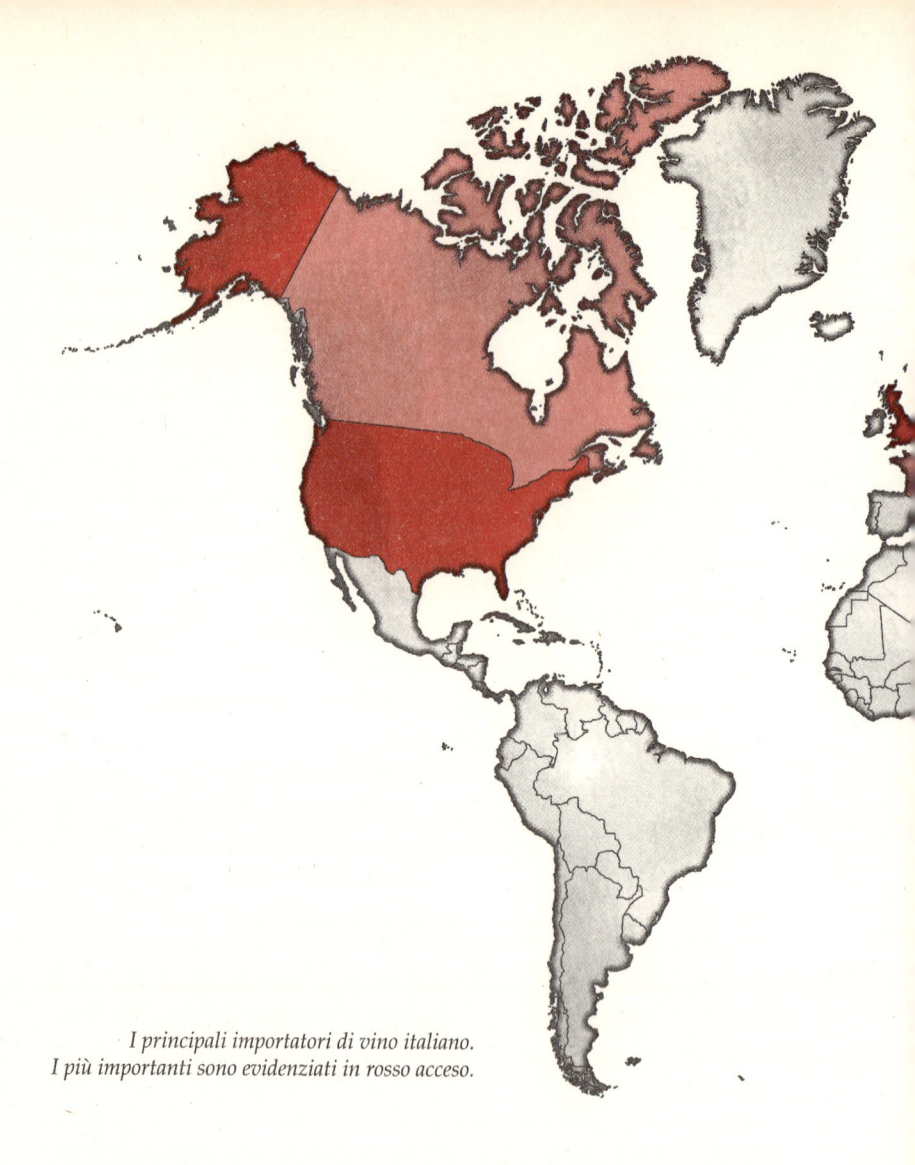

I principali importatori di vino italiano.
I più importanti sono evidenziati in rosso acceso.

presumo) hanno tentato di arginare l'invasione italica mettendo in giro fake news sui presunti danni delle bollicine alla dentatura. La dittatura mondiale del Prosecco si legge in questo numero: più di mezzo miliardo di bottiglie vendute all'anno. Potremmo usare una linea rossa della penetrazione mondiale del Prosecco per illustrare la carta geografica dell'invasione italiana dei mercati globali?

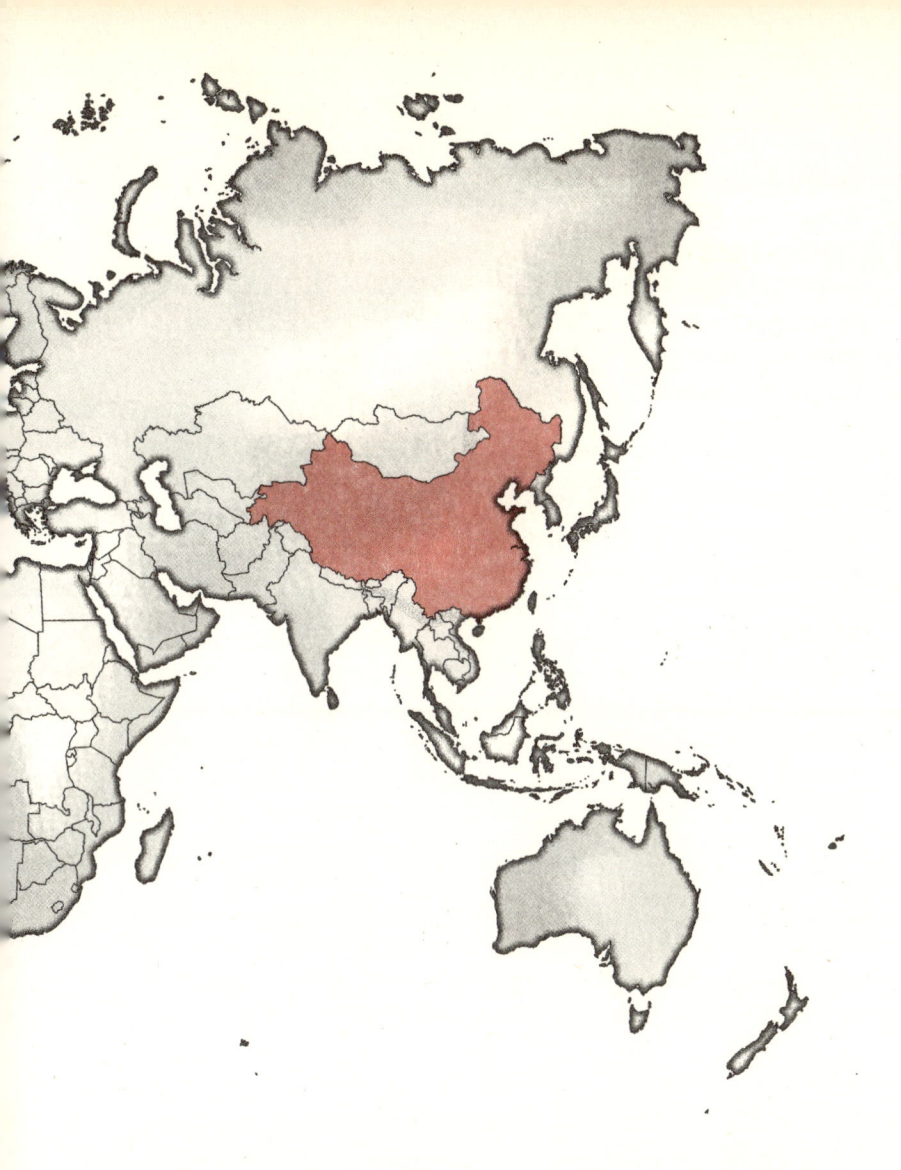

È un caso in cui l'Italia non è una vittima ma una vincitrice, una campionessa nella globalizzazione dei consumi, mostra una capacità insuperata di conquistare mercati su tutti i continenti, imponendo gusti, mode, prodotti.

Nella mia vita di nomade globale, di trionfi italiani ne ho visti tanti. Al mio arrivo a San Francisco diciassette anni fa scoprii che il massimo guru del salutismo alimentare per i californiani era già allora Carlo Petrini. Il movimento Slow Food era più potente di una religione. I massimi chef locali andavano in pellegrinaggio in Italia per studiare le ricette delle nostre nonne. Poi arrivò Michelle Obama, che alla Casa Bianca invitava Petrini, frequentava chef italiani come Lidia Bastianich, riuniva le massime autorità sanitarie americane perché imparassero i benefici della dieta mediterranea.

Da quando abito a New York osservo un altro fenomeno: il mesto declino del mito della ristorazione francese. Un tempo, non molto lontano, i ristoranti di lusso a Manhattan avevano chef venuti da Parigi, Lione, Bordeaux. Negli ultimi anni gli italiani li hanno spodestati alla grande, rinnovando in modo clamoroso la nostra immagine. Quando io viaggiavo negli Stati Uniti da ragazzo, c'erano già le pizzerie a ogni angolo di strada, ma perlopiù scadentissime. Poi c'erano dei ristoranti come quelli di Little Italy che proponevano un ibrido: la cucina che i nostri immigrati avevano adattato per venire incontro ai gusti grossolani degli americani. Ti ritrovavi nel piatto i famigerati «spaghetti with meatballs», lontani e degeneri discendenti di certe ricette nostrane, dove le polpettine di carne erano grosse come hamburger per soddisfare la bulimia dei consumatori locali, meno educati al mangiar bene. Dalla sanissima dieta mediterranea era nato un mostro, un finto cibo italiano contaminato dal *junk food* locale. Qualche ristorante del genere italoamericano esiste ancora, dove si mangia troppo e male. Alla larga. Ma nel frattempo c'è stata una nuova immigrazione dei nostri giovani chef, comprese tantissime donne, che dall'Italia hanno portato una rivoluzione fantastica. Puoi mangiare italiano spendendo poco ma in trattorie dove la cucina è semplice, sana, simile a quella di casa nostra. Puoi mangiare italiano in ristoranti raffinatissimi, che hanno invaso la categoria del lusso nelle grandi città. La gastronomia made in Italy è riuscita a occupare tutte le fasce di mercato. La ritirata dei francesi è evidente da questo esempio: alcuni di loro come gli chef Boulud e Jean-Georges, che possiedono dei piccoli imperi di ristoranti di lusso in America, hanno riconvertito i loro menu e propongono «specialità mediterranee», cioè un mix di cose francesi, spagnole, maghrebine, greche, ma con una chiara preponderanza di piatti italiani.

Ci sono altri segnali che colgo negli Stati Uniti. Negli scaffali dei supermercati ci sono intere zone invase dai prodotti italiani (dalla pasta al parmigiano, dall'olio ai pelati, dal prosciutto ai salumi), mentre di francesi ce n'è pochi, a parte i formaggi. Al fenomeno Eataly, che ha aperto sedi in tutte le grandi città americane e ha «raddoppiato» a Manhattan, non corrisponde niente di simile da parte francese. Per un paese come la Francia che continua a considerarsi la patria dell'alta cucina, la constatazione è disarmante: il mondo intero mangia italiano, anche perché la nostra gastronomia ha saputo interpretare le nuove aspirazioni dei consumatori del nostro tempo, che vogliono godersi il cibo ma vogliono anche star bene di salute, non ingrassare, non intossicarsi, non ingerire bombe di colesterolo, non attentare al proprio sistema cardiovascolare, eccetera. La linea rossa, in questo caso, potrebbe disegnare i confini mobili di un gusto italiano che invade il resto del mondo, un'avanzata irresistibile.

La supremazia globale del cibo italiano è solo un pezzetto di una storia più ampia e ancora più bella che ci riguarda. L'immagine dell'Italia è molto, molto migliore di quanto gli italiani sospettino. Bisogna fare vita da nomadi come il sottoscritto per rendersi conto di quanto siamo amati e ammirati nel resto del mondo. Anche di questo ebbi una prima prova concreta attraverso la storia familiare. Trasferendosi ancora una volta con me, a San Francisco nel 2000, mia moglie Stefania fu come sempre quella che pagò il prezzo più alto: per lei significava sradicarsi di nuovo, lasciare tanti amici in Italia, abbandonare il suo lavoro. Come altre volte, si reinventò una vita e un mestiere. Cominciò a insegnare. E facendo la professoressa d'italiano, prima in una scuola per adulti e poi in un liceo internazionale anglo-francese, ebbe un successo enorme. Le iscrizioni aumentavano di anno in anno. Nella French-American International School di San Francisco l'insegnamento dell'italiano non esisteva, lo introdusse lei, e fu un boom di adesioni degli studenti dalla prima media alla maturità. Merito delle capacità pedagogiche di Stefania, certamente. Però lei stessa intuiva che c'era dietro qualcos'altro. L'italiano surclassava il tedesco, lingua che ha più applicazioni nel mondo del business. Dopo il cinese e lo spagnolo, che avevano anche molti studenti madrelingua, figli di espatriati dall'Estremo Oriente o dall'America latina, la lingua più in crescita era l'italiano. Stefania raccolse testimonianze da altre città americane dove pure è accaduto qualcosa di simile.

Studiare l'italiano non è la cosa più «utile» ai fini del curriculum scolastico, per una carriera professionale ci sono tante lingue che hanno diffusione maggiore (oltre al cinese e allo spagnolo, anche l'arabo, il russo). La febbre dell'italiano, quindi, ha un'altra spiegazione: fa parte del fascino del nostro paese. I genitori californiani dei ceti medio-alti, colti e abituati a viaggiare, hanno il mito e il culto dell'Italia. Per loro, iscrivere i figli ai corsi d'italiano è un dono e uno status symbol: come studiare violino o danza classica, senza con questo voler diventare violinisti o ballerine di professione, è un lusso e un privilegio che fa parte di un'idea nobile dell'educazione dei giovani. Non è solo merito nostro, anzi è in piccolissima parte nostro: viviamo di rendita sulle bellezze naturali del paese, poi su ciò che ci hanno lasciato Leonardo e Raffaello, Michelangelo e Caravaggio, Verdi e Puccini, e tanti altri. Noi, spesso eredi indegni, siamo così in alto nella stima altrui perché poggiamo sulle spalle di giganti del passato. Un imprenditore come Oscar Farinetti, questo lo ha capito, tant'è che da Eataly a New York invita l'orchestra del Teatro Regio di Torino per le notti bianche a base di ouverture di Rossini, invita Baricco a leggere romanzi e poesie, invita la Fabbrica del Duomo di Milano, che porta in esposizione pezzi pregiati del nostro patrimonio artistico-architettonico. È l'approccio integrale, «olistico», che piace agli americani, i quali dell'Italia amano proprio questa combinazione armoniosa dove tutto si tiene, tutto è collegato: la qualità del cibo, l'arte, il paesaggio, la storia, la cultura, l'eleganza. E non solo gli americani.

Dopo aver lasciato San Francisco per trasferirmi a Pechino nel 2004, scoprii subito che questo fascino dell'Italia stava dilagando anche in Estremo Oriente. Vivendo per cinque anni dentro la nube tossica dell'inquinamento cinese, in un paese antichissimo che tuttavia ha conservato poche vestigia del suo passato, in una società dove corruzione e censura amplificavano il panico per gli episodi di contaminazioni alimentari, io riuscivo a immedesimarmi nello sguardo estasiato che ha il cinese quando visita l'Italia. Da Pechino questo lo scrivevo nel libro *Centomila punture di spillo*, anno 2008, in un passaggio che riporto perché un decennio dopo è diventato perfino più attuale:

> Mangiare all'italiana è un'arte da coltivare contro il *Franken food*, per sconfiggere l'intossicazione chimica da alimenti industrializzati. L'antica sapienza delle nostre gastronomie regionali diventa una risposta a bisogni modernissimi. Non solo in Europa e in America, ma anche nei paesi emergenti centinaia di milioni di persone che conquistano redditi medio-alti si evolvono culturalmente, scoprono l'importanza di adottare abitudini alimentari meno patogene, si pongono domande nuove sulla qualità dei loro consumi.
>
> In Cina o in India, in Russia o in Brasile, ci si accorge di quanto sia seducente la cultura del saper vivere che l'Italia ha elaborato fino alla perfezione. È uno stile di vita affascinante non solo per i privilegiati. Perfino per quel vastissimo ceto medio emergente che ancora non può permettersi il made in Italy di lusso, i segnali di prestigio dell'Italia

sono inconfondibili. Per esempio, quando un'azienda cinese vuole presentarsi sul suo mercato nazionale con un profilo di eleganza, di estetica raffinata, spesso sceglie come marchio un nome che «suona» italiano. Lo stesso fenomeno della contraffazione e della pirateria, che certo va combattuto, tuttavia tradisce all'origine una sconfinata ammirazione per l'oggetto che viene imitato. Come a Shanghai e a Pechino, anche a Bangkok, Marrakech o San Pietroburgo, siamo copiati perché siamo amati.

Oggi le nazioni più dinamiche del mondo sono permeate di italianità. Noi siamo abituati a dare per scontato che la globalizzazione sia sinonimo di americanizzazione, ma non è sempre vero. La globalizzazione omogeneizza mode e modi di vita, comportamenti e gusti. Così facendo mette in circolazione nell'immaginario collettivo e nel circuito mondiale dei simboli non soltanto «made in Usa». È ben visibile una *Italian way of life* che invade di prepotenza civiltà un tempo assai lontane da noi. Le nuove generazioni sono quelle che assorbono più velocemente i nostri gusti. Dal caffè al gelato, c'è una corrente di italianizzazione che pervade il mondo.

Agli europei, agli asiatici, agli americani non piacciono solo le cose che noi disegniamo e progettiamo, produciamo e vendiamo. Li affascina ciò che sta dietro quegli oggetti, un universo di valori di cui intuiscono l'importanza per la creatività italiana: il nostro saper vivere, la fantasia unita alla tensione verso la qualità. Il rispetto per la storia e per i grandi creativi del passato. La conservazione delle tradizioni, insieme con la flessibilità. La capacità di adattare il bello all'utile, l'antico al moderno.

La Cina è un osservatorio interessante da cui studiare qual è la nostra ricchezza più preziosa. Da una parte i cinesi sentono delle intense affinità con la nostra cultura; d'altra parte percepiscono in noi qualcosa che da loro è andato perso. La Cina ha un forte senso del passato, è consapevole di discendere dalla civiltà più antica del mondo, è impregnata della profondità della sua storia. Però la stessa Cina è stata in epoca contemporanea il centro di un esperimento drammatico di chirurgia sociale che ha tentato di amputarne la memoria storica. Durante il maoismo vi fu un rigetto del passato. Oltre alla chiusura delle università, alle distruzioni di templi, musei e biblioteche, l'odio per l'antico agevolò anche lo stupro delle città, la distruzione dei centri storici. I traumi di quel periodo si sommano all'impatto di uno choc molto più recente, cioè l'avvento del boom capitalista che ha stravolto selvaggiamente il paesaggio urbano, ha «triturato» il rapporto con il passato sottoponendo i giovani a massicce dosi di pop-cultura di massa.

In mezzo a questo travaglio – che non è certo solo cinese, ma in Cina raggiunge livelli estremi – si percepisce un grande interesse verso l'Italia, perché è considerata come una nazione-museo che rappresenta una felice sintesi tra conservazione della storia e modernizzazione. Per i viaggiatori cinesi il primo impatto con Roma, Venezia e Firenze è la scoperta che si può vivere nel XXI secolo preservando nel cuore delle proprie città il tesoro di civiltà passate ... Come i cinesi, tanti altri popoli stranieri non provano soltanto un'attrazione «turistica» verso la nostra terra. Essi sentono che dall'Italia può esserci qualcosa da imparare sulla qualità esistenziale, sull'abitabilità dei centri urbani, per costruire una società postindustriale che resusciti gli aspetti ancora validi di modi di vita antichi.

Mentre nel 2008 dalla Cina io scrivevo questi appunti su una globalizzazione dalle impronte italiane, osservavo però un nostro limite grave. Troppo spesso a sfruttare il fascino dell'italianità non erano (e non sono) delle aziende italiane, bensì delle multinazionali straniere. Dopo di allora, altri se ne sono accorti. Per me che in quegli anni mi aggiravo nei supermercati, ristoranti, shopping mall di Pechino e Shanghai, la contraddizione era stridente, scandalosa, rivoltante. Un popolo cinese che era cresciuto per millenni nella «civiltà del tè», sotto i miei occhi si stava convertendo al caffè. Le giovani generazioni ne facevano uno status symbol, volevano bere solo e sempre caffè, tutto d'un colpo, forse per l'immagine energetica della bevanda, forse per distinguersi da genitori e nonni. Il problema è che questa conversione di massa dal tè al caffè, enorme, improvvisa e brutale, la pilotavano per prime due multinazionali, l'americana Starbucks, che apriva bar in ogni angolo della Cina, e la svizzera Nestlé, che vendeva macchine Nespresso alle famiglie del ceto medio-alto. I nostri Lavazza e Illy hanno fatto del loro meglio, hanno investito pure loro sul mercato cinese, ma lo spazio maggiore era ormai occupato dal duo svizzero-americano. Assurdo, mi dicevo in quegli anni, che gli svizzeri e gli americani diventino gli ambasciatori del caffè in Estremo Oriente.

Un fenomeno simile è avvenuto col gelato. Un altro alimento sconosciuto in Cina, come quasi tutti i dessert, fino a un'epoca recente. Improvviso cambio di costumi, strappo rispetto alle consuetudini secolari di una dieta quasi priva di zucchero. Ma il massimo protagonista del blitz dei gelati fu un'altra multinazionale americana, Häagen-Dazs. E il cioccolato? Anche quello era rimasto assente dalla Cina per qualche millennio. Gliel'hanno portato marche belghe possedute da multinazionali americane e francesi, come Leonidas che apparve con le sue pralines in tutti gli shopping, proprio negli anni in cui abitavo in Cina. E la pizza? Sono dilagati i fast food della catena americana Pizza Hut, una filiale del colosso Pepsi-Cola. Insomma, il mangiare all'italiana avanzava impetuosamente perfino in Cina, un paese che aveva custodito gelosamente per millenni tradizioni molto diverse dalle nostre. Ma le aziende veramente italiane erano costrette ad accontentarsi delle briciole, pezzettini marginali di un nuovo mercato che altri stavano occupando prima di noi.

Una storia di occasioni mancate, di un'italianizzazione riuscita solo in parte. La linea rossa dell'*Italian way of life*, proprio come la Grande Muraglia cinese, si allargava ma al tempo stesso non riusciva a fermare le invasioni barbariche di marchi multinazionali troppo abili nello scimmiottarci. La globalizzazione dei consumi e dei costumi abbracciava il nostro stile di vita, però a parte alcuni casi come il

Prosecco e Eataly, la Barilla e la Ferrero, troppo spesso altri produttori erano più svelti e più bravi nel prendere il posto degli italiani fingendosi italiani. Qualche volta l'operazione è fraudolenta, un raggiro vero e proprio, anche in un paese che si reputa civile e rispettoso delle regole. Penso al fenomeno del cosiddetto *Italian sounding*, che mi perseguita adesso che vivo negli Stati Uniti: è l'uso di nomi che suonano italiani, assomigliano agli originali, una pratica piratesca ma diffusa. Da consumatore che fa la spesa nei supermercati americani, quando mi verrà risparmiata l'offesa del «Parmesan» o del «Parmeggiano» (*sic*)? La smetteranno gli allevatori dell'Iowa di rifilare agli ipermercati Whole Foods un prosciutto crudo che si pretende uguale al nostro? Il protezionismo occulto ci colpisce con dazi, tariffe doganali, ostacoli regolamentari: dall'agroalimentare ai gioielli, dal tessile ai macchinari. «Gli americani» spiega il ministro Carlo Calenda «non hanno mai riconosciuto i marchi locali, come la denominazione del prosciutto di Parma; per loro esistono solo marchi aziendali.» È così che legalmente si arriva fino a quella vera e propria «circonvenzione d'incapace» che è l'*Italian sounding*, per trarre in inganno la massa dei consumatori meno avveduti. Ma ci sono cascato anch'io, confesso: nella fretta di riempire il carrello e correre alla cassa mi è capitato di scambiare l'infame «Parmeggiano» per il prodotto vero.

Se non riusciamo a ripetere l'«operazione Prosecco» per tutte le eccellenze del gusto italiano, c'è anche una ragione strutturale. La guerra-lampo del Prosecco non ha dietro di sé una singola multinazionale. Lo champagne Moët & Chandon è di proprietà del colosso francese Lvmh, che spazia dalla moda agli accessori di lusso, mentre il Prosecco è una galassia di produttori grandi, medi e piccoli. È un caso in cui alcune regioni d'Italia hanno fatto sistema, il gioco di squadra ha funzionato. Ma di solito non è così. Chi ha delle vere multinazionali ha una marcia in più. Lo dimostrano i casi che ho elencato di Nestlé, Starbucks, Pizza Hut e altri nella conquista della Cina. Americani, tedeschi, francesi hanno anche colossi della grande distribuzione, reti di ipermercati diffuse nel mondo: a loro volta, queste tendono a favorire prodotti delle grandi marche globali. L'Italia soffre anche in questo del suo capitalismo nano, avaro di capitali, diffidente delle alleanze, con dinastie familiari che spesso preferiscono vendersi a uno straniero anziché allearsi con un connazionale. I più ingordi nel fare incetta di icone dello stile italiano sono stati i francesi: da Lvmh al gruppo Pinault, hanno razziato tanti bei nomi della moda e del lusso. I quali continuano a essere identificati nel resto del mondo come bellezze squisitamente italiche, però arricchiscono la finanza francese.

Le piccole dimensioni delle nostre aziende sono un handicap anche nella lotta contro l'*Italian sounding*. Un rimedio per contrastare il «finto italiano dal nome italianeggiante» è depositare più brevetti internazionali. Ma costa. Poi i brevetti bisogna farli rispettare. Le multinazionali hanno grossi uffici legali, o grandi Law Firms esterne, eserciti agguerriti che girano l'America e il mondo intero. Per i piccoli produttori si tratta di costi improponibili.

Anche per questo motivo l'Italia era una sostenitrice del Ttip, il trattato transatlantico di libero scambio Usa-Ue che Obama voleva condurre in porto prima della fine del suo mandato. Dentro quel trattato gli italiani erano riusciti a infilare qualche garanzia contro l'*Italian sounding* e altre barriere occulte che danneggiano i nostri prodotti. Ma il Ttip è finito su un binario morto. Prima di tutto, bisogna ricordarlo, per le resistenze europee. Da anni cresce nell'opinione pubblica – per ragioni fondate – la diffidenza verso quel tipo di trattati. Troppo spesso in passato quei mega-accordi sono stati negoziati con scarsa trasparenza, e le lobby delle multinazionali sono riuscite a infilarci ogni sorta di regole in loro favore. Alle promesse tradite dalla globalizzazione ho dedicato il mio ultimo libro, *Il tradimento*, e non ripeto qui la storia di quelle menzogne e di quell'impostura. Mi limito a questa, che sembrerà una provocazione: il prossimo trattato di libero scambio, per riconquistare la fiducia dei cittadini, dovrebbe aprirsi con una regola che vieta alle multinazionali di spostare profitti verso i paradisi fiscali e costringe i grandi gruppi capitalistici a pagare le tasse esattamente come lo facciamo noi cittadini contribuenti. Non credo che vedremo presto questo genere di trattato.

Nel frattempo l'onda lunga del protezionismo si è estesa, con l'elezione di Trump, anche al paese che era leader del pensiero liberista. È una novità, anche se era nell'aria da tempo, e per più ragioni. Il protezionismo è un nostro compagno di strada da sempre. Ero bambino quando i *vignerons* francesi davano l'assalto alle cisterne di vino italiano per boicottare i primi effetti del mercato unico europeo. Anche quando le frontiere vengono eliminate tra paesi relativamente simili, con livelli di sviluppo comparabili, c'è sempre qualche categoria che ci perde e qualcuna che ci guadagna. È importante verificare che la somma dei benefici sia positiva. È importante anche non trascurare i perdenti, trovare delle soluzioni per loro. Inoltre abbiamo delle potenze industriali che il protezionismo lo praticano senza dirlo: prima il Giappone, poi la Cina. Tuttora il mercato nipponico è molto meno aperto di quanto dovrebbe: pur essendo un paese ricco e avanzato, estremamente competitivo, in certi settori continua a sabotare silenziosamente gli stranieri.

La Cina ebbe diritto a un protezionismo «autorizzato», nelle regole concordate con l'Occidente, quando nel 2001 entrò a far parte della World Trade Organization (Wto, l'organizzazione del commercio mondiale). All'inizio era logico, perché la Cina del 2001 era un paese povero e arretrato, era davvero Terzo Mondo, quindi non potevamo costringerla a competere ad armi pari. Ottenne di poter mantenere sui nostri prodotti dei dazi molto più elevati rispetto a quelli che noi preleviamo sui prodotti cinesi (la disparità è particolarmente ampia con gli Stati Uniti) e di imporre le sue regole molto speciali nei settori che Pechino considera «strategici», ma che includono un po' di tutto, compresa l'automobile. Esportare auto in Cina è arduo perché i dazi sono altissimi: lo può fare la Ferrari, ma non una marca per la quale il prezzo deve essere attraente. Dunque, conviene investire in Cina, avere una fabbrica che dà lavoro a operai cinesi e produrre lì. In questo caso, però, scatta la regola che impone un socio cinese al cinquanta per cento, e al socio cinese bisogna trasferire il proprio know how. Io lo chiamerei spionaggio industriale legalizzato. È il modo con cui la Cina brucia le tappe della modernizzazione, si sposta su settori più qualificati. Così ci ritroviamo con uno strano ibrido: questo gigante da 1,3 miliardi di abitanti contiene ancora delle sacche di sottosviluppo e dei settori che competono grazie al basso costo del lavoro; ma al suo interno c'è anche un'altra Cina, talmente moderna da avvicinarsi alla Corea del Sud e al Giappone, che però continua a competere con le regole «favorevoli» che erano state concordate in un'altra epoca storica. In più, il governo cinese spesso bara, alle regole favorevoli ci aggiunge del suo e, quando lo ritiene opportuno, aiuta i propri campioni nazionali con ogni metodo lecito o illecito. Sentir dire, da commentatori troppo frettolosi di «seppellire Trump», che il presidente cinese Xi Jinping è diventato il nuovo difensore delle frontiere aperte, è ridicolo. Non basta fare discorsi al World Economic Forum di Davos, dove Xi si è presentato come un ideologo del «globalismo». La pratica reale del suo governo è un'altra cosa.

Trump non rappresenta uno strappo inaudito, visto che il protezionismo è sempre stato in mezzo a noi. Lo usò Ronald Reagan – l'ultimo grande leader repubblicano – per frenare l'invasione di auto e acciaio made in Japan negli anni Ottanta. Lo usiamo noi europei quando ci fa comodo bloccare la carne di manzo americana per favorire i nostri allevatori. Più di tutti lo usano cinesi, giapponesi, sudcoreani. Commercio equo, reciprocità, due slogan che Trump ripete spesso, non sono una sua invenzione, molto prima di lui vennero sostenuti da tanti altri, sia a destra sia a sinistra. Si tratta di capire se e quanto la globalizzazione stia cambiando, se sia iniziato un capitolo nuovo. Le mappe della geografia economica, o «geoeconomia», sono in movimento. E le scelte che riguardano il commercio estero si collegano ad altri scacchieri: politici, militari.

Che cosa può cambiare nelle mappe del commercio mondiale se Trump riesce a realizzare almeno una parte delle sue promesse? La posta in gioco è una torta da 5000 miliardi di dollari. È il tesoro delle multinazionali americane, il valore totale accumulato negli anni dei loro investimenti diretti nel resto del mondo. È qui che Trump intende «prelevare» le risorse per il suo piano: «Make America Great Again». Lo slogan della sua campagna elettorale, «rifare l'America grande», passa attraverso un'iniezione di protezionismo. Nei primi mesi del suo governo ha convinto Ford e United Technologies a cancellare due progetti di investimento all'estero, entrambi per costruire fabbriche in Messico. Le due multinazionali hanno ceduto alle pressioni del presidente e quegli investimenti li faranno negli Stati Uniti. Il bilancio in termini di posti lavoro salvati è modesto: circa duemila. Ma è il segnale di quel che Trump intende fare per mantenere le sue promesse. Se quei due successi iniziali dovessero essere replicati su vasta scala, quali saranno le conseguenze? Quanta occupazione si può salvare, o rinazionalizzare, invertendo la tendenza dopo un quarto di secolo di delocalizzazioni? Se la globalizzazione fa marcia indietro, chi saranno i vincitori e i perdenti?

C'è una geopolitica degli investimenti esteri che possiamo seguire sul mappamondo. Su quel totale cumulato di 5000 miliardi di investimenti esteri delle multinazionali Usa, la quota di gran lunga più grande è in Europa: 2950 miliardi. Segue l'America latina con 850 miliardi, al terzo posto arriva l'Asia con 780 miliardi. Quanta occupazione «spostano», dal paese d'origine ai paesi d'arrivo, questi investimenti diretti? Le stime variano e sono materia di polemica politica. Si può ricordare che la creazione del mercato unico nordamericano Usa-Canada-Messico, che risale al 1994, è stata indicata come la prima causa della deindustrializzazione degli Stati Uniti. A seconda che si prendano le stime confindustriali o quelle sindacali, si va dai 700.000 a quasi tre milioni di posti di lavoro trasferiti all'estero. Se Trump riesce a capovolgere questa tendenza, e costringe le multinazionali a rimpatriare quote significative di capitali, l'impatto sull'occupazione può essere sostanziale. L'Europa, almeno in teoria, ha molto da perdere.

Trump ha già indicato i principali strumenti con cui può influire sulle scelte di localizzazione delle grandi imprese Usa. Il primo è lo strumento dissuasivo-punitivo più classico: nuovi dazi doganali potrebbero colpire anche quei prodotti che le multinazionali Usa fabbricano all'estero e reimportano in patria. Il secondo strumento è un incentivo fiscale. La tassa Usa sugli utili societari è tra le più alte, attualmente l'aliquota è del 35 per cento. Lui promette di ridurla. Il terzo strumento, nella categoria degli incentivi, è la deregulation, anch'essa fra le promesse di Trump per ridurre i costi di produzione sul territorio nazionale. Sulle norme ambientali lui ha già fatto molti regali alle imprese coi decreti presidenziali firmati nei primi mesi alla Casa Bianca. Infine, lui può usare il volano delle commesse pubbliche, per esempio la spesa militare: un argomento che ha utilizzato nei confronti di United Technologies e Boeing.

Quanto cambia rispetto a Obama? Ho già ricordato che il revival del protezionismo è meno nuovo di quanto sembri. Reagan, in un'America pre-Nafta e pre-Wto, costrinse la Toyota a creare fabbriche sul territorio degli Stati Uniti. Obama lo usò nella maximanovra antirecessiva. Il suo

Recovery Act, la legge con cui varò 800 miliardi di investimenti pubblici nel 2009 per rilanciare la crescita, conteneva una clausola «Buy American»: favoriva i produttori americani come destinatari delle commesse pubbliche. Gli Stati Uniti non hanno mai smesso di praticare politiche industriali aggressive, a livello federale e ancor più a livello dei singoli Stati. I governatori degli Stati offrono spesso pacchetti di sgravi fiscali per attirare investimenti, o trattenere le imprese sul loro territorio. È una politica industriale che fa pagare il conto al contribuente. La sinistra, con Bernie Sanders, lo ha etichettato come Corporate Welfare: assistenzialismo per le imprese.

Ma gli altri paesi starebbero a guardare? Se la svolta protezionista di Trump viene applicata su vasta scala, i partner commerciali non staranno fermi. La Cina, mercato ambìto dalle multinazionali Usa sia come sbocco per le vendite sia come piattaforma di produzione, può decidere di rispondere colpo su colpo, varando dei «controdazi»: interi mercati potrebbero chiudersi alle imprese americane. Prima che si avveri questo scenario da guerra commerciale, le lobby del capitalismo americano manovreranno al Congresso per condizionare Trump: dentro il Partito repubblicano una solida corrente liberista è contraria alle barriere.

È falso però che in un'eventuale guerra commerciale «tutti perderebbero». Poiché il commercio mondiale è fortemente asimmetrico, con paesi come Germania e Cina che esportano molto più di quanto importano, una spirale del protezionismo li colpirebbe in modo assai più forte. Mentre l'America, almeno inizialmente, avrebbe tutto da guadagnare. Altro discorso è se sia realistico un «ritorno a casa» delle multinazionali americane. Ci sono multinazionali come Apple la cui catena produttiva è globale: in un iPhone sono incorporati componenti fatti in Cina, Giappone, Taiwan, Germania. Portare tutte le produzioni a casa può essere difficile, quasi impossibile.

L'Atlantico unisce o divide l'Europa dagli Stati Uniti?
Nella storia ci sono gli strappi, le svolte improvvise e traumatiche, anche se magari i contemporanei non le percepiscono immediatamente come tali. Quando Cristoforo Colombo partì con le tre caravelle alla ricerca della «rotta occidentale» per le Indie, e approdò invece in un continente nuovo (almeno per l'uomo bianco), nessuno percepì quel che stava per accadere. Fu l'inizio della decadenza per l'«economia mediterranea», quella che lo storico francese Fernand Braudel aveva individuato come la prima forma di globalizzazione. Il Mare Nostrum diventò progressivamente marginale nei flussi degli scambi, sostituito dall'Atlantico. Questo sconvolse le gerarchie, i rapporti di forze tra nazioni. Cominciò a delinearsi un lento declino di potenze mediterranee come le nostre Repubbliche marinare (Venezia, Genova, Pisa), a vantaggio di porti come quelli olandesi e francesi. Portogallo e Spagna, due paesi proiettati più di noi verso l'Atlantico, e con delle monarchie che avevano consolidato il controllo sulle loro nazioni, riuscirono a reagire meglio delle nostre piccole città-Stato e costruirono imperi ultraoceanici. Si posero le basi per l'ascesa dell'Inghilterra. L'Atlantico divenne il centro della nuova economia globale. Lo sarebbe rimasto per mezzo millennio. Fino a una storia molto recente: il passaggio di consegne dall'impero britannico alla nuova egemonia degli Stati Uniti nel corso del Novecento confermò che il baricentro del potere politico e militare, industriale e tecnologico, finanziario e culturale, rimaneva pur sempre l'Atlantico. L'entrata in guerra degli Stati Uniti nella prima e, soprattutto, nella seconda guerra mondiale consolidò la rete di rapporti tra la potenza leader del Nuovo Continente e la vecchia Europa. Il Patto atlantico si definì proprio in base a una geografia, identificando in quell'oceano l'asse che racchiude l'idea di Occidente: una comunanza d'interessi ma anche di valori, oltre che un'alleanza per la difesa.

Trump è davvero un nazionalista allo stato puro, la cooperazione con gli europei non lo interessa. «Non sono stato eletto per fare il presidente del mondo» è un suo slogan ricorrente, piace a chi lo ha votato. Ma che prezzo può pagare l'America stessa, se abbandona l'Europa al suo destino? Non ci sono scenari traumatici nell'immediato, non è concepibile un divorzio veloce: troppo antichi e consolidati sono i legami politici e militari, economici e valoriali, perché un solo presidente possa distruggerli. È sul lungo termine che il logoramento dei rapporti può comportare danni strategici agli interessi americani.

Difesa e alleanze: qui lo strappo di Trump è brutale ma non è senza precedenti. Già con George W. Bush ci fu una presidenza unilateralista, con Donald Rumsfeld e i neoconservatori che apertamente disprezzavano la «vecchia Europa» pacifista e imbelle. Paragonata a Venere, rispetto al pianeta Marte che sarebbe l'America. La dissociazione franco-tedesca (Chirac-Schroeder) dall'invasione dell'Iraq nel 2003 contribuì alla mancanza di legittimazione internazionale di quella guerra. Col tempo un allentamento del rapporto atlantico può contribuire forse alla costruzione di un polo di difesa autonomo; soprattutto può incoraggiare tentazioni neutraliste che sono sempre state presenti sul Vecchio Continente: Germania in testa. L'America deve almeno una parte della sua forza globale alla rete di alleanze che seppe mantenere dalla seconda guerra mondiale.

Il primo a poter trarre vantaggi dal gelo fra Stati Uniti ed Europa è Vladimir Putin. La Russia è una superpotenza militare eurasiatica, molto più vicina a noi di quanto lo sia l'America. È anche una fonte di approvvigionamento energetico. Da tempo c'è insofferenza verso le sanzioni inflitte a Mosca, che creano danni alle economie europee mentre sono irrilevanti per quella americana. Diverse lobby confindustriali, dall'Italia alla Francia alla Germania, lavorano per revocare le sanzioni. La voglia di «appeasement» si rafforza se Washington diventa un partner inaffidabile. Il che aprirebbe nuovi spazi all'espansionismo russo in Europa centrale e nel Baltico.

In quanto alla Cina, nel capitolo che le dedico la Nuova Via della Seta avviluppa l'Europa con investimenti nelle infrastrutture, dai porti alle ferrovie. Xi Jinping pretende di sostituire Trump come leader «globalista». Una ritirata americana accelera la penetrazione cinese: commerciale, finanziaria e, alla fine, anche politica. Con Trump che abbandona la bandiera dei diritti umani, non saranno gli europei a premere su Pechino per un'evoluzione democratica. Già adesso il volume degli investimenti è in crescita in ogni settore: in Italia, spazia dal calcio alle utility, crea legami profondi e durevoli.

L'Europa sta già «castigando» a modo suo l'America. Nel passato era stata generosa di privilegi fiscali alle multinazionali Usa: il caso più eclatante è il trattamento garantito per anni dall'Irlanda alla Apple. Già c'è stato un indurimento con le procedure della Commissione di Bruxelles che puntano a chiudere gli spazi dell'elusione fiscale: dalla sanzione contro Apple al progetto europeo di webtax che vuol vietare a tutti i giganti dell'economia digitale quei giochetti che spostano virtualmente profitti da un paese all'altro. In palio c'è un bottino di centinaia di miliardi di gettito, su cui si può aprire una guerra fiscale tra le due sponde dell'Atlantico.

In parallelo con l'elusione fiscale, un vasto contenzioso investe i giganti della Silicon Valley. Da Google a Facebook, da Amazon a Uber, il dominio Usa nell'economia digitale è totale. È un'egemonia fondata anche su sistemi di regole squilibrate e inique: per esempio, nel saccheggio dei contenuti, dalle immagini alle news, fino alla privacy individuale. Colpendo Google per il suo comportamento monopolistico, l'antitrust di Bruxelles ha segnalato che questo sarà un terreno di battaglia. Potrebbe estendersi anche ai paesi europei quella tendenza a rinazionalizzare Internet che è già in atto da tempo – per altre ragioni – nei regimi autoritari, dalla Cina alla Russia all'Iran. Il danno per la Silicon Valley sarebbe immenso.

Ma ora rovesciamo il punto di vista, dopo avere esaminato che cosa perde l'America se gira le spalle all'Atlantico; proviamo a immaginare se sia realistico uno scenario in cui l'Europa «fa da sola». Angela Merkel ha detto: «Ora l'Europa deve prendere in mano il proprio destino». È un obiettivo realistico? Quali sono i grandi dossier sui quali dovremmo emanciparci dalla leadership americana?

Il primo è la difesa. Ci fu un'epoca, subito dopo la caduta del Muro di Berlino, in cui venne teorizzato un futuro dell'Europa come «superpotenza erbivora», cioè capace di esercitare una vera egemonia fondata solo sul «soft power»: ricchezza economica, modello di diritti e inclusione sociale, patrimonio culturale. Ben presto arrivarono le guerre dei Balcani a spezzare quell'intervallo pacifico; più di recente il revanscismo russo in Ucraina, i segnali di aggressività di Mosca nel Baltico. L'Europa occidentale dal 1945 è sempre vissuta sotto la protezione militare degli Stati Uniti, poi estesa agli ex satelliti del Patto di Varsavia. Una difesa europea autonoma costerebbe cara, i contribuenti italiani, francesi o tedeschi non sono pronti a pagare il conto.

Le ricadute della leadership militare americana si estendono all'approvvigionamento energetico. L'alleanza tra Stati Uniti e Arabia Saudita, oltre che il ruolo della Quinta e Sesta Flotta Usa nel Mediterraneo e nel golfo Persico, garantiscono la sicurezza delle rotte navali. L'America per se stessa potrebbe farne a meno: si avvicina all'autosufficienza energetica, quel poco che importa lo acquista da vicini come Canada e Messico. Da anni gli Stati Uniti non comprano più una goccia di petrolio arabo: il grande traffico delle navi petroliere che partivano dal golfo Persico e solcavano l'Atlantico per rifornire le raffinerie del Texas è un ricordo che sbiadisce nel passato. Ecco un'altra rivoluzione rapida delle carte geografiche: il baricentro del potere energetico è in movimento, l'«America saudita» ha un margine di manovra senza precedenti.

L'Europa (con l'eccezione della Francia nuclearizzata) dipende da Russia, Medio Oriente e Nordafrica, ed è quindi vulnerabile a shock politici o ricatti. Le nuove sanzioni alla Russia votate dal Congresso di Washington nell'estate 2017 prendono di mira in particolare il progetto chiamato «Nord Stream 2», il gasdotto che dalla Russia dovrebbe rifornire direttamente la Germania passando per il mar Baltico. Un'infrastruttura energetica che la Germania considera di vitale importanza. Al tempo stesso l'America ha cominciato, per la prima volta da mezzo secolo, a esportare via nave gas liquefatto verso l'Europa (questa è una decisione già presa da Obama). Tutti i flussi energetici sono in via di cambiamento e gli Stati Uniti avranno comunque un ruolo di arbitro, sia per la loro capacità di produzione sia per il condizionamento politico-militare che ancora possono esercitare.

Nell'estate del 2017 il commercio internazionale esce da un lungo letargo e torna a crescere. Proprio nel cuore del paese che ha eletto presidente un protezionista, l'import-export è ripartito. Un indicatore «fisico» molto semplice e affidabile viene dai maggiori porti degli Stati Uniti. Quello di New York registra un aumento del traffico merci dell'8 per cento rispetto al 2016, quello di Charleston del 12. Il porto di Long Beach vicino a Los Angeles ha visto aumentare del 16 per cento le merci in arrivo, soprattutto dall'Asia. Nel primo semestre del 2017, che coincideva anche con l'inizio della presidenza Trump, gli scambi fra gli Stati Uniti e il resto del mondo sono aumentati del 6 per cento. Gli americani hanno importato 80 miliardi di dollari in più di prodotti rispetto allo stesso periodo nel 2016, di cui 20 miliardi in più sono made in China. Questo ha determinato un nuovo aumento del deficit commerciale, spesso denunciato dallo stesso Trump.

Altri segnali su una sorta di revival della globalizzazione si possono trovare in giro per il mondo. La solidità della crescita cinese ne è un indicatore fedele: poiché la

Repubblica popolare è la fabbrica del pianeta e da anni il maggior esportatore in assoluto, se va bene lei vuol dire che il commercio globale non è poi così depresso. Un altro indicatore settoriale interessante viene dal carnet di ordini del gruppo Airbus: deve consegnare 6771 jet passeggeri entro i prossimi dieci anni. Il grosso sono aerei da lungo raggio A320, i clienti ne attendono 600 all'anno dal 2020 in poi. Le compagnie aeree possono anche sbagliare calcoli e sovradimensionare le flotte (è successo), però allo stato attuale lo scenario sul quale scommettono è quello di un mondo sempre più rimpicciolito, con un boom del turismo di massa internazionale, una riduzione delle distanze e delle barriere. Ne sa qualcosa Venezia, ormai allo stremo per l'invasione dei crocieristi...

Ancora poco tempo fa il clima era diverso. E non solo per l'avanzata di movimenti politici protezionisti, da Brexit al trumpismo. Anzi, quegli shock elettorali antiestablishment parevano suggellare un trend già in atto nell'economia reale. Dopo la grande crisi del 2008, il commercio globale era entrato in una sorta di glaciazione. Aumentava di poco o niente. Aveva smesso di essere quel motore trainante della crescita che era stato a partire dagli anni Novanta. I nazionalpopulismi sembravano aggiungere la sanzione politica a un fenomeno strutturale. Proprio il settore navale era servito da indicatore di una divergenza. Mentre veniva a conclusione un gigantesco progetto infrastrutturale come il nuovo canale di Panama extralarge, si verificava la bancarotta di una delle massime compagnie di navigazione asiatiche, e tanti armatori soffrivano per una sottoutilizzazione delle flotte. Il super-Panama era parso come il classico investimento dalla tempistica sbagliata, pensato in tempi floridi e venuto a maturazione quando non c'era più la domanda. E invece oggi il rilancio del trasporto marittimo nei porti americani è collegato anche all'entrata in funzione del nuovo Panama, che riduce tempi e costi per i megacargo.

Restano le incognite politiche. Trump ha aperto un difficile negoziato per rivedere il trattato Nafta, il mercato unico con Canada e Messico. Il governo messicano è pessimista, per prepararsi un piano B si rivolge alla Cina. È una costante della nuova fase del commercio internazionale: chi si sente abbandonato dall'America di Trump può essere accolto a braccia aperte da Xi. Questo può spingere verso un'ulteriore «regionalizzazione» degli scambi mondiali, con una serie di accordi bilaterali di libero scambio che la Cina offre ai singoli partner. Non sarà necessariamente un antidoto ai populismi. Un'analisi dell'Eurasia Group indica che «il modo in cui i cittadini vedono la globalizzazione, essenzialmente dipende da quello che la globalizzazione ha fatto o non ha fatto per loro, negli ultimi 20 anni». Non è un caso se delle varianti protezioniste dei populismi si trovano da tempo in Francia, Italia, Spagna, Grecia, cioè i paesi europei con i più alti tassi di disoccupazione. Lo stesso rapporto di Eurasia Group introduce un elemento di preoccupazione al riguardo: il 70 per cento delle professioni in Europa sono vulnerabili di fronte all'avanzata della robotica e dell'intelligenza artificiale; e una delle ragioni per cui robot e software sostitutivi costano sempre meno è che sono anch'essi prodotti sempre più spesso dai paesi emergenti.

«Post Panamax.» Questo termine designa le meganavi costruite appositamente per usare il nuovo canale di Panama, formato extralarge, dopo i lavori di ampliamento e ammodernamento. Post Panamax: un giorno, forse questa espressione entrerà nell'uso comune, per indicare l'inizio di un nuovo capitolo nella storia della globalizzazione. Potremmo chiamarla la «gara dei canali». Mette in scena anzitutto le due potenze rivali, America e Cina, impegnate a garantirsi rotte più veloci, economiche e sicure. Mette in scena anche la «Scatola Globale», quel container che è diventato il «mattoncino Lego» della globalizzazione fin dalla sua apparizione più di mezzo secolo fa. La Scatola Globale, il container che trasporta ogni genere di merce, viaggia a una velocità superiore, costa ancora meno, grazie al nuovo canale di Panama. La cui inaugurazione porta con sé l'eco di altri eventi storici: un secolo fa, per la prima volta i miei antenati liguri (tutti navigatori) poterono raggiungere da Genova i porti della California senza più dover affrontare la lunga e pericolosa circumnavigazione del Sudamerica. Quante navi affondate, quanti naviganti morti in quei naufragi al largo di Capo Horn...

Nel 1915, mentre l'Europa sprofondava nella prima guerra mondiale, la California non si limitava a festeggiare l'inaugurazione del canale di Panama (avvenuta l'anno prima, 1914) che le avrebbe dato un ruolo enorme nei commerci mondiali, abbattendo i tempi del trasporto navale tra Atlantico e Pacifico. In più, quell'Esposizione panamericana propose San Francisco come vetrina d'invenzioni, prefigurando quel ruolo di tecnopoli, capitale della Silicon Valley, che era ancora di là da venire. Tant'è, l'Expo di San Francisco, con la costruzione del Palace of Fine Arts (oggi sede dell'Exploratorium), fu una specie di faro acceso sul futuro, l'annuncio visionario di quel che sarebbe divenuta la California. Un tassello di quella storia fu proprio la costruzione del canale di Panama, che rese improvvisamente la West Coast un po' meno distante da noi europei, o dai porti di Boston e New York.

Che cosa significa oggi in termini economici e commerciali tra l'Atlantico e il Pacifico l'esistenza di un «braccio più grande» del canale? Un abbattimento dei costi di trasporto, in linea di principio, avvantaggia tutti coloro che sono consumatori e importatori; ma è anche una grande opportunità per i paesi dell'emisfero Sud. Dall'Africa all'America latina, improvvisamente molte nazioni vedono aprirsi rotte alternative per accedere ai mercati di sbocco. Non a caso i militari egiziani hanno voluto bruciare i tempi con il loro progetto alternativo, l'allargamento del canale di Suez. Per alcune rotte, Suez e Panama diventano fungibili, e questo crea una competizione non solo sui costi bensì anche su efficienza, sicurezza, garanzie antipirateria.

Molto lontano da casa loro, i cinesi si candidano a diventare i grandi costruttori del XXI secolo anche in America latina. Pechino finanzia e realizza la megaferrovia Brasile-Perú, che attraverserà le Ande, collegherà la costa brasiliana sull'Atlantico a quella peruviana sul Pacifico, accorciando i tempi per il transito merci verso la Cina. Sempre la Repubblica popolare progetta la costruzione dell'anticanale di Panama: un gemello di 172 miglia che traversa il Nicaragua e consente di passare da un oceano all'altro. Se arriverà a conclusione, che schiaffo simbolico agli Stati Uniti! La costruzione del canale di Panama dal 1904 al 1914 segnò davvero l'inaugurazione del secolo americano, l'ascesa di Washington al rango di superpotenza mentre l'Europa collassava nella prima guerra mondiale. Ora è nel loro «cortile di casa», come l'America latina viene considerata dai tempi della Dottrina Monroe e di Ted Roosevelt, che gli Usa devono assistere a questa penetrazione cinese. E non solo nelle infrastrutture. Nel 2014 il totale dei prestiti cinesi all'America latina, 22 miliardi di dollari, ha superato quelli erogati dalla Banca mondiale e dalle altre istituzioni multilaterali influenzate da Washington.

Intanto per i Caraibi il sogno è quello di un «ritorno alle origini». La loro fortuna economica – sia pure entro i limiti e le regole predatorie di un'economia coloniale – fu legata al fatto che erano collocati idealmente sulle rotte navali che collegavano le colonie spagnole e portoghesi alle madrepatrie. Non si spiega altrimenti la bellezza decadente di una capitale come L'Avana: il centro storico, fatiscente e pericolante, è una collezione di meravigliosi palazzi dell'epoca coloniale spagnola.

La «gara dei canali», dunque, è appena cominciata, e già promette di essere un capitolo avvincente, in una sfida ancora più vasta e complessa: la posta in gioco sono le nuove mappe strategiche dei traffici planetari. Finora il vecchio canale di Panama poteva far transitare solo il 3 per cento del trasporto mercantile, perché più della metà delle navi mondiali sono troppo grosse per transitare in quell'«imbuto». Con l'ampliamento, si può risparmiare un terzo sui costi di trasporto. Come avvenne all'epoca delle grandi scoperte, quando l'Atlantico surclassò il Mediterraneo, i cambiamenti nei grandi flussi di trasporto hanno spesso conseguenze a catena sui rapporti di forze geoeconomici e strategici.

Anche la politica, però, s'immischia in queste grandi tendenze. La nuova fase della globalizzazione sarà fatta non soltanto di titanici investimenti infrastrutturali che «rimpiccioliscono il mondo», ma anche di emozioni, paure, inquietudini delle opinioni pubbliche, che possono interferire con la logica del commercio mondiale.

Dieci anni fa si accendevano segnali di allarme per il crac dei mutui subprime: l'inizio della Grande Crisi. È una storia dalla quale non siamo veramente ancora usciti. Le cause profonde di quell'evento non sono state curate. Un altro shock, magari innescato da un detonatore diverso, non si può affatto escludere. La finanza domina il mondo più che mai, anche grazie a un'alleanza di ferro con i giganti delle tecnologie digitali. Inoltre, la Grande Crisi ci ha lasciato in eredità una svolta politica inaudita. Trump non sarebbe alla Casa Bianca, se quella maxirecessione non avesse generato disastri economici, sofferenza sociale, un profondo senso di ingiustizia mescolato a risentimento, che il populismo di destra ha cavalcato con efficacia.

L'antefatto? La crescita americana era già segnata dalle diseguaglianze sociali (una patologia in peggioramento costante da trent'anni); classe operaia e ceto medio faticavano a mantenere il tenore di vita. Il sistema bancario «curò» quegli squilibri a modo suo: speculandoci sopra. Wall Street facilitò l'accesso alla casa in modo scriteriato. Mutui ad alto rischio venivano concessi a debitori in situazioni precarie, che al primo shock congiunturale sarebbero diventati insolventi. I banchieri si disinteressavano degli enormi rischi accumulati, spalmandoli sul mercato, nascondendoli dentro complicati titoli strutturati. Sullo sfondo, altri macrosquilibri: l'eccesso di risparmio in paesi esportatori come Cina e Germania, protagonisti di un vasto «riciclaggio» dei surplus commerciali. Episodi di iperinflazione delle materie prime. In un clima torbido, con controlli inadeguati e conflitti d'interessi a gogò, arrivò il *dies irae*: prima il crac di alcuni fondi immobiliari Bnp (9 agosto 2007), qualche mese dopo l'insolvenza di Bear Stearns, un anno dopo il crac di Lehman. Una spirale di panico, seguita dal contagio all'economia reale in tutto l'Occidente. Si salvò solo la Cina, irrobustendo il dirigismo di Stato.

Dieci anni dopo, il paesaggio sembra irriconoscibile. L'economia americana è nell'ottavo anno di crescita consecutiva, il pieno impiego è vicino. Eppure l'8 novembre 2016 ha prevalso la narrazione trumpiana su un paese allo sfascio. Il candidato più catastrofista della storia ha conquistato i voti dei metalmeccanici, i cui posti di lavoro erano stati salvati da Obama. Una volta al potere, Trump ha riempito la sua Casa Bianca di uomini (e una donna) della Goldman Sachs. Ha iniziato a smantellare i controlli su Wall Street introdotti dal suo predecessore, la legge Dodd-Frank. Le banche si riconquistano un pezzo alla volta la libertà di far danno. Non che fossero veramente rinsavite negli ultimi anni. Malgrado le multe miliardarie, la propensione della finanza a delinquere non è diminuita: alcuni degli scandali più gravi (come la manipolazione del Libor di Londra) sono avvenuti diversi anni dopo il 2007. Dalla Deutsche Bank alla Popolare di Vicenza e Banca Etruria, l'Europa non si è dimostrata migliore. Certo, alcune falle del sistema sono state tappate, i requisiti di capitalizzazione (leggi: solidità) delle banche sono più severi.

Tuttavia, Obama dovette ammettere che «nessun banchiere è finito in prigione» per i disastri del 2009, e la causa la indicò nelle leggi sbagliate, piegate agli interessi delle lobby. Ma lo stesso Obama, appena è andato in pensione, si è adeguato al vizietto di Hillary Clinton: conferenze a Wall Street lautamente pagate (centinaia di migliaia di dollari «all'ora») dagli stessi banchieri. Le élite progressiste sono apparse troppo spesso organiche agli interessi della finanza. Fu proprio questa una scintilla iniziale dell'ondata di populismo. Precursore di Trump fu il Tea Party. Movimento radicale di una destra antitasse e anti-Stato, nacque nel 2009 per protestare contro il maxisalvataggio delle banche di Wall Street: 800 miliardi sborsati dai contribuenti. È vero che quell'operazione si saldò in pareggio e perfino con un piccolo guadagno per le finanze pubbliche, molti anni dopo. Ma nel 2008-09 ci fu un'ecatombe di piccole imprese, una carneficina di posti di lavoro, e con loro lo Stato non fu così solerte e generoso.

Poi arrivò una terapia d'eccezione: il «quantitative easing» della banca centrale, quando la Federal Reserve comprò titoli in quantità enormi per inondare l'economia di credito a buon mercato. Un'alluvione da 4000 miliardi solo negli Stati Uniti; in ritardo, la ricetta fu copiata dalla Bce. Ha funzionato a metà. La crescita rimane «subottimale», nettamente inferiore rispetto all'età dell'oro tra gli anni Cinquanta e gli anni Ottanta. La finanza continua a esercitare un peso eccessivo, prelevando rendite parassitarie dall'economia reale. Il mondo galleggia sulla liquidità creata dalle banche centrali. Ci sono gli ingredienti di una stagnazione secolare perché si sono guastati i motori storici dello sviluppo capitalistico: demografia, diffusione di potere d'acquisto, progresso della produttività, decollo di paesi emergenti. E ora che i repubblicani al potere a Washington lanciano ai banchieri il segnale del «liberi tutti» con la deregulation finanziaria, un nuovo incidente non è davvero da escludere.

Tornando all'Italia, non solo quella del Prosecco, mi sento in dovere di rivisitare una mia profezia sbagliata. È troppo comodo ricordare solo quei casi in cui «io l'avevo detto». Proprio riprendendo in mano *Centomila punture di spillo*

(2008), ho trovato uno scenario sul Mediterraneo Sud che, riletto oggi, fa sobbalzare, o rabbrividire. Comunque, mette a disagio. Da un lato c'è una fotografia oggettiva di come stava la sponda Sud del Mare Nostrum appena dieci anni fa, poco prima delle Primavere arabe: nonostante fosse già radicato il fondamentalismo islamico, prevaleva un vento di ottimismo sulle prospettive economiche, affluivano verso il Nordafrica e il Medio Oriente investimenti da tutto il mondo. Ignari di quel che stava per accadere. D'altro lato, questo testo contiene un elenco di opportunità mancate, tradite in modo orrendo. O forse, a volerlo rovesciare in positivo: è uno scenario da conservare nel freezer, mettere da parte per tempi migliori? Visto che la Storia sa giocare degli scherzi a noi umani, succederà che alle beffe crudeli ogni tanto segua una buona sorpresa? Magari fra altri dieci, vent'anni? Ecco un pezzo del mio testo «incriminato», scritto un decennio fa, in parte interessante perché è una fotografia di «dove eravamo»; in larga parte smentito dagli sviluppi successivi. La morale la riservo alla fine.

Riprendiamoci il Mediterraneo

Subito dopo la Cina qual è l'area emergente del mondo che attrae più investimenti dall'estero? ... Pochi indovinano la risposta. Eppure quella zona ad alta crescita che sta risucchiando capitali dal mondo intero è a poca distanza dalle nostre frontiere. È la costa Sud del Mediterraneo. Dal Marocco alla Turchia, i nostri vicini di casa meridionali hanno visto sestuplicarsi in sette anni gli investimenti dall'estero. Hanno ricevuto iniezioni di capitali stranieri freschi per un totale di 60 miliardi di dollari nel 2006, poco meno della Cina (70 miliardi), più del doppio dell'America latina. La Turchia, che oggi è la diciassettesima economia mondiale, in quindici anni potrebbe balzare dentro la top ten del pianeta. Nel 2000 il Pil dell'Italia pesava quanto quello di tutti i paesi del Mediterraneo meridionale più il golfo Persico: il 3,5% del Pil mondiale. Fra cinque anni, mentre il peso del

Pil italiano sarà stazionario, quello del «Club Med-Sud» più il Golfo sarà aumentato fino al 5,3% del totale mondiale.

I paesi del Mediterraneo meridionale non hanno attirato solo gli investimenti di vicini come Francia, Italia e Spagna. Tra i paesi attivi nel promuovere lo sviluppo economico di questa zona c'è l'India, che con le sue intraprendenti multinazionali è una protagonista sempre più importante della globalizzazione. Il gruppo indiano Tata è onnipresente in Marocco con investimenti che spaziano dall'industria automobilistica fino all'informatica ... Tra i dragoni asiatici, la Corea del Sud ha investito nella produzione di componenti per l'auto in Tunisia, e nel settore alberghiero in Siria.

Il Mediterraneo meridionale è un'area in pieno decollo. Dall'inizio di questo decennio la crescita del suo Pil è stata in media del 4,4% annuo, una performance più che rispettabile. Per l'Italia la rinascita del Mediterraneo Sud rappresenta un'opportunità straordinaria. Siamo abituati a guardare all'altra riva del Mare Nostrum come a un'area piena di pericoli: dall'immigrazione clandestina al fondamentalismo islamico. Sono fenomeni reali, che certo non dobbiamo sottovalutare. Tuttavia gli aspetti negativi hanno monopolizzato tutta la nostra attenzione e ci hanno distratti da un'altra evoluzione in corso, di natura virtuosa. Nordafrica e Medio Oriente hanno gravi arretratezze, enormi problemi sociali da risolvere, oltre alle micidiali tensioni geopolitiche sempre in agguato; ma deve farci riflettere il fatto che il loro ingombrante fardello di problemi non ha impedito uno sviluppo veramente dinamico. Le diseguaglianze tra noi e loro restano impressionanti: il Pil per abitante dei paesi del Sud è 12 volte inferiore a quello delle nazioni che si affacciano sulla costa settentrionale dello stesso mare (Italia Francia Spagna Grecia). Con 6200 dollari di reddito pro capite il Mediterraneo Sud ha un livello di benessere medio equivalente all'Europa occidentale degli anni Cinquanta. È un handicap? Dipende. Le diseguaglianze sono anche uno stimolo. Ricordiamoci lo spirito con cui l'Italia degli anni Cinquanta si lanciò alla rincorsa dei paesi più avanzati come la Germania e la Francia. Del resto l'attuale divario di ricchezza tra noi e il Club Med-Sud non è superiore alla differenza che separa ancora oggi il reddito pro capite della Cina da quello del Giappone. La povertà cinese trent'anni fa poteva sembrare solo una minaccia per i paesi confinanti. Sappiamo com'è andata la storia. Da quando la Repubblica popolare ha scelto la via delle riforme di mercato – con Deng Xiaoping nel 1979 – il formidabile sviluppo cinese è servito da traino per molte nazioni vicine. La crescita cinese ha ricevuto un sostegno decisivo dagli investimenti esteri, a cominciare da quelle multinazionali dei paesi vicini che furono tra le prime a cogliere l'opportunità: gli imprenditori giapponesi, taiwanesi e di Hong Kong si precipitarono a Pechino, Shanghai e Canton non appena Deng Xiaoping gli spalancò le porte.

La Germania da parte sua ha avuto un ruolo formidabile nel trainare con i suoi investimenti la crescita dell'Europa orientale dopo la caduta del Muro di Berlino. La tenuta della competitività tedesca, il dinamismo del made in Germany, oggi poggiano anche sulla capacità del sistema-Germania di riorganizzarsi spostando nei vicini paesi dell'Est una parte della sua produzione. È una delocalizzazione virtuosa se serve a sviluppare nuovi mercati di sbocco nei paesi vicini, e al tempo stesso consente di concentrare nel paese più ricco i mestieri qualificati e le attività di alto valore.

La fascia costiera che spazia dal Maghreb al Medio Oriente ha evidenti attrattive. La sua posizione geografica è eccezionale. Al largo delle sue coste transita un terzo del traffico marittimo mondiale: non solo vi naviga il made in China diretto verso tutta l'Unione europea, ma anche molte navi portacontainer che dall'Asia puntano verso la East Coast degli Stati Uniti. È per intercettare una parte di questo business che sorge vicino a Tangeri un nuovo porto che in pochi anni raggiungerà gli 8,5 milioni di container all'anno: superando Rotterdam e anche Long Beach (Los Angeles), cioè il più grande scalo della West Coast americana. Tutte le principali compagnie mondiali di navigazione e della logistica portuale – da Maersk a Dp World – hanno voluto conquistarsi dei terminali nel nuovo porto marocchino. Il gigantesco scalo Tanger Med è destinato a diventare un polo di sviluppo economico ben oltre il business della logistica navale. Un'altra attrattiva poderosa è la demografia. In meno di vent'anni i nostri vicini meridionali affacciati sul Mare Nostrum avranno 325 milioni di abitanti, mentre noi nei paesi della riva Nord tutti insieme ci fermeremo a 200 milioni di abitanti. (Neanche quarant'anni fa il rapporto era inverso: noi eravamo 170 milioni mentre loro non arrivavano a 120 milioni.) Alla quantità bisogna aggiungere il fattore-età. Nei nostri paesi ci saranno sempre più vecchi, mentre loro saranno a lungo un serbatoio di giovani. Abbiamo visto in questi decenni quanto la demografia abbia sostenuto il miracolo asiatico.

Perché tutte le sue potenzialità si realizzino il Mediterraneo Sud deve vincere molte sfide: contro l'analfabetismo, contro la corruzione, contro il fondamentalismo fanatico e la violenza terroristica. Altrimenti il divario Nord-Sud in termini di redditi e di popolazione continuerà a sfogarsi essenzialmente con la fuga nell'emigrazione.

Il bisogno di cultura è evidente. Maghreb e paesi arabi continuano a essere afflitti da livelli di analfabetismo troppo elevati; in particolare gli studi tecnici, matematici, di scienze e di economia non sono abbastanza diffusi. La scommessa culturale ha molte facce. Ivi compreso un risvolto politico cruciale. Offrire ai giovani del Mediterraneo Sud un'istruzione moderna, la chiave d'accesso a posti di lavoro ben remunerati, riduce il potere delle madrasse fondamentaliste che oggi spesso sono le istituzioni scolastiche più diffuse e predicano un odio distruttivo verso l'Occidente. L'istruzione è anche la leva per costruire nuovi ponti fra l'Italia e il Mare Nostrum, ricordando l'immensa ricchezza di relazioni che abbiamo avuto con il mondo arabo nella nostra storia. Napoli, Palermo, Bari sono le città ideali per veder nascere dei poli universitari che attraggano leve di giovani dai paesi dell'altra riva, li formino, e ne facciano i futuri ambasciatori dell'Italia nei propri paesi. È così che funziona il ciclo virtuoso degli studenti stranieri – bene utilizzato da Stati Uniti, Inghilterra, Germania e Francia – che sono i primi candidati a interpretare i nostri valori e i nostri interessi nei loro Stati d'origine, ad aprirci porte nuove, opportunità serie.

La questione dell'ambiente si potrebbe riassumere con un solo dato. Il Mediterraneo rappresenta appena lo 0,1% della superficie marittima mondiale, eppure contiene il 18% della fauna marina del mondo intero. È un parco acquatico favoloso che stiamo impoverendo a vista d'occhio con l'aggressione dell'inquinamento. È una risorsa che appartiene a tutti i paesi costieri, tutti abbiamo interesse a risanarlo e proteggerlo. Insieme con il Mediterraneo c'è la bellezza delle nostre coste, anch'essa minacciata da un'urbanizzazione selvaggia, progetti industriali dissennati, oltre che la desertificazione con il suo corredo di crisi idriche. Sono sfide fondamentali per il futuro dei nostri popoli. In questo campo noi italiani siamo capaci del meglio e del peggio: abbiamo in casa nostra alcuni pezzi di costa preservati mirabilmente, dei parchi naturali paradisiaci, e anche degli eco-mostri e delle zone massacrate dall'abusivismo. Se sapremo esportare l'Italia del Fai e di Goletta Verde, non quella dei palazzinari mafiosi, diventeremo un modello da seguire in Marocco e in Turchia. Il know how ambientalista non è uno stato d'animo; è professionalità, scienza, capacità di governare sistemi complessi: è una delle vocazioni che il futuro può offrire ai nostri figli e che possiamo irradiare nei paesi meno sviluppati.

Ognuno può trarre la morale che vuole dal rapido invecchiamento di quel mio testo. Io provo a suggerirne una. Parto dal paragone con la Cina. Oggi sembra ridicolo, insensato, accostare il modello del boom cinese alla disastrosa stagnazione del mondo arabo-maghrebino. Ma quando nel 1976 muore Mao Zedong e gli succede Deng Xiaoping, nessuno – proprio nessuno! – si azzarda a sognare lo sviluppo economico e la modernizzazione accelerata che proietterà la Cina fino alla dimensione dell'economia americana. Né dentro la classe dirigente cinese, né tra i sinologi occidentali, troverete una «profezia» azzeccata. La Cina poteva rimanere poverissima e al tempo stesso, dopo la perdita di un dittatore carismatico come Mao, scivolare verso il caos. Anziché esportare merci, avrebbe esportato emigranti e tensioni, e su che scala! Poteva diventare una gigantesca Corea del Nord? La differenza cruciale l'hanno fatta le classi dirigenti cinesi, e la società civile. Una nomenklatura piena di difetti, autoritaria, ha però saputo gestire una transizione pacifica verso la modernità e il benessere di massa. Ha investito molto sull'istruzione. La società civile ha fatto la sua parte: con laboriosità, imprenditorialità, dedizione a costruirsi un futuro migliore. Non hanno sprecato energie a rimuginare rancori contro l'Occidente. Neanche l'India, peraltro, che fu «spolpata» dagli inglesi, ha perso tempo a elaborare recriminazioni, vittimismo, o a esigere risarcimenti, o a meditare vendette.

La storia del Mediterraneo Sud poteva imboccare strade diverse, rispetto alle tragedie che hanno seguito il fallimento delle Primavere arabe. Nei paesi arabi come in Cindia, la differenza la fanno i popoli e i loro dirigenti. Una malattia grave delle nazioni del Mediterraneo Sud è il rifiuto di assumersi le proprie responsabilità. Leader di ogni colore politico hanno distrutto quei paesi, per poi rifugiarsi comodamente nell'alibi postcoloniale, dando sempre la colpa all'Occidente. La cultura del vittimismo è il male oscuro che blocca tanta parte delle società civili in quei paesi, anch'esse abituate a puntare il dito sugli altri. Le élite «politically correct» dell'Occidente le hanno assecondate, anche perché così ci si sente sempre l'ombelico del mondo, illudendosi che tutto dipenda da noi. Non siamo più il centro motore e la causa di tutto. Lo dimostra la parabola di Cindia e di tutto l'Estremo Oriente, che all'epoca della decolonizzazione era più povero del Medio Oriente.

L'altra morale che traggo dalla rilettura di quel testo è che le potenzialità del Mediterraneo Sud sono ancora tutte lì. Inutilizzate ma intatte. E una parte del destino dell'Italia vi è legato indissolubilmente: siamo da sempre il ponte fra le due sponde.

Ai marinai di servizio sul vaporetto tra Camogli e San Fruttuoso ho visto indossare una maglietta con uno slogan molto bello: «Il mare unisce i popoli che divide». È proprio vero.

Poi la storia la faranno gli uomini. E le donne, se gliela lasciano fare.

Un commiato molto personale
(con ringraziamenti e consigli)

L'unico viaggio in terre lontane lo fece su una nave mercantile. «Quaranta giorni tra mare e porto, da Genova a Houston e ritorno. Non mi piacque per niente. Quasi sempre chiusa in cabina. Soffrivo il mare. Houston? Un paesone, tanto brutta. Tutto era molto grande, grandissimi i negozi, rispetto ai nostri.»

L'ultima volta che la incontro – un anno prima della sua morte – mia prozia Ortensia ha 96 anni e una memoria straordinaria. Vado a trovarla nella Residenza Protetta dov'è confinata, sopra Camogli. È un giacimento di ricordi, non mi stanco d'interrogarla. Sulle storie di famiglia, sulla sua vita. Racconta storie di mari esotici, del Sudamerica soprattutto. Sentite dire dagli uomini. Come molte donne della mia famiglia materna, ha avuto una vita dura: sposata a un comandante di navi. Altri tempi: viaggi lunghissimi, pericolosi, con naufragi e incidenti. Cugini uccisi da tifoni o dalle epidemie, uno zio schiacciato da un'àncora in una manovra sbagliata. I mariti partivano per mesi e se ne sapeva poco. Qualche telegramma, pochissime le telefonate (troppo costose). Non era possibile rientrare a casa in aereo, come si usa oggi tra una rotta e l'altra. Suo marito, da noi chiamato lo zio Giò, la portò con sé solo quella volta nel porto del Texas. «Anche per il comandante ci voleva un permesso speciale dell'armatore, perché potesse salire una donna a bordo. E poi Giò non ci teneva. Aveva paura che io facessi la diva, a bordo, e che la mia presenza turbasse l'equipaggio.» Era una bella donna, lo è ancora a 96 anni, Ortensia, che continuo a chiamare «la zietta» perché era la più giovane di tre sorelle. L'ultima rimasta fino al 2016, a tramandare ricordi di un mondo che non c'è più.

La presenza più incombente, nei suoi racconti, rimane quella del padre. Mio bisnonno Martino Razeto, comandante di navi pure lui, famoso, autoritario, irascibile. «Fu lui, dopo aver guidato tanti velieri, a comandare la prima motonave italiana che salpò da Genova per il Sudamerica. Scafo dell'Ansaldo, motore Fiat – ricorda proprio tutto la mia novantaseienne – e siccome era un viaggio da pionieri, l'Ansaldo e la Fiat gli diedero due ingegneri a bordo.» Del bisnonno Martino ricorda gesta leggendarie, incontri con leader sudamericani, dal Venezuela a Cuba, di cui restano cimeli: onorificenze, foto sbiadite negli archivi storici del Museo Marinaro di Camogli. Il bisnonno Martino appare a fianco di personaggi degni di *L'autunno del patriarca* di Gabriel García Márquez. «Una sua nave incappò in un uragano tremendo, la sollevò e la sbatté in una coltivazione di canna da zucchero a Cuba. Lui diresse i lavori dei braccianti che scavarono per tirarla fuori e rimetterla in mare.»

Ortensia forse avrebbe voluto viaggiare di più, chissà. Non erano tempi in cui le donne decidevano cosa fare della loro vita. I naviganti erano mariti ricercati: guadagnavano più di altri, e avevano la mentalità aperta perché avevano visto il mondo. Chissà cosa facevano con quella mentalità aperta, nei lunghi mesi passati in porti esotici, da Giacarta a Shanghai, dall'Avana a Caracas. Ma gli altri, quelli che lavoravano a terra, Ortensia mi ricorda come venivano chiamati a Camogli: gli «stadeghi», cioè gli stanziali, considerati inferiori, più provinciali.

Le mogli dei naviganti imparavano a cavarsela da sole, allevavano nidiate di figli che avrebbero visto i padri un paio di volte l'anno, fino all'età adulta. Destino crudele, i loro uomini giravano il mondo intero, ma queste donne vivevano inchiodate all'avara terra ligure, in attesa del ritorno di un bastimento.

Anche l'ultima volta che la vedo, Ortensia sa cavarsela da sola. Nella sua Residenza Protetta è circondata da coetanei che con la testa non ci sono più: tanti malati di Alzheimer. Lei, quasi sola ad avere conservato un cervello giovane, combatte contro la vecchiaia con le sue armi. L'*Iliade* tradotta da Vincenzo Monti. Giosue Carducci. Nelle giornate che non finiscono mai, affacciata su una terrazza che guarda il Golfo Paradiso da dove partivano padri mariti e figli, Ortensia s'impone di ripetere decine di versi che ricorda a memoria. Dai tempi del liceo. L'ascolto mentre mi recita, senza incertezze su una sola sillaba, le *Odi barbare* di Carducci. La sua preferita si chiama *Sogno d'estate*.

Ogni tanto a New York mi sveglio con un dubbio: ci sarà ancora, al centro di Columbus Circle che sta a due isolati da casa mia, la statua di Cristoforo Colombo? È in corso una campagna per demolirla. Un'altra statua del «mio» navigatore che sta dentro Central Park è stata deturpata da ignoti. (Mio lo è per tante ragioni, da italiano e da genovese, anche se in America c'è chi crede che lui fosse spagnolo e si chiamasse Cristóbal Colón.) Poco distante c'è Columbus Avenue: le cambieranno nome?

Da decenni i pochi discendenti dei nativi americani (quelli che un tempo chiamavamo «indiani d'America») e i loro simpatizzanti dipingono Colombo come colpevole del genocidio di quelle popolazioni. Ogni anno contestano il Columbus Day, festività nazionale che è diventata il giorno dell'orgoglio della comunità italo-americana. Chiedono che le statue in omaggio al navigatore – ce ne sono tante, non solo a New York – siano demolite.

Io sono convinto che sarebbe sbagliato. Colombo, effettivamente, fu accusato di essere un tiranno crudele nel breve periodo in cui governò l'isola di Hispaniola (oggi include Haiti e Santo Domingo), con episodi di tortura e schiavismo. Il genocidio dei nativi, però, è un'altra storia, con protagonisti diversi. Colombo era un grande marinaio e un pessimo uomo di governo, e venne rimosso presto dall'incarico. Non aveva né la cultura né i mezzi militari per progettare conquista e sterminio su vasta scala. Quello lo fecero i *conquistadores* spagnoli e portoghesi, che erano dei soldati. Poi subentrarono, nei territori del Nordamerica, i colonizzatori olandesi, francesi, inglesi. Via via che si espandevano a ovest, l'occupazione delle terre divenne sempre più cruenta. Con l'industrializzazione, anche lo sterminio del popolo nativo divenne un'operazione condotta con mezzi militari moderni, una vera pulizia etnica. Il navigatore genovese si può ritenere «responsabile» di tutto ciò, perché aveva «scoperto l'America» offrendola così alle mire rapaci degli europei? È una forzatura. Che dire di Amerigo Vespucci, il quale ebbe l'onore alla fine di dare il nome al Nuovo Mondo? Anche lui un criminale colpevole di delitti contro l'umanità? Ma allora non basta demolire statue, bisogna cambiare nome all'America.

Tutto ciò ci porta molto lontano dal vero tema delle statue. Quelle erette in onore dei generali sudisti sono il frutto di un revanscismo razzista piuttosto recente, molti monumenti vennero costruiti negli anni Sessanta del secolo scorso. Erano un messaggio dei bianchi del Sud contrari alle riforme dei diritti civili, ostili al movimento di Martin Luther King e alle leggi antisegregazione di Kennedy-Johnson. Togliere di mezzo quelle statue probabilmente è giusto, se quelle statue fin dall'inizio segnalavano un'operazione politica, il voler difendere la «diversità» del Sud presentandola come un valore, rimettere in discussione Abraham Lincoln, ecc.

Comunque, la rimozione delle statue non può essere una scorciatoia per evitare lo studio della storia. Gli americani conoscono poco e male la storia del proprio paese. Secondo una battuta atroce ma vera, «invadono paesi che non sanno situare su una carta geografica».

Sull'ignoranza diffusa s'innesta un politically correct di sinistra che vorrebbe censurare il male, depurare il nostro paesaggio e il nostro linguaggio dai resti di un passato pieno di orrori. Ma allora i tedeschi avrebbero dovuto distruggere quel che resta dei campi di concentramento nazisti? Molto meglio conservarli, trasformarli in musei, farne un'occasione per riflettere sul passato e apprendere le lezioni della storia. È quello che dovremmo fare a proposito di Cristoforo Colombo: studiarlo, perché l'epoca delle grandi scoperte ha molto da insegnarci. Compresi gli orrori, atrocità, violenze e crimini. Quelli sono un fardello dell'umanità intera, non solo dell'Occidente. Gli imperi del passato non furono né più né meno oppressivi dei nostri, da quello Maya all'Ottomano, dai conquistatori persiani ai cinesi. Non esistono pagine di storia immacolate e innocenti.

Forse dovrei sprofondare in una crisi esistenziale? Che ci sta a fare un corrispondente negli Stati Uniti nell'era di Trump? Per i prossimi tre, o magari sette anni (!), vi racconterei solo una horror-story a puntate? Un giornalista basato in America, storicamente, ha avuto il compito di esplorare per voi un mondo che verrà, la punta avanzata della modernità, la nazione-leader non solo in economia ma anche nella scienza, nella tecnologia, nei trend sociali e valoriali. Per me fu così quando mi trasferii a San Francisco diciassette anni fa, a vivere la prima rivoluzione di Internet nel suo epicentro, la Silicon Valley. Poi, ancora, quando dalla California avvistai sulla sponda opposta del Pacifico quella rivoluzione geoeconomica che fu la cooptazione della Cina nell'economia globale, anno 2001. Dopodiché ho avuto il privilegio di vivere per otto anni nell'America di Obama.

Oggi quest'America sembra alla retroguardia. Con Trump non ha inventato proprio nulla, ha importato ingredienti di un'insurrezione populista che erano già presenti da anni nella vecchia Europa; ha aggiunto solo una dimensione spettacolare, un kitsch da reality-tv, ma la sostanza non è davvero originale.

Eppure ci sarà tanto da raccontarvi, e non vorrei solo concentrarmi sugli scandali e le provocazioni che The Donald ci fornirà a getto continuo. Perché ora che in America abbiamo toccato il fondo, è proprio a noi che spetta il compito di diventare il laboratorio di una ricostruzione. Penso a una ricostruzione economica: Obama ci tirò fuori dalla spaventosa recessione del 2008, ma per tante ragioni non riuscì a modificare il modello di sviluppo fortemente diseguale. Penso alla ricostruzione di un American Dream dove una laurea di qualità non costi mezzo milione di dollari. Penso alla ricostruzione di un'idea di nazione, di comunità solidale, perché il livello di odio reciproco, delegittimazione, insulto, faziosità, è ormai patologico.

Se non ci riusciamo in America, a ripartire verso un futuro diverso, temo che non ci riuscirà nessuno. Per una ragione semplice. La causa strutturale del fenomeno Trump è un capitalismo feroce, oligarchico, che ha dirottato e manipolato la globalizzazione per metterla al servizio di pochi. È stata l'America la cabina di regia di quel capitalismo predatore, ed è qui che bisogna intervenire per cambiare le regole. Nessun altro paese al mondo ha abbastanza forza per farlo da solo. È l'America ad avere le risorse per inventare un'economia nuova: le idee ci sono, c'è una società giovane, multietnica, i talenti più creativi sono venuti qui dal mondo intero. Sulle due coste, nella mia California e nella mia New York, così come in tante altre roccheforti progressiste che l'8 novembre votarono massicciamente contro Trump, c'è una società civile che deve rimboccarsi le maniche, capire dove abbiamo sbagliato, imparare a parlare con i delusi e gli impoveriti, gli umiliati e i declassati che hanno cercato nel populismo una vendetta e una speranza.

Sarà una battaglia dura, ma sia chiaro: non solo contro Trump. I problemi che ci affliggono sono ben più antichi di lui. È dagli anni Ottanta di Ronald Reagan che, insieme all'egemonia culturale e politica del neoliberismo, è iniziata una deriva: diseguaglianze sempre più estreme, lobby sempre più potenti, la democrazia intossicata dal denaro. È un male che viene da lontano ed è bipartisan: la deregulation finanziaria che consegnò carta bianca a Wall Street la firmò Bill Clinton. I privilegi fiscali per le multinazionali sono stati votati da repubblicani e democratici. Quel modello si è esteso in Europa, e anche voi avete le vostre battaglie da fare. Ma se non cambia il centro dell'impero, è difficile che ci riesca la periferia.

Quando il mondo ci sembra impazzito, quando vacillano tutte le nostre certezze, a che cosa possiamo aggrapparci? Io mi rifugio nei libri. I classici, di preferenza (in questo momento sono immerso in *Guerra e pace* di Tolstoj), perché nei grandi dell'Ottocento ho l'impressione che tutto sia già stato scritto, e in maniera insuperabile. È come sentirsi abbracciati da un maestro amorevole, un bisnonno più saggio e lucido di noi, che ha già visto accadere tutto e il contrario di tutto.

Mi sono segnato da leggere il libro di Alessandro Barbero, *Barbari. Immigrati, profughi, deportati nell'impero romano* (Laterza, 2010), perché tante cose mi affascinano della caduta di quella grande civiltà italica, mediterranea, europea. I parallelismi inevitabili col declino storico dell'impero americano. E l'idea che la storia, a volte, procede all'indietro. Dopo aver venerato il Progresso, dobbiamo misurarci con la possibilità che esistano lunghi periodi di Regresso? Be', l'Occidente dovette aspettare il Rinascimento perché le élite recuperassero elementi di conoscenza e analisi del mondo che avevano raggiunto l'apogeo nella cultura ellenistica. In quanto a prosperità economica, per secoli nel Medioevo ci fu un impoverimento rispetto ai momenti migliori dell'organizzazione sociale e produttiva di Roma. L'idea che i nostri figli debbano stare meglio di noi, così come noi abbiamo goduto di ricchezze superiori ai nostri genitori, è un dato recentissimo, e si è verificato per periodi molto brevi nella storia dell'umanità. In più, il tema specifico del libro di Barbero è attualissimo: se e quando l'immigrazione diventa «invasione»; in quali condizioni storiche è la popolazione immigrante quella che porta e impone i propri valori?

Nel reparto audiolibri, quelli che ascolto quando corro, per me è il momento di *Da animali a dèi. Breve storia dell'umanità* di Yuval Noah Harari (Bompiani, 2015). Lo ascolto in inglese e preferisco il titolo originale: *Sapiens*. È un capolavoro di divulgazione di altissimo livello. A seconda dei capitoli, alterno momenti di sconforto, vertigine, rassegnazione... È difficile non riportare al presente questa storia che abbraccia molte decine di migliaia di anni. Quella che noi chiamiamo Storia, pomposamente, è una vicenda brevissima, l'equivalente di una microscopica frazione di secondo nella stagione del pianeta e dei suoi colonizzatori umani. Da quando esistiamo, per la maggior parte del tempo non siamo stati capaci di scrivere o di leggere. Non abbiamo avuto fissa dimora: l'agricoltura l'abbiamo inventata da pochissimo; la parte più lunga della nostra esistenza come specie è stata da nomadi, raccoglitori, cacciatori. Per forza oggi giriamo sui Suv, buttiamo bottigliette di plastica in mare, eleggiamo Trump che chiama i petrolieri al governo: siamo stati quasi sempre una minuscola popolazione affamata e sparpagliata su un pianeta immenso, dove non c'erano limiti di risorse naturali. Se guardiamo all'arco dei tempi lunghi dalla comparsa della specie umana sul pianeta a quella fase recentissima e ancora breve che chiamiamo la Storia, dobbiamo arrenderci all'evidenza: è accaduto tutto troppo in fretta, siamo passati in pochi millesimi di nanosecondo da una logica di pura sopravvivenza al possesso di capacità tecnologiche micidiali. Ma abbiamo ancora una corteccia cerebrale da lucertoloni.

La migliore descrizione di ciò che ha reso Homo sapiens superiore a Neanderthal? La capacità di raccontare storie, di costruire miti (incluse le religioni), per avere valori comuni, con quelli organizzarci, cooperare su vasta scala, costruire società complesse. Anche quando il fine ultimo della cooperazione era quello di costruire l'armata più forte e massacrare il popolo vicino. Lucertoloni che sognano, recitano teatro, compongono versi, piangono di fronte a una sinfonia di Čajkovskij e al *Requiem* di Verdi, sorridono con Cervantes e Flaubert, tremano con Kafka e Dostoevskij. Strane creature. E ci stupiamo quando i nostri simili votano giallo o verde, anziché marrone o viola?

L'idea di raccontarvi il mondo giocando con le carte geografiche me l'ha data Francesco Anzelmo, a cui mi unisce un'avventura editoriale ormai lunga, cominciata con *Il secolo cinese* nel 2005. È un'idea che altri hanno esplorato a modo loro, soprattutto nel mondo anglosassone. Per chi si è divertito con le mie carte, e vuole continuare lo stesso esercizio con altre guide, segno qui alcuni dei libri che considero più importanti, nell'edizione italiana quando esiste. Oltre a quelli già citati di volta in volta nei capitoli precedenti, i miei favoriti sono questi: *Le dieci mappe che spiegano il mondo* di Tim Marshall (Garzanti, 2017); *La storia del mondo in dodici mappe* di Jerry Brotton (Feltrinelli, 2013); *Mediterraneo* di Fernand Braudel (Bompiani, 2002); *Il Mediterraneo* di Cyprian Broodbank (Einaudi, 2015); Jared Diamond, *Collasso. Come le società scelgono di morire o vivere* (Einaudi, 2014); Peter Frankopan, *Le Vie della Seta* (Mondadori, 2017). In inglese consiglio quasi tutti i libri di Robert D. Kaplan, da *The Revenge of Geography* a *Earning the Rockies* e *Asia's Cauldron*; *Destined for War: Can America and China Escape Thucydides's Trap?* di Graham Allison; *Germany: Memories of a Nation* di Neil MacGregor. So che il francese è meno letto di una volta, ma per me è stato prezioso *La fin des Empires* a cura di Patrice Gueniffey e Thierry Lentz. *Brève histoire des empires* di Gabriel Martinez-Gros mi ha rivelato il pensiero di Ibn Khaldun. Quando vivevo a Parigi, Jean-Christophe Victor lanciò sulla rete televisiva Arte un programma dedicato alla geografia, *Le dessous des cartes*, che continua ad aggiornare con una pubblicazione omonima, meravigliosa fonte di mappe geopolitiche, geoeconomiche e altre ancora. Della mia formazione francofona conservo anche la venerazione per la scuola di storia delle Annales (Bloch, Braudel, Le Goff) e la scuola di geopolitica che fa capo alla rivista «Hérodote» di Yves Lacoste. In Italia ha un emulo che si è rivelato perfino superiore: la rivista «Limes» diretta da Lucio Caracciolo, di cui sono un avido lettore. Per approfondimenti sui singoli paesi sono affezionato a due collane di monografie al tempo stesso autorevoli e sintetiche: in America «A Short History of…» e in Francia i «Que sais-je?».

Potrei continuare, ma non voglio appesantirvi. Per l'amore dell'esplorazione e la voglia di andare sempre più oltre, siamo tutti debitori di Ulisse e di quel canto dantesco che lo condanna e lo esalta al tempo stesso. È la chiusura più adatta, perché la sento come un invito permanente a riprendere altri viaggi.

> … «Quando
> mi diparti' da Circe, che sottrasse
> me più d'un anno là presso a Gaeta,
> prima che sì Enëa la nomasse,
>   né dolcezza di figlio, né la pieta
> del vecchio padre, né 'l debito amore
> lo qual dovea Penelopè far lieta,
>   vincer potero dentro a me l'ardore
> ch'i' ebbi a divenir del mondo esperto
> e de li vizi umani e del valore;
>   ma misi me per l'alto mare aperto
> sol con un legno e con quella compagna
> picciola da la qual non fui diserto.

L'un lito e l'altro vidi infin la Spagna,
fin nel Morrocco, e l'isola d'i Sardi,
e l'altre che quel mare intorno bagna.
  Io e' compagni eravam vecchi e tardi
quando venimmo a quella foce stretta
dov'Ercule segnò li suoi riguardi
  acciò che l'uom più oltre non si metta;
da la man destra mi lasciai Sibilia,
da l'altra già m'avea lasciata Setta.
  "O frati," dissi, "che per cento milia
perigli siete giunti a l'occidente,
a questa tanto picciola vigilia
  d'i nostri sensi ch'è del rimanente
non vogliate negar l'esperïenza,
di retro al sol, del mondo sanza gente.
  Considerate la vostra semenza:
fatti non foste a viver come bruti,
ma per seguir virtute e canoscenza"».